PERFEKT FAHREN mit MOTORRAD

Europas größte Motorradzeitschrift

AF627724

Michael Pfeiffer / Uwe Seitz (Hrsg.)

MOTORRAD action team

Motor buch Verlag

Einbandgestaltung: Luis dos Santos

Bildnachweise:
2snap, Archiv, Hannes Bargar, BMW, Markus Biebricher, Jacek Bilski, Ducati, fact, Rainer Froberg, Bernd Fischer, mps-Fotostudio, Rossen Gargolov, Bjoern Gramm, Zep Gori, Yvonne Hertler, Husqvarna, Honda, Markus Jahn, Kawasaki, Benjamin Krämer, KTM, Daniel Kraus, Jörg Künstle, Redeye Media, Jens Mönnich, Wolfgang Müller, Target Press, Arturo Rivas, Katrin Sdun, Nicolas Streblow, Jens Vollmer, Gerry Wagner, Yamaha

Eine Haftung des Autors oder des Verlages und seiner Beauftragten für Personen-, Sach- und Vermögensschäden ist ausgeschlossen.

ISBN 978-3-613-04598-9

Copyright © 2023 by Motorbuch Verlag, Postfach 103743, 70032 Stuttgart
Ein Unternehmen der Paul Pietsch Verlage GmbH & Co. KG

1. Auflage 2023

Sie finden uns im Internet unter www.motorbuch-verlag.de

Nachdruck, auch einzelner Teile, ist verboten. Das Urheberrecht und sämtliche weiteren Rechte sind dem Verlag vorbehalten. Übersetzung, Speicherung, Vervielfältigung und Verbreitung einschließlich Übernahme auf elektronische Datenträger wie DVD, CD-ROM usw. sowie Einspeicherung in elektronische Medien wie Internet usw. ist ohne vorherige schriftliche Genehmigung des Verlages unzulässig und strafbar.

Lektorat: Sebastian Quillmann
Innengestaltung: Lukas Kretzschmar, tebitron gmbh, Gerlingen
Druck und Bindung:PBtisk a.s. Pribram
Printed in Czech Republic

INHALT

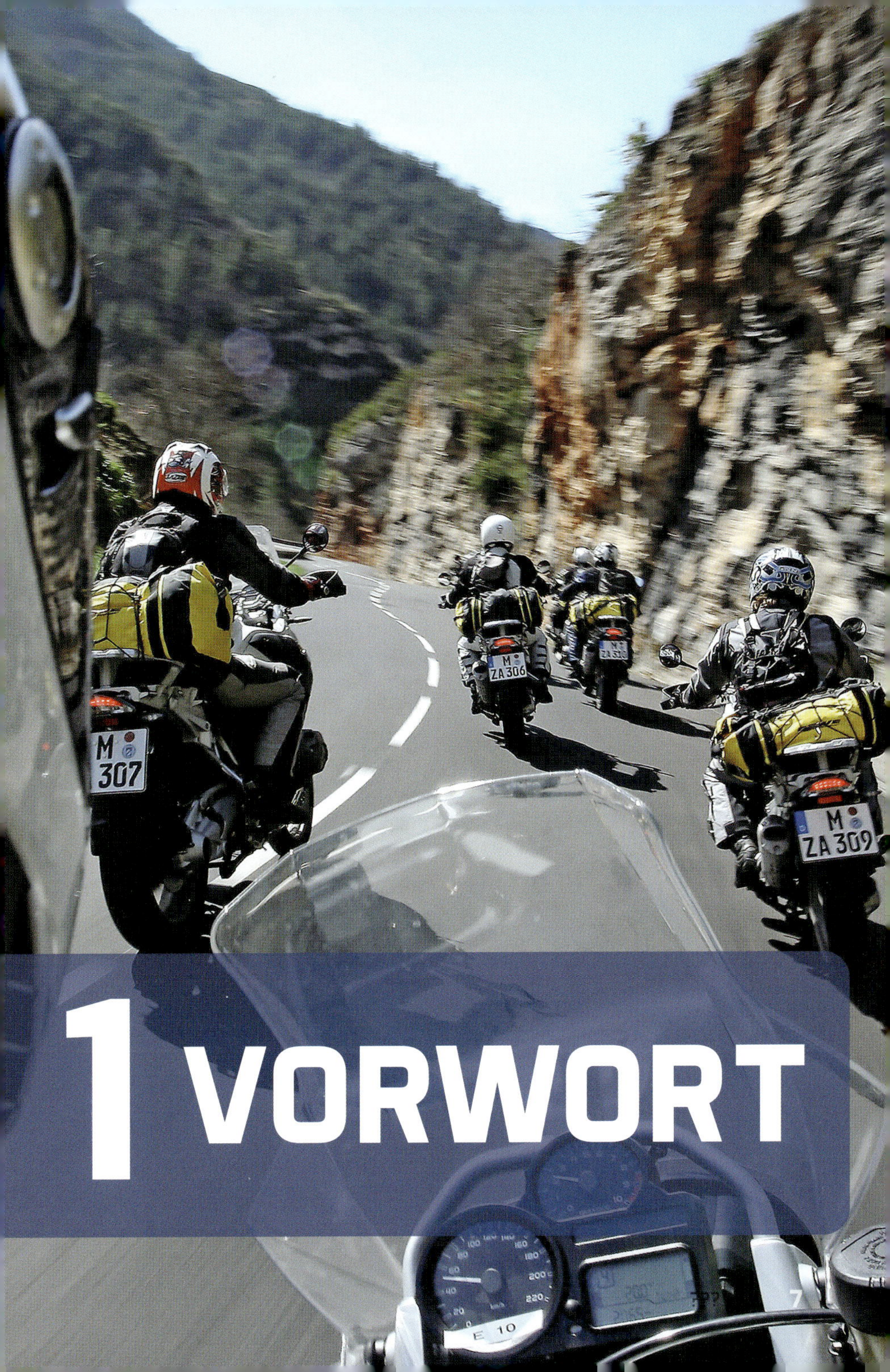

1 VORWORT

PERFEKT MOTORRAD FAHREN – DIESER ANSPRUCH SOLLTE SEIN

Für Motorräder gibt es eigentlich kein Terrain, dem sie nicht gewachsen wären. Mit dem Bike kommt man einfach überall hin – von den kniffligsten Trial-Passagen bis zu fahrtechnisch anspruchsvollen und irrwitzig schnellen Rennstrecken offeriert das Motorrad einzigartigen Fahrgenuss, besondere mentale und physische Herausforderungen und emotionale Ausnahmemomente allererster Güte. Immer vorausgesetzt, der Fahrer ist Herr über seinen Untersatz. Für öffentliche Straßen gilt das in besonderem Maße. Dort tummeln sich die meisten Motorradfahrer, aber genau da warten Gegenverkehr, kreuzende Fahrzeuge, extrem langsame, aber auch schnellere Verkehrsteilnehmer, richtig breite und eher unscheinbare – viel Unvorhersehbares eben.

Deshalb ist es wichtig, dass sich Motorradfahrer nicht einfach in den Sattel ihrer Maschinen schwingen und losfahren, sondern sich mit den technischen Rahmenbedingungen des Motorrades und seinen fahrtechnischen Eigenheiten in allen Lebenslagen beschäftigen. Erst wer sich bewusst mit dem Fahrzeug auseinandersetzt und dieses Wissen mit eingeübten Abläufen auf dem Motorrad verbinden kann, wird den ganzen Genuss des Motorradfahrens erleben und zudem genug »Speicherplatz« für die Unwägbarkeiten im öffentlichen Raum frei haben. Dann eröffnet sich ein einzigartiges Lebensgefühl: Beschleunigung, Verzögern, Schräglagen – das Spiel mit den Kräften bietet so nur das Motorrad.

Um die richtigen Spielregeln und -systeme geht es in diesem Buch: Linienwahl, die perfekte Blickführung, das Fahren mit Sozius und Zusatzgewicht, die Anpassung an wechselnde Bedingungen, Anmerkungen zum richtigen Sitzen und Technikgrundwissen sind weitere wichtige Beispiele dafür, was an unverzichtbarem Hintergrund für den möglichst perfekten Umgang mit der Maschine vermittelt wird. Mag der technische Fortschritt vor allem in der Regelelektronik der Motorräder uns Fahrer vor allzu groben Fehlern schützen, den ganz großen Genuss haben wir allein in unseren beiden Händen. Der unverzichtbare zentrale Rechner dafür sitzt unterm Helm. Den richtigen Input liefert dieses Buch.

Uwe Seitz

Chefredakteur und redaktioneller Gesamtleiter Motorrad-Gruppe

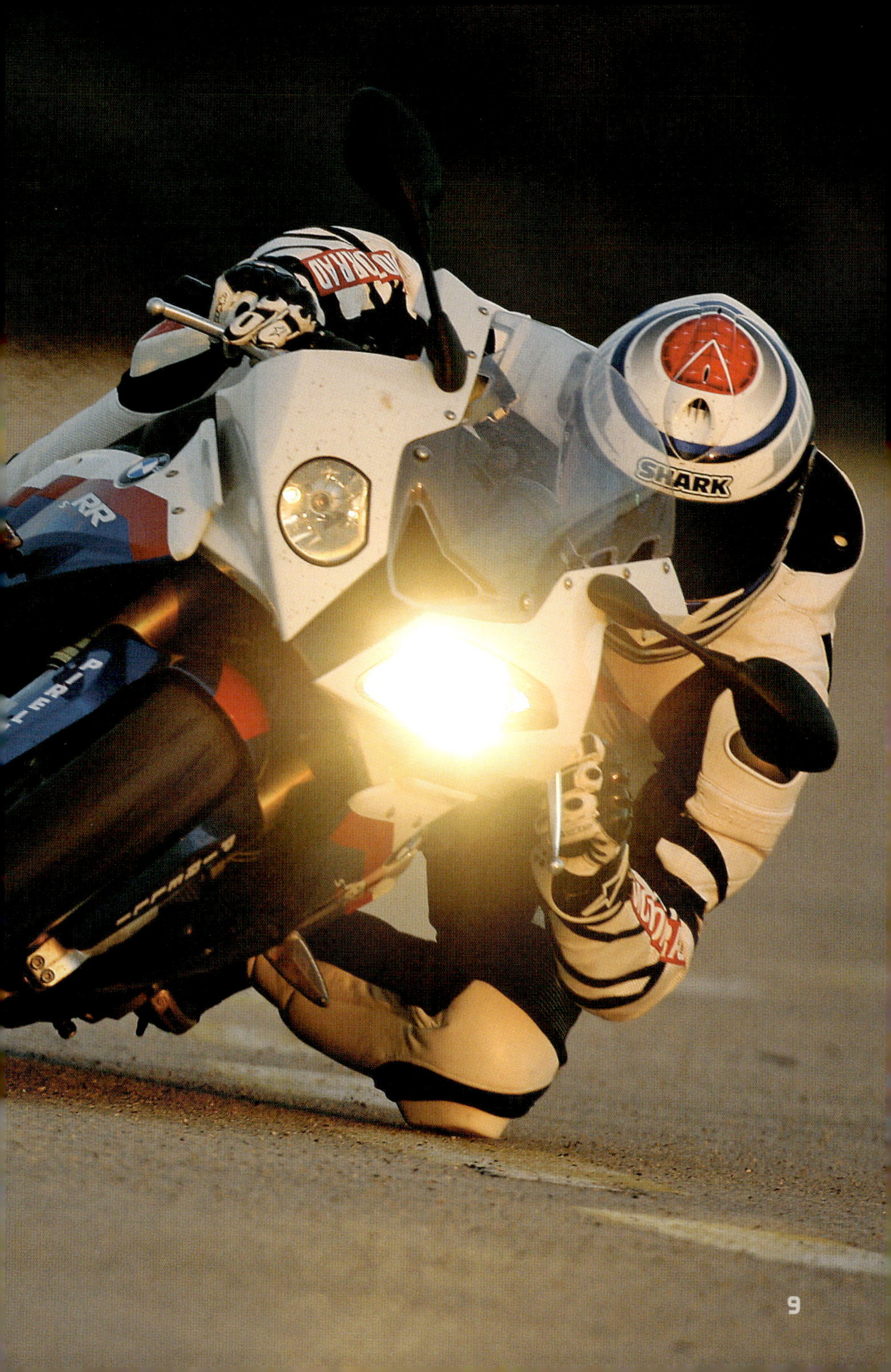
SHARK
RR

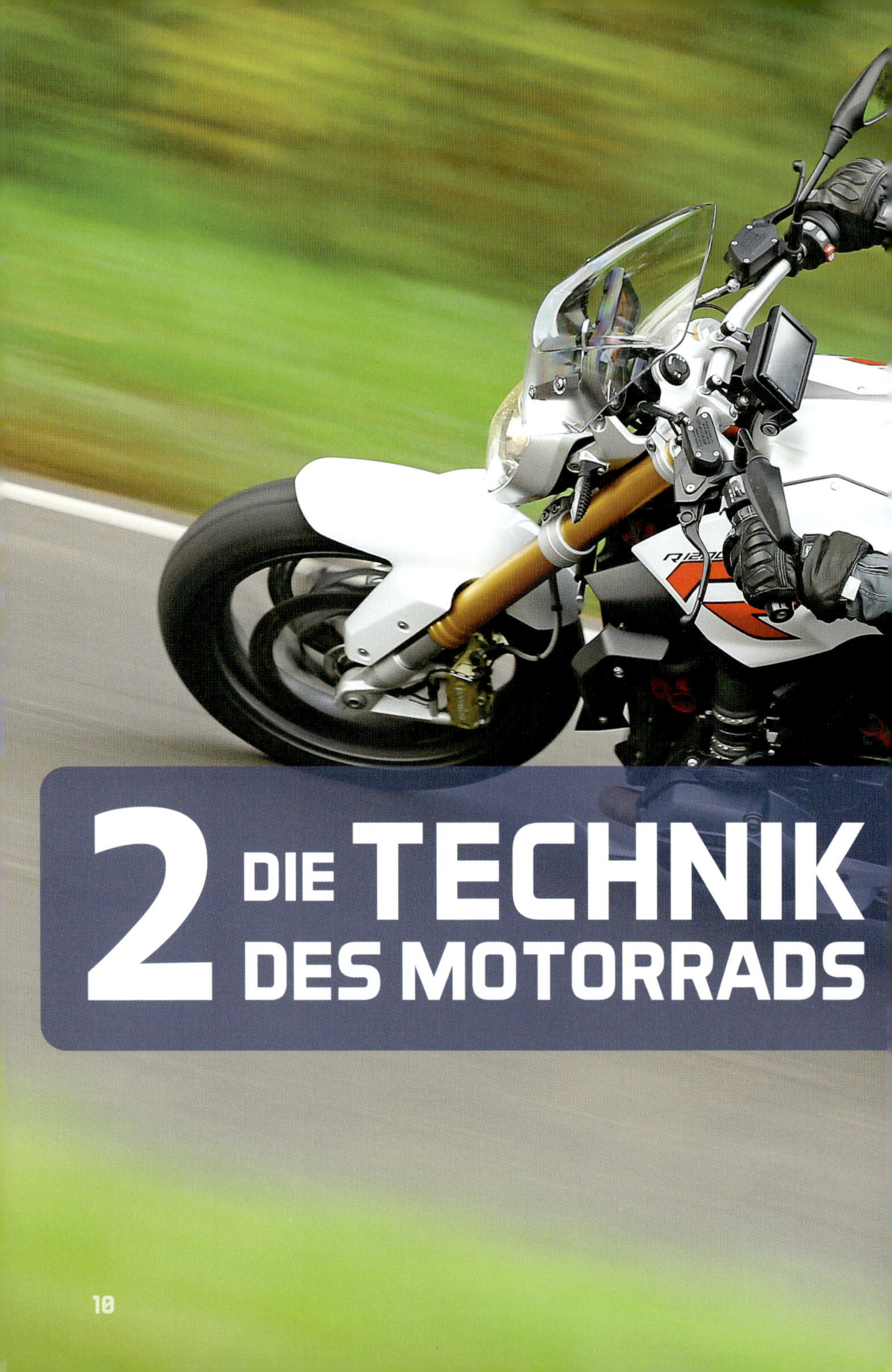

2 DIE TECHNIK DES MOTORRADS

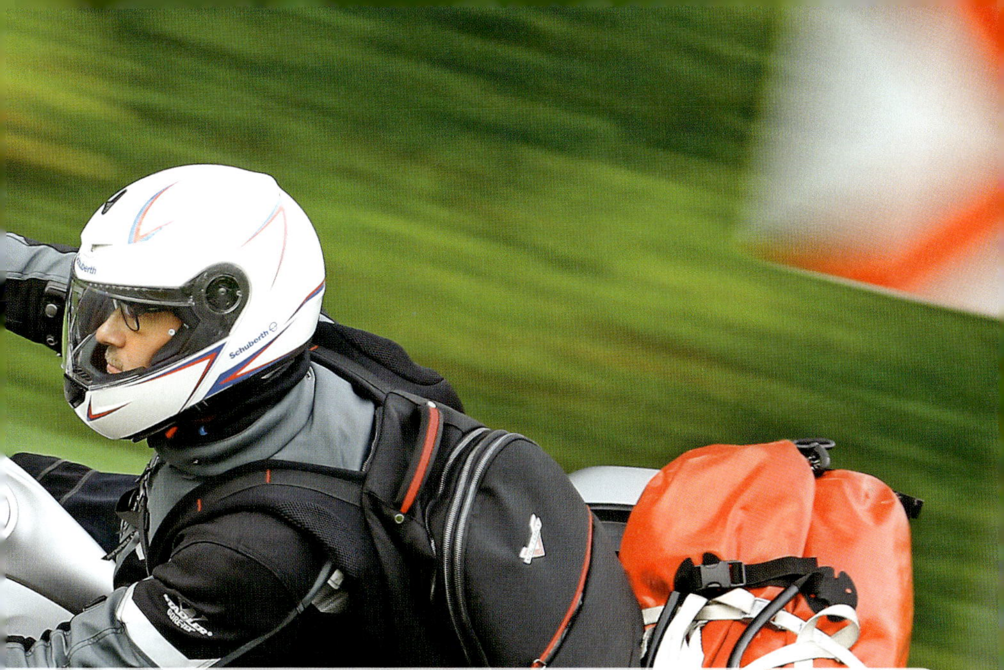

Kaum ein technisches Konstrukt ist so anspruchsvoll wie ein Motorrad. Nicht etwa, weil in dieser zweirädrigen Maschine mit Verbrennungs- oder Elektromotor wundersame Dinge geschehen würden. Im Gegenteil: Selbst ein ganz gewöhnliches Auto besitzt heutzutage in der Regel eine aufwendigere Motorsteuerung, ein meist hervorragendes ABS und eine komplizierte Sensorik für die Crashsicherheit und die Auslösung von Airbags. Nein, der Anspruch eines Motorrads stellt sich dem Fahrer. Ohne ihn fällt ein Motorrad einfach um. Selbst wenn man es auf eine stabile Geschwindigkeit beschleunigt, schafft es keinen Kilometer ohne einen Menschen im Sattel. Wie kompliziert das System Mensch/Motorrad ist, zeigt beispielsweise Yamaha. Seit einigen Jahren entwickeln dort eine Menge Ingenieure einen Roboter, der Motorrad fahren soll. Immerhin schafft er das inzwischen, wenn auch nur auf abgesperrter Piste. Maschine und Fahrer sind also ein (hoffentlich) untrennbares System, wobei dem Fahrer als Hirnbesitzer die Steuerung des Ganzen obliegt. Inzwischen unterstützen ihn bei modernen Maschinen einige elektronische Helferlein. Aber trotzdem sollte er über gewisse Grundkenntnisse der Technik verfügen. Um es ordentlich zu beherrschen, muss er verstehen, wie so ein Motorrad funktioniert. Deswegen werden im Folgenden Fahrwerk und Motor erklärt. Ein drittes Kapitel schließt sich an, da einige Maschinen nun immerhin ein Hilfshirn besitzen. Hilfshirn? Okay, nennen wir es eben Fahrer-Assistenzsystem. Dazu erklären wir auch, wie wir diese Systeme am besten einstellen.

2.1. Fahrwerk

Als Fahrwerk bezeichnet man all das, was übrig bleibt, wenn man bei einem Motorrad Verkleidung, Tank, Sitzbank, Motor mit allem Drum und Dran, Lampen und Lenker abbaut. Dann steht meist ein Gerippe da, bestehend aus einem Hauptrahmen, einer Vorderrad- und Hinterradführung und einem Heckrahmen. Räder und Bremsen gehören noch dazu, fertig.

Dass das Fahrwerk stabil sein muss, wenn darin 100 oder mehr PS wüten, leuchtet ein. Aber noch härter ist die Beanspruchung, wenn es vollbeladen zu zweit über eine Schlaglochpiste geht, und das vielleicht ein paar Tage lang. Auch die Kräfte, die bei Vollbremsungen speziell auf den Lenkkopf wirken, sind nicht von schlechten Eltern. Da kann sich eine Vorderradgabel schon mal einen Zentimeter an der Radachse nach hinten biegen und dann mit einem ziemlichen Hebelarm auf den Lenkkopf wirken.

An die Dauerhaltbarkeit von Fahrwerken werden also höchste Ansprüche gestellt, was ziemlich viel konstruktive Finesse bedeutet, wenn das Ganze auch noch entsprechend leicht geraten soll. Damit nicht genug, soll es doch unter allen Umständen prima und handlich fahren, Bodenwellen wegfedern und dämpfen und noch vieles mehr. Eine Herkulesaufgabe für die Konstrukteure.

2.1.1. Geometrie

Obwohl Motorräder je nach Bauweise ein völlig unterschiedliches Fahrverhalten an den Tag legen können, bewegen sich die geometrischen Daten zunächst einmal in engen Grenzen. Beginnen wir mit dem Radstand: Die kürzesten Maschinen, meist Sportler, messen 1320 Millimeter zwischen den Radachsen, die längsten, Chopper und Tourer, bis über 1700. Grundsätzlich gilt natürlich: Länge läuft. Ein größerer Radstand wirkt also beruhigend auf das Fahrverhalten. Für einen Chopper also genau richtig, für einen Sportler darf es dann etwas weniger sein.

Die zweite geometrische Größe ist der Lenkkopfwinkel, also der Winkel, den die Lenkachse zur Horizontalen bildet. Als Lenkachse bezeichnet man die Schwenkachse der Vorderradführung. Bei Sportlern stellt man die Vorderradführung relativ steil an mit bis zu 68 Grad Lenkkopfwinkel, bei Choppern eher flach mit manchmal sogar knapp unter 60 Grad. Der Lenkkopfwinkel bestimmt auch mit über den Nachlauf des Vorderrads. Als Nachlauf bezeichnet man die Entfernung des Radaufstandpunkts zum gedachten Durchstoßpunkt der Lenkachse mit der Fahrbahnoberfläche. Zu schwierig? Bitte einen Einkaufswagen anschauen! Deren Vorderräder laufen auch nach. Auch hier gilt: Je größer der Nachlauf, desto stabiler liegt die Fuhre. Chopper haben deshalb bis zu 160 Millimeter Nachlauf, auf Handlich-

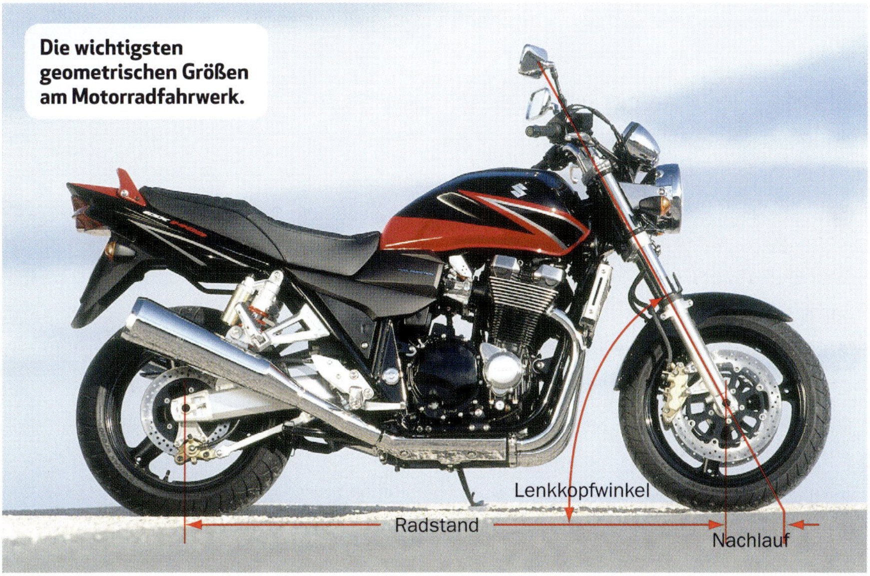

keit getrimmte Supersportler dagegen manchmal sogar weniger als 90.

Man sieht, es liegen rein numerisch also keine Welten zwischen den Extremen. Es muss also noch weitere Einflussgrößen geben, weswegen sich Motorräder so unterschiedlich fahren lassen: Eine davon ist der Schwerpunkt. Seine Lage beeinflusst das Fahrverhalten ganz entscheidend. Ein stark kopflastiges Motorrad lässt sich eher schwer steuern, doch speziell bei sehr leistungsstarken Maschinen ist der weit vorn liegende Schwerpunkt ein Vorteil beim Beschleunigen, da die Front nicht so schnell steigt. Ein stark hecklastiges Motorrad wiederum, wie es beispielsweise Chopper oder manche Tourer sind, lässt sich akzeptabel leicht lenken, und, wenn man die Hinterradbremse entsprechend kräftig mit einsetzt, sogar überraschend stark abbremsen.

Die Höhe des Schwerpunkts wiederum entscheidet über die Handlichkeit und über Brems- und Beschleunigungsstabilität. Je tiefer der Schwerpunkt, desto später steigt das Vorderrad beim Beschleunigen oder das Hinterrad beim starken Bremsen. Bringt ein niedriger Schwerpunkt beim Rangieren und bei langsamer Fahrt einen großen Handlingvorteil, spielt ein höherer Schwerpunkt seine Stärken bei schneller Kurvenfahrt aus. Wir kommen dazu später noch mal im Kapitel Fahrdynamik.

Grundsätzlich gilt: Das Zusammenspiel aller Größen muss optimal aufeinander abgestimmt werden. Moderne Motorräder geben sich da in der Regel kaum noch Blößen.

2.1.2. Rahmenbauarten

Der Hauptrahmen hält das ganze Motorrad zusammen. Seine Aufgabe besteht darin, eine stabile Verbindung zwischen dem Lenkkopf, also der Lagerung der Vorderradführung, und dem Schwingenlager, also der Lagerung der Hinterradführung, herzustellen. Zusätzlich nimmt er noch den Motor auf, wobei die Rahmen oft so gebaut werden, dass der Motor als tragendes Bauteil herhalten muss. Als Material wird für den Rahmen vieler Maschinen Stahl verwendet, sowohl als Rohrmaterial als auch in Form von Blechen. Ebenfalls weit verbreitet sind Aluminium-Rahmen, meist als Verbund von Gussteilen, Blechen und manchmal sogar gefrästen Teilen. Oftmals kombinieren die Rahmenbauer auch Stahl und Aluminium. Ganz selten finden sich Carbon-Teile oder andere Kunststoffe.

Was der bessere Werkstoff ist, bleibt bis heute unentschieden. Aluminium ist zwar spezifisch leichter als Stahl, dafür aber nicht so steif, weshalb man dann mehr Material und meist größere Bauteile braucht. Der schön geschweißte, stählerne Gitterrohrrahmen einer Ducati gelingt mindestens so leicht und steif wie ein gut gemachter Aluminiumrahmen. Auch Kawasaki hat inzwischen die Vorteile dieser Bauart erkannt. Und KTM fährt damit sogar in der MotoGP-Klasse. Klar ist: Die Entwicklung wird natürlich auch vom Herstellungspreis diktiert, und der spricht eindeutig für den Stahlrahmen.

Die günstigste Rahmenform ist dabei ein simpler Rohrrahmen. Er braucht nur ein waagrechtes Rohr für die Schwingenlagerung, ein Rohr in Fahrtrichtung hoch zum Lenkkopf, der ein nahezu senkrechtes Rohr darstellt, fertig. Halt, ein Brustrohr muss noch runterführen zum Motor, diesen hinten auf die Schwingenachse lagern, und damit hat es sich dann endgültig.

Dieser Einschleifenrahmen ist eine beliebte Konstruktion für leichte Maschinen wie Enduros. Dabei bildet jeweils ein Rohr über und unter dem Motor eine Verbindung von Lenkkopf und Schwingenlagerung.

Doppelt ausgeführt, ergibt sich ein Doppelschleifenrahmen, bis heute die klassische Rahmenbauart und gerade wieder bei der aktuellen Retro-Welle ganz angesagt.

Weit verbreitet bei Sportmotorrädern ist der Brückenrahmen. Dabei führen die Rahmenprofile nicht über und unter dem Motor, sondern links und rechts daran vorbei. Das spart Bauhöhe und schafft Platz für Luftfilter und senkrechte Einlasskanäle.

Ducati führte diese Brücke lange als Stahlgitterrohrverbund aus und erreichte so eine immense Steifigkeit bei geringem Platzbedarf. Aktuell verbauen die Italiener aber alle möglichen Rahmenbauarten, meistens Verbundkonstruktionen.

Eine Weiterentwicklung des Rohrrahmens bedeutet der von Motorrad-Veredler Fritz W. Egli gebaute Zentralrohrrahmen. Ein sehr dickes, gerades Rohr wird dabei über den Motor geführt, der

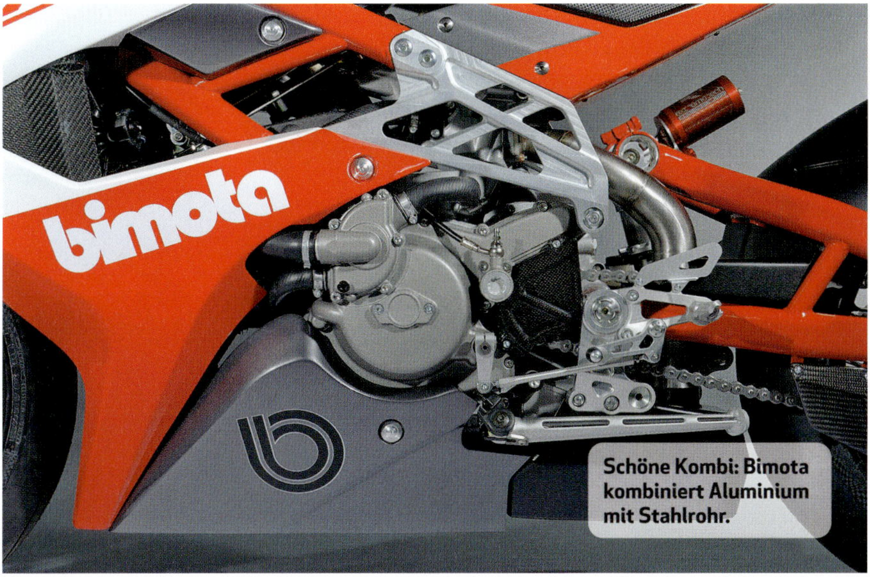

Schöne Kombi: Bimota kombiniert Aluminium mit Stahlrohr.

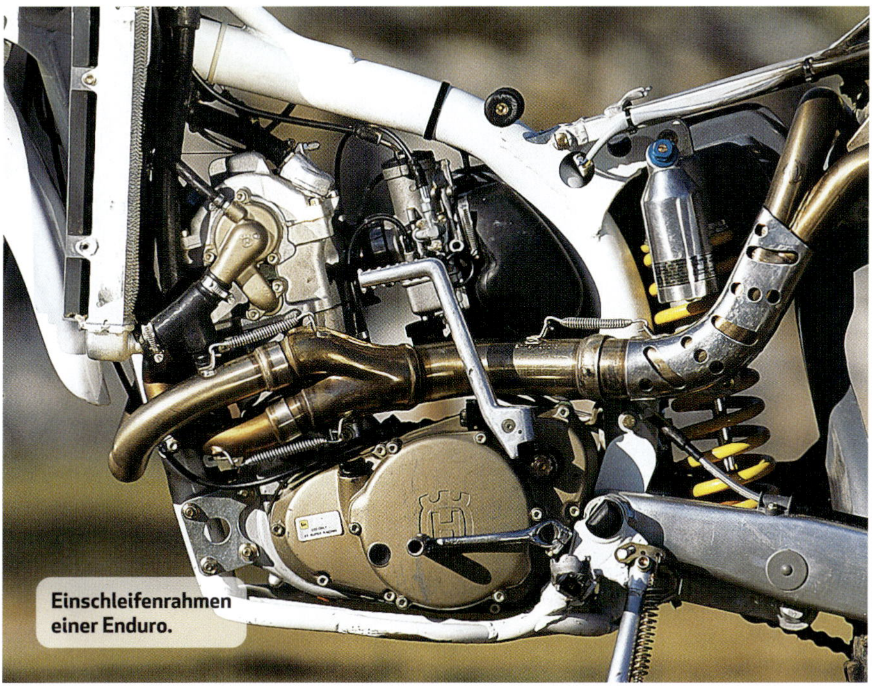

Einschleifenrahmen einer Enduro.

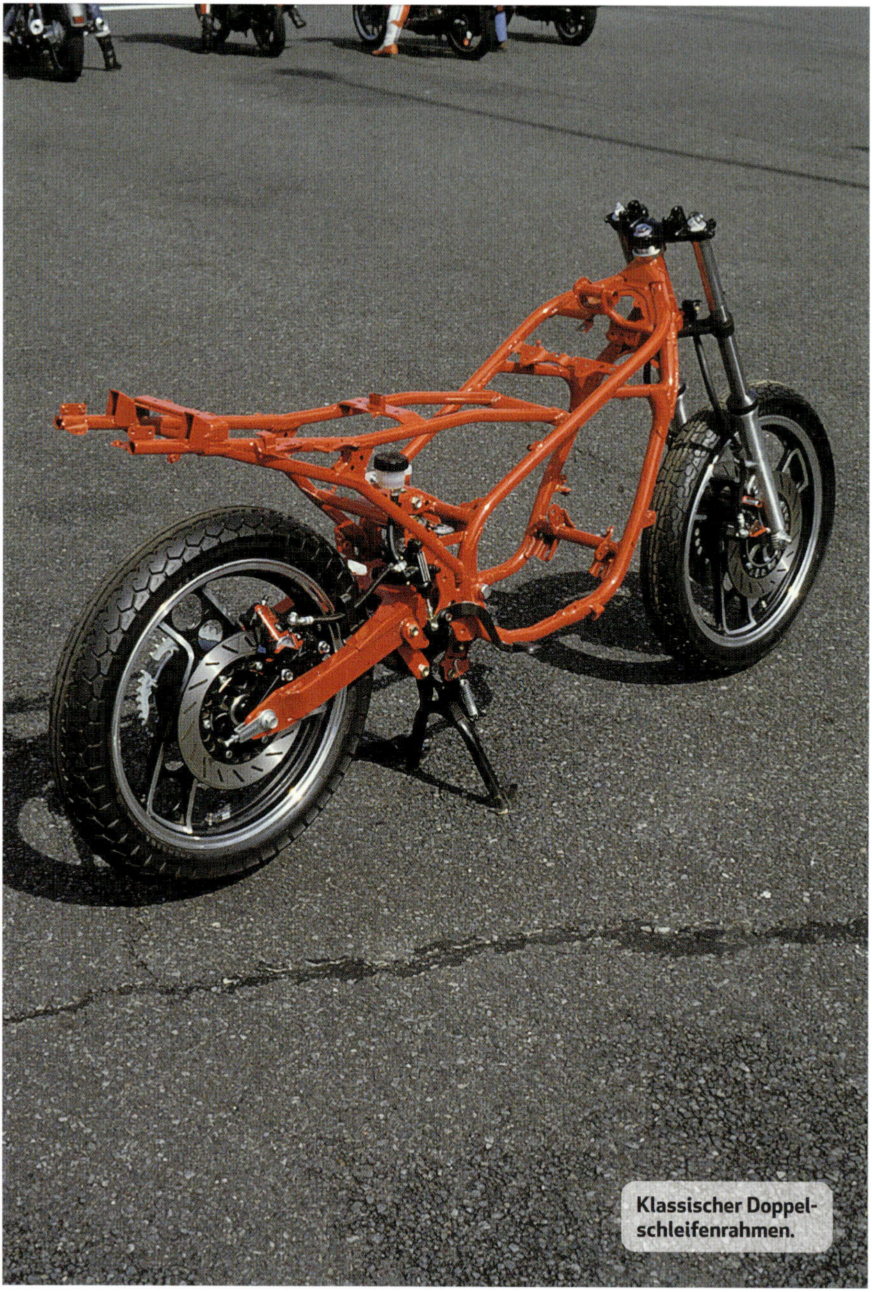

Klassischer Doppelschleifenrahmen.

Lenkkopf quasi vorne eingeschweißt: Rohrausleger führen zur Schwingenlagerung und halten den Motor.

Die spezielle Konstruktion der BMW-Boxer-Motorräder erlaubt eine völlig andere Vorgehensweise. Der Motor wird als voll tragendes Element integriert, kleinere Hilfsrahmen lagern die Vorderradführung und tragen die Passagiere. Die Schwinge wird direkt im Getriebegehäuse gelagert. Ähnlich konstruiert ist Ducatis V2-Spitzenmodell, die Panigale 1299. Deren Zweizylinder-Motor trägt hinten die Schwinge, oben das Rahmenheck und vorne den Lenkkopf. Hightech aus Italien. Bei den Vierzylindermodellen aus München geht man wieder anders vor, da verwendet BMW Brückenrahmen aus Aluminium und in ihrem Hightech-Renner S 1000 RR HP4 Race sogar Carbon.

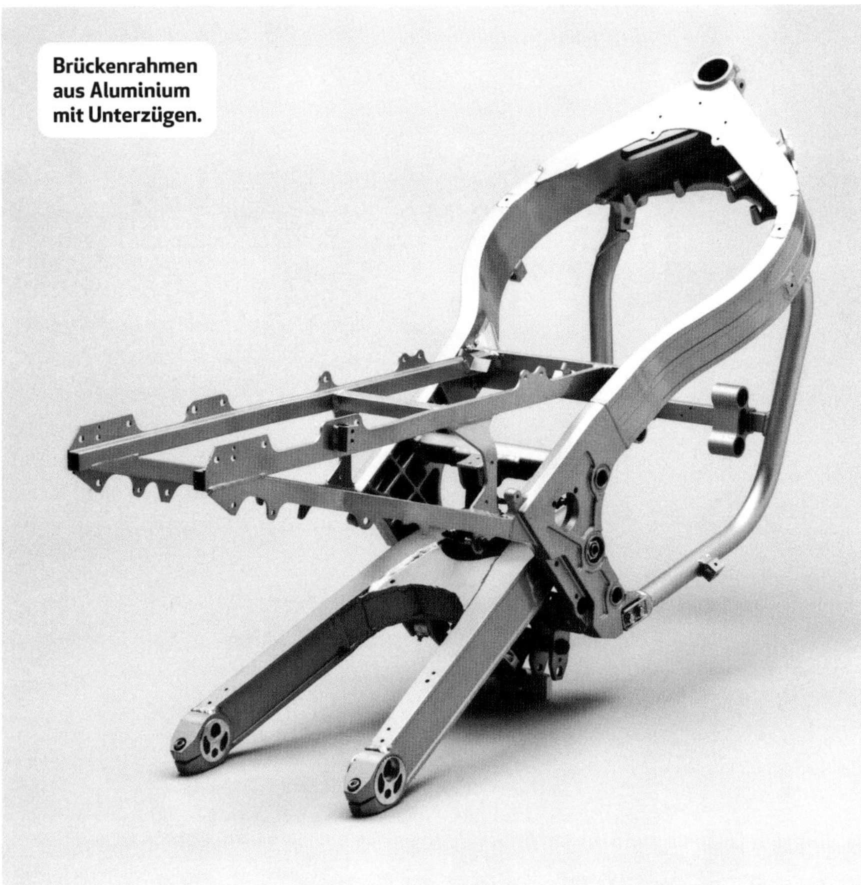

2.1.3. Vorderradführung

Das Vorderrad eines Motorrads ordentlich zu führen, bedeutet eine Vielzahl von Aufgaben gleichzeitig zu erledigen. Zum einen soll sich das geführte Vorderrad zum Lenken schwenken lassen, zum anderen soll es aber auch Federbewegungen vollführen können. Hinzu kommen noch die teilweise immensen Biegekräfte beim Bremsen, die Querkräfte bei Schräglage und die Belastungen durch Schlaglöcher oder ähnliche Fahrbahnunebenheiten. Es gibt also eine Menge zu tun. Natürlich haben sich die Tüftler und Ingenieure viele Gedanken gemacht, wie man eine optimale Vorderradführung bauen kann. Dabei gibt es im Grunde zwei Schulen: Die eine sagt, man müsse Lenkung und Federung voneinander trennen, die andere behauptet, man könne das alles in einem Bauteil zusammenführen, was mit der Telegabel inzwischen millionenfach realisiert wurde. Dennoch gibt es immer wieder Versuche, etwas Besseres als die Telegabel zu erfinden. Die größte Verbreitung im Motorradbau erreichte dabei BMW mit der Telelever genannten Vorderradführung.

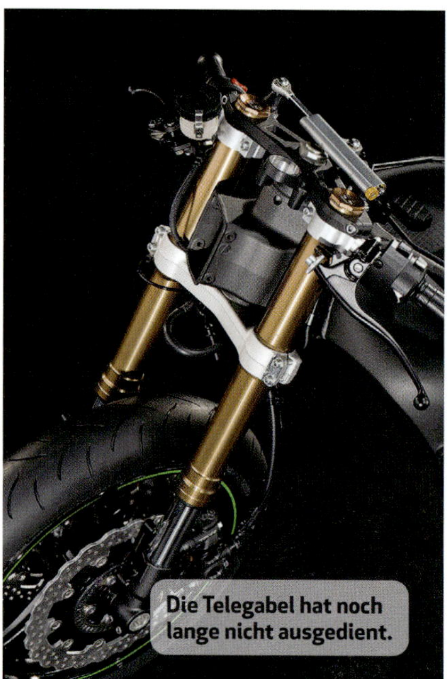

Die Telegabel hat noch lange nicht ausgedient.

Aber zurück zur Telegabel: Sie besteht aus zwei Standrohren, die über die beiden Gabelbrücken und ein zentrales Schaftrohr mit dem Lenkkopf verbunden sind. Auf den Standrohren gleiten die beiden Gleitrohre, die unten durch die Radachse verbunden sind, auf und ab. In diesen beiden Rohren werden die Federn und Dämpferelemente untergebracht. Das sieht nicht nur schick aus, sondern funktioniert nach vielen Jahren der Entwicklung auch gut. Neben der schlanken Optik und der geschlossenen Mechanik bietet die Telegabel zudem geometrische Vorteile. Beim Bremsen taucht die Gabel durch die dynamische Radlastveränderung ein, wobei sich der Nachlauf verkürzt und der Lenkkopfwinkel steiler wird. Dadurch wird die Maschine beim Einlenken in Kurven handlicher. Beim Beschleunigen ist es gerade anders herum, da wird der Nachlauf länger und der Lenkkopfwinkel flacher, die Maschine läuft stabiler.

Ein großes Thema war viele Jahre die mangelnde Verwindungssteifigkeit der

Nur BMW schaffte mit dem Telelever eine nennenswerte Alternative zur Gabel.

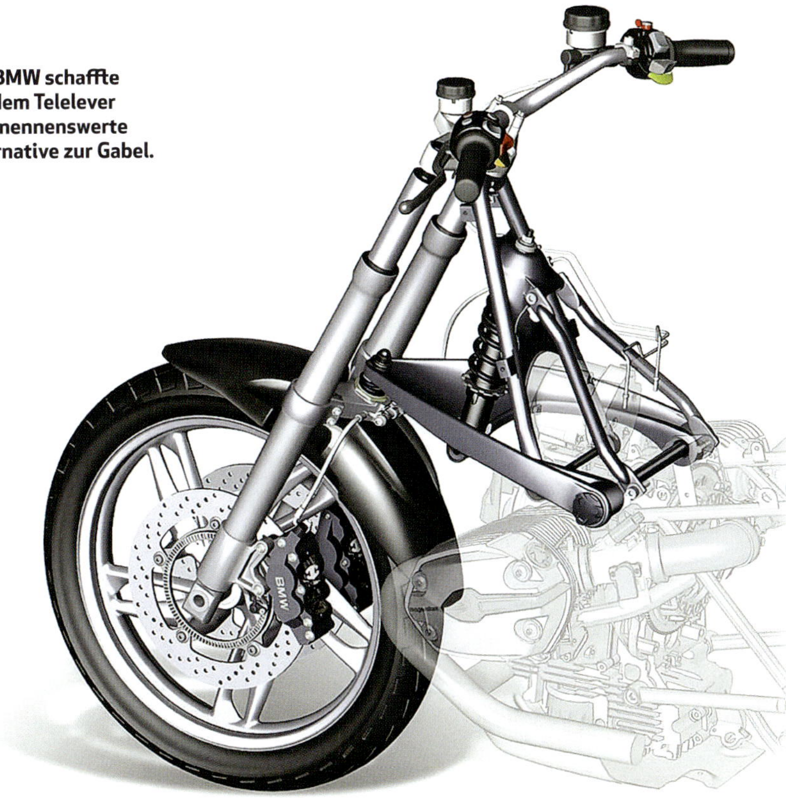

Telegabel. Neben dem ständigen Anheben der Rohrdurchmesser – heute besitzt eine 125er schon dickere Rohre als manche 1000er vor 30 Jahren – kommt dabei der Entwicklung der Upside-down-Gabel entscheidende Bedeutung zu. Bei ihr sind die in die Gabelbrücken eingespannten Standrohre dicker als die Gleitrohre, wodurch sich die Biegesteifigkeit der Gabel verbessert. Auch dürfen bei dieser Bauart die Gleitlagerstellen der Holme weiter auseinander liegen, was die Biegesteifigkeit ebenfalls erhöht. Dadurch verbessert sich auch das manchmal kritisierte Ansprechverhalten der Telegabel, sprich: das Reagieren auch auf kleine Bodenwellen.

Wie schon weiter oben erwähnt, hat es in großem Stil bisher nur BMW geschafft, eine Alternative zur Telegabel auf dem Markt zu etablieren. Diese Telelever genannte Vorderradführung trennt die Radführung von Feder- und Dämpferarbeit und leitet zudem die meisten Kräfte über einen Längslenker direkt in den Motorblock. Dennoch sieht das System nicht viel anders aus als eine Telegabel, was wohl zum Erfolg dieser Bauart beiträgt. Wie funktioniert es? Die Lenkkräfte werden ganz konventionell über zwei Teleskop-Gabelholme übertragen. Die Gleitrohre sind jedoch über dem Vorderrad miteinander verbunden und dort über ein zentrales Kugelgelenk an den gegabelten Längslenker angeschlagen. Die Standrohre werden nur von einer Gabelbrücke oben im Lenkkopf gehalten. Der Längslenker ist im Motorblock gelagert und stützt sich über ein Federbein am Hilfsrahmen ab. Klingt kompliziert – ist es auch. Denn nun kommt die Geometrie zum Zug, die da besagt: Je nach Auslegung des Längslenkers kann das Bremsnicken verhindert werden. Und da hat BMW ziemlich viel Hirnschmalz investieren müssen, bis die richtige Abstimmung gefunden wurde. Heute gilt der Telelever als ausgereift und besticht mit hervorragendem Ansprechverhalten, besten Bremseigenschaften und hoher Fahrstabilität.

Eine weitere Verfeinerung gelang den BMW-Leuten mit dem Duolever. Dabei wird der Radträger – Rohre gibt es bei dieser Vorderradführung gar nicht mehr – mit zwei Längslenkern geführt. Die Lenkkräfte werden über eine Scherenmimik eingeleitet, Feder- und Dämpferarbeit übernimmt wiederum ein zentrales Federbein. Mit zwei Kugelgelenken wird das Ganze um die Lenkachse schwenkbar gelagert. Diese bei den schweren Vierzylindermodellen angewendete Technik funktioniert ebenfalls ordentlich, spricht gut an und bietet wie der Telelever einen Bremsnickausgleich. Ab dem Modell 2018 verbaut Honda in der neuen Gold Wing ein solches System. Gerade bei einem solchen 350-Kilo-Tourer kann diese Konstruktion Fahrkomfort und Fahrsicherheit optimal darstellen. Ob der Duolever wirklich besser funktioniert als der Telelever, ist noch nicht entschieden. Immerhin hat BMW bewiesen, welches Innovationspotenzial in der Vorderradführung steckt.

2.1.4. Hinterradführung

Da das Hinterrad am Motorrad nicht lenkt, darf sich die Hinterradführung auf die Aufgabe der Radführung und der Übertragung der Antriebs-, Feder- und Dämpferkräfte beschränken. Niemand wird auf die Idee kommen, die Federung oder Dämpfung in die Hinterradführung zu integrieren; hier kommen immer separate Federbeine zum Einsatz. Also ist es ganz logisch, die Radachse mit zwei kräftigen Armen geradlinig zum Hauptrahmen zu führen. Dort ist die sogenannte Hinterradschwinge drehbar gelagert. Entscheidend für die Konstruktion der Hinterradschwinge sind zwei Fragen, nämlich wo die Federung sitzt und ob ein Ketten- oder ein Kardanantrieb zum Einsatz kommt. Einfachster Fall: Die Hinterradschwinge stützt sich nahe der Radachse mit zwei Federbeinen am Rahmenheck ab. So wurden Motorräder jahrzehntelang gebaut, diese einfache Lösung sieht nicht nur gut aus, sondern funktioniert auch solide. Weit verbreitet sind heutzutage Monofederbeine, die meist auch noch über ein Hebelsystem betätigt

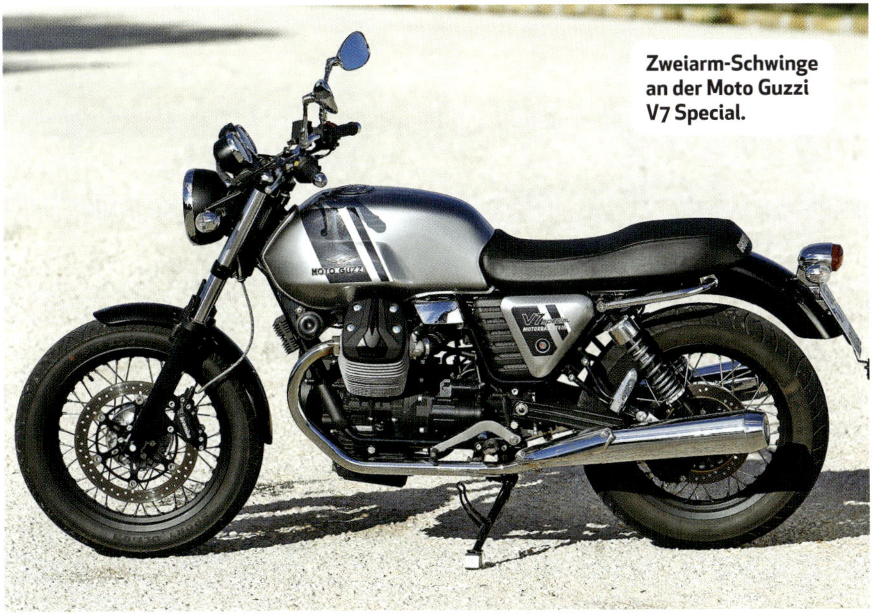

Zweiarm-Schwinge an der Moto Guzzi V7 Special.

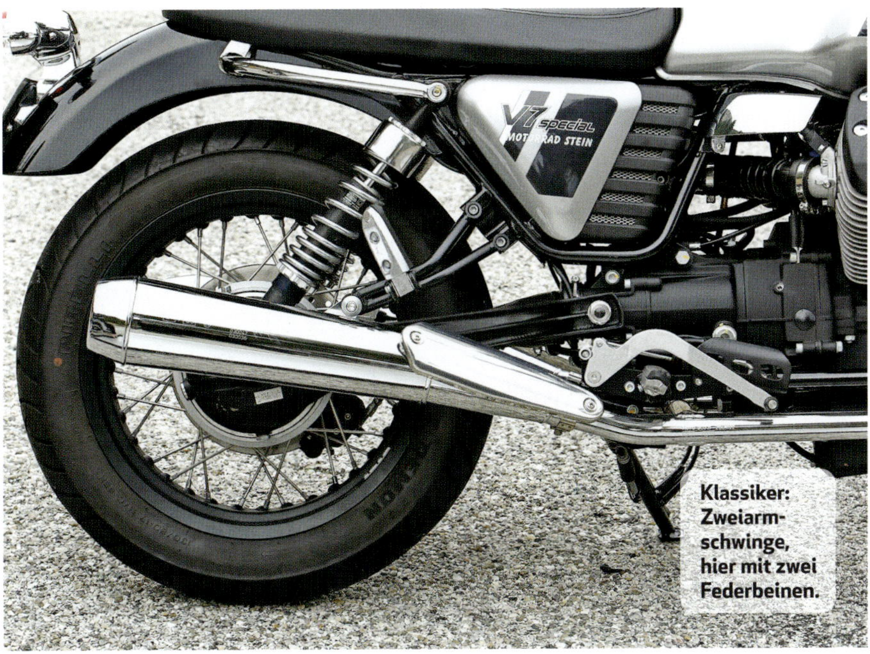

Klassiker: Zweiarmschwinge, hier mit zwei Federbeinen.

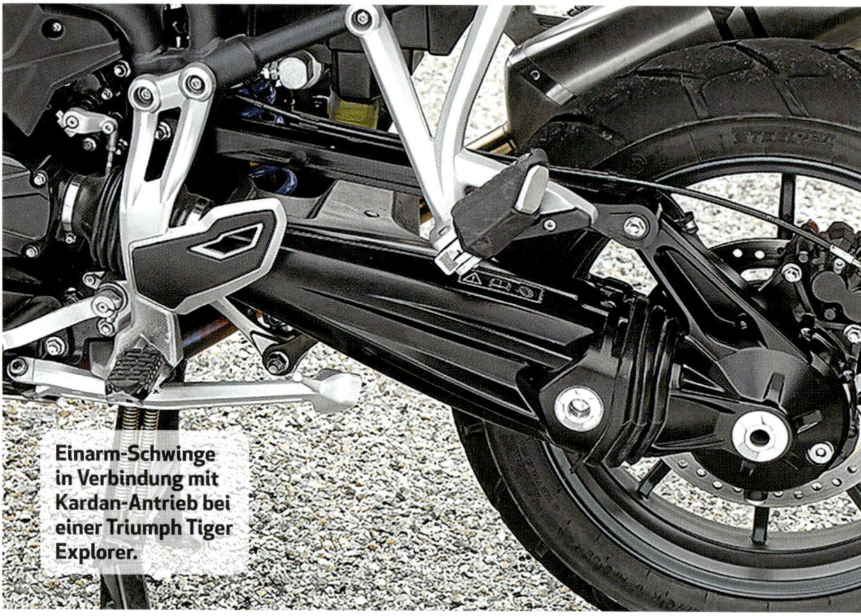

Einarm-Schwinge in Verbindung mit Kardan-Antrieb bei einer Triumph Tiger Explorer.

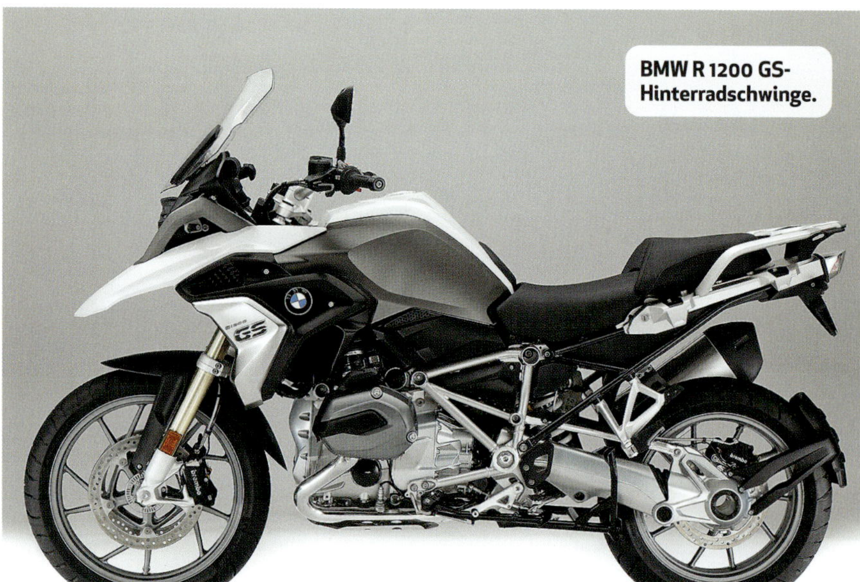

BMW R 1200 GS-Hinterradschwinge.

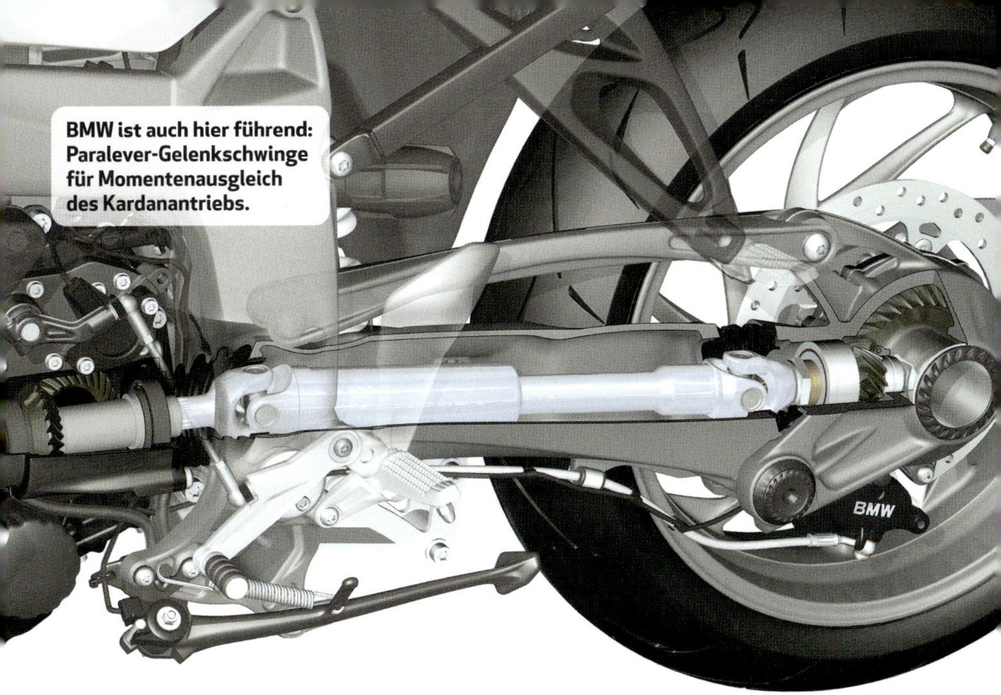

BMW ist auch hier führend: Paralever-Gelenkschwinge für Momentenausgleich des Kardanantriebs.

werden. Durch die Übersetzungsverhältnisse – das Monofederbein sitzt weit weg von der Hinterradachse – wirken hier ziemlich hohe Kräfte, weshalb die Schwinge viel dicker ausfallen muss. Moderne Sportmaschinen weisen hier wahre konstruktive Kunstwerke auf.

Natürlich kann das Hinterrad auch mit einer Einarmschwinge geführt werden. Neben vielen BMW-Modellen besitzen auch einige Hondas, Ducatis, MV Agustas und Triumphs solche Einarmschwingen. Vorteile: Die Auspuffanlage kann eng auf der anderen Seite verlegt werden, der Radwechsel klappt schnell und einfach. Der konstruktive Aufwand ist allerdings beträchtlich.

Soll dann noch eine Kardanwelle in die Hinterradschwinge integriert werden, ist's mit der Einfachheit endgültig vorbei. Denn hier gilt es, die entstehenden Antriebsmomente der Kardanwelle zu eliminieren, weshalb meist Mehrgelenkschwingen mit Momentabstützung vom Hinterachsgehäuse zum Hauptrahmen zum Einsatz kommen. Auch hier trieb BMW großen Aufwand und brachte mit dem Paralever-System die erste Zweigelenk-Hinterradschwinge auf den Markt. Auch Moto Guzzi und Kawasaki besitzen inzwischen ein ähnlich funktionierendes System.

Meistens wird bei den Hinterradschwingen Aluminium als Baumaterial verwendet. Stahlschwingen verbauen die Hersteller nur noch bei echten Rotstift-Modellen. Oftmals werden die Schwingen inzwischen sogar als Gussteile ausgeführt oder als Verbund aus Guss- und Blechteilen verschweißt.

2.1.5. Federung und Dämpfung

Federung und Dämpfung eines Motorrads haben die Aufgabe, die Räder möglichst satt auf der Fahrbahn zu halten, ohne dass Fahrer und Maschine dabei zu sehr von Bodenwellen beeinträchtigt werden. Dazu nutzen die Federelemente den Federweg. Je größer dieser ist, also je mehr die Vorderradgabel und die Hinterradschwinge ein- und ausfedern können, desto schlimmere Buckel verkraften sie. Geländemaschinen besitzen beispielsweise bis zu 330 Millimeter Federweg und schlucken so selbst die Landung nach hohen Sprüngen. Rennmaschinen, die nur auf glattem Asphalt bewegt werden, kommen mitunter mit nur 110 Millimetern Federweg an der Vorderradgabel aus.

Grundsätzlich werden heutzutage bei den Federelementen Schraubenfedern und hydraulische Dämpferelemente verwendet. Bei der Telegabel sitzen die Schraubenfedern in den Holmen, bei den Federbeinen sind sie um den Dämpfer gewickelt. Die Dicke des Federdrahts, die Anzahl der wirksamen Federwindungen und deren Durchmesser ergibt die Federrate oder auch Federhärte. Diese kann über den ganzen genutzten Federweg linear oder progressiv sein. Progressiv gewickelte Federn erkennt man an unkonstanten Windungsabständen. Sie besitzen eine höhere Belastbarkeit bei schwerer Beladung beziehungsweise ermöglichen mehr Fahrkomfort auf kleinen Bodenwellen und bei geringer Beladung. Ähnlich wirken progressive Hebelsysteme auf das hintere Federbein. Über klug angeordnete Übersetzungshebel wird dabei das Federbein bei zunehmender Einfederung überproportional belastet, was größere Reserven realisiert.

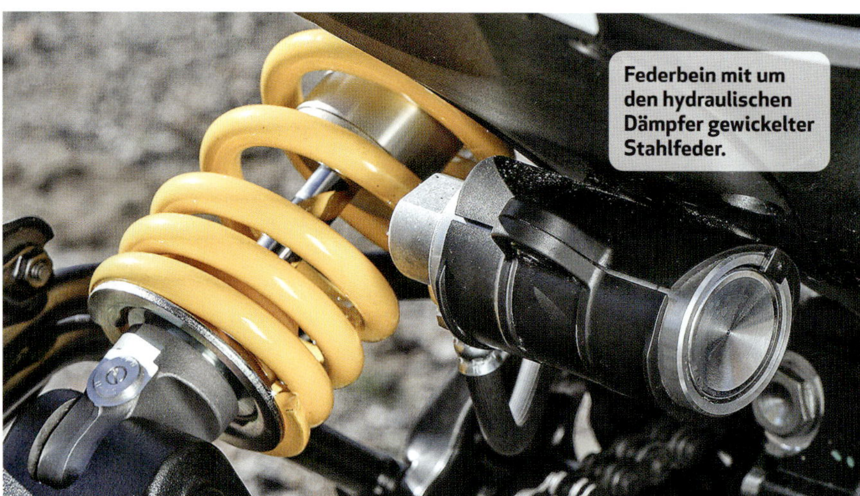

Federbein mit um den hydraulischen Dämpfer gewickelter Stahlfeder.

Mit der Wahl der richtigen Federraten wird das Motorrad so ausbalanciert, dass sich die meisten Fahrzustände gut abdecken lassen. Mit Fahrer sollte eine Maschine hinten um etwa 30 Prozent des Federwegs einsinken, vorn um etwa 40 bis 45 Prozent.

Federn allein genügen natürlich nicht, nur damit würde ein Motorrad schaukeln wie ein Gummiball. Deswegen kommen hydraulische Dämpferelemente zum Zug, die durch hydraulische Reibung die Federbewegung abbremsen. In der Regel wird dabei Öl durch Bohrungen in einem Dämpferkolben gepresst. Beim Einfedern ist dabei die nötige Dämpferwirkung nicht so groß wie beim Ausfedern, denn die Ausfederbewegung wird ja durch die zusammengepressten Federn unterstützt. Nützliche Tipps zum Einstellen der Federelemente folgen in Kapitel 8, Pflege und Umgang.

2.1.6. Räder und Reifen

Ohne die geht es natürlich nicht, und da Motorräder nur zwei davon haben, sind sie doppelt wichtig. Am weitesten verbreitet ist inzwischen das Leichtmetall-Gussrad. Diese wichtigste Radbauart wurde seit den 70er Jahren immer weiter verfeinert und stellt heute einen optimalen Kompromiss aus Steifigkeit und Gewicht dar. Wenn man die Räder heutiger Sportmaschinen unter die Lupe nimmt, entdeckt man eine geradezu unglaublich filigrane und ausgefeilte Gusstechnik. Mit den klobigen Rädern der 80er Jahre haben diese modernen Kunstwerke nichts mehr zu tun.

Die zweite weit verbreitete Bauart ist das Drahtspeichenrad. Bei ihm werden Nabe und Felge mit Speichen verbunden, die je nach Belastung auch über Kreuz angeordnet sein können. Vorteil dieser Bauart: Drahtspeichenräder sind elastischer und halten auch grobe Behandlung gut aus, außerdem können beschädigte Bauteile einzeln gewechselt werden. Vor allem BMW rüstet bis heute noch eine Menge Boxermodelle mit dem sogenannten Kreuzspeichenrad aus. Hier sind die Speichen nicht mittig an der Felge befestigt, sondern so weit außen am Felgenhorn, dass wie bei Gussrädern schlauchlose Reifen verwendet werden können. Gussräder hingegen sind etwas spröder und müssen nach Verformungen komplett ausgetauscht werden.

Seltener werden Leichtmetall-Schmiederäder verbaut, weil sie sehr viel kosten. Von der Festigkeit her – bei gleichzeitig geringem Gewicht – sind sie allerdings unschlagbar. Im Rennsport werden sie deshalb sehr häufig eingesetzt.

Noch seltener werden heute Verbundräder verwendet. Speziell Honda wollte mit vernieteten Verbundrädern punkten, die Bauart verschwand aber, nachdem sich immer mal wieder Nieten gelöst hatten, weitgehend vom Markt.

Das Allerwichtigste für den Motorradfahrer sind die Reifen. Man muss sich vorstellen: Nur zwei handtellergroße Flächen verbinden Mensch und Maschine mit der

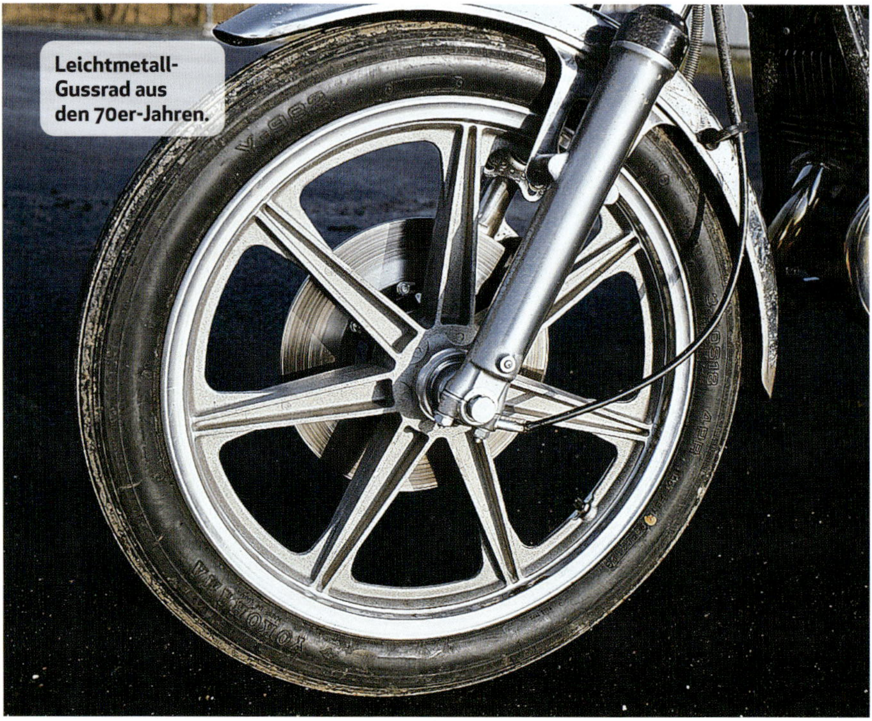

Leichtmetall-Gussrad aus den 70er-Jahren.

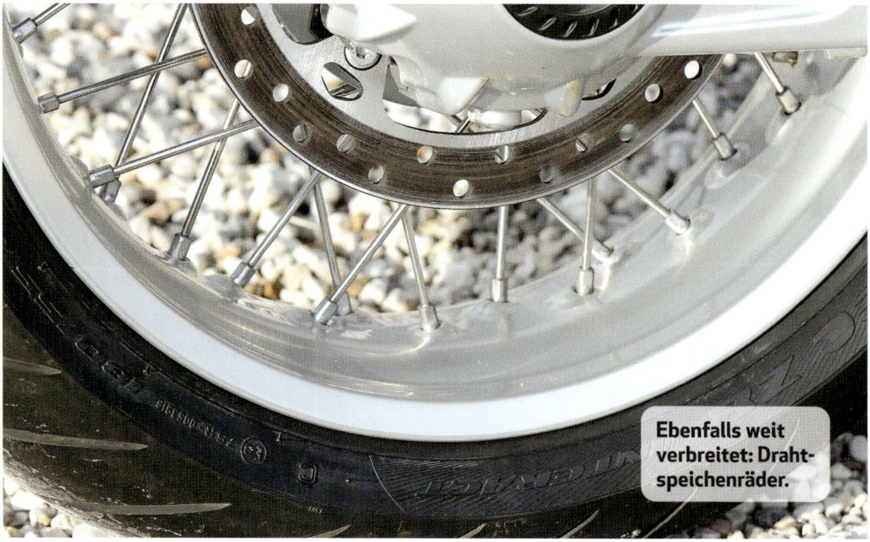

Ebenfalls weit verbreitet: Drahtspeichenräder.

Erde. Und diese sollen bis zu 215 PS, bis zu 50 Grad Schräglage, Vollbremsungen, Wasser, Staub, Steine, Bodenwellen, Hitze und Kälte vertragen? Und das noch einige Jahre lang? Eine wirkliche technische Meisterleistung! Erstaunlich ist auch immer wieder, und das bestätigen die MOTORRAD-Reifentests, was für einen großen Einfluss der Reifen auf das Fahrverhalten der jeweiligen Maschine ausübt. Jeder Hersteller legt seine Rundlinge eben ein bisschen anders aus, löst die Anforderungen auf andere Weise, und schon fährt die Maschine auch anders.

Regelrecht fulminant lässt sich die Reifenentwicklung der letzten Jahre nennen. Die aktuelle Reifengeneration ist die beste, die es je gab. Da das Größenwachstum der Reifen weitgehend beendet ist und sich somit auch die Karkassen nur noch in kleinen Schritten verbessern, wurde in den letzten Jahren viel an Gummimischungen getüftelt. Speziell die Entwicklung von Silika-haltigen Laufflächengummis haben Kalt- und Nasshaftung dramatisch verbessert.

Zwei Hauptbauarten von Reifen gibt es: Diagonalreifen und Radialreifen. Sie unterscheiden sich in Lage und Anordnung der Karkassengürtel. Beim Diagonalreifen werden bis zu fünf Karkasslagen eingebaut, deren Fadenrichtungen sich diagonal kreuzen. Diese Reifenbauart besitzt eine gute Eigendämpfung und ist robust, hat aber den Nachteil, sich bei hohen Geschwindigkeiten durch die Fliehkräfte am Reifen stark zu verformen; der Reifen wird größer, aber schmaler. Für schnelle Motorräder werden deshalb statt der langsam aussterbenden Diagonalreifen Radialreifen verwendet. Bei dieser Bauart verläuft die Fadenrichtung der Karkasslage radial zur Radmitte. Zusätzlich wird bei den aktuellen Radialreifen noch ein radial zur Reifenlängsrichtung gewickelter Nullgrad-Gürtel aufgebracht, womit der Reifen noch formstabiler wird. Als Gürtelmaterialien werden heute Nylon, für hochwertigere Reifen auch Aramid und sogar Stahl verwendet.

Auf die Karkasse wird der sogenannte Laufstreifen aufvulkanisiert, dessen Mischung aus Kautschuk, Ruß und diversen geheimen Ingredienzien die Fahreigenschaften mitbestimmt. Hier lassen sich die Hersteller selten in die Karten schauen – Betriebsgeheimnis.

Viel Philosophie drückt sich in den Reifenprofilen aus. Speziell die Supersport-Reifen, die hinten heute bis zu 200 Millimeter breit sind, haben stark markenspezifische Profilanordnungen. Viel Rillen gibt es bei diesen Pneus nicht mehr, manche ähneln schon fast Slicks. Tourensport-Reifen besitzen einen höheren Negativprofilanteil, sprich mehr Rillen, um auch im Nassen gut zu funktionieren und Aquaplaning wirksam zu unterbinden. Die gängige Hinterradbreite liegt hier bei 180 Millimetern, für Maschinen unter 78 PS werden auch oft 160er Hinterreifen verwendet. Vorn übrigens ist die meistverkaufte Größe 120 Millimeter breit.

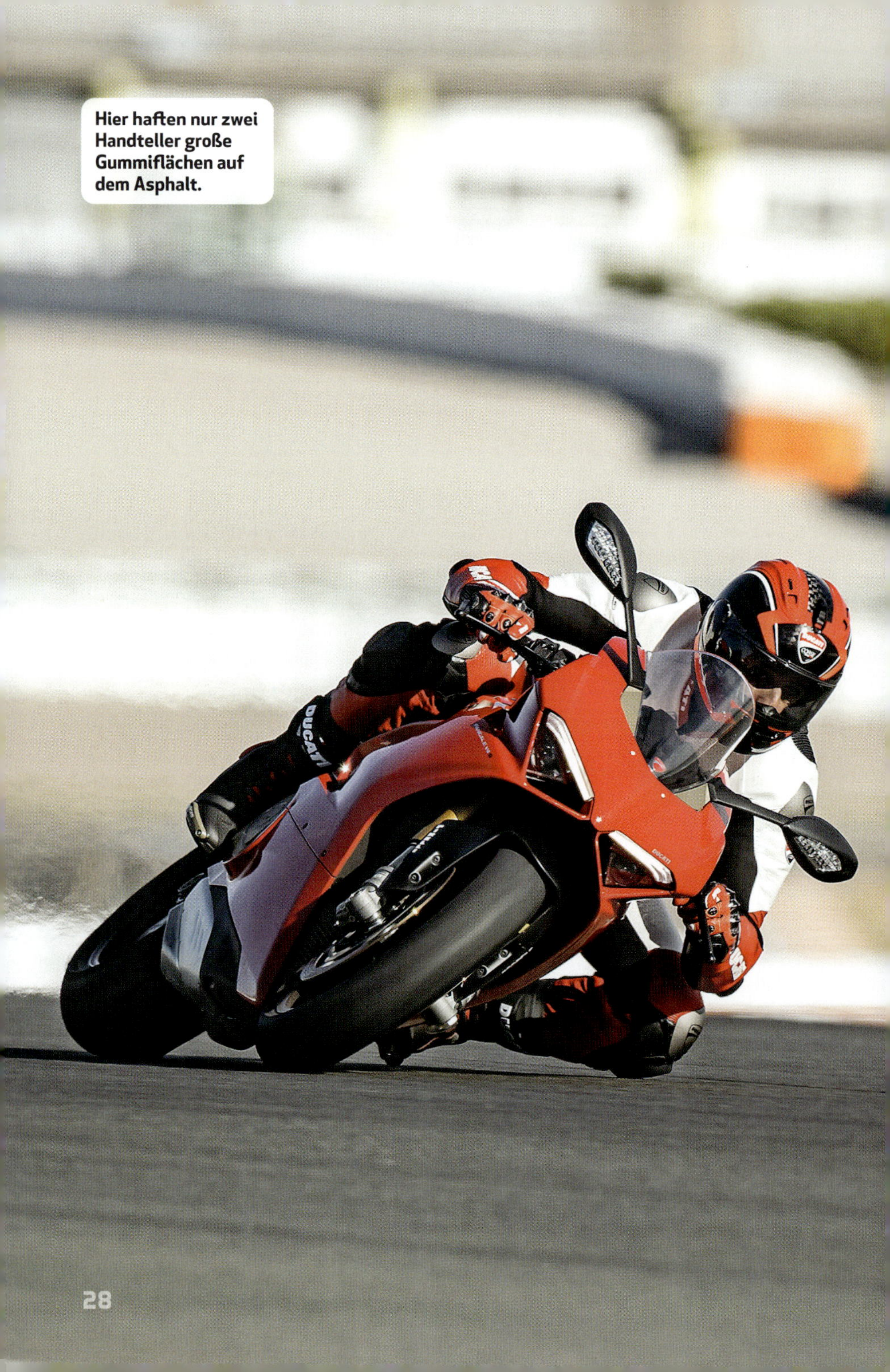

Hier haften nur zwei Handteller große Gummiflächen auf dem Asphalt.

Einen wichtigen **Grundsatz** sollte man sich immer hinter die Ohren schreiben:

SPARE NIE AN DEN REIFEN!

Ein guter Reifen ist wie eine **Lebensversicherung**. Öfters mal den **Luftdruck** prüfen und das **Abriebbild** anschauen gehören zur heiligen Bikerpflicht. Wenn man nur auf öffentlichen Straßen unterwegs ist, sollte man den Reifen aussuchen, der die beste Nasshaftung besitzt, die halten auch bei niedrigen Temperaturen in der Regel am besten.
Die ***MOTORRAD*-Reifentests** geben Auskunft.

Reiseenduroreifen weisen noch gröbere Profile auf, dem Einsatzzweck entsprechend kann so auch einmal eine Schottertour unternommen werden. Enduroreifen besitzen neben groben Stollen auch noch ausgesprochen tiefe und dicke Profilrillen, um die Selbstreinigung im Geländebetrieb zu verbessern.

Ganz andere Anforderungen werden an Chopper- und Cruiserreifen gestellt: Hier gilt es vor allem, gut auszusehen, was für das Hinterrad bedeutet, möglichst breit zu sein. Im Serienbau werden schon 280 Millimeter breite Schlappen verwendet, im Custombereich auch schon mal ein 340er! Ein so fetter Reifen lässt sich in einem Einspurfahrzeug logischerweise nicht mehr gut fahren – aber das passt zu den Maschinen. Auch kommt hier die vor allem in den USA gestellte Forderung nach immenser Laufleistung zum Tragen. Mit sehr harten Gummimischungen begegnen die Hersteller solcher Reifen diesen Wünschen. Nachteil für uns hier in Europa: Chopperreifen haften bei Kälte und Nässe deutlich schlechter als aktuelle Tourenreifen. Das sorgt beim Umstieg für ernste Probleme, also Vorsicht!

2.1.7. Bremsen

Motorräder besitzen in der Regel hervorragende Bremsanlagen. Die leichten Fahrzeuge machen es den Stoppern aber auch verhältnismäßig einfach. Physikalisch wandeln Bremsen die Bewegungsenergie des Motorrads durch Reibung in Wärme um. Bei Scheibenbremsanlagen, die heute fast ausschließlich verwendet werden, selten ein Problem. Eher schon bei Trommelbremsen, da hier die Reibung in der Radnabe erzeugt wird, die zum einen aus Aluminium besteht und sich dadurch bei Erwärmung stark ausdehnt, und zweitens meist geschlossen ausgeführt ist und so Wärme ganz schlecht ableitet. Trommelbremsen sind mithin eigentlich als Fehlkonstruktion zu betrachten und haben in modernen, leistungsstarken Maschinen nichts verloren.

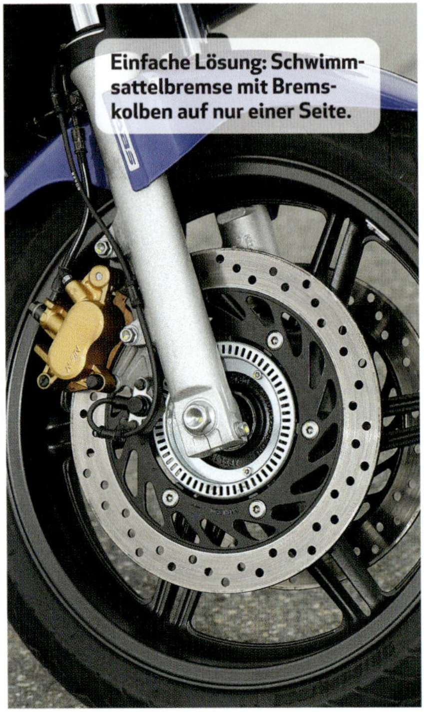

Einfache Lösung: Schwimmsattelbremse mit Bremskolben auf nur einer Seite.

Wie funktioniert die Scheibenbremse? Eine mit dem Rad verbundene Stahlscheibe dreht sich in einer mit der Radführung verbundenen Bremszange, in der Bremsbeläge darauf warten, durch hydraulischen Druck gegen die Scheibe gepresst zu werden. Je stärker der Druck, desto mehr Reibung entsteht und desto stärker verzögert die Maschine. Zwei Bauarten von Bremszangen gibt es: Die Festsattelbremse, bei der die Zange fest mit der Radführung verbunden ist und von beiden Seiten hydraulische Kraft auf die Bremsbeläge aufgebracht wird. Die günstigere Lösung ist die Schwimmsattelbremse, bei der die Zange auf einer schwimmenden Lagerung befestigt wird und nur auf der äußeren Seite Bremskolben für den hydraulischen Bremsdruck besitzt. Vorteil dieser Bauart ist die schmale Bauweise.

Die meisten Bremszangen besitzen mehrere Kolben pro Seite, wodurch bei gleichem Scheibendurchmesser mehr Reibung erzeugt werden kann. Schwere Maschinen sind vorn mit Doppelscheibenbremsen ausgerüstet, womit das leidige Verdrehen der Gabel beim Bremsen mit Einscheibenbremsen vermieden wird.

Am Hinterrad genügt immer eine Einscheibenbremse, meist mit deutlich geringerem Durchmesser als vorn. Später werden wir auf das Thema Verbundbremssysteme und ABS-Systeme eingehen, die einen deutlichen Sicherheitsgewinn mit sich bringen.

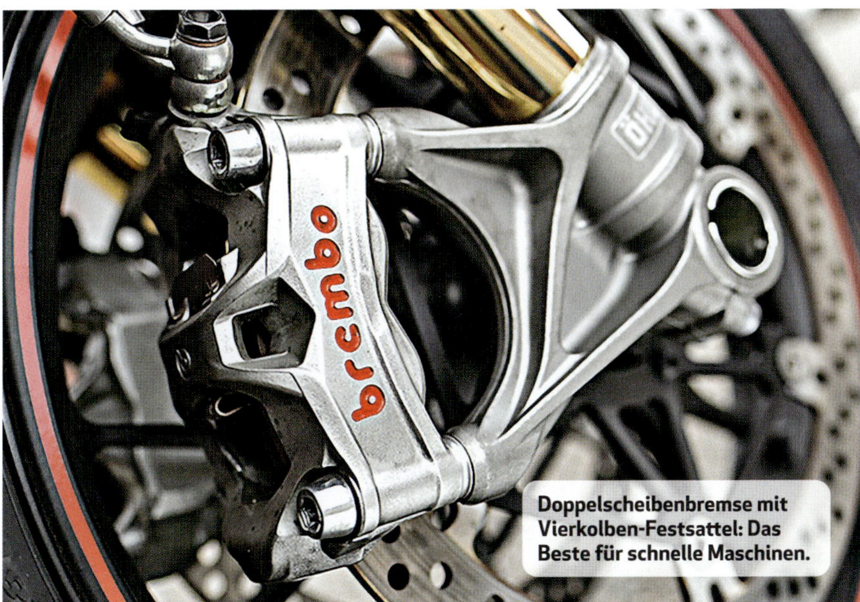

Doppelscheibenbremse mit Vierkolben-Festsattel: Das Beste für schnelle Maschinen.

2.2. Motor

Das Herz eines Motorrads, die Antriebsquelle, die Verbrennungsmaschine, die auf vielfältige Weise aus Benzin Fortbewegung erzeugt. Ganz entscheidend für den Charakter einer Maschine sind Bauart und Leistungsentfaltung des Motors. Hier entscheidet sich, ob die Maschine ein hochdrehendes Kreischgerät oder ein tieftönender Bulle ist. Ob sie vibriert wie verrückt oder seidenweich läuft. Wie schnell sie beschleunigt, wie kraftvoll sie durchzieht und wo ihre Höchstgeschwindigkeit liegt. Jeder sollte sich im Klaren darüber sein, dass moderne Motorräder für ihr Gewicht einen enorm starken Motor besitzen. Ein mit 150 PS angenehm motorisierter VW Golf wiegt mit Fahrer und Sonderausstattung schnell mal 1500 Kilogramm; manche aktuelle Sportmaschine hat mehr PS, wiegt aber mit Fahrer weniger als 300 Kilogramm. Aber selbst ein gleich schweres 78-PS-Motorrad hat im Vergleich zum Auto ein hervorragendes Leistungsgewicht, also Verhältnis von Leistung zu Gewicht. Beim erwähnten Golf muss jedes PS zehn Kilogramm mit sich herumschleppen, die 78 PS-Maschine verteilt auf ein PS nur 3,85 Kilogramm. Das heißt: Motorräder beschleunigen in der Regel deutlich besser als Autos, sind einfach viel dynamischer. Rekordhalter im Serienbau ist aktuell die BMW S 1000 RR HP4 Race, die mit Fahrer ein Leistungsgewicht von 1,29 Kilogramm pro PS aufweist und damit das dynamischste Serien-Landfahrzeug der Welt sein dürfte – zumindest derzeit, denn die nächste Steigerung folgt bestimmt.

Wie entsteht diese Kraft? Im Motor wird ein Benzin-Luftgemisch entzündet und dessen folgende Ausdehnung als Kraftquelle auf einem Kolben genutzt, der wiederum über eine Pleuelstange auf eine Kurbelwelle wirkt. Der Kolben bewegt sich

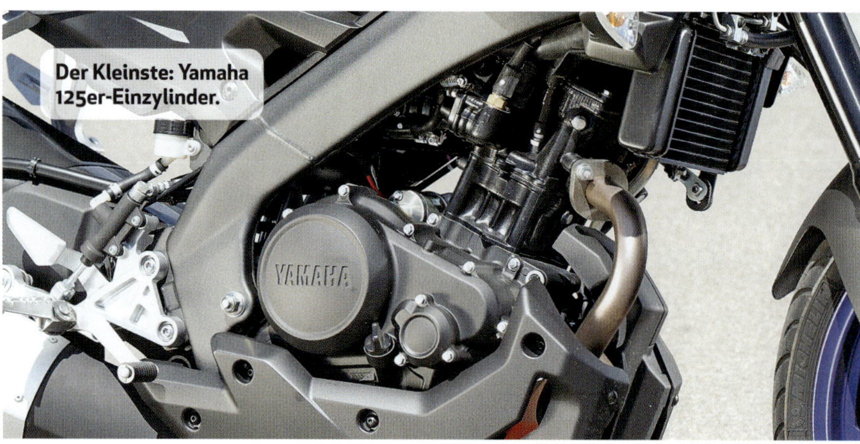

Der Kleinste: Yamaha 125er-Einzylinder.

dabei in einem Zylinder auf und ab, die Kurbelwelle rotiert. Den Hubraum des Motors bestimmen die Zylinderbohrung und der Kolbenhub, multipliziert mit der Anzahl der Zylinder. Die kleinsten Motorradmotoren besitzen heute 125 cm^3, einmal abgesehen von den 50 cm^3-Mofamotoren und Rollern, der größte Motorrad-Motor ist momentan ein Dreizylinder mit 2300 cm^3 Hubraum. Dreht sich die Kurbelwelle solcher Großmotoren nur 6000 Mal in der Minute, so bringen es die Motoren von 600er-Vierzylinder-Supersportlern auf über 15.000/min.

Wie viel Benzin-Luftgemisch ein Motor verfeuern kann, bestimmt seine Leistung. Also gilt es, immer einen guten Kompromiss zwischen der Anzahl der Zylinder, deren Hubraum und der maximalen Drehzahl zu finden, also der Anzahl der Verbrennungsstellen, deren Größe und der Zahl der Verbrennungstakte.

Noch nicht weit verbreitet, aber für das Motorrad eigentlich bestens geeignet sind elektrische Antriebe. Diese Motoren benötigen in der Regel kein Getriebe und liefern schon ab der ersten Umdrehung das maximale Drehmoment. Ihr Laufverhalten ist vibrationsfrei und leise. Als Nachteil ist aber immer noch die mangelnde Akku-Kapazität zu nennen. Noch immer schaffen es Elektromotorräder oder Roller kaum weiter als 150 Kilometer mit einer Ladung. Diese muss dann über ein Ladegerät und Stromanschluss wieder zeitaufwendig zugeführt werden. Die noch immer sehr hohen Preise für die Stromspeicher lassen Elektromotorräder noch immer deutlich teurer als Verbrenner werden. Auch wiegen die Akkus ziemlich viel, was sich negativ auf Handling und Fahrleistungen auswirkt. Die Autoren dieses Buches sind aber überzeugt, dass in wenigen Jahren technologisch noch einiges verbessert wird und wundern sich, wie wenig die großen Hersteller in die Elektromobilität des Zweirads investieren.

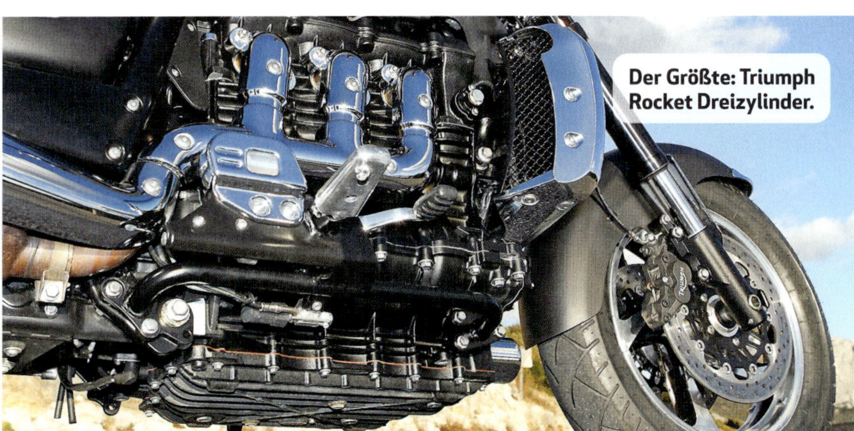
Der Größte: Triumph Rocket Dreizylinder.

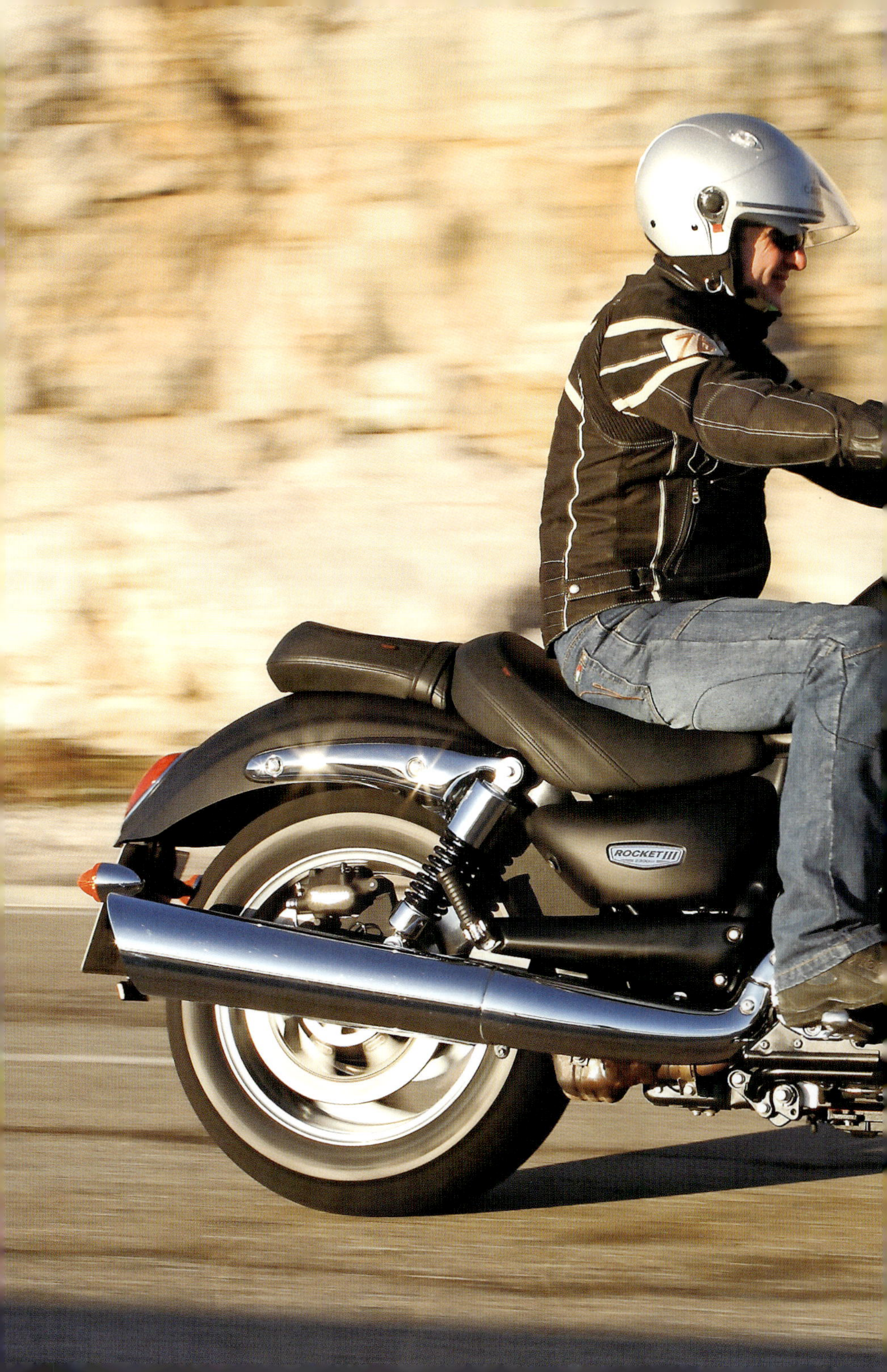

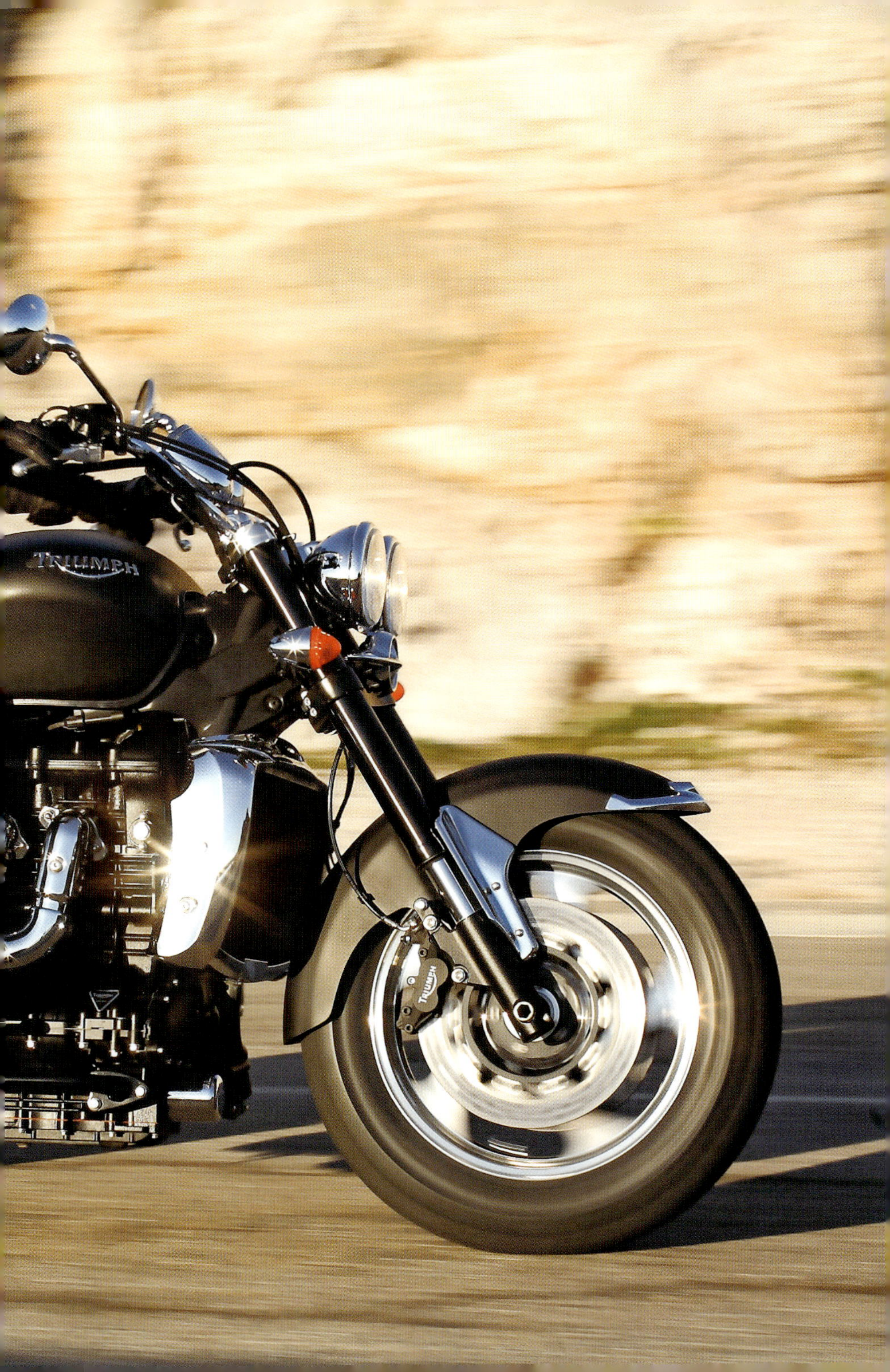
TRIUMPH

2.2.1. Bauarten

Der am weitesten verbreitete Motorradmotor ist der Reihenvierzylinder-Viertakter. Bei ihm bilden Bauaufwand und Leistungsausbeute, Laufkultur und auch die Optik ein gelungenes Zusammenspiel. Speziell die japanischen Motorradhersteller entwickelten diese Bauart zur Perfektion und bieten Motoren von 600 cm^3 bis 1400 cm^3 an. Von 78 PS bis zu 200 PS deckt diese Motorbauart einen weiten Bereich ab. Neben den Japanern wagen sich nur noch Benelli, BMW und MV Agusta auf dieses Terrain, vor allem BMW inzwischen mit großem Erfolg. Eingesetzt wird diese Bauart vom Tourer bis zum Supersportler.

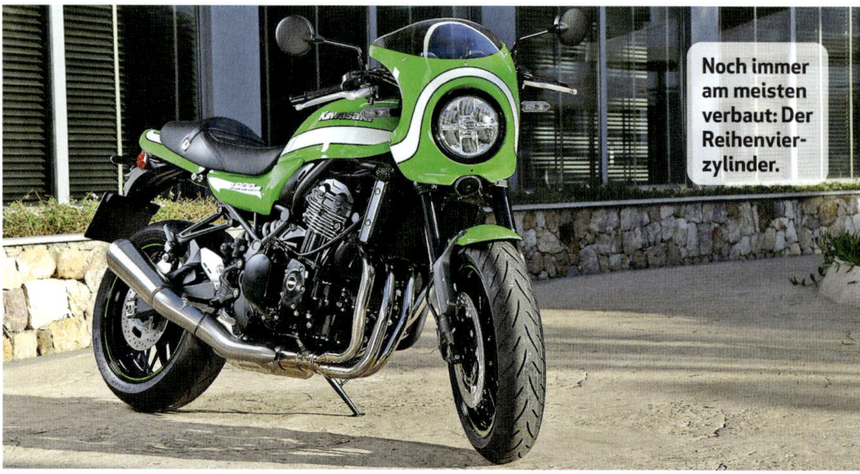

Noch immer am meisten verbaut: Der Reihenvierzylinder.

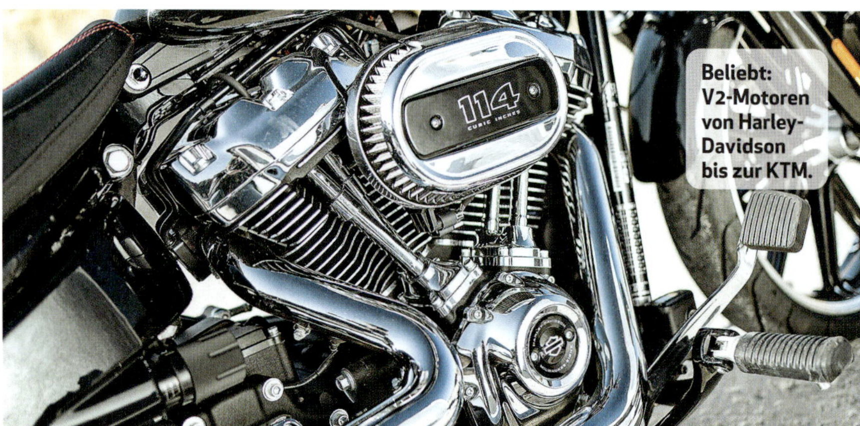

Beliebt: V2-Motoren von Harley-Davidson bis zur KTM.

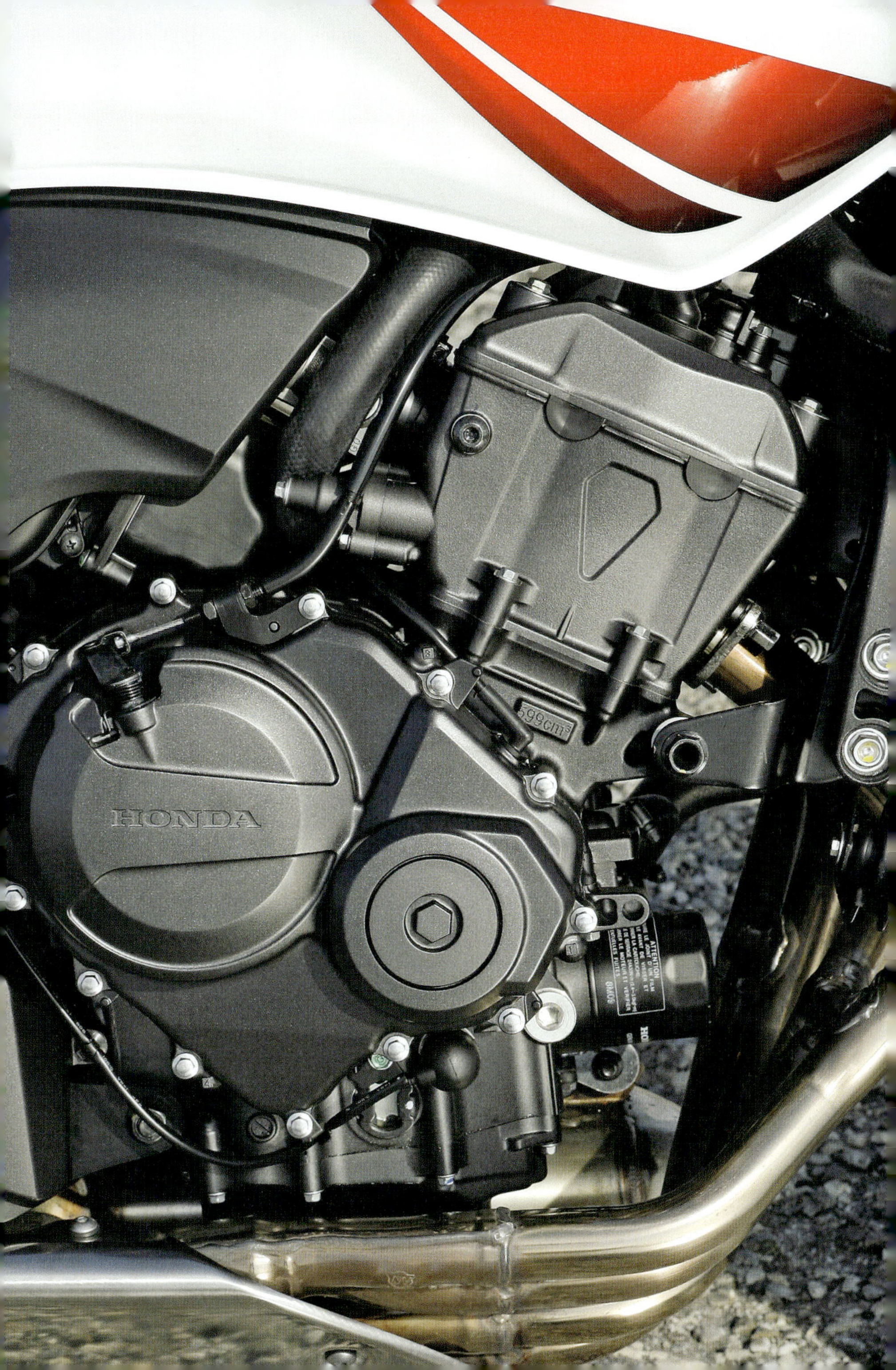
HONDA

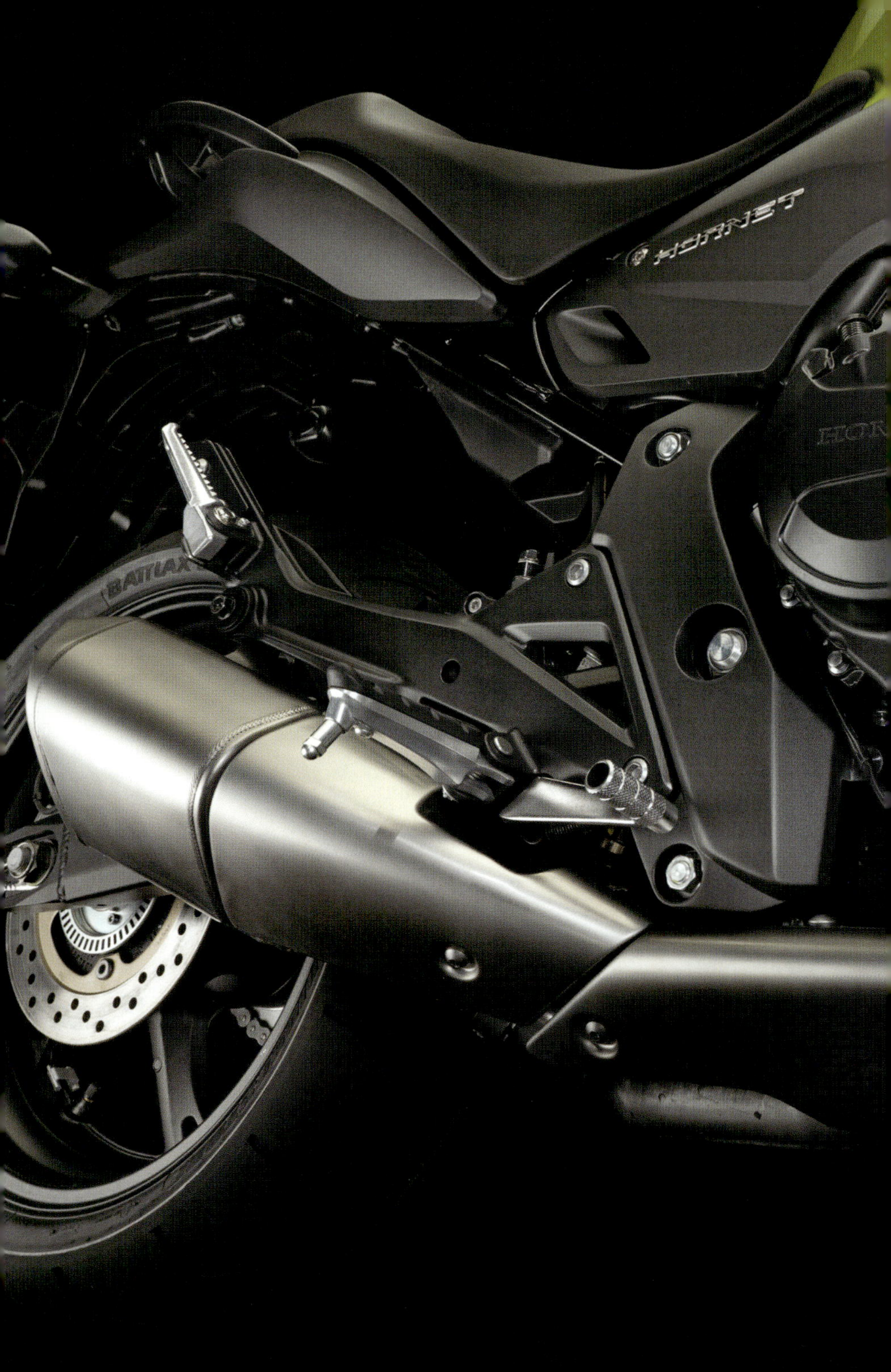
HORNET
BATTLAX

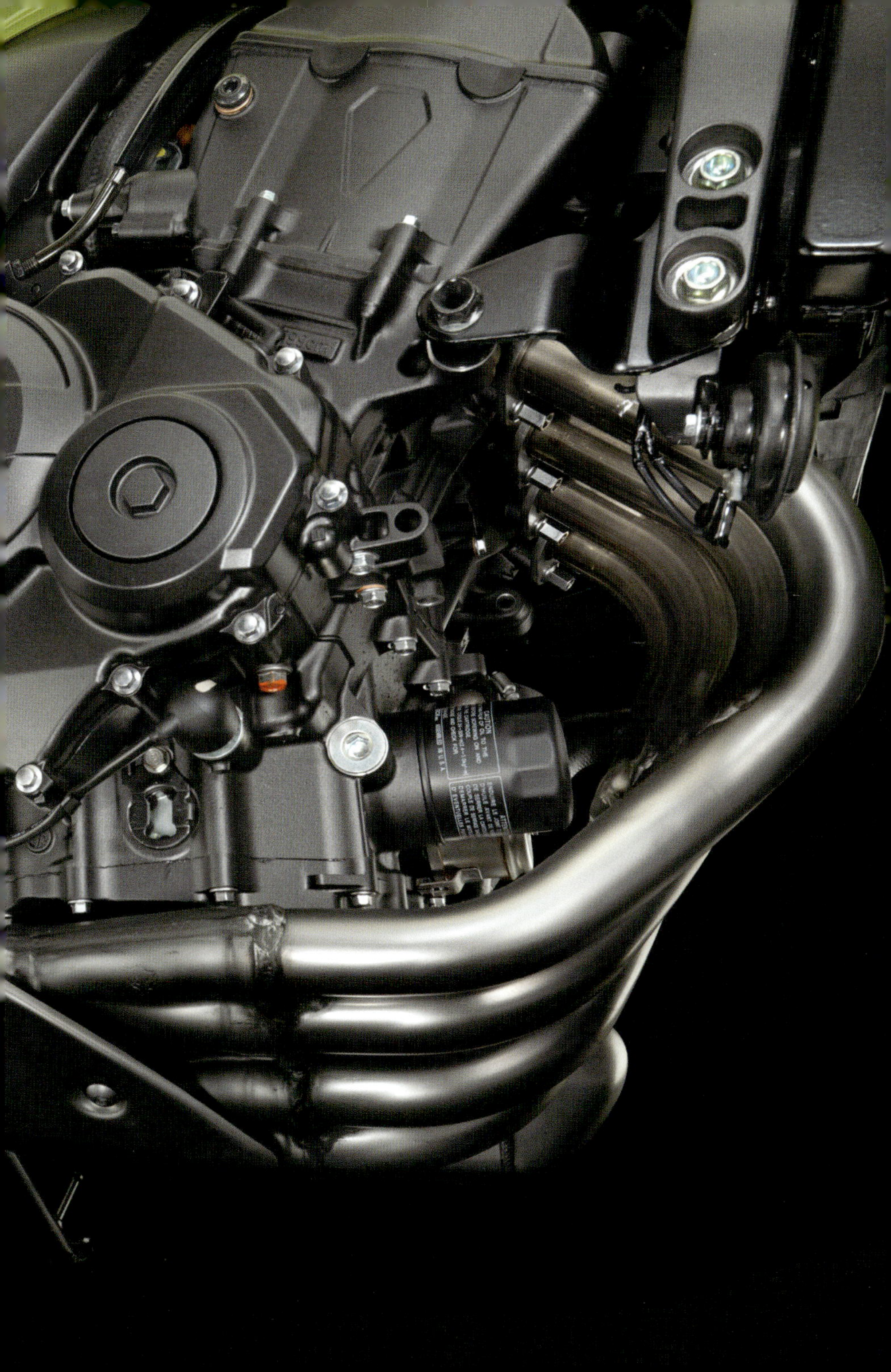

Eine große Fangemeinde verehrt auch den V2-Motor. Zum einen natürlich in der Chopper-Version von Harley-Davidson und all den japanischen Choppern und Cruisern. Zum anderen aber auch in der Sportversion, wie sie von Ducati, KTM und Aprilia verwendet wird. Allen gemeinsam ist der charakterstarke bullige Auftritt, der mit einer sonoren Klangkulisse einhergeht. Während die Chopper-Versionen niedrig drehen und es meist bei 80 bis 100 PS belassen, kommen moderne Sport-V2 auf Leistungen nahe 200 PS, mechanisch sind diese Motoren höchst belastet.

Nur von BMW gibt es den Zweizylinder-Boxermotor, der durch guten Massenausgleich besticht, aber durch seine ungünstigen Platzverhältnisse trotz Hubräumen bis 1200 cm³ nur im mittleren Leistungsbereich zwischen 90 und 125 PS angesiedelt ist.

An Bedeutung gewinnt zunehmend der Reihen-Dreizylindermotor, den hauptsächlich Triumph, Yamaha und MV Agusta verfolgen und inzwischen eine außerordentliche Perfektion damit erzielen. Neben der guten Laufkultur bestechen die Reihendreier mit unnachahmlichem Sound. Mit Leistungen von 85 bis 150 PS und Hubräumen von 675 bis 2300 cm³ deckt der Dreizylinder viel ab.

Eher zurückgegangen ist die Bedeutung des Einzylindermotors. Zwar zaubern Hersteller wie KTM inzwischen bis zu 75 PS in diese Bauart, die meist mangelhafte Laufkultur und auch das schmale Leistungsband eines solchen Motors überzeugen aber nur wahre Single-Fans.

Auf dem Vormarsch ist wieder der Zweizylinder-Reihenmotor. Diese einfache Motorbauart wird von 250 cm³ bis zu 1700 cm³ angeboten und kann ebenfalls als klassische Motorbauart bezeichnet werden. Immerhin war die allererste Maschine, die Hildebrand und Wolfmüller, auch schon ein Zweizylinder-Reihenmotor. Die Leistungen von 30 bis 110 PS zeigen, dass diese Bauart für Mittelklassemaschinen ideal ist. Auch begeistert

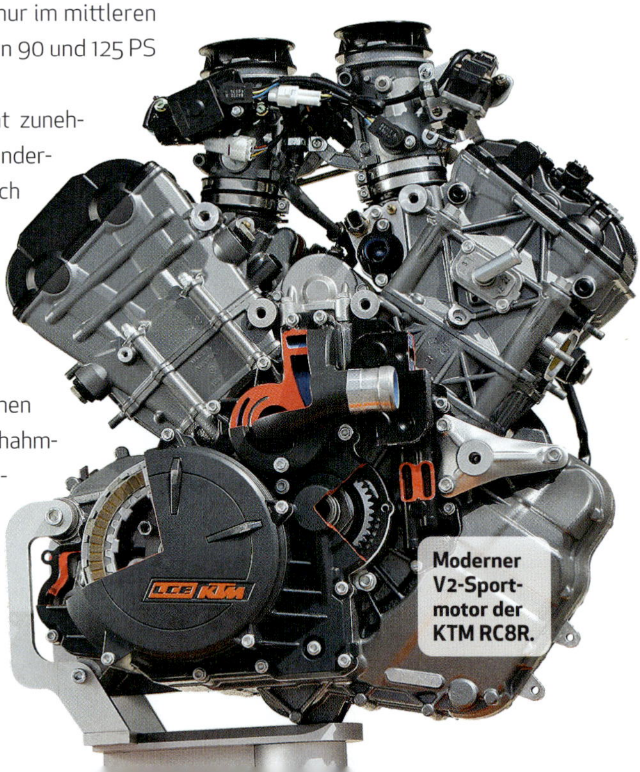

Moderner V2-Sportmotor der KTM RC8R.

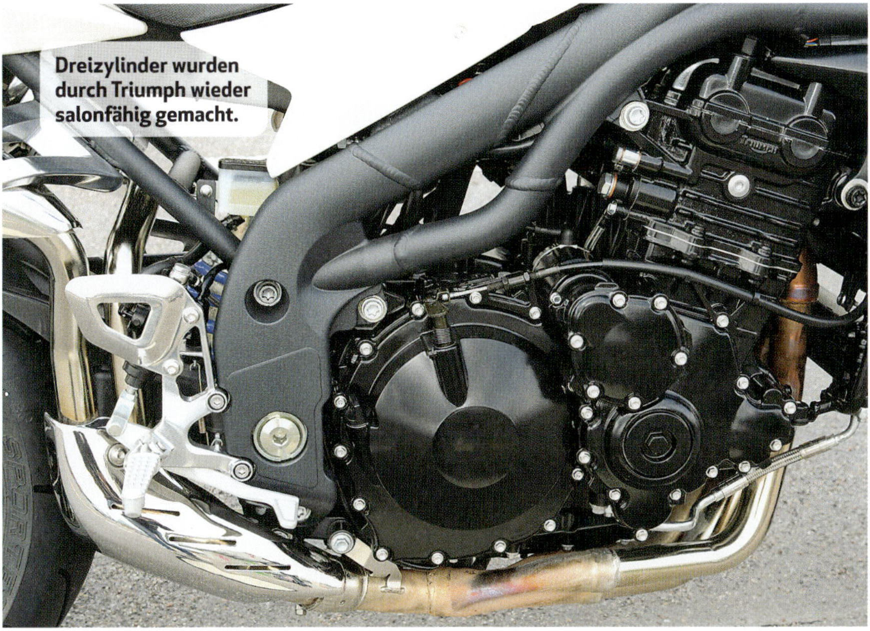

Dreizylinder wurden durch Triumph wieder salonfähig gemacht.

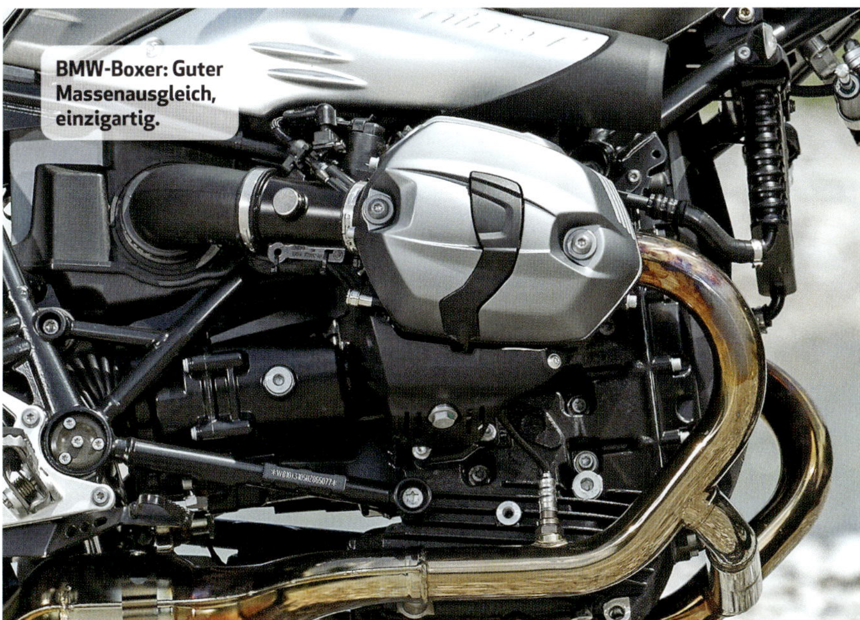

BMW-Boxer: Guter Massenausgleich, einzigartig.

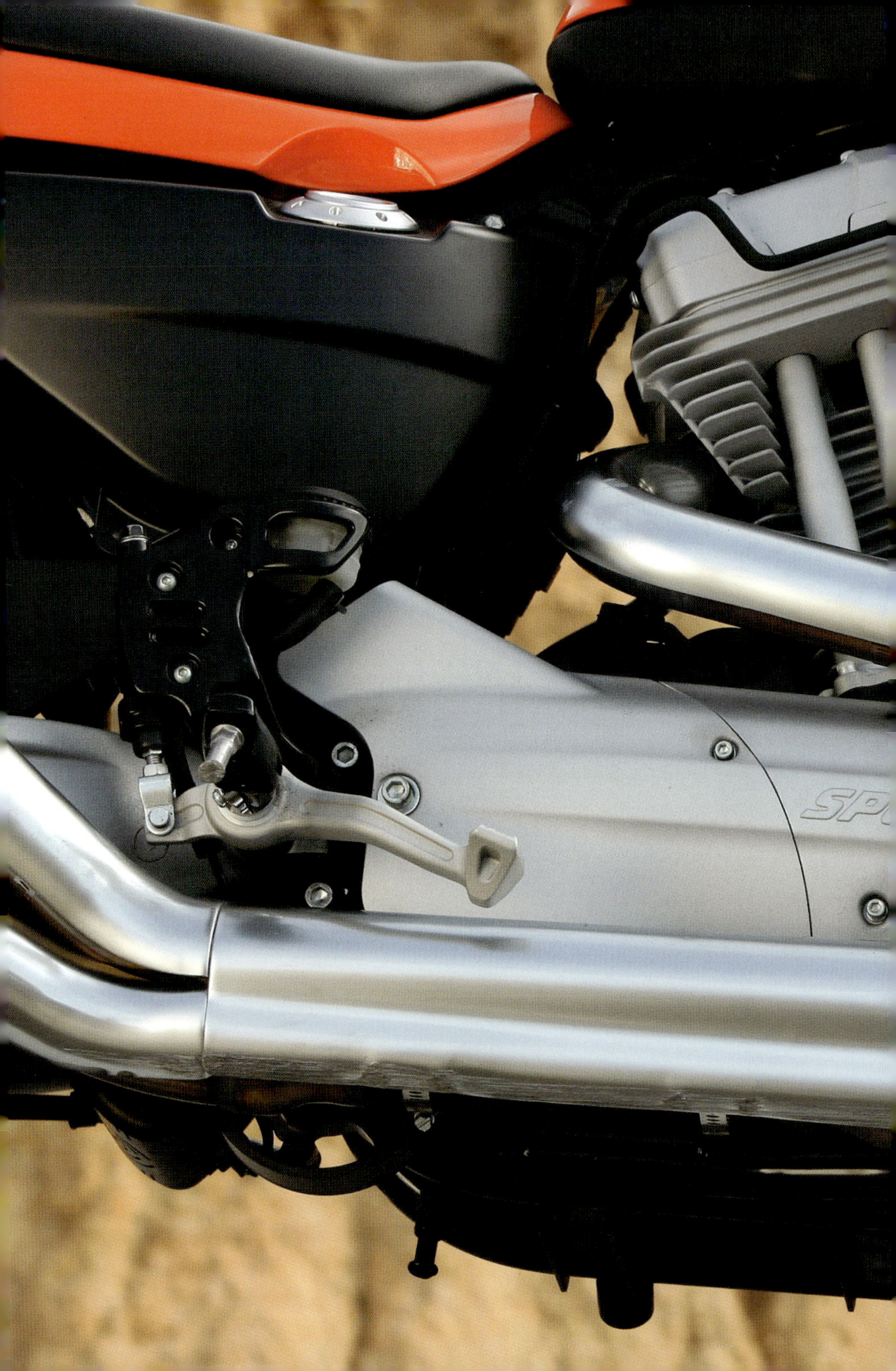

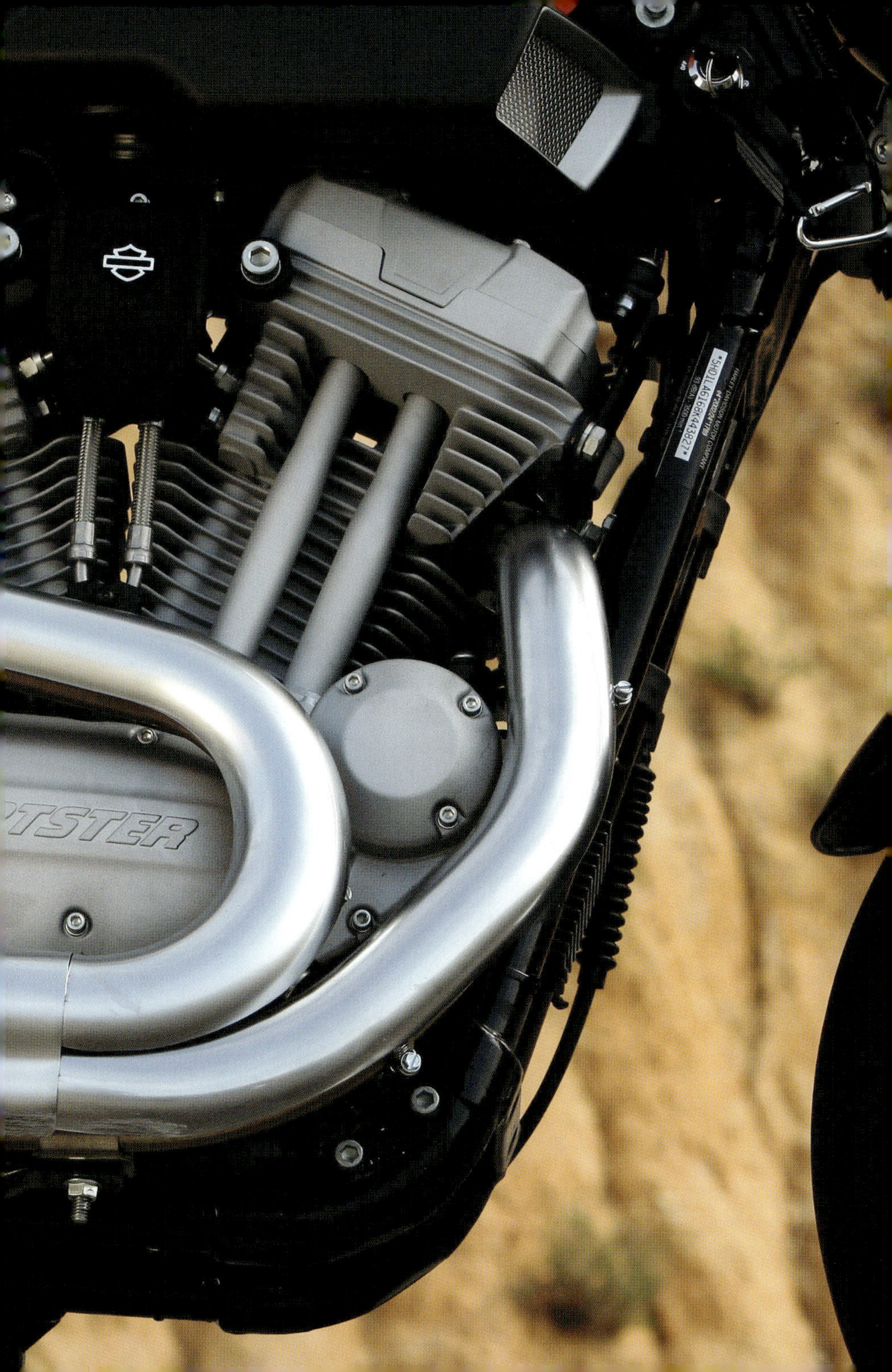

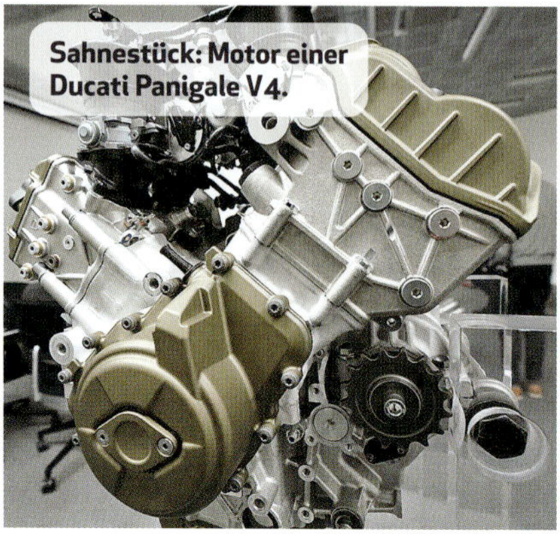

Sahnestück: Motor einer Ducati Panigale V4.

der klassische Klang dieser Bauart. Dieser wird noch verfeinert durch einen speziellen Hubzapfenversatz von 90 Grad. So erzeugen diese Motoren einen Klang wie ein 90-Grad-V2.

Eher Randerscheinungen, dafür dank hohem technischen Aufwand aber meist sehr reizvolle: V4-Motor, Sechszylinder-Reihenmotor, Sechszylinder-Boxer: Hier zählen Aufwand und Besonderheit, wirkt der einzigartige Charakter. Dafür müssen hohe Kosten in Kauf genommen werden. Aber wer jemals den seidenweichen Sound eines Reihen- oder Boxer-Sechszylinders erfahren durfte, wird das niemals vergessen. Und wer die spezielle Klangkulisse eines V4-Motors und dessen tollen Antritt in mittleren Drehzahlen fühlte, kann auch von dieser Motorbauart gefangen werden. Grundsätzlich sind diese Bauarten sehr leistungsstark ausgelegt, sonst lohnte sich ja der ganze Bauaufwand nicht. Das derzeit stärkste Serienmotorrad der Welt, die 40 000 Euro teure Ducati Panigale 1100 V4 Speziale, wird von einem 225-PS-V4 angetrieben.

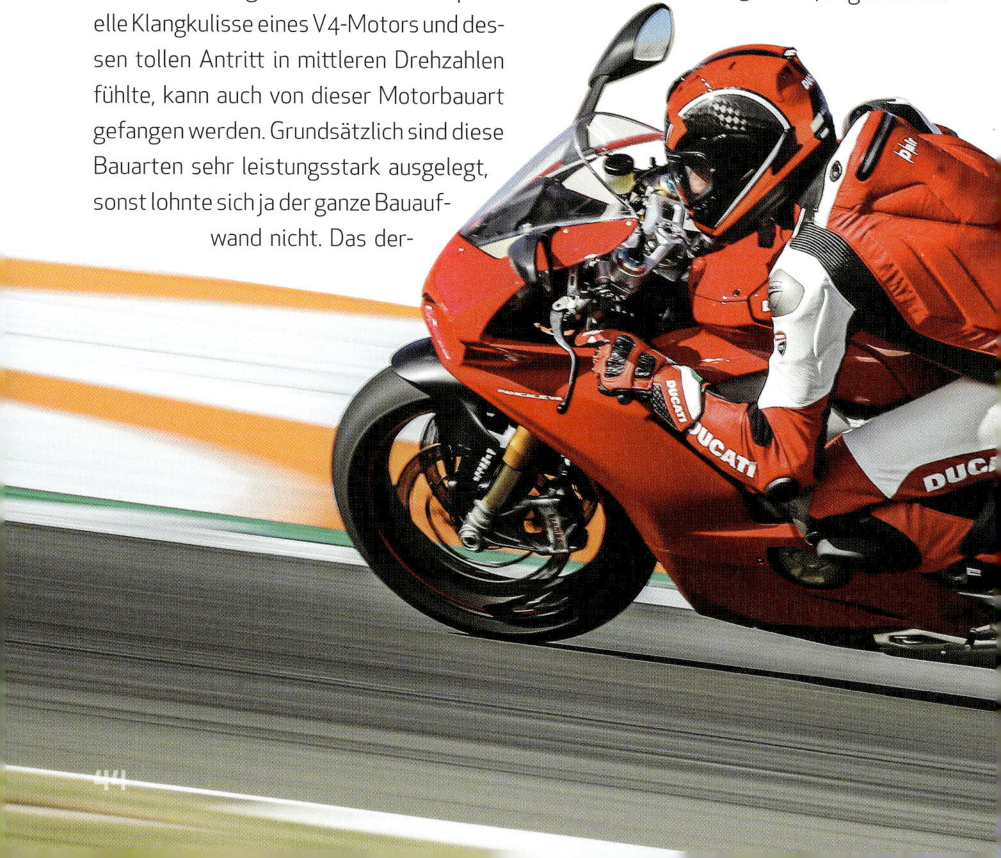

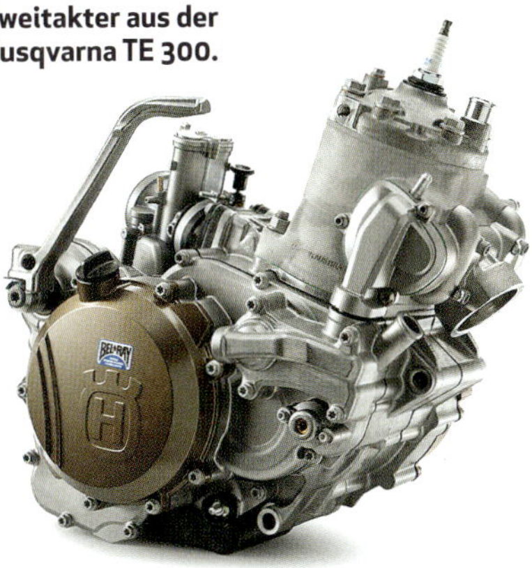

Zweitakter aus der Husqvarna TE 300.

Am Aussterben ist aufgrund harter Abgasgesetze der Zweitaktmotor. Diese wegen ihrer spritzigen Leistungsentfaltung geliebten Motoren hauen hohe Abgasmengen in die Umwelt, ihnen fehlt eben eine exakte Steuerung des Gaswechsels mit Ventilen, wie es der Viertakter realisiert. So erzeugt ein Zweitakter immer eine Menge unverbrannter Kohlenwasserstoffe, die auch von den fleißigsten Katalysatoren nicht umgewandelt werden können. Ein Jammer. Immerhin hält KTM im Serienbau die Zweitaktfahne noch hoch. Dank Einspritzung und Katalysatoren schaffen diese dann allerdings stark gedrosselten 300er-Modelle die Straßenzulassung.

2.2.2. Gemischbildung

Wie wird nun das richtige Benzin-Luftgemisch erzeugt? Heutzutage in der Regel durch eine Einspritzanlage, die zum einen die angesaugte Luftmenge blitzschnell misst und durch von ihr gesteuerte Düsen die passende Benzinmenge in den Ansaugkanal spritzt. Moderne Motoren brauchen dabei über fast alle Drehzahl- und Lastbereiche ein Verhältnis von etwa 14 Kilogramm Luft zu einem Kilogramm Benzin. Dieses Lambda 1 genannte Verhältnis benötigt der in der Auspuffanlage sitzende Katalysator, um optimal zu arbeiten. Über eine meist im Auspuffkrümmer sitzende Lambdasonde holt sich die Einspritzanlage die Information, ob das Gemisch auch stimmt. Nur beim Kaltstart, kräftiger Beschleunigung und Höchstleistung wird das Gemisch mit mehr Benzin ange-

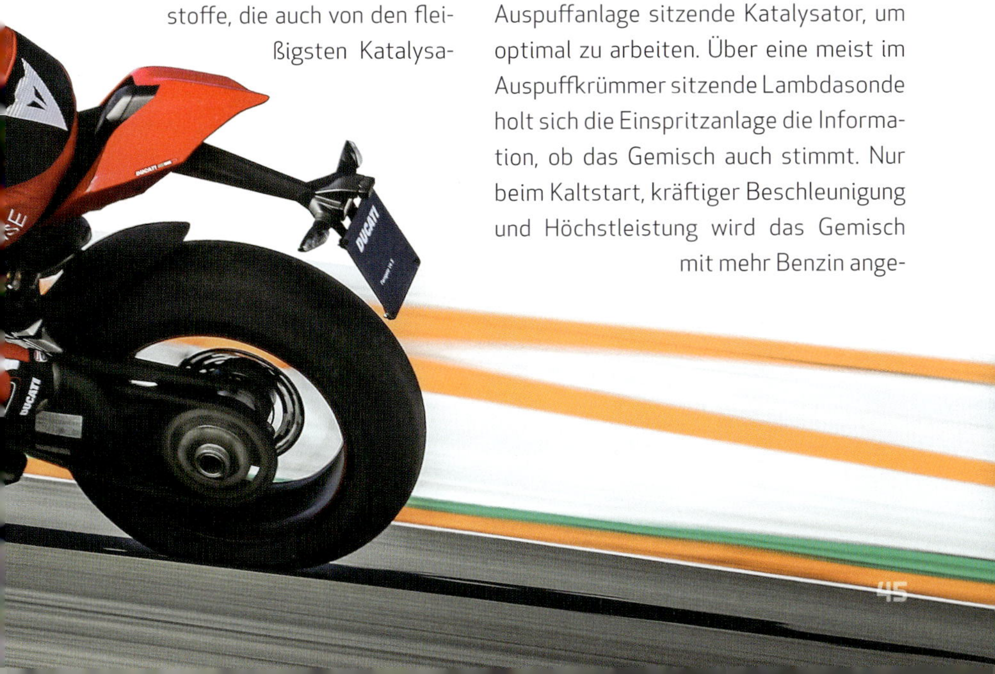

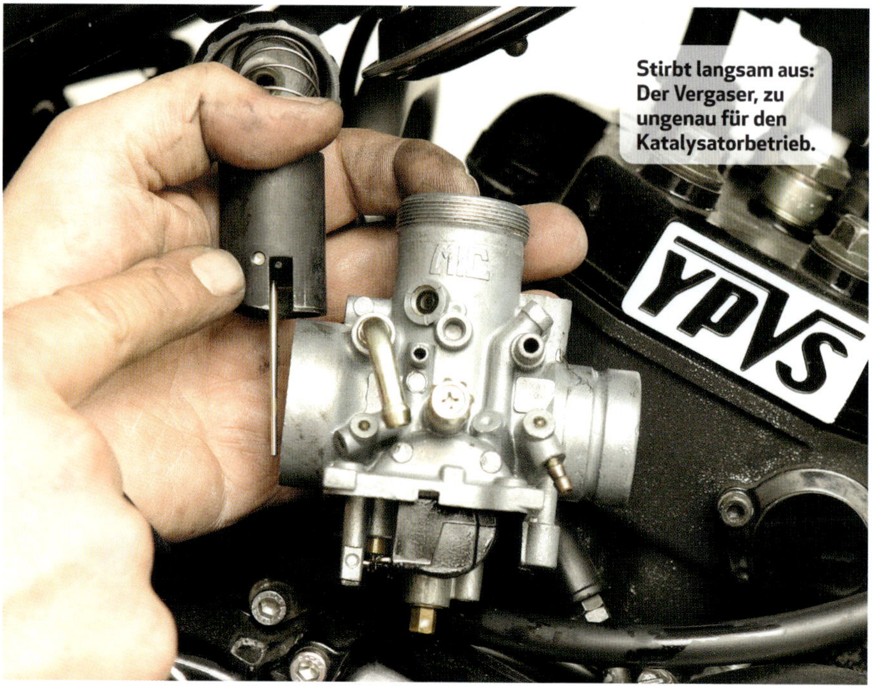

reichert, um die Verbrennung in diesen Zuständen zu verbessern; der Lambda-Wert fällt dann unter 1.

Noch vor gut zehn Jahren besorgten meist Vergaser die Gemischbildung. Sie funktionieren rein physikalisch, indem sie das Benzin durch den angesaugten Luftstrom aus den mehr oder weniger geöffneten Düsen mitreißen lassen. Für den Katalysatorbetrieb wäre das zu ungenau, weshalb auch der Vergaser zunehmend ausstirbt.

Die Menge des Gemischs und somit die Leistung des Motors wird über die Drosselklappe gesteuert, die ihre Befehle vom Gasgriff bekommt. Ohne sie würde der Motor immer volle Pulle laufen. Mit Federn wird sie deshalb immer geschlossen gehalten, der Gasgriff öffnet sie dann gegen die Federkraft. Bei modernen Motoren steuert der Gasgriff die Drosselklappen aber nicht über einen mechanisch wirkenden Zug, sondern elektronisch. Dieses Drive-by-wire genannte System ist unabdingbar für wirkungsvolle Fahrdynamikregelungen und gutes Ansprechverhalten.

Leistungsstarke Motoren besitzen pro Zylinder eine Drosselklappe, die größten finden sich bei Sport-V2-Zylindern, wo sich bis zu 60 Millimeter große Schlünde öffnen.

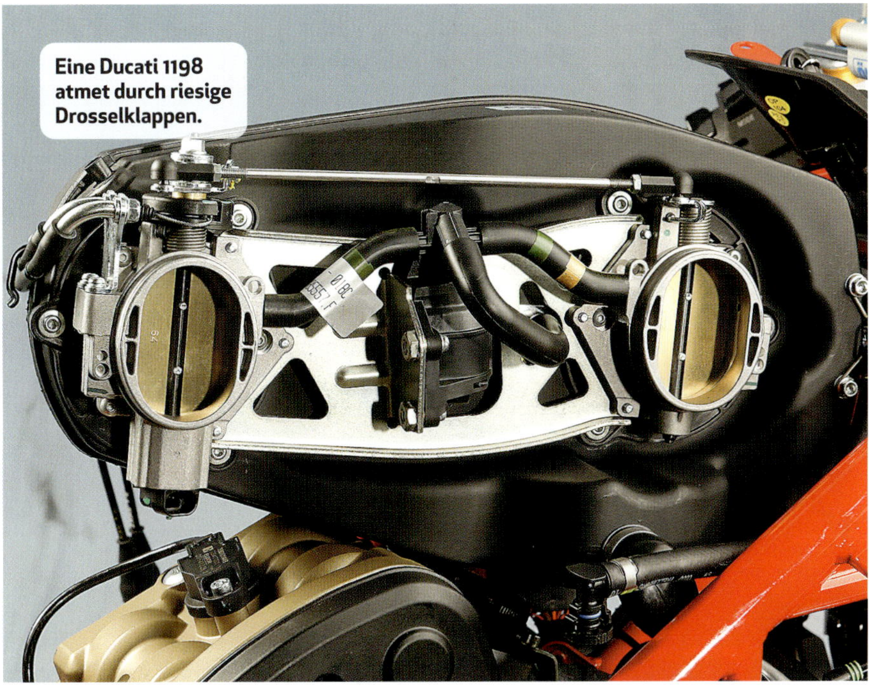

Eine Ducati 1198 atmet durch riesige Drosselklappen.

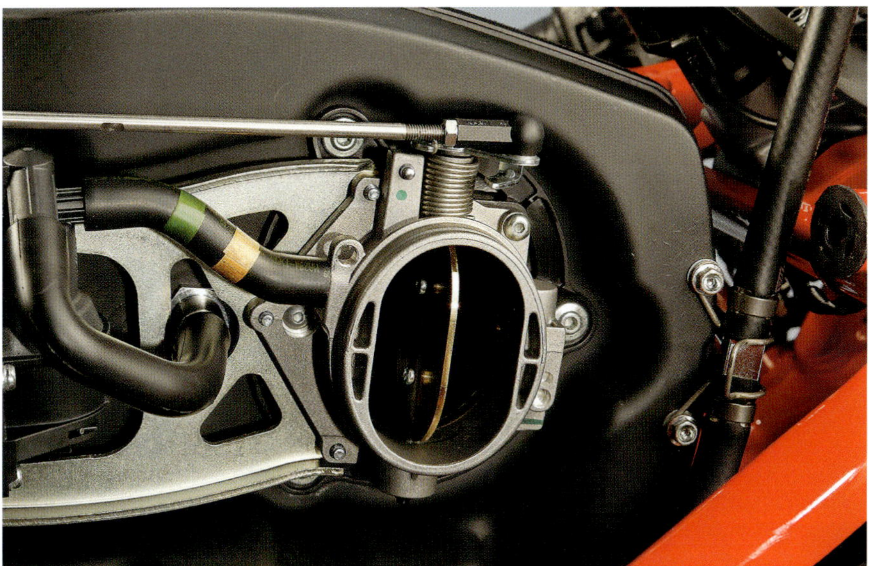

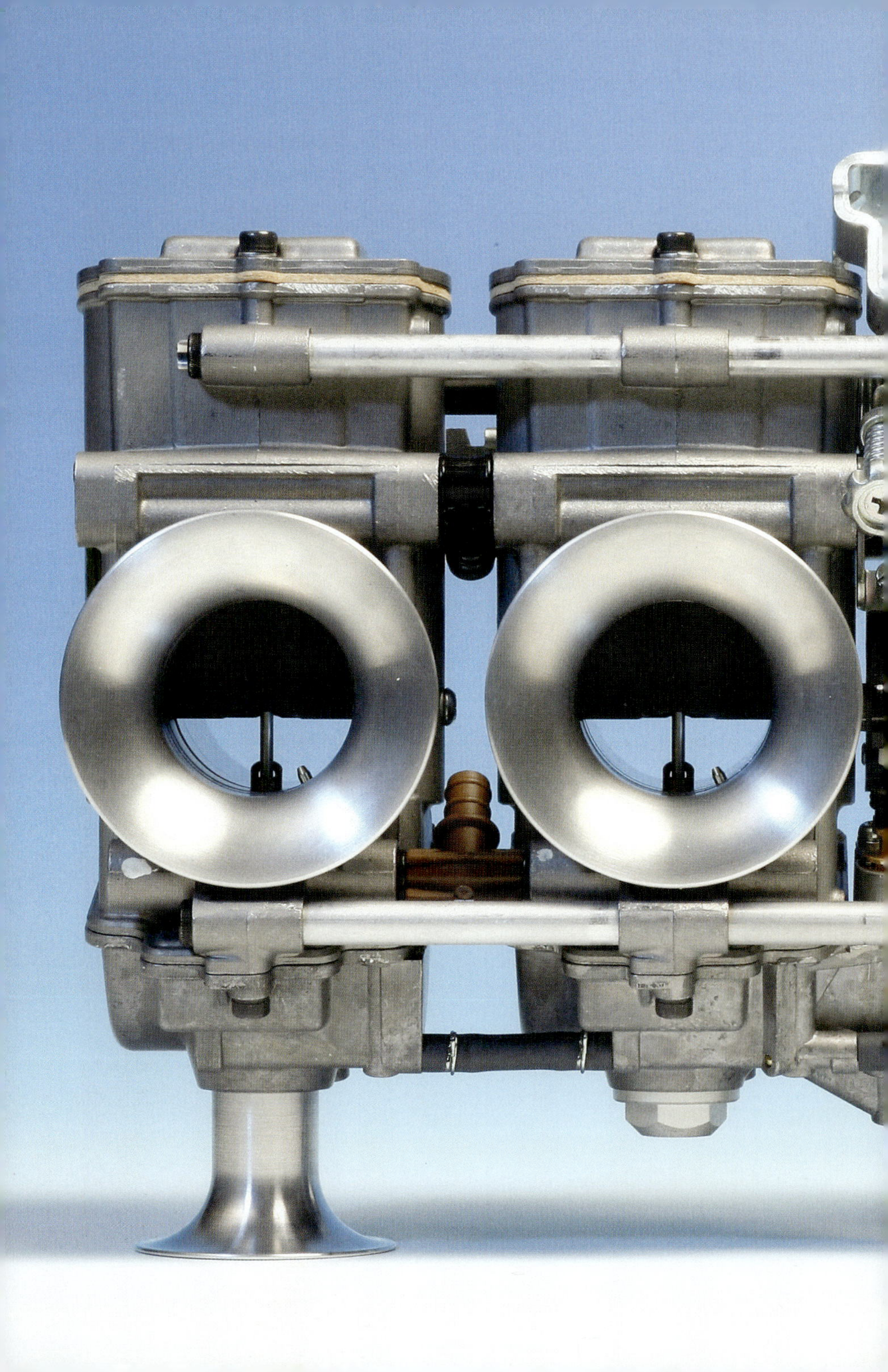

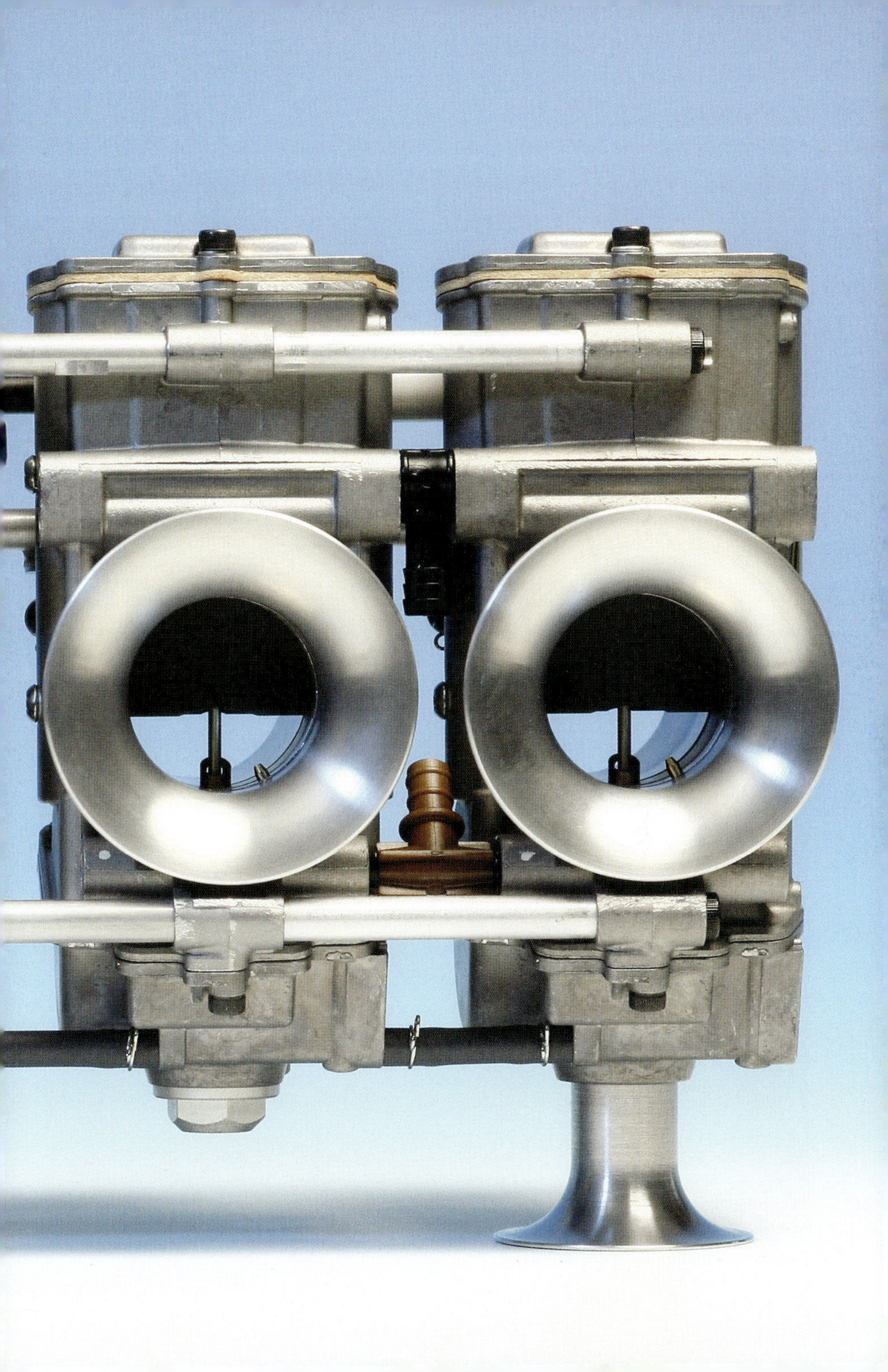

2.2.3. Zündung

Die Zündung des angesaugten Gemischs erfolgt durch die Zündkerze. Diese liegt meist mittig im Brennraum, manche Motoren mit großen Zylindern besitzen auch zwei Zündkerzen pro Brennraum. Wichtig ist der Zeitpunkt der Zündung. Grundsätzlich gilt: Je früher das Gemisch vor dem nach oben sausenden und so verdichtenden Kolben gezündet wird, desto mehr Kraft entsteht. Allerdings gibt es da eine Grenze, bei der der Motor zu klingeln, sprich: unkontrolliert zu verbrennen beginnt. Diese Grenze hängt hauptsächlich von der Drehzahl und der abgerufenen Leistung ab und natürlich von der Klopffestigkeit des Benzins. Deswegen werden die möglichen Zündzeitpunkte, wie übrigens auch die Daten der Einspritzung, in einem Speicher in sogenannten Kennfeldern abgelegt. Je nach Drehzahl und Last holt sich dann der Zündcomputer den entsprechenden Zündpunkt. Einige Motoren besitzen Klopfsensoren. Diese spüren, wenn der Motor zu klingeln beginnt und veranlassen dann spätere Zündzeitpunkte. Diese Motoren können sich so auch auf unterschiedliche Kraftstoffqualitäten einstellen.

2.2.4. Schmierung und Kühlung

Die vielen bewegten Teile in einem Motor müssen natürlich alle auf einem Schmierfilm gleiten, sonst würden sie übermäßig schnell verschleißen. Vom auf- und absausenden Kolben bis zum Lager am Getriebe-

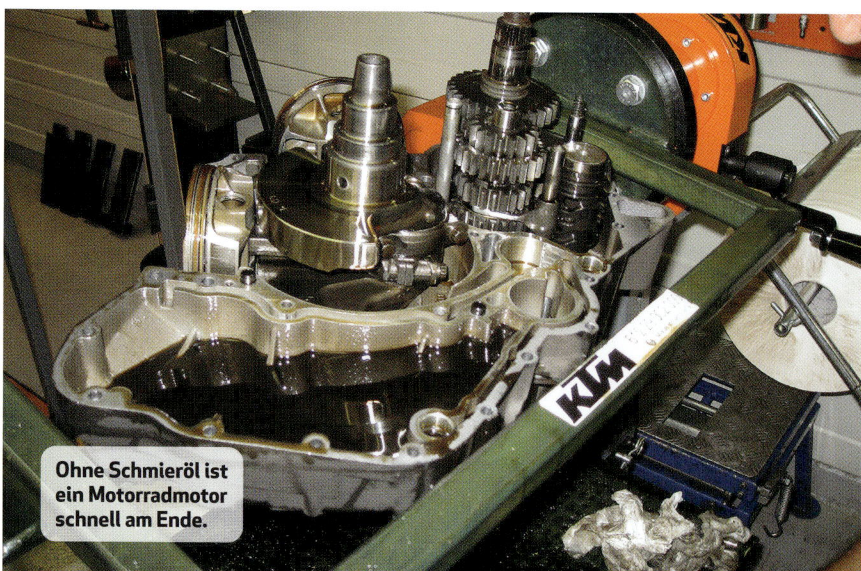

Ohne Schmieröl ist ein Motorradmotor schnell am Ende.

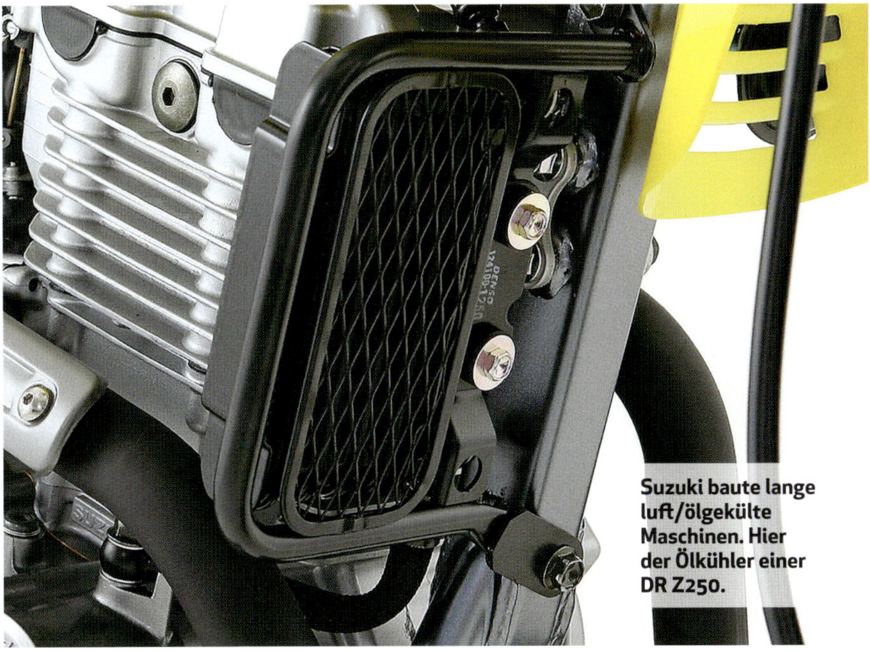

Suzuki baute lange luft/ölgekülte Maschinen. Hier der Ölkühler einer DR Z250.

ausgang, von den Gleitlagern der Kurbelwelle bis zu den höchstbelasteten Zähnen im Getriebe treten dabei ganz unterschiedliche Anforderungen an einen Schmierstoff heran. Dennoch schöpfen die meisten modernen Motoren Motor- und Getriebeöl aus ein- und derselben Quelle, dem Ölreservoir.

Hier sammelt sich das Schmieröl von allen Lagerstellen und wird von einer Ölpumpe durch ein Sieb und den nachgelagerten Ölfilter wieder abgesaugt und zu den Schmierstellen gepumpt.

Bei der Nasssumpfschmierung liegt das Ölreservoir unter dem Motor und nennt sich Ölwanne, bei der Trockensumpfschmierung kommt ein separater Öltank zum Einsatz. Damit spart man Bauhöhe, der Tank kann irgendwo am Motorrad befestigt sein. Die Trockensumpfschmierung benötigt noch eine zweite Ölpumpe für den Transport zum Motor.

Einige Motoren besitzen ein separates Getriebe. Beispielsweise die luftgekühlten BMW Boxer-Modelle, oder die luftgekühlten Harley-V2. Hier kommen dann spezielle Getriebeöle zum Einsatz, die wesentlich seltener gewechselt werden müssen.

Bei Zweitakt- und Wankel-Motoren wird das Motoröl durch kleine Spritzdüsen direkt in den Ansaugkanal geführt und mischt sich dort mit dem Benzin-Luftgemisch. Bei der Verbrennung wird es gleich mit verbrannt, das nennt man dann

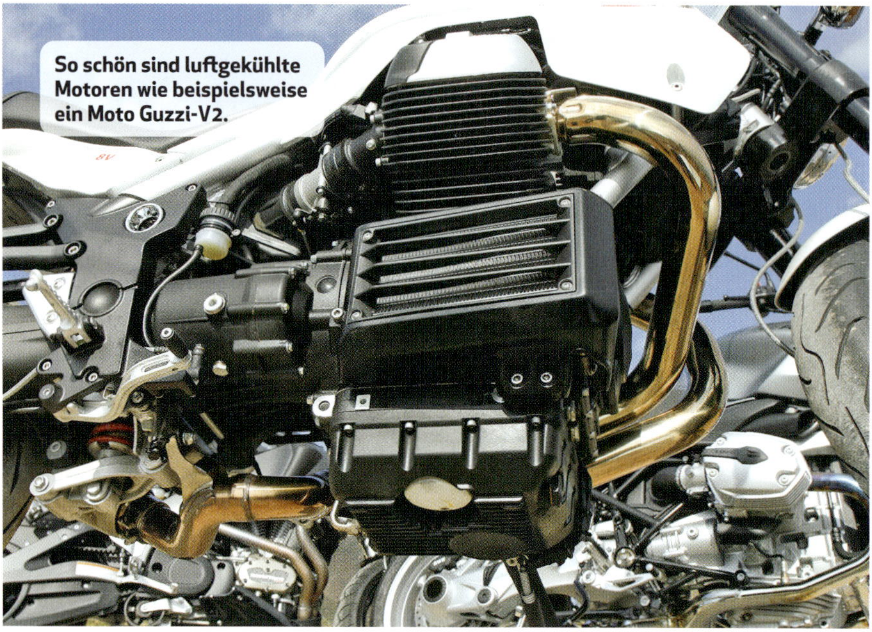
So schön sind luftgekühlte Motoren wie beispielsweise ein Moto Guzzi-V2.

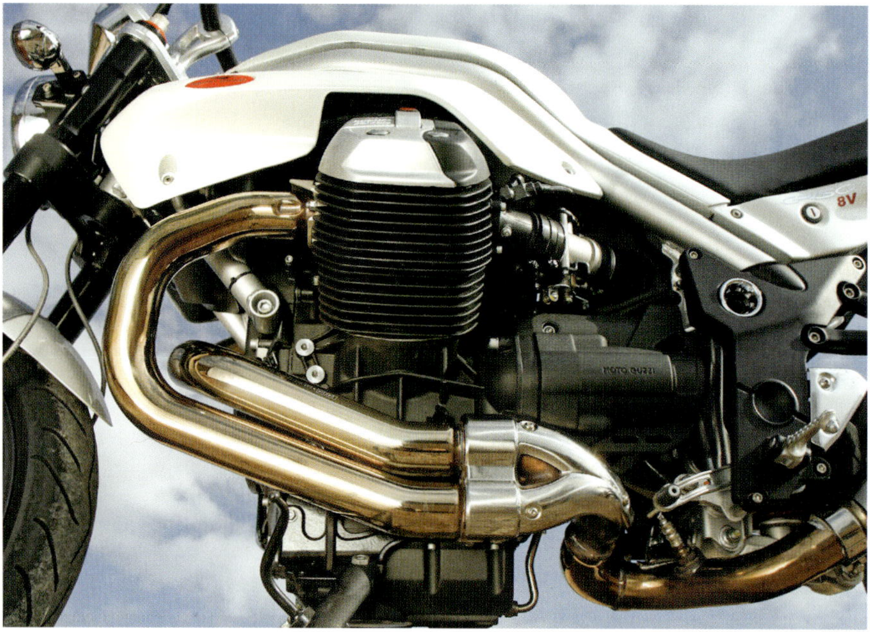

Verlustschmierung. Bei diesen Motorenbauarten muss regelmäßig Frischöl nachgefüllt werden.

Da Motoröl direkt an den höchstbelasteten Stellen im Motor arbeitet, übernimmt es automatisch auch Kühlungsaufgaben. Manche luftgekühlte Motoren nutzen eine zusätzliche Motorölmenge, um diese Wirkung zu verbessern. Suzukis luftgekühlte Modelle GSX-R 750 und 1100 aus den späten 80er-Jahren, aber auch lange Jahre die Bandit-Modelle, nutzen diese Eigenschaft.

Grundsätzlich besitzt das Motorrad beim Thema Kühlung einen großen Vorteil: Der Motor liegt im Fahrtwind und kann nach allen Richtungen Wärme abstrahlen. So schaffen es einige Hersteller selbst heute noch, den strengen Abgasgesetzen zum Trotz, bis zu 120 PS starke Motoren rein mit dem Fahrtwind zu kühlen. BMW-Boxer, Harley-Davidson, Moto Guzzi – immer wieder schön anzusehen, diese mit Kühlrippen versehenen klassischen Motoren.

Dennoch trat auch im Motorradbau die Wasserkühlung den Siegeszug an. Nicht nur wegen der besseren Temperaturverhältnisse im Motor, die letztendlich auch bessere Abgaswerte bedeuten, sondern auch wegen dem häufig leiseren Motorlauf. Wie funktioniert die Wasserkühlung? Vereinfacht gesagt, wird Kühlwasser durch den Motor gepumpt und in einem Kühler, der vom Fahrtwind durchströmt wird, wieder herunter gekühlt. Ein Lüfter schaltet sich zu, wenn die Kühlwassertemperatur zu hoch wird. Beim Kaltstart wird der Kühler zunächst durch einen per Thermostat gesteuerten, kurzen Kühlkreislauf umgangen. Sogar eine Mischform gibt es mittlerweile: BMW bei den neuen Boxern und Harley-Davidson bei den großen Tourern kühlen nur die Zylinderköpfe mit Wasser, die Zylinder selbst besitzen noch Kühlrippen. Wasserkühlung macht einen Motor nicht schöner – die vielen Schläuche und die (meist) glatten Motoroberflächen lassen oft jeden Charme vermissen –, aber zugegebenermaßen haltbarer.

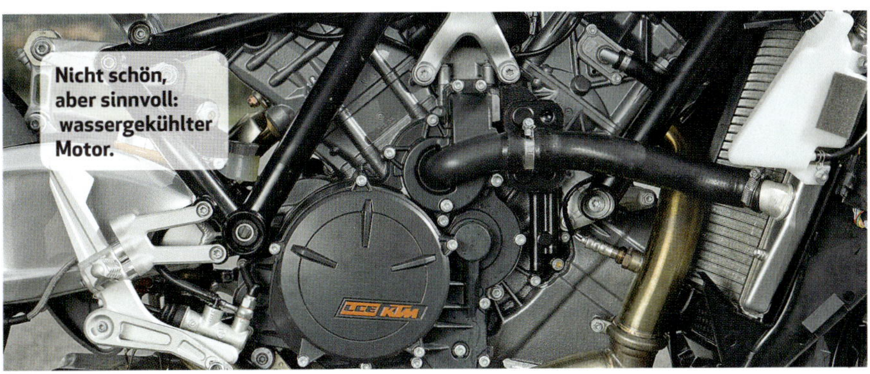

Nicht schön, aber sinnvoll: wassergekühlter Motor.

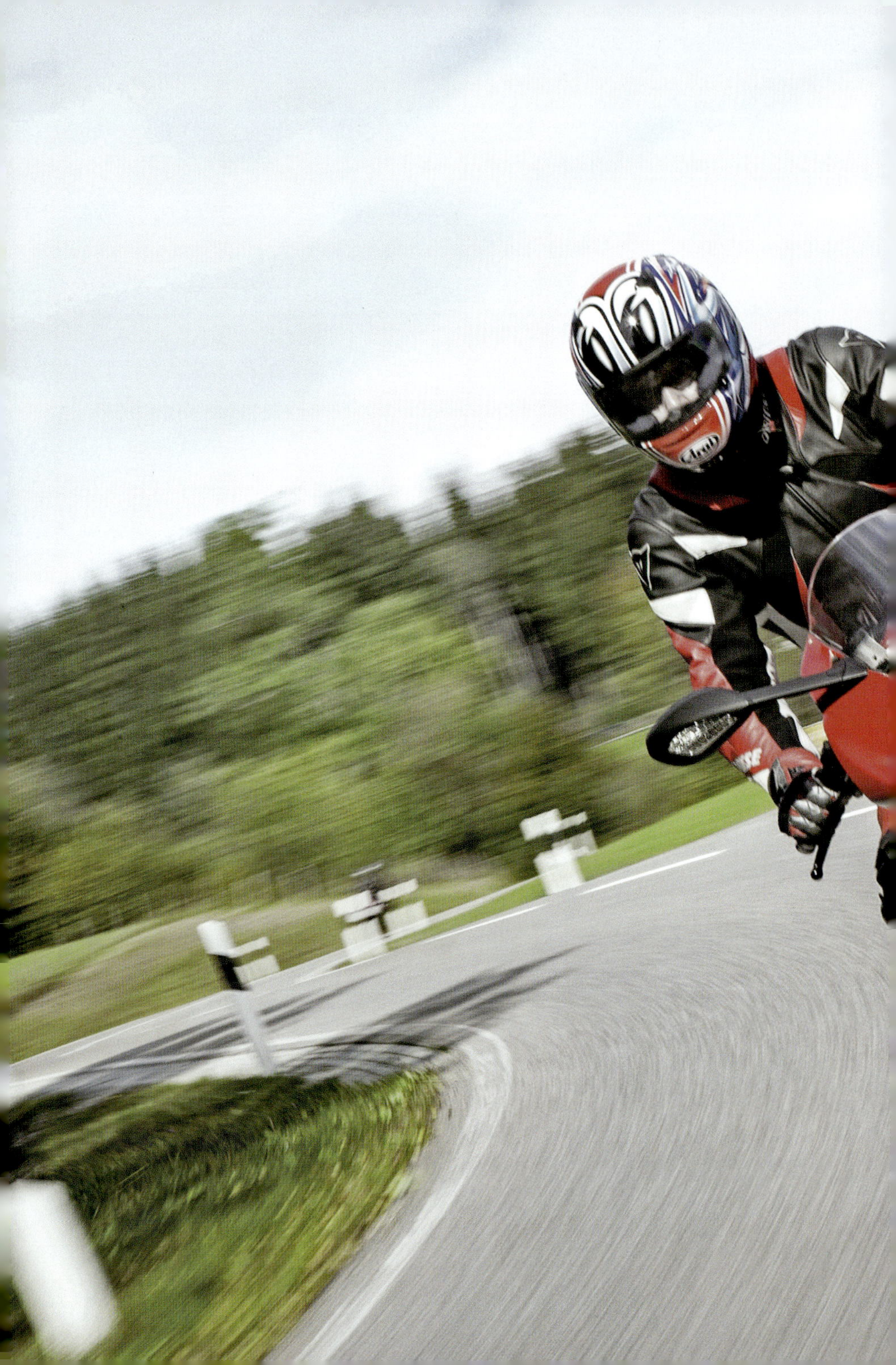

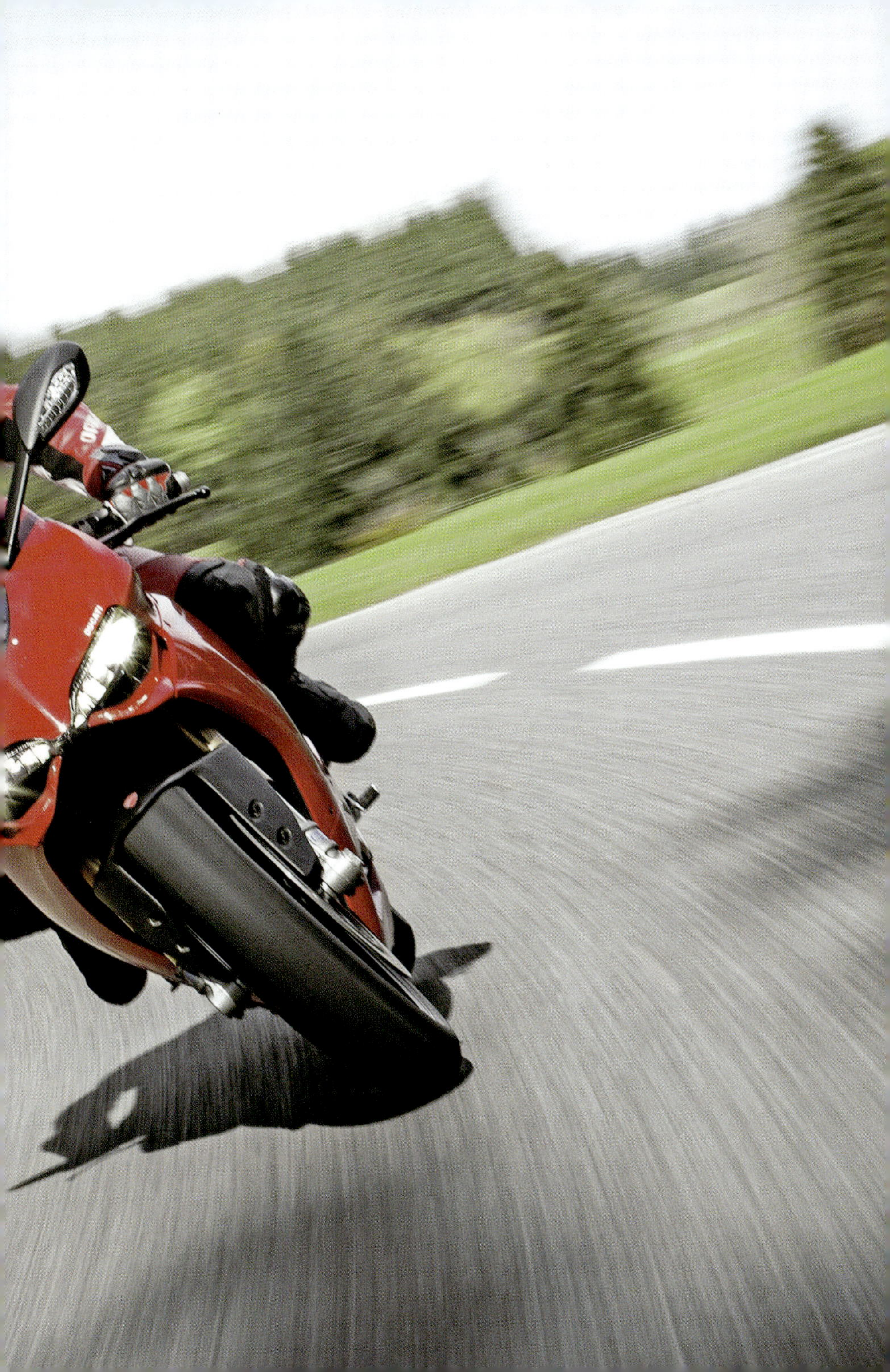

2.2.5. Getriebe, Kupplung

Da ein Kolbenmotor nur ein sehr schmales Drehzahlband besitzt und sich dazu auch ziemlich schnell dreht, braucht er ein Getriebe. Darin versammeln sich eine Menge Zahnräder, die sich meist in fünf bis sechs Gänge sortieren und die Motordrehzahl ins Langsame übersetzen. Dem Getriebe vorgeschaltet sind Primärtrieb und Kupplung. Die Kupplung trennt Motor und Getriebe voneinander und ermög-

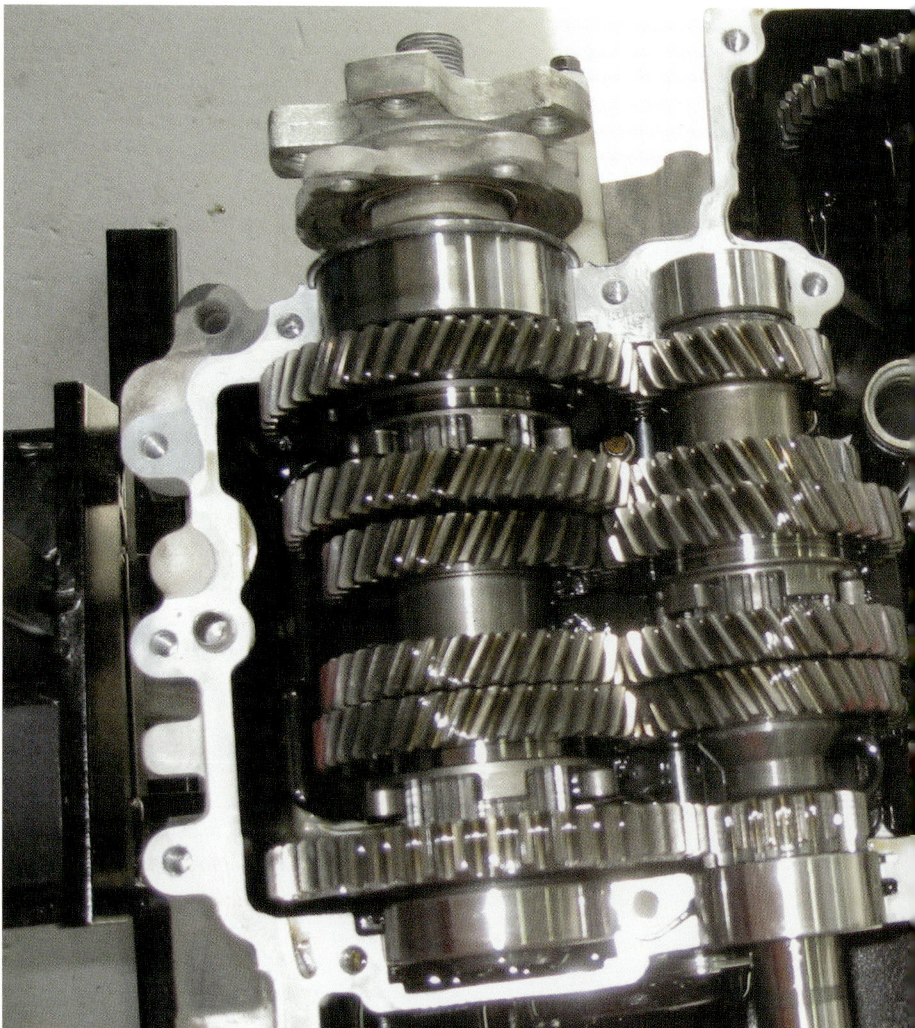

licht das Anfahren aus dem Stand. Dabei werden die zuvor gegen die Kupplungsfedern auseinandergehaltenen Reibscheiben wieder zusammen gelassen. Der Primärtrieb verlangsamt in einer ersten Stufe die Drehzahl von der Kurbelwelle auf für Kupplung und Getriebe verträgliche Drehzahlen.

Fast alle Motorradgetriebe sind klauengeschaltet und erlauben so ein sehr zügiges Hoch- oder Herunterschalten. Wobei die Schaltung immer nur den nächsten

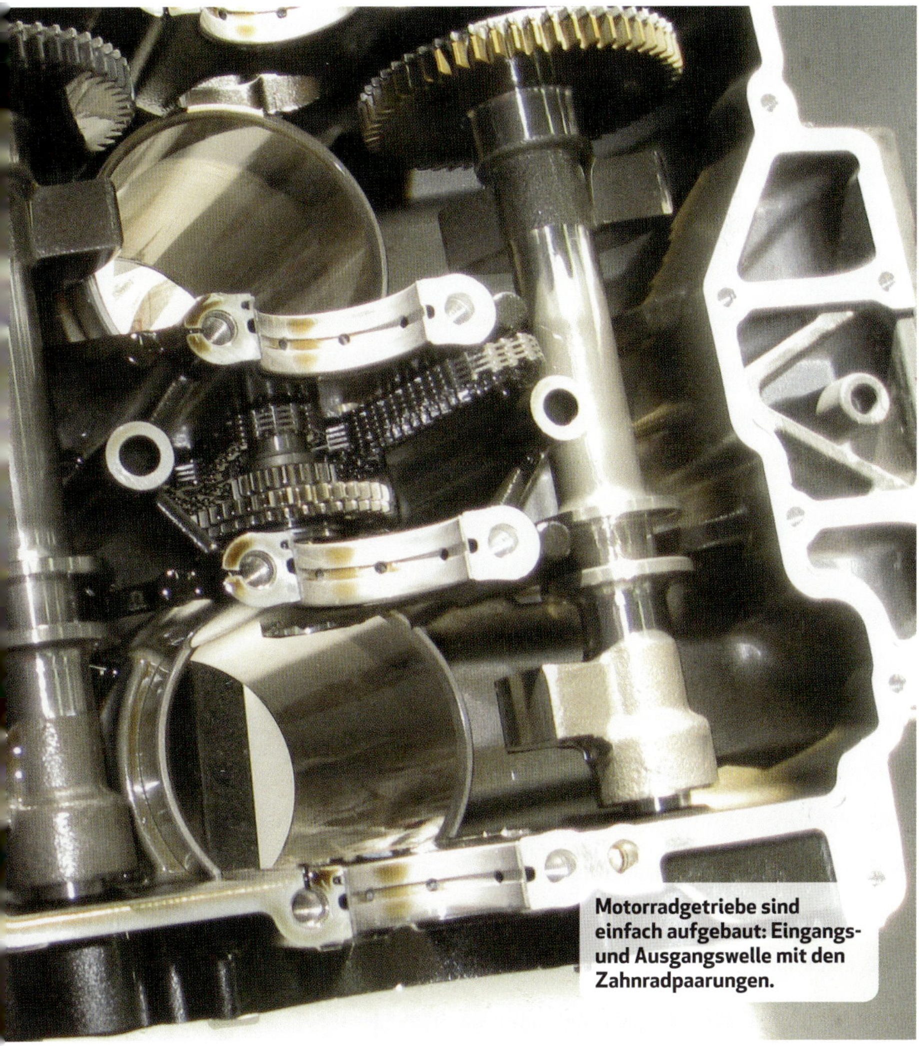

Motorradgetriebe sind einfach aufgebaut: Eingangs- und Ausgangswelle mit den Zahnradpaarungen.

Gang erreicht, also einen höher oder niedriger. Diese Bauart ermöglicht blitzschnelles Schalten, notfalls auch ohne Kupplung, nur bei Entlasten des Antriebs. Ein Vorteil im Vergleich zum Auto.

Honda sorgte vor einiger Zeit für eine technische Sensation. Der japanische Hersteller führte das elektronisch gesteuerte Doppelkupplungsgetriebe im Motorradbau ein. Dieses DCT (Dual-Clutch-Transmission) genannte System schaltet auf Wunsch automatisch oder auf Knopfdruck. Ein Komfortgewinn.

In Sachen Sicherheit machen sich seit einigen Jahren Kupplungen mit Kraftbegrenzung verdient. Diese Slipper-Kupplungen übertragen nur bis zu einem bestimmten Wert durch den Schaltvorgang und den Motor erzeugte Bremsmomente auf das Hinterrad und lassen dieses so in der Spur bleiben. Auch wird Hinterradstempeln so wirksam unterbunden.

2.2.6. Leistung und Verbrauch

Die aktuellen Motorräder (2018) sind die leistungsstärksten aller Zeiten. Von der 13 PS starken 125er-Einzylinder-Viertaktmaschine bis zum 225 PS starken Supersportrenner bleibt kein Wunsch offen. Die erreichbaren Spitzengeschwindigkeiten werden durch eine freiwillige Beschränkung der Hersteller auf 299 km/h begrenzt, was unglaublich schnell ist und nur sehr wenige Fahrer jemals gefahren sind. Im Schnitt läuft eine gute Mittelklassemaschine mit 78 PS um die 200 km/h, was im heutigen Straßenverkehr gut ausreicht. Mit 100 PS erreichen Motorräder in der Regel 225 km/h, je nach Fahrerhaltung. 125 PS reichen für bis zu 240 km/h, eine Leistungsfähigkeit, die eigentlich jeden zufrieden stellt. Alles darüber gehört in sehr erfahrene Hände.

Der Grund ist die unglaubliche Beschleunigung von Motorrädern. Spitzenmaschinen beschleunigen heute in unter sieben Sekunden auf – 200 km/h! Verrückt, oder? Ein Formel1-Bolide kann das auch nicht schneller. Aber nicht jeder Motorradfahrer ist ein Hamilton oder Vettel. Selbst eine 78 PS-Maschine hängt nahezu jeden Pkw beim Spurt auf 100 km/h ab.

Etwas anders sieht es beim Verbrauch aus: Richtige Säufer gibt es zwar unter den Motorrädern kaum noch, aber im Vergleich zu modernen Dieselmotoren sind viele Motorräder nicht gerade sparsam. Verbräuche von fünf bis sechs Litern auf 100 km/h sind normal; nur selten werden bei den Tests von MOTORRAD niedrigere Verbräuche gemessen. Immerhin beweisen einige Neumaschinen, beispielsweise die BMW F 800 R, dass es auch locker unter 4 Liter/100 km gehen kann. Noch sparsamer sind moderne 125er-Maschinen. Dank Einspritzung und Katalysator verbrauchen sie unter 3 Liter/100 km, eine Honda Innova gar nur 1,5 Liter/100 km/h. Damit erübrigt sich dann ein Elektromobil noch für lange Zeit.

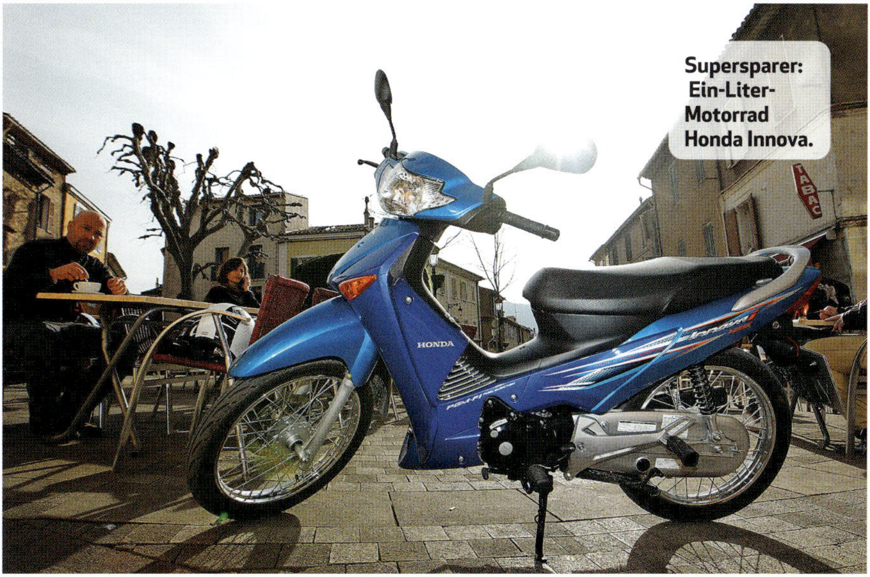

Supersparer: Ein-Liter-Motorrad Honda Innova.

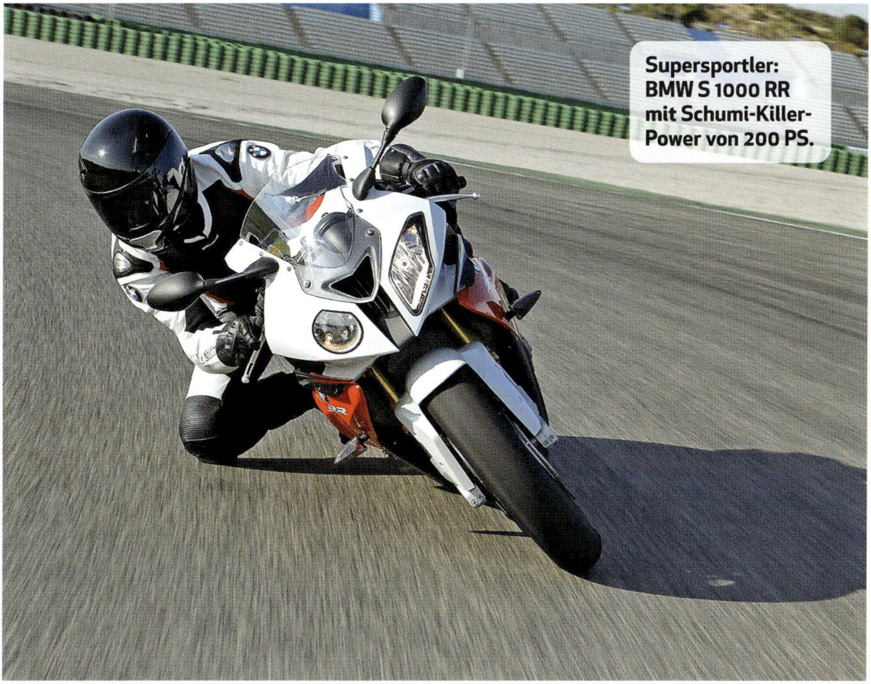

Supersportler: BMW S 1000 RR mit Schumi-Killer-Power von 200 PS.

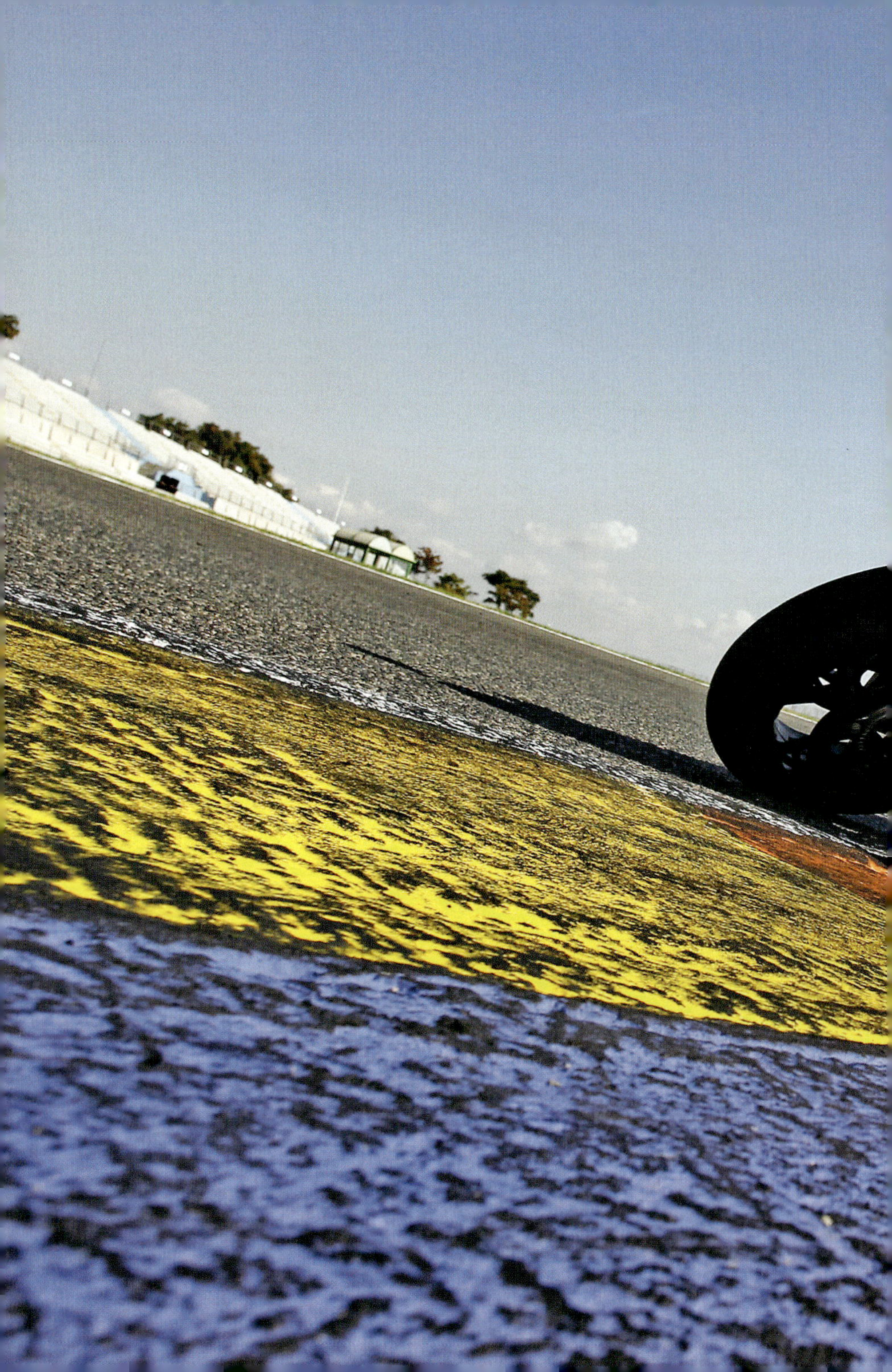

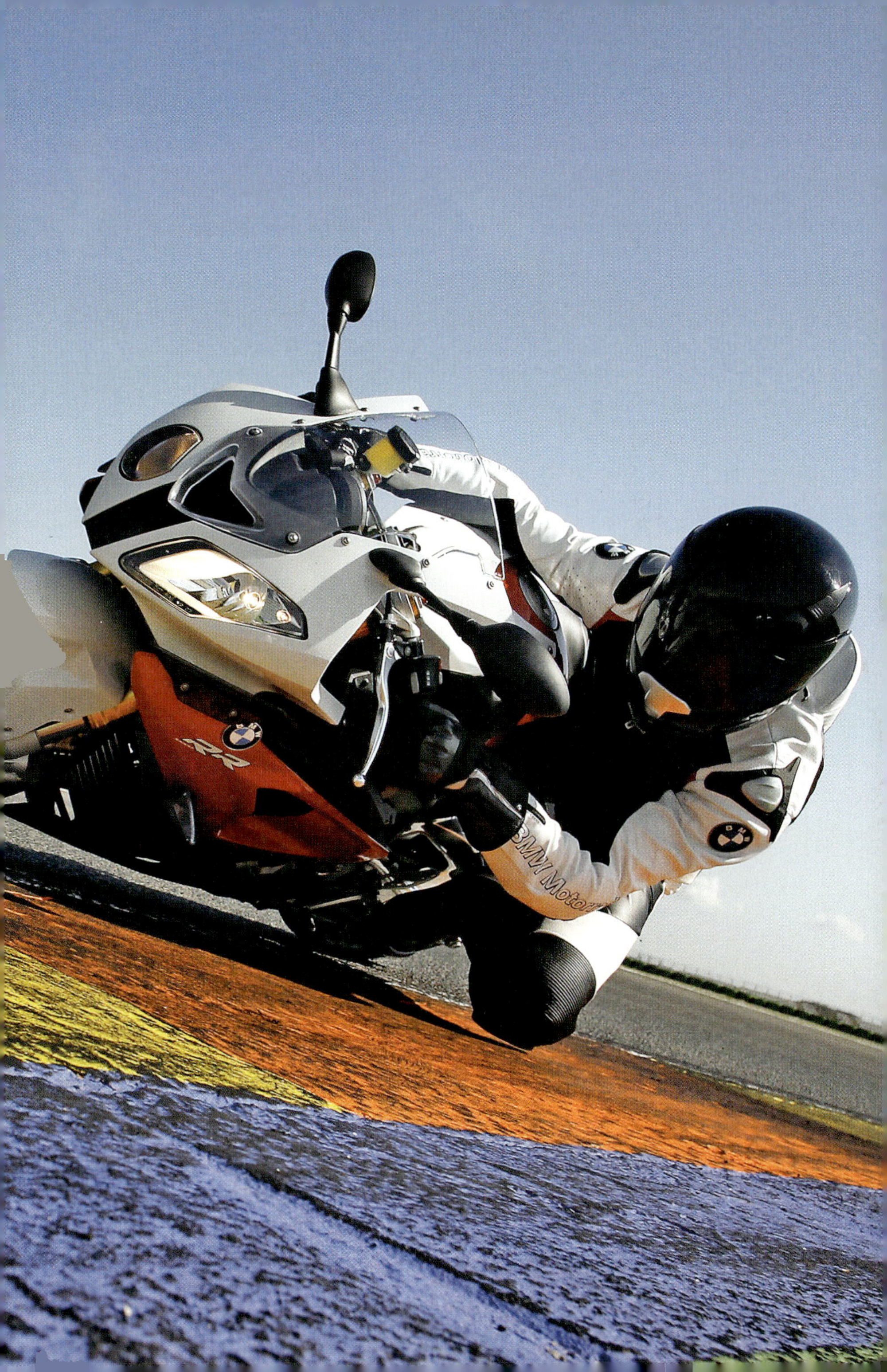

2.3. Assistenzsysteme

Die Steuerung eines Motorrads mit seinen sehr komplexen Fahrzuständen ist eine tolle Aufgabe. Doch in manchen Fahrsituationen ist der Mensch, obwohl er das am weitesten entwickelte Wesen des (bekannten) Universums ist, schnell überfordert. Beispielsweise, wenn er nachts im Regen auf einem glatten Straßenstück bremsen muss. Oder wenn die Maschine so stark beschleunigt, dass das Vorderrad abhebt. Der Könner wird jetzt sagen »Ich schaff das schon«, aber wenn dann Pech dazu kommt und eine brenzlige Situation ungewollt und plötzlich auftritt – genau dann ist es eben von Vorteil, wenn ein Assistenzsystem eingreift, zu Beginn dieses Kapitels als »Hilfshirn« bezeichnet.

Leider gibt es immer wieder Diskussionen darüber, ob solche Systeme das Motorradfahren nicht verwässern, das Pure, das Ursprüngliche daran vermiesen. Wer das so sieht, müsste auch beim Auto ABS und ESP ausstöpseln. Doch eigenartigerweise treten beim Pkw solche Diskussionen gar nicht auf. ABS und Schlupfregelung haben hier einen gut zehnjährigen Entwicklungsvorsprung. Den holen Motorräder nun in schnellen Schritten auf. Vor allem deshalb, weil sich die Pkw-Technik inzwischen auch auf das Motorrad übertragen lässt. Vor allem die Firmen Bosch und Continental Automotive haben sich in den letzten Jahren sehr intensiv mit Motorrädern beschäftigt und bahnbrechende neue Systeme entwickelt.

2.3.1. ABS-Systeme

Ein Anti-Blockiersystem gehört in jedes Motorrad und ist seit 2017 auch Pflicht bei Neumaschinen. Endlich! Warum diese Vehemenz? Ganz einfach deshalb, weil ein blockierendes Vorderrad beim Motorrad blitzschnell zum Sturz führt. Also muss der Fahrer, um optimal zu verzögern, die Vorderradbremse immer genau an der Rutschgrenze dosieren. Wer schafft das schon, erst recht in einer Notsituation? Und was macht er dann mit der Hinterradbremse? Ein ABS-System hilft dabei, nahe der Blockiergrenze zu bremsen, denn es regelt erst den Bremsdruck und damit die Verzögerung zurück, wenn die Räder zum Blockieren neigen. Woher weiß das ABS das? Die Raddrehzahlen werden ständig gemessen und mit den physikalischen Grundgegebenheiten verglichen. Bremst ein Rad stärker ab als der Referenzwert, dann regelt das ABS den Bremsdruck herunter, das Rad kann sich wieder fangen.

Um ein Motorrad-ABS richtig auszulegen, braucht es enorm viel Detailarbeit. Bremst es zu stark und zu plötzlich, überschlägt es Fahrer und Maschine nach vorn. Viele Hersteller legen deshalb eine maximal mögliche Bremsverzögerung fest, ab der das ABS dann regelt. Auch werden Hinterrad- und Vorderraddrehzahl miteinander verglichen und so ein in der Luft stehendes Hinterrad erkannt.

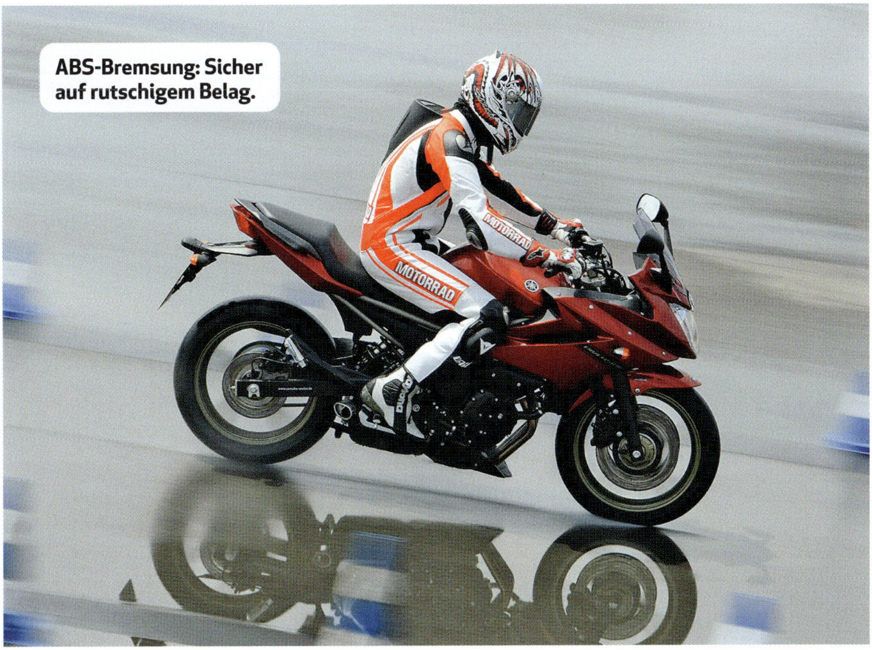

ABS-Bremsung: Sicher auf rutschigem Belag.

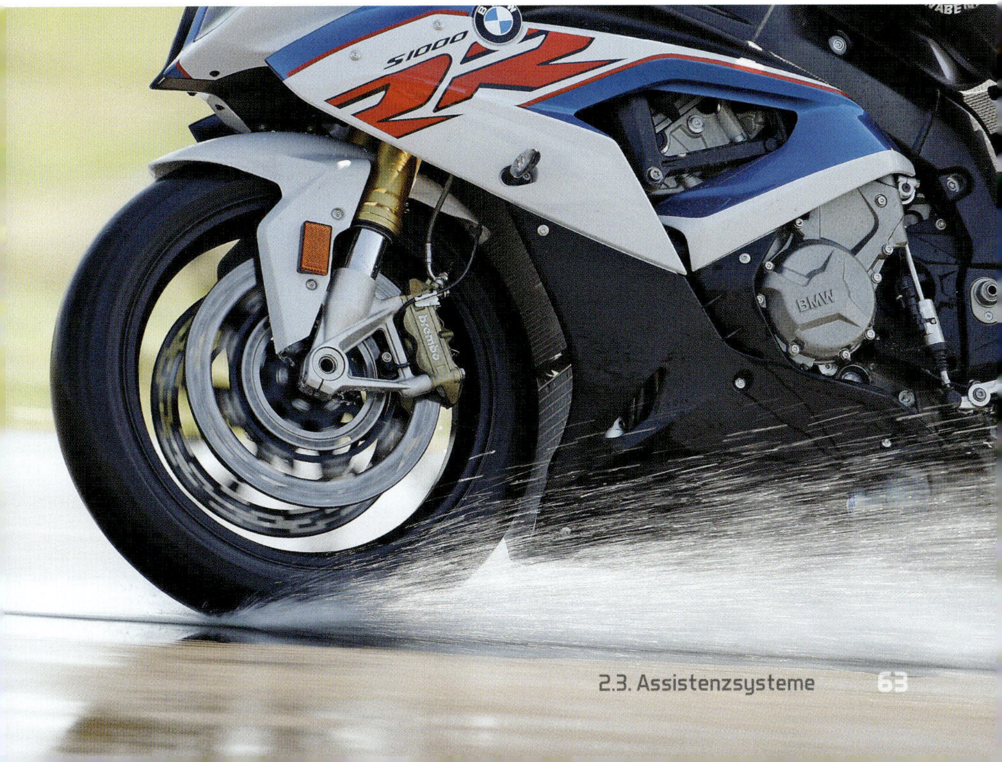

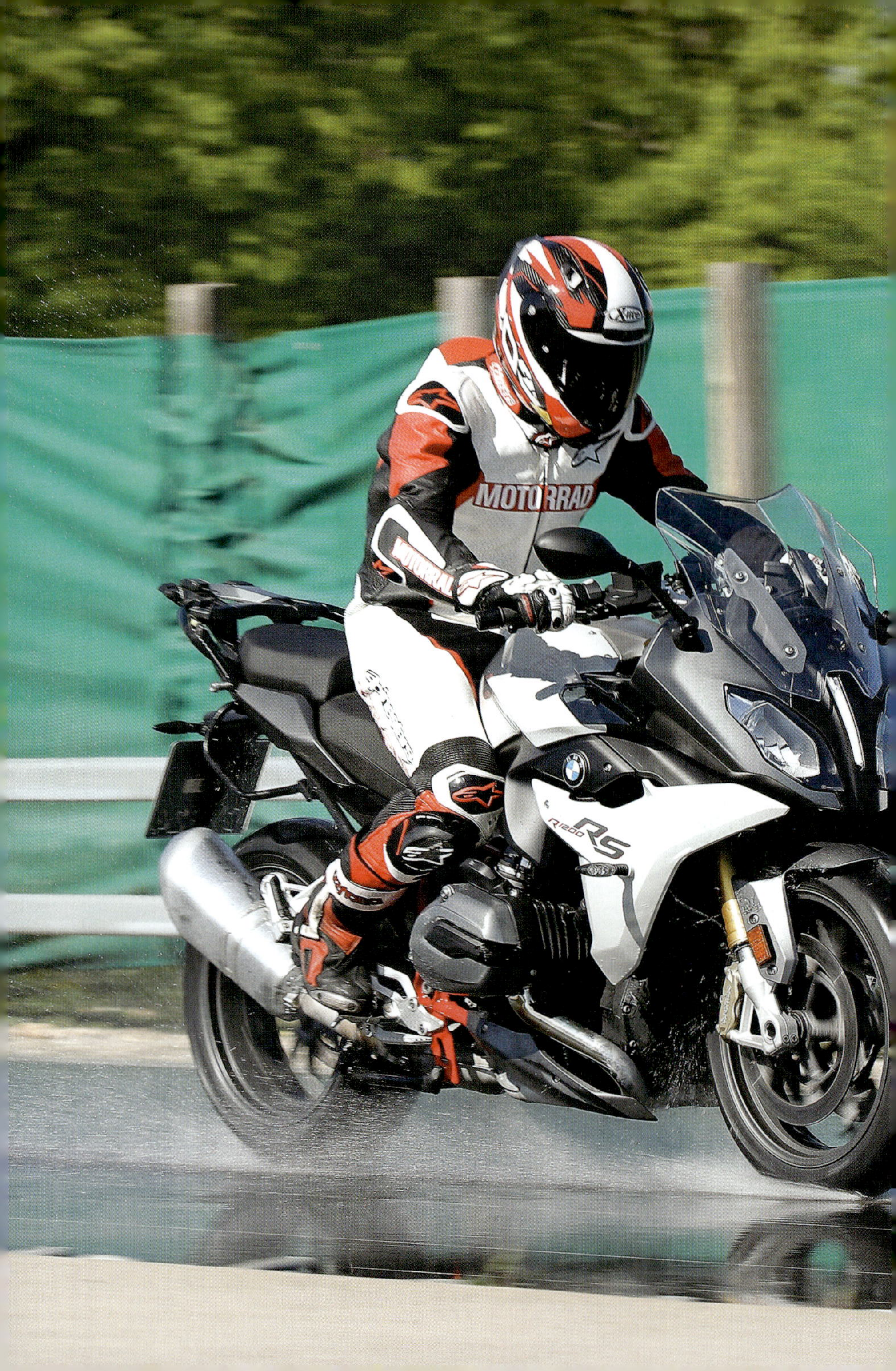
MOTORRAD
MOTORRAD
R1200 RS

Ebenfalls entscheidend für die Qualität ist, wie schnell das ABS nach dem Regelvorgang den Bremsdruck wieder aufbaut und wie ruckelig oder gleichmäßig die Regelintervalle auftreten. Hier wurde und wird viel Feinarbeit betrieben, was das Ganze fühlbar und messbar verbessert hat. Inzwischen müssen auch die immer um das letzte Kilogramm Gewicht feilenden Supersportmaschinen mit ABS ausgerüstet werden. Aber die neuesten Systeme wiegen inzwischen kaum mehr als ein Kilogramm, zusammen mit den zusätzlichen Leitungen und Steuergerät kommt man mit drei Kilogramm Mehrgewicht weg. Hier ist die Abstimmarbeit am anspruchsvollsten, weil Supersportler die besten Reifen und den kürzesten Radstand aufweisen, was natürlich die Überschlaggefahr erhöht. Und – natürlich können Sportfahrer alles besser, auch besser bremsen. Doch dank ausgefeilter Sensortechnik und Abstimmung überzeugen die Sportler selbst auf der Rennstrecke. Ein gigantischer Sicherheitsgewinn.

Noch im Argen liegt die ABS-Abstimmungsqualität bei den Choppern und Cruisern. Gerade diese Maschinen sind oft heikel zu bremsen und benötigen unbedingt ein solches System. Die schmalen, mit wenig Radlast beaufschlagten Vorderräder übertragen nur wenig Bremskraft, dafür die dicken Hinterreifen umso mehr. Dazu kommt die oft schlechte Haftung der Reifen im Regen. Beim Gebrauchtkauf

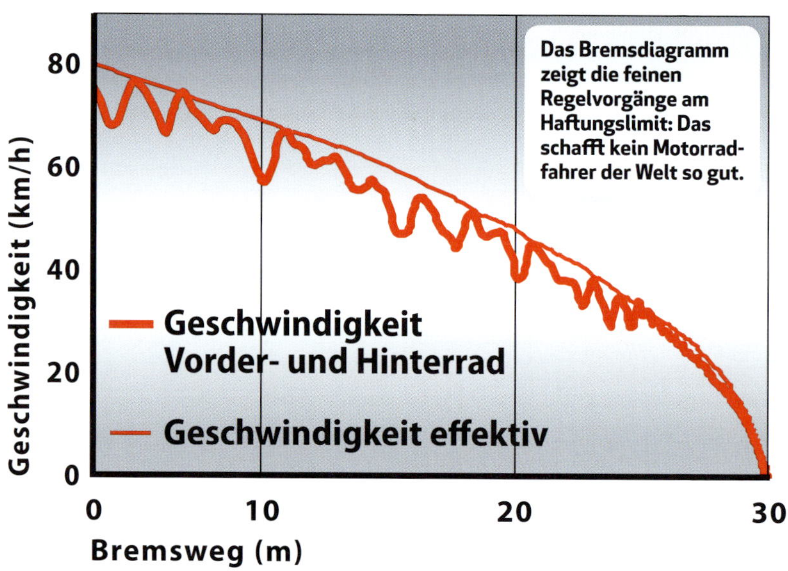

Das Bremsdiagramm zeigt die feinen Regelvorgänge am Haftungslimit: Das schafft kein Motorradfahrer der Welt so gut.

sollte also immer auf ein ABS geachtet werden. Das gilt auch für die 125er für die Fahranfänger, die können nämlich auch nicht besser bremsen als alte Hasen.

Eine Neuentwicklung stellt das sogenannte Kurven-ABS dar. Dank neuester Sensortechnik wird nicht nur Beschleunigung und Verzögerung erfasst, sondern auch die Schräglage und das Giermoment um die Hoch- und Längsachse. Diese Fünfachsen-Sensorik erlaubt es, ABS-Systeme schräglagentauglich abzustimmen. Es ist faszinierend, wie sicher man mit diesem System ausgerüstete Maschinen auch bei starker Schräglage verzögern kann. Einfach voll bremsen, die Maschine richtet sich kaum auf, verzögert aber vehement. Das zuerst in der KTM 1190 Adventure verwendete System findet nun in immer mehr Maschinen Verwendung. Sehr zu empfehlen.

2.3.2. Traktionskontrolle

Was für das Bremsen gilt, gilt natürlich auch für das Beschleunigen, wenn man auch bei einem durchdrehenden Hinterrad nicht gleich auf der Klappe liegt. Aber schon mancher Hobbyracer ist beim Beschleunigen hinten heruntergefallen, weil die Maschine sich plötzlich aufbäumte. Selbst Grand Prix-Stars lassen sich von Traktionskontrollen helfen; ohne sie gäbe es viele Stürze und langsamere Rundenzeiten.

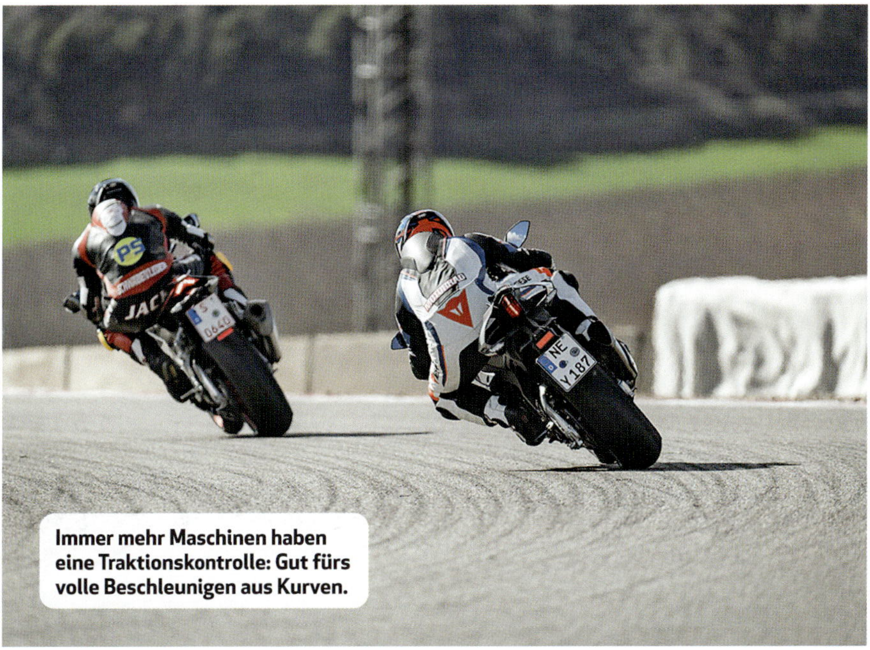

Immer mehr Maschinen haben eine Traktionskontrolle: Gut fürs volle Beschleunigen aus Kurven.

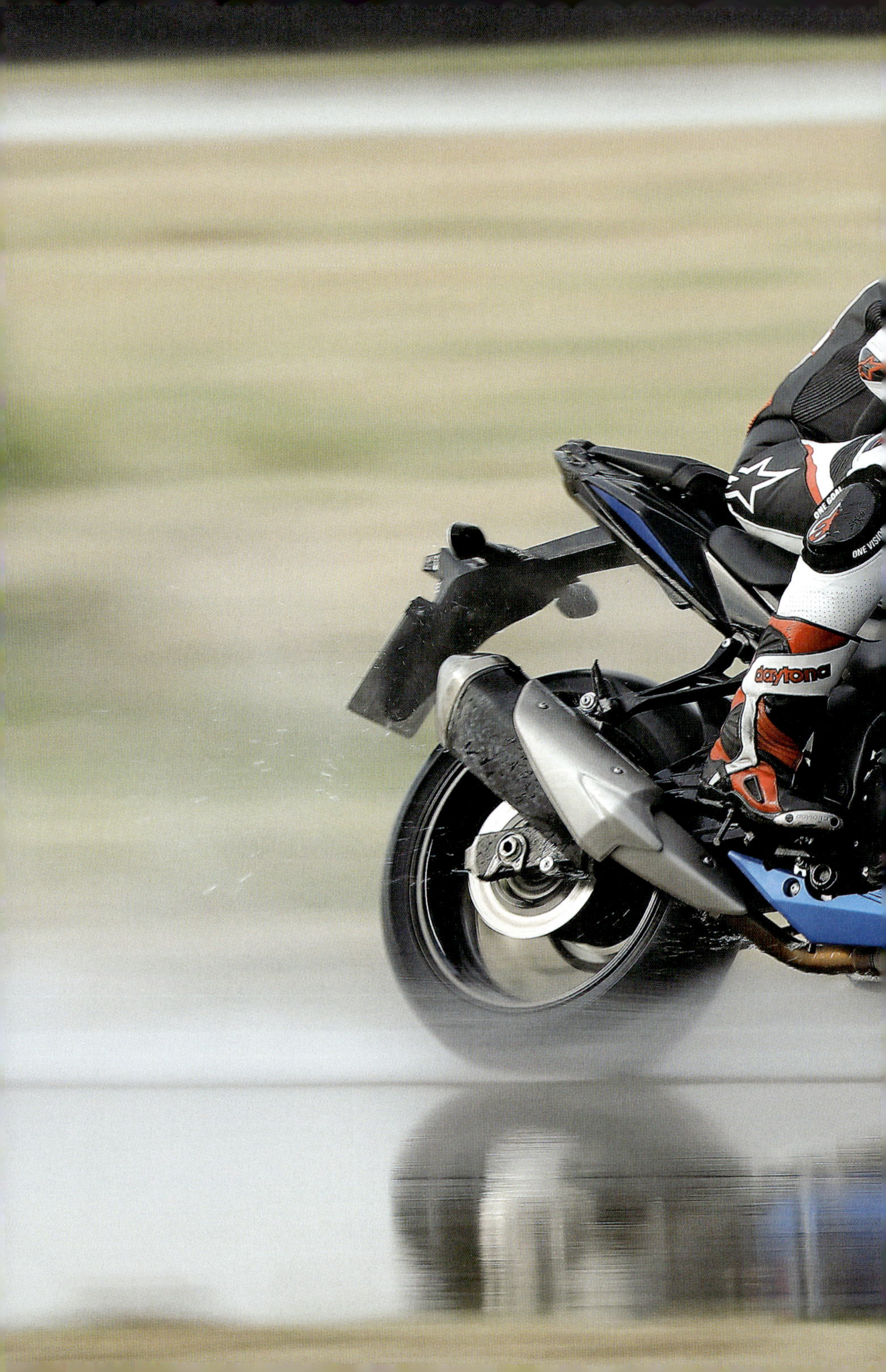
daytona

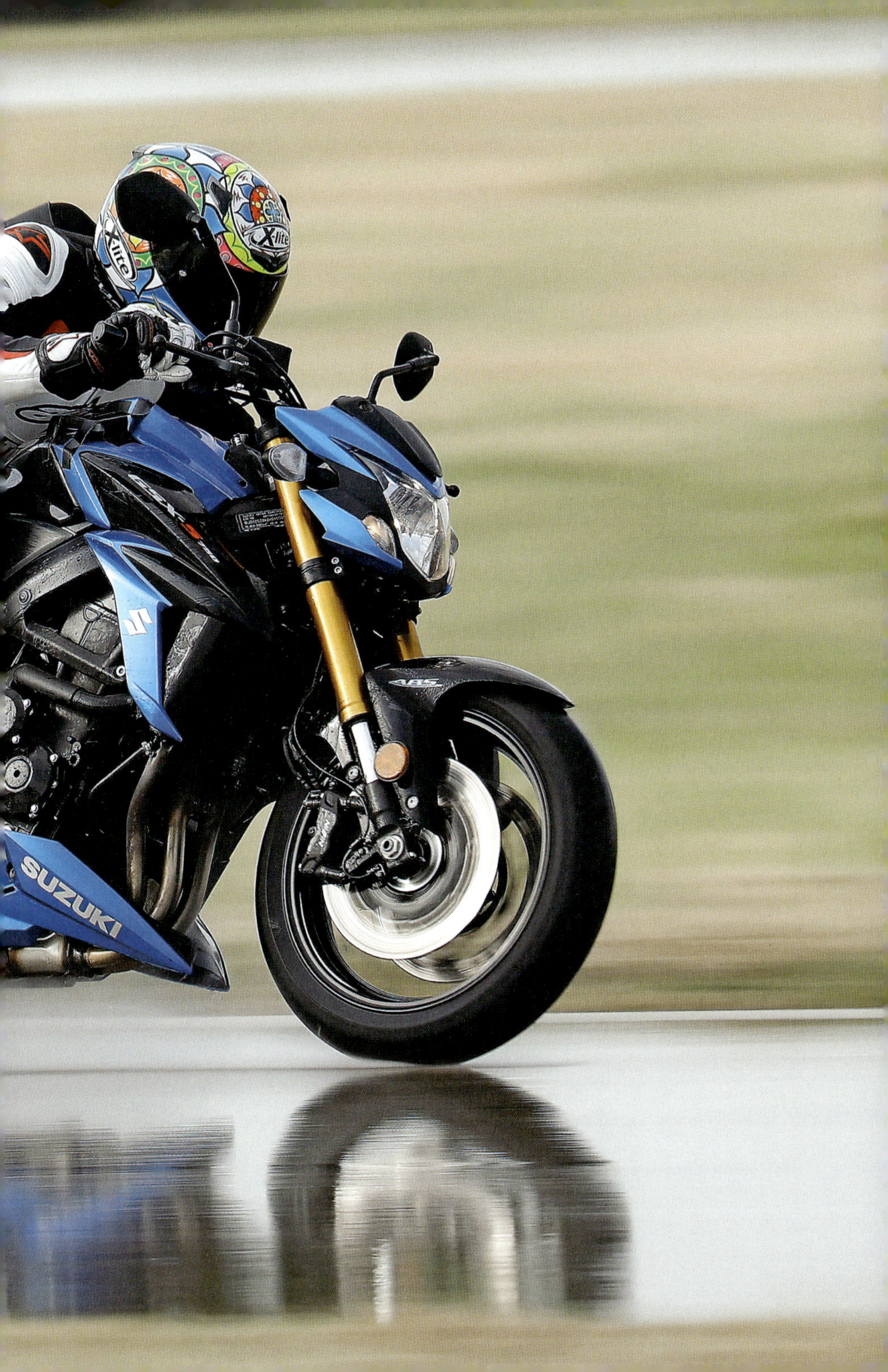
X-lite
SUZUKI
ABS

Wie funktioniert das System? Auch hier werden die Raddrehzahlen gemessen und geprüft. Durch den Vergleich von Vorder- und Hinterraddrehzahl kann ebenfalls schnell auf ein Durchdrehen geschlossen werden. Als dritte Größe können auch Beschleunigungssensoren verwendet werden, die die realen ständig mit den maximal möglichen Werten vergleichen. Sind diese überschritten oder wird ein Durchdrehen erkannt, nimmt das System die Motorleistung weg. Das kann einmal durch die Zündung geschehen, indem erst gar nicht gezündet wird, aber auch durch Eingriff in die Drosselklappen, die schnell geschlossen werden.

Meistens lassen sich vom Fahrer verschiedene Stufen der Traktionskontrolle einstellen. Man fängt dann immer mit der sensibelsten an und erfährt sich weitere Stufen.

Von den Systemen im Automobil sind diese Systeme aber noch weit entfernt. Hier werden durchdrehende Räder zusätzlich durch Bremseneingriff gestoppt. Diese Systeme arbeiten vernetzt mit dem ABS-Modulator, ein Schritt, den die Motorradindustrie noch nicht vollzogen hat. Aber immerhin wird die neue Sensortechnik dazu benutzt, auch die Traktionskontrolle zu verbessern. Durch die Giermomenterfassung kann bei einigen hochentwickelten Supersportlern wie Yamaha R1 oder Ducati Panigale V4 kontrolliert gedriftet werden. Die Leistungssteuerung übernimmt die Traktionskontrolle.

2.3.3. Drive-by-Wire

Um sinnvoll Fahrdynamik-Regelungen im Motorrad darstellen zu können, kommt das aus dem Flugzeugbau bekannte Drive-by-Wire, von Motorradherstellern auch manchmal Ride-by-Wire genannte System zum Einsatz. Hierbei wird der Gasgriff elektronisch mit den Drosselklappen verbunden, nicht mehr direkt über Gaszüge. Zwischen Gasgriff und Drosselklappen errechnet ein Steuergerät die entsprechenden Öffnungswinkel der Drosselklappen und steuert so die Motorleistung. Was soll das denn, kann man sich natürlich erst mal fragen. Doch schnell wird klar, dass beispielsweise für Motorräder mit Traktionskontrolle eine elektronisch gesteuerte Drosselklappe unumgänglich ist. Nur so lässt sich die Motorleistung im Fall des Falles überhaupt blitzschnell drosseln. Und natürlich wird so auch die Kaltstartanhebung problemlos möglich.

Weiterer Nutzen: Per elektronisch gesteuerter Drosselklappe lässt sich jegliche Art von Drosselung realisieren. So besitzen solche Maschinen oft mehrere wählbare Leistungskurven (Mappings). Vor allem Supersportler mit ihren manchmal 200 PS Leistung brauchen im Regen höchstens 120 PS. Dazu öffnen die Drosselklappen eben dann nicht voll in den entsprechenden Bereichen. Zusätzlich kann auch das Ansprechverhalten auf Gasgriffbewegungen verändert werden.

Für Regenfahrten beispielsweise ein sehr sanftes Ansprechen; auf einen kräftigen Zug am Gasgriff folgt dann nur ein kleiner Drosselklappenausschlag. Genau umgekehrt kann man die Gasgriffbewegung für den Einsatz auf der Rennstrecke auslegen.

Ein willkommener Nebeneffekt: Drehmomentlöcher oder lärmintensive Bereiche im Motorkennfeld können so überspielt werden. Oder auch Bereiche, in denen besonders viel Abgas entsteht.

Das Ganze kann ein Segen sein, die Ingenieure und Testfahrer haben aber damit besonders viel Arbeit. Hier müssen unendlich viele Abstimmungsfahrten unternommen werden, bis wirklich alles stimmt.

Aber, wie gesagt, der elektronische Gasgriff ist die Vorrausetzung für alle Fahrdynamikregelungen.

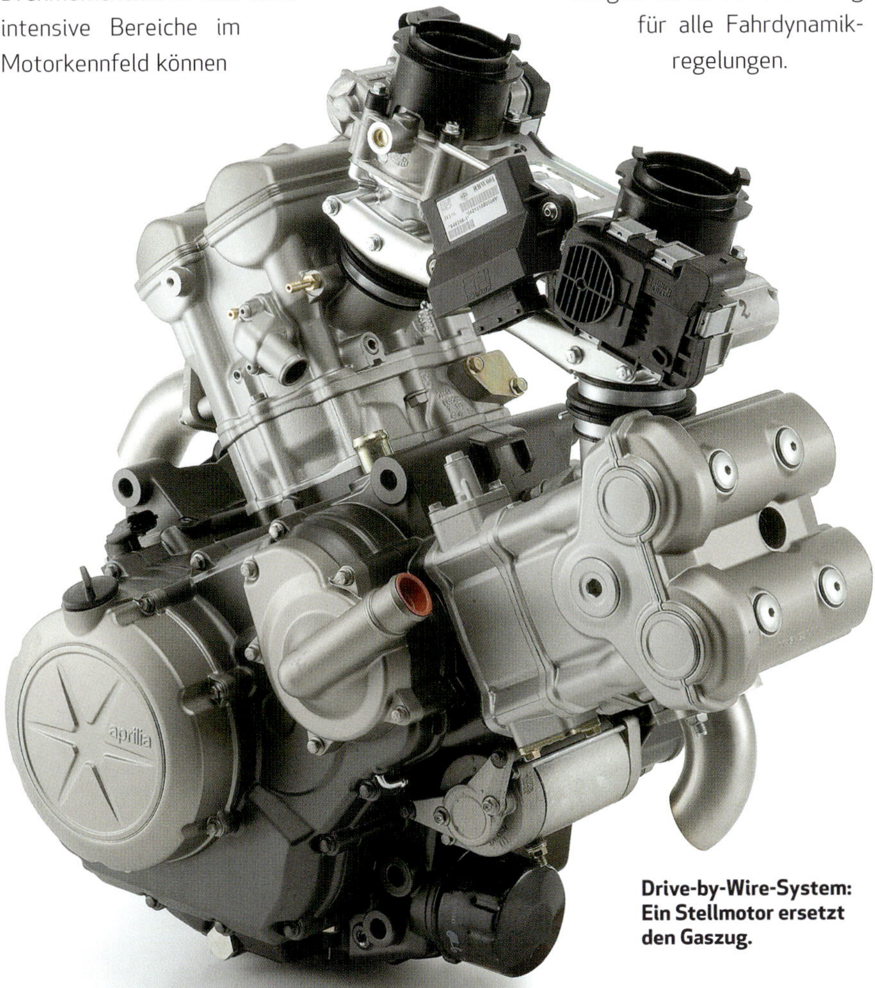

Drive-by-Wire-System: Ein Stellmotor ersetzt den Gaszug.

2.3.4. Schalthilfen, Blipper, Automatik

Immer wieder versuchen Hersteller, das Thema Schalten für den Motorradfahrer noch einfacher zu machen oder es ihm ganz wegzunehmen. Alle derartigen Versuche waren bisher von wenig Erfolg gekrönt, waren eher Antwort auf eine Frage, die niemand gestellt hat. Entsprechend enttäuschend fielen die Verkaufszahlen aus. Irgendwie macht Schalten ja auch Spaß und geht beim Motorrad, bis auf wenige Ausnahmen, sehr leicht.

Vor allem im Supersportbereich, aber auch bei so manchem Tourer oder Reiseenduro haben jedoch die sogenannten Schaltassistenten Einzug gehalten. Dabei wird über einen Sensor im Schaltgestänge eine Betätigungskraft erfasst

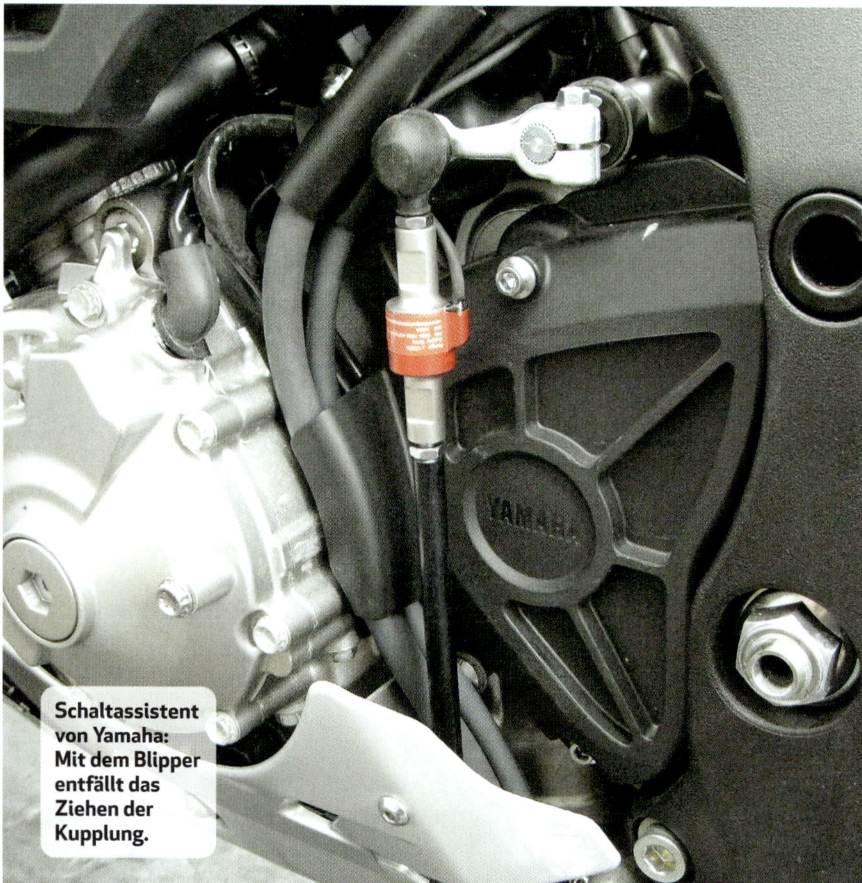

Schaltassistent von Yamaha: Mit dem Blipper entfällt das Ziehen der Kupplung.

und blitzschnell die Motorleistung reduziert. Durch die Entlastung des Antriebsstrangs flutscht der nächste Gang rein, Kupplung ziehen entfällt. Blipper heißt die Funktion, bei der dies auch beim Herunterschalten funktioniert. Dabei wird aber durch die Motorsteuerung noch entsprechend Zwischengas gegeben, um das Getriebe zu schonen. Auch hier funktioniert der Gangwechsel ohne Kupplungsbetätigung. Yamaha verwendet bei ihrem Tourer FJR 1300 AS ein System, bei dem elektrohydraulisch die Schaltwalze im Getriebe gedreht und so geschaltet und automatisch aus- und wieder eingekuppelt wird.

Einen echten Drehmomentwandler wie beim Auto verbaut momentan kein Hersteller. Dafür gibt es von Honda das bereits erwähnte Doppelkupplungsgetriebe für inzwischen immer mehr Maschinen, das von allen genannten Systemen am besten funktioniert. Bei diesem DCT genannten System arbeiten zwei ineinander liegende Kupplungen so, dass die nächsten Gänge immer schon vorliegen und blitzschnell gewechselt werden können. Das kann automatisch nach vorprogrammierten Kennfeldern geschehen, oder auch per Knopfdruck an der Lenkerarmatur. Hier hat Honda einen großen Vorsprung in der Technologie erzielt, der die Kunden offensichtlich überzeugt, denn bei den gegen einen stattlichen Aufpreis damit lieferbaren Modellen werden zwischen 30 und 70 Prozent mit DCT bestellt. Komfort scheint also an Bedeutung zu gewinnen.

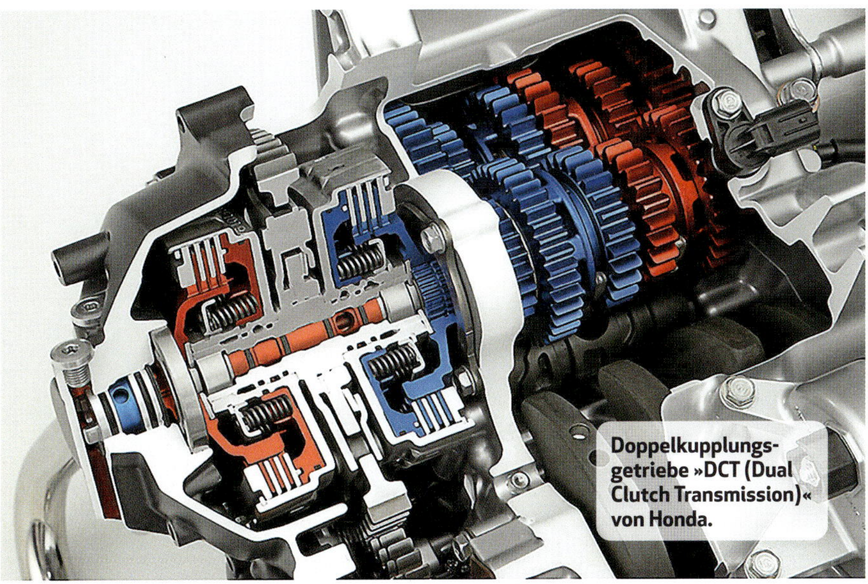

Doppelkupplungsgetriebe »DCT (Dual Clutch Transmission)« von Honda.

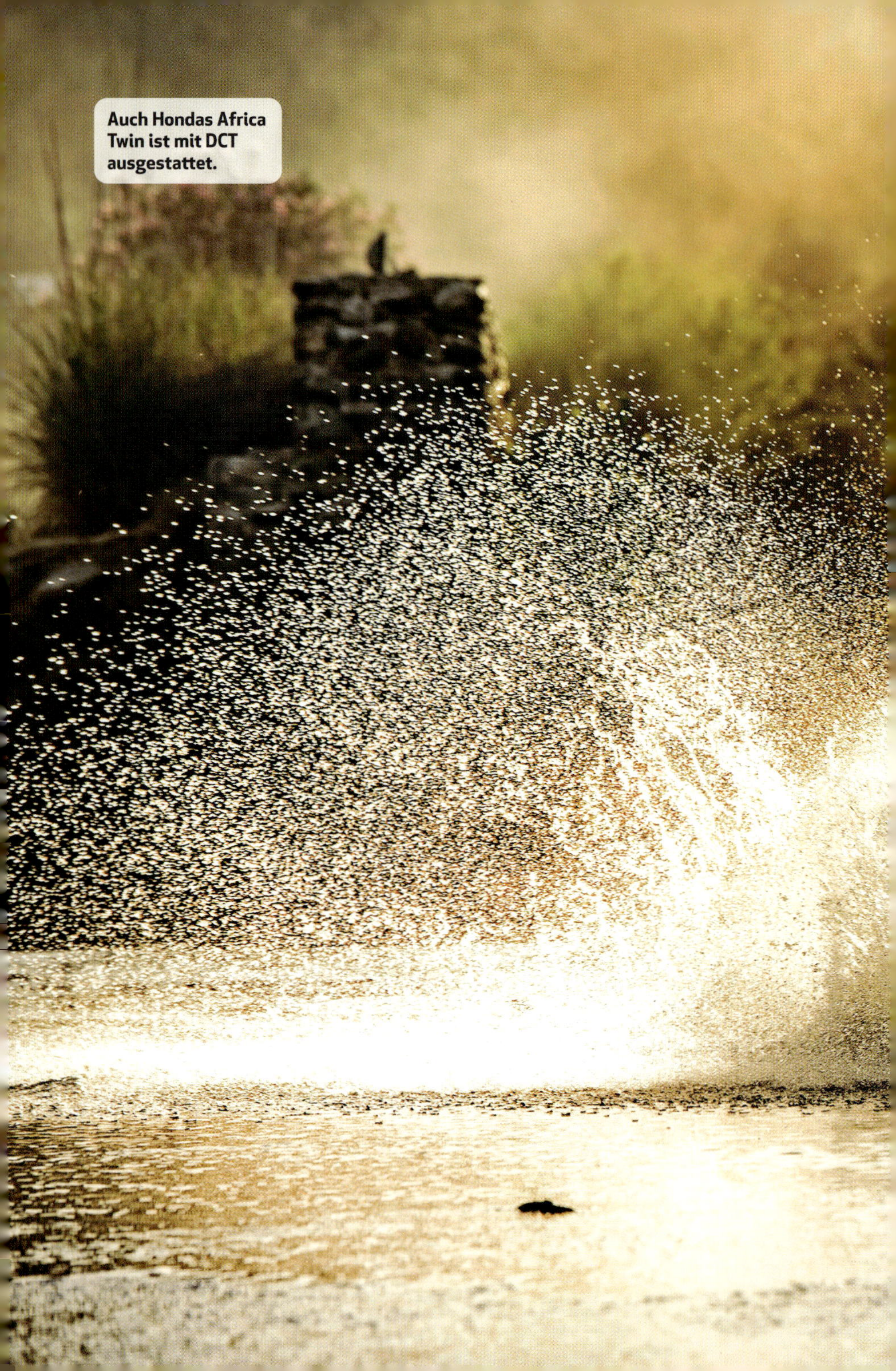

Auch Hondas Africa Twin ist mit DCT ausgestattet.

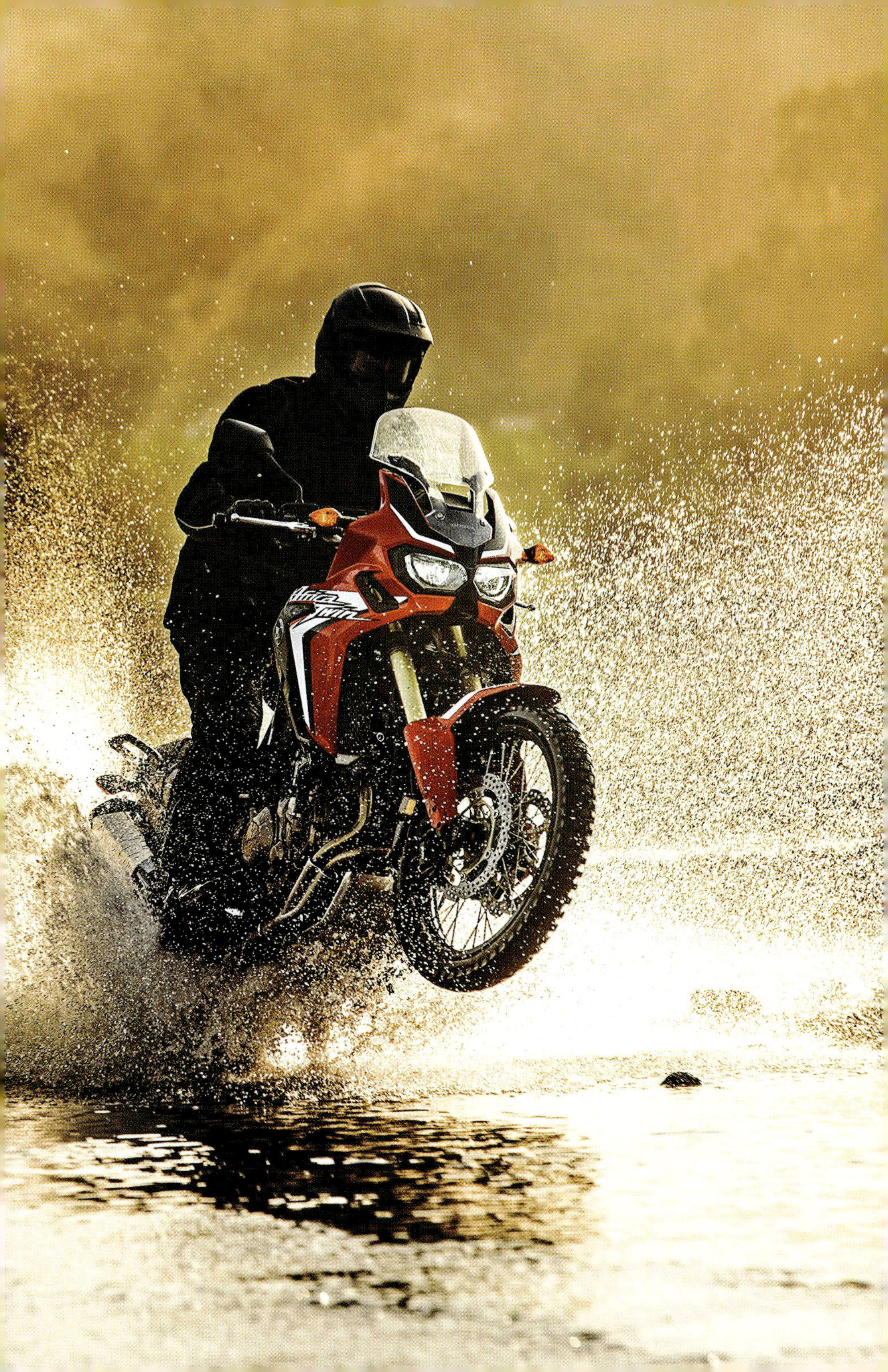

2.3.5. Elektronisch verstellbares Fahrwerk, semiaktive Systeme

BMW fing mit dem ESA-System an, Ducati, KTM und nun auch Triumph, Yamaha und Honda führen es in ihren neuesten Modellen weiter: Elektrohydraulische Stellmotoren in Federbein und Gabel verstellen die Federbasis und Dämpfer. Der Fahrer wählt nur an einem Schalter den entsprechenden Beladungszustand und seinen Fahrstil. Den Rest erledigt dann die Maschine. Eine für den jeweiligen Zustand vorgegebene Einstellung ist im Steuergerät gespeichert. Der Fahrer kann seine Wunschabstimmung auch frei einprogrammieren. Vorteil des Ganzen: Das Fahrwerk lässt sich schnell und bequem auf die jeweiligen Zustände abstimmen. Das macht Spaß und verleiht dem Motorrad eine größere Vielseitigkeit. Die Preise für diese Systeme liegen aber noch recht hoch.

Eine weitere Entwicklung ergibt sich durch die Vernetzung der schon weiter oben

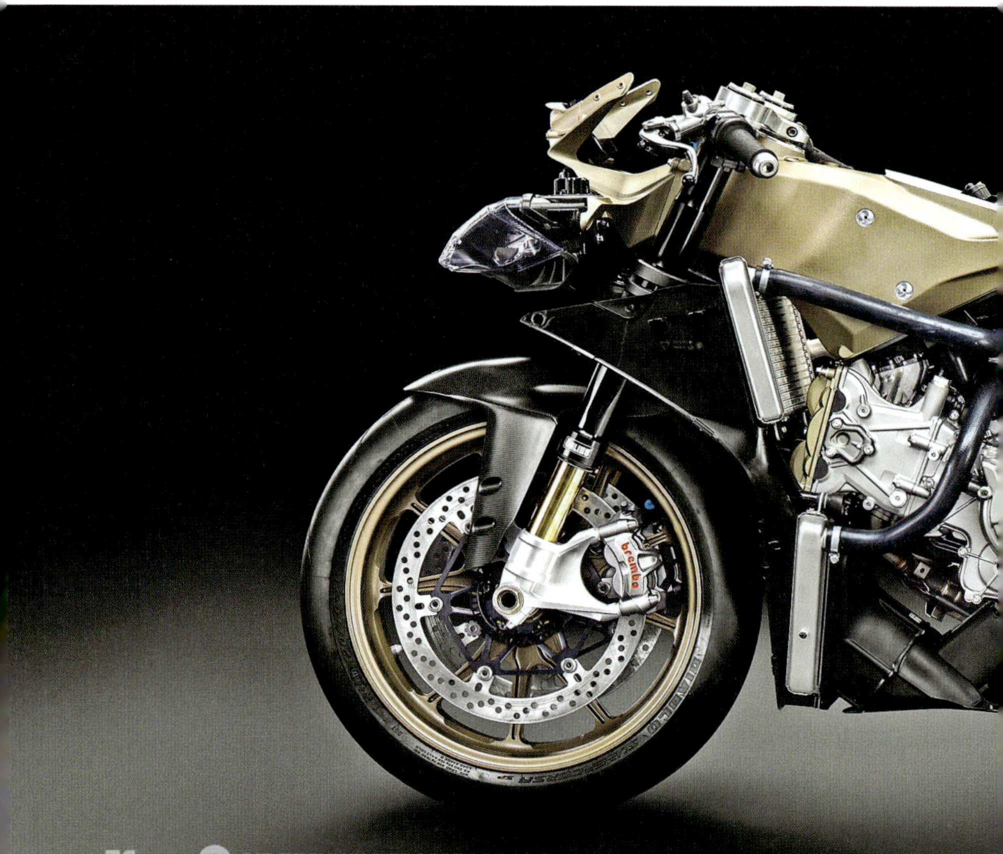

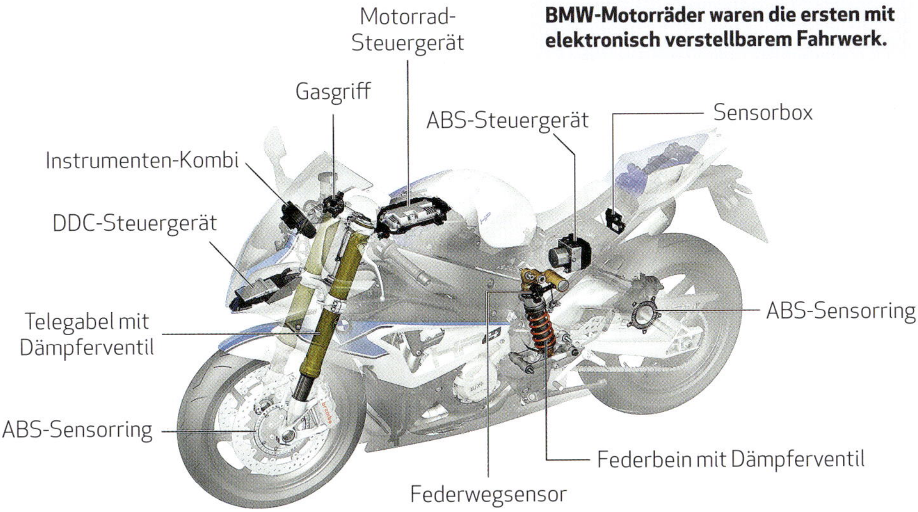

BMW-Motorräder waren die ersten mit elektronisch verstellbarem Fahrwerk.

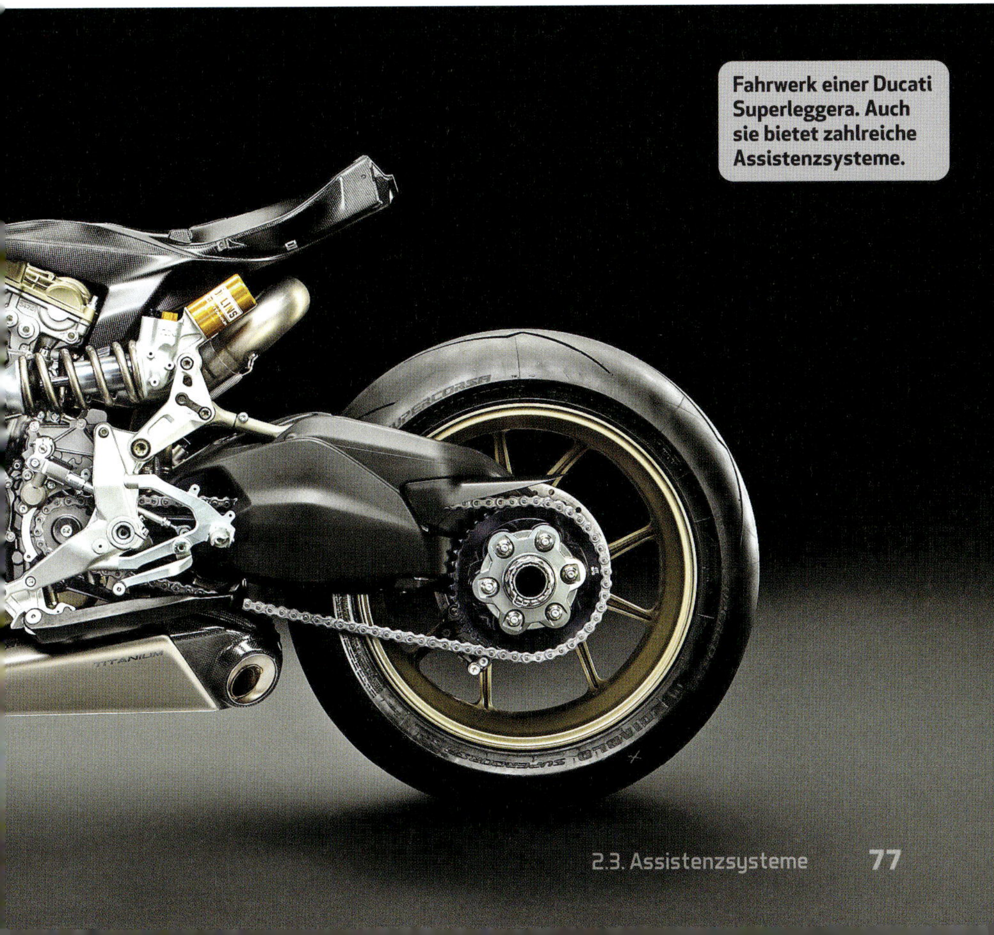

Fahrwerk einer Ducati Superleggera. Auch sie bietet zahlreiche Assistenzsysteme.

beschriebenen Sensorik mit den Federelementen. Diese semi-aktiven Fahrwerke stellen sich auf den jeweiligen Fahrzustand von selbst ein. So kann beim Bremsen die Dämpfung beispielsweise an der Gabel verhärtet werden oder beim Beschleunigen das hintere Federbein. Gleichzeitig erfassen Sensoren an den Federelementen die Federbewegungen und »lesen« so die Fahrbahn. Durch blitzschnelle Dämpferänderungen kann sich das Fahrwerk auf Fahrbahnunebenheiten einstellen. Effekt: Die Maschine liegt deutlich ruhiger auf der Straße und bietet höhere Reserven auf schlechten Strecken bei gleichzeitig maximalem Komfort. Noch besitzen nicht allzu viele Maschinen diese doch ziemlich teuren Systeme. Deren Sicherheitsgewinn ist aber enorm.

2.3.6. Wheelie-Control, Schleppmomentenregelung

Vor allem bei den starken Supersportlern, aber auch bei großen Reiseenduros bewähren sich weitere elektronische Sicherheitssysteme. Über die schon erwähnte Sensorik erkennen diese Motorräder beispielsweise, wie schnell und wie hoch das Vorderrad beim Beschleunigen steigt. Dieser möglicherweise unsichere Fahrzustand wird durch ein blitzschnelles Drosseln der Motorleistung beherrscht. Einige wenige Maschinen, beispielsweise die neue Ducati Panigale V4 S, erlauben es dem Fahrer, die Höhe des Beschleunigungs-Wheelies per Knopfdruck einzustellen. Einfachere Systeme drosseln unsanft ab und lassen das Vorderrad hart auf den Asphalt zurückprallen.

Beim Bremsvorgang erhöht eine Schleppmomentenregelung die Fahrsicherheit. Dabei wird durch gezieltes Gasgeben beim Bremsvorgang ein Blockieren des Hinterrads durch dessen Entlastung vermieden. Sensible Systeme schaffen es sogar schon, im Kurveneingang gezielte Driftwinkel zu kontrollieren. Dabei spielen Slipper-Kupplung, Blipper und Schleppmomentenregelung zusammen. Beobachten kann man dieses Zusammenspiel sehr gut in der MotoGP-Königsklasse bei Onboard-Übertragungen. Die Top-Piloten drücken die Gänge ohne Kupplung vor den Kurven herunter und lassen es dann ganz sanft in die Kurve hineinrutschen. So können sie sich voll und ganz auf das Vorderrad konzentrieren.

Grundsätzlich ist zu sagen, dass dank der modernen Sensortechnik nun ein großer Schritt in umfassende Fahrdynamik-Regelungen gelungen ist. Der Fahrer hat davon nur Vorteile und bei richtiger Einstellung merkt er davon nur sehr wenig. Die ganze Sache bewegt sich in Richtung Flugzeug. Ein modernes Kampfflugzeug gibt dem Piloten maximale Dynamik, aber auch die Sicherheit, dass er nichts übersteuern kann oder unsinnige Dinge von seinem Gerät verlangt. Diesen Ansatz auch bei modernen Hochleistungsmotorrädern einzubauen kann man nur begrüßen.

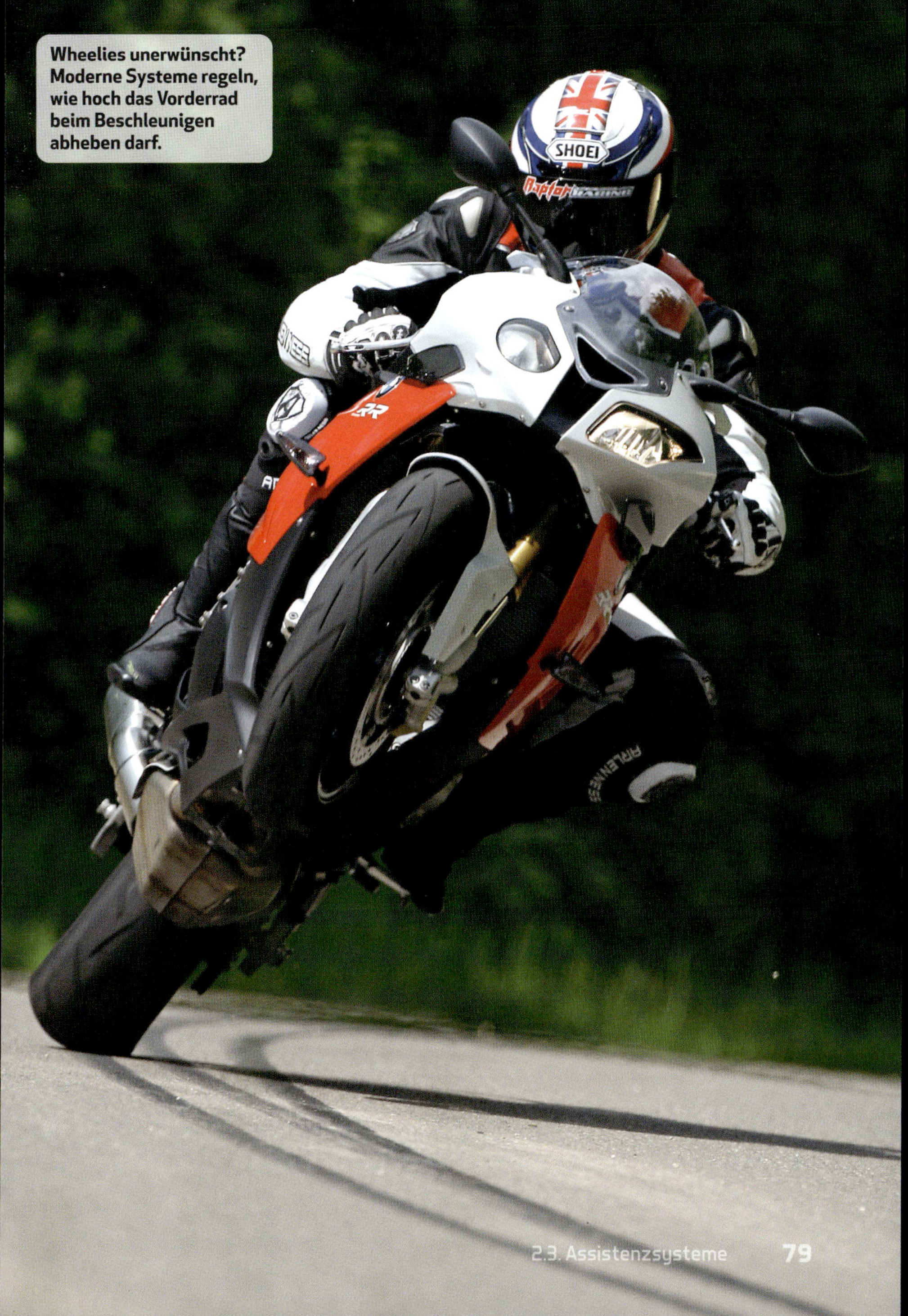

Wheelies unerwünscht? Moderne Systeme regeln, wie hoch das Vorderrad beim Beschleunigen abheben darf.

2.4. Einstellungsratgeber für Assistenzsysteme

Natürlich sind die inzwischen recht zahlreichen Systeme vielschichtig und auf jedes einzelne mit Einstellungstipps einzugehen würde den Rahmen dieses Buches sprengen. Der wichtigste Ratschlag zuerst: Auch wenn es mühsam ist, sollte die Bedienungsanleitung aufmerksam gelesen werden. Dort sind alle Knöpfe und Schalter beschrieben, deren Funktion, die manchmal auch verwirren kann, klar erklärt. Da die entsprechenden Einstellungen oft auch im Stand gewählt werden können, kann man sich die entsprechende Menüführung aneignen. Die Hersteller gehen dabei recht unterschiedliche Wege, manchmal führen Drehregler durchs Menü, manchmal auch vier Knöpfe. Nehme die Zeit und lerne. Ein paar Grundregeln gelten für alle dieser Systeme und ein paar Tricks haben wir auch noch auf Lager.

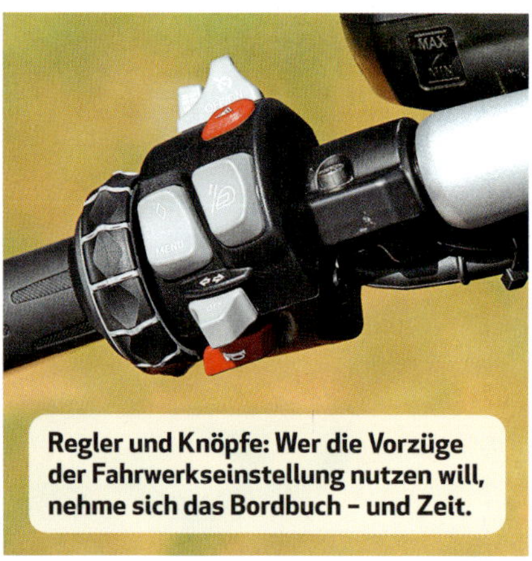

Regler und Knöpfe: Wer die Vorzüge der Fahrwerkseinstellung nutzen will, nehme sich das Bordbuch – und Zeit.

Beginnen wir mit dem Einfachsten, dem richtigen Mapping. Viele neue Motorräder haben verschiedene Leistungskurven zur Auswahl. Bei Nässe und Kälte empfiehlt sich, die jeweils schwächste Leistung einzustellen. Auch auf den ersten Ausfahrten nach der Winterpause oder hohem Punktestand in Flensburg kann das Sinn machen. Im normalen Betrieb im Trockenen wählt man die Standard-Kurve, die oftmals noch einprogrammierten Sport-Kurven oder Track-Kennfelder machen den Motor aggressiver, was meist unnötig ist und schneller ermüdet.

Die Grundeinstellung des Fahrwerks erfolgt zunächst einmal nach dem Beladungszustand. In den Menüs sind meist Solofahrt, Zweipersonen-Betrieb und Zweipersonen mit Gepäck abgelegt und sind somit selbsterklärend. Bei Motorrädern mit wenig Bodenfreiheit hilft dem sportlichen Fahrer die Zweipersonen-Einstellung, weil dann die Federn etwas mehr vorgespannt werden und je nach System auch die Dämpfung angepasst wird. Ganz moderne, semiaktive Systeme erkennen aber von selbst den Beladungszustand und stellen das Fahrwerk selbsttätig richtig ein. Bitte im Bordbuch nachlesen.

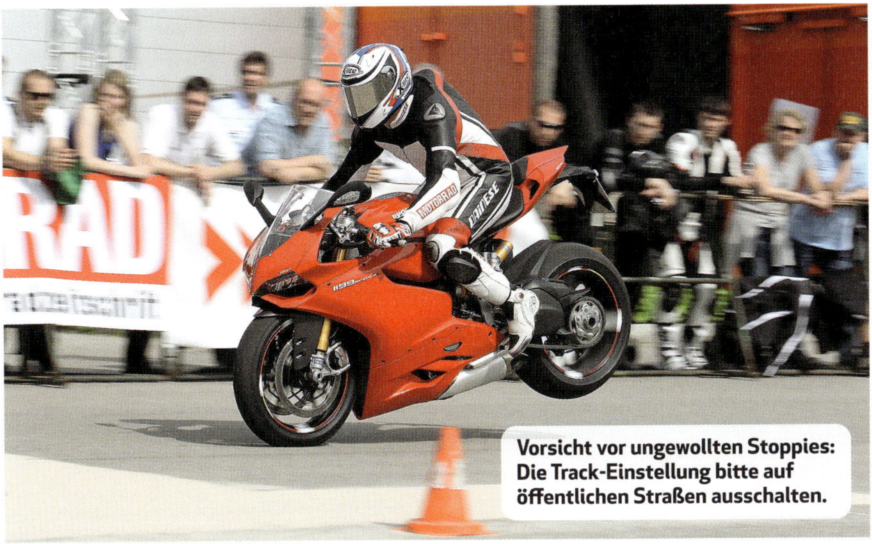

Vorsicht vor ungewollten Stoppies: Die Track-Einstellung bitte auf öffentlichen Straßen ausschalten.

Traktionskontrolle und ABS-Empfindlichkeit sollten immer parallel (wenn vorhanden) justiert werden. Es nützt wenig, das Hinterrad sensibel auf die Gripverhältnisse reagieren zu lassen und vorne eine Rennstreckenabstimmung auf der Bremse zu wählen. Grundsätzlich beginnt man immer mit der schwächsten Stufe um sich mit der Arbeitsweise der Regelung vertraut zu machen. Wie schnell kommt die Traktionskontrolle auf rutschiger Straße oder in Schräglage? Angezeigt wird das meist durch eine blinkende Kontrolllampe im Cockpit. Sollte die Traktionskontrolle störend früh die Leistung abregeln, kann nach einer Einlernphase das System etwas schärfer gestellt werden. Ansonsten nutzt man die zusätzliche Sicherheit. Ähnlich geht man beim ABS vor, wobei Einstellmöglichkeiten nur selten gegeben sind. Bei Reiseenduros gibt es manchmal eine sinnvolle Einstellung für Offroad-Betrieb. Diese schaltet die ABS-Regelung nur für das Hinterrad aus und ermöglicht so Bremsdrifts durch Blockieren des Hinterrades. Beim Wechseln auf die Straße aber nicht vergessen, das ganze wieder zurückzustellen. Dasselbe gilt für die Race- oder Track-Einstellungen bei Supersportlern. Diese bitte nicht auf der öffentlichen Straße verwenden, die Überschlagsneigung beim Bremsen vor allem bergab nimmt stark zu.

Die Traktionskontrolle ist ein gutes Instrument, die Haftungsverhältnisse gefahrlos zu ertasten. Einfach durch kurzes Beschleunigen den Grip testen, wenn es blinkt und regelt heißt es Tempo rausnehmen. Vor allem bei nasser Straße oder Kälte bieten diese Systeme einen unschätzbaren Vorteil und Sicherheitsgewinn.

3 MOTORRAD FAHREN

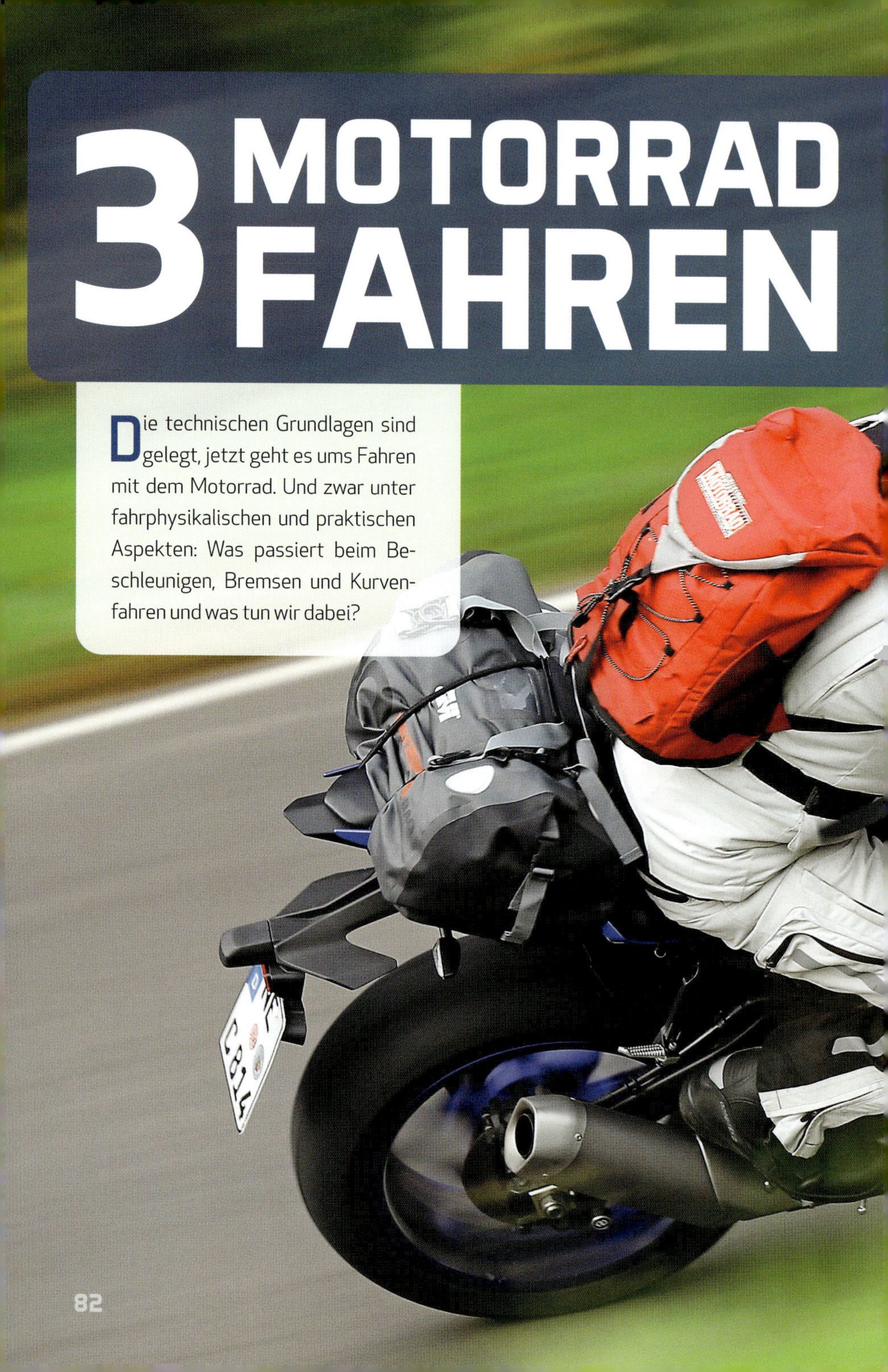

Die technischen Grundlagen sind gelegt, jetzt geht es ums Fahren mit dem Motorrad. Und zwar unter fahrphysikalischen und praktischen Aspekten: Was passiert beim Beschleunigen, Bremsen und Kurvenfahren und was tun wir dabei?

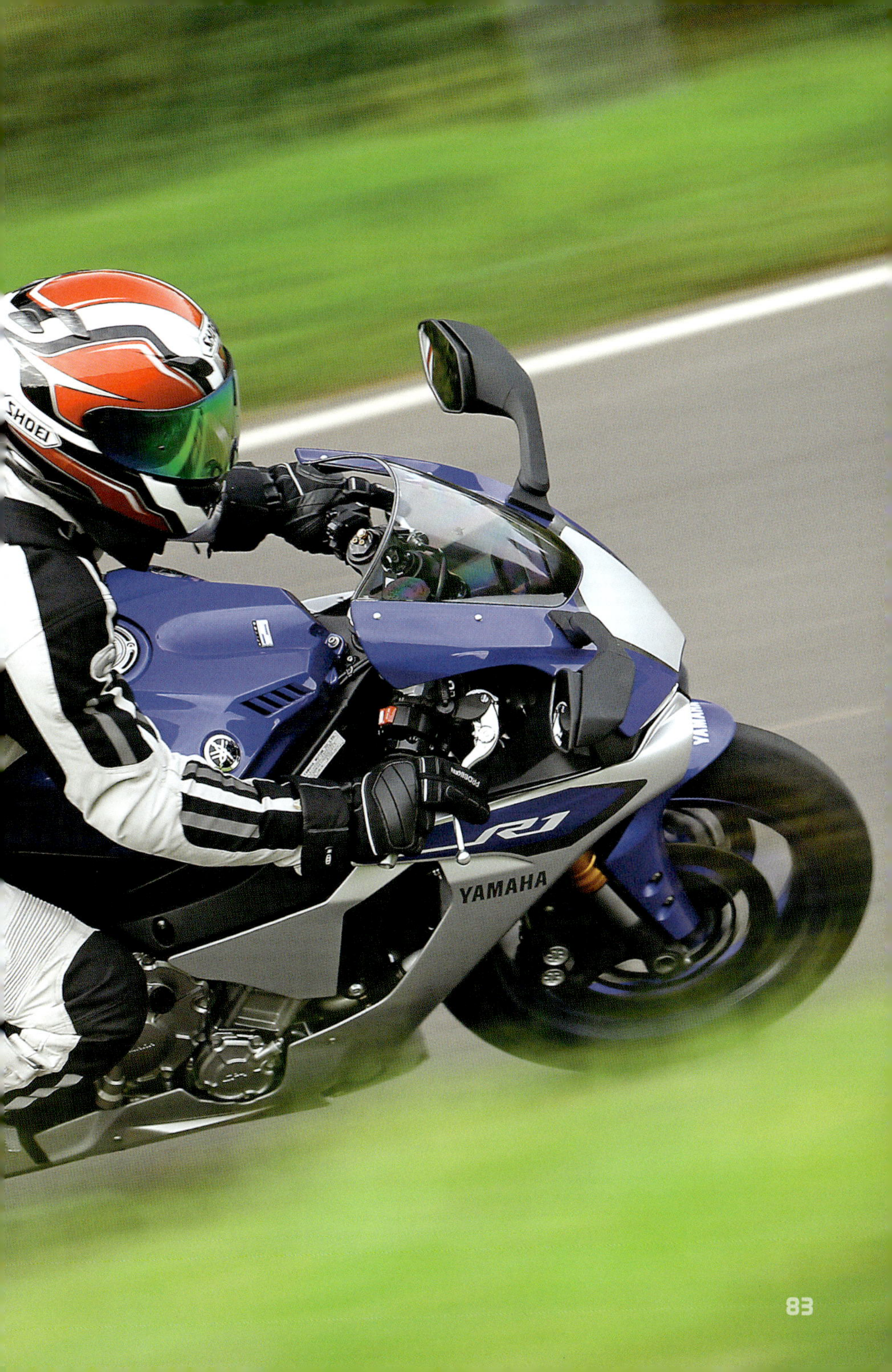
SHOEI
YAMAHA
R1
YAMAHA

3.1. Die Fahrphysik

Nachdem wir uns mit den faszinierenden Aspekten der Motorradtechnik beschäftigt haben, geht das folgende Kapitel auf die physikalischen Grundlagen des Motorradfahrens ein. So einfach wie möglich, aber so detailliert wie nötig. Denn es kann hilfreich sein, zu verstehen, was wir da eigentlich tun und warum.

Der Knackpunkt ist zunächst, dass ein Motorrad im Stand umfällt, in Fahrt jedoch nicht. Allerdings erst ab einem gewissen Tempo, bei Schrittgeschwindigkeit muss es aktiv ausbalanciert werden, so wie es die meisten von uns vom Fahrrad kennen. Aber wie funktioniert das? Vieles, was man schon als Kind automatisiert hat, eben beispielsweise Fahrradfahren, hat einen theoretischen Hintergrund, den es zum intuitiven Fahrenlernen im Grunde nicht braucht. Wenn man allerdings das Prinzip verstanden hat, wird einem das eine oder andere beim Motorradfahren klarer. Zum Beispiel der Effekt, dass sich ein Motorrad bei zunehmendem Tempo immer schwerer lenken lässt. Ein gewisses Verständnis der Physik hilft auch, um in der Praxis herauszufinden, was in der Kurve geht – und was nicht mehr. Eine ganz besondere Rolle spielen natürlich auch in diesem Kapitel wieder die Reifen. Sie unterliegen beim Motorrad höchsten Belastungen und Anforderungen, auf die wir auch theoretisch eingehen werden. Allerdings ist die Fahrphysik des fahrenden Motorrads ausgesprochen komplex. Wenn man nicht alles gleich versteht, ist das kein Grund zur Beunruhigung, denn die Theorie ist zwar die Grundlage für das Fahren, das Wichtigste ist aber, es in der Praxis zu spüren und sich darauf einzulassen. Ohne Fahrkönnen gibt es keinen Fahrspaß, dafür ein erhöhtes Unfallrisiko. Also lassen Sie uns die Grundlagen für den Weg zur Perfektion legen!

3.1.1. Geradeausfahrt

Ein Motorrad verblüfft Anfänger zunächst einmal damit, dass sich die Lenkung je nach Geschwindigkeit völlig unterschiedlich anfühlt. Solange wir langsam fahren, Schrittgeschwindigkeit zum Beispiel, müssen wir der Kipp-Tendenz durch kleine Lenkbewegungen jeweils in die Richtung, in die das Motorrad kippen möchte, und Verlagerung des Körpergewichts in die andere Richtung entgegenwirken. Mehr Stabilität in dieses labile Gleichgewicht holen sich Könner übrigens durch den Einsatz der Fußbremse, mit der sie die Maschine »strecken« und mit Drehzahl etwas über Standgas gegen die schleifende Kupplung fahren. Mit etwas Übung sind zwei km/h kein Hexenwerk. So langsam beispielsweise rechts herum abzubiegen bedeutet natürlich auch, dabei nach rechts zu lenken. Ab einer Geschwindigkeit zwischen 20 und 30 km/h reicht die Fahrstabilität, um nicht mehr balancieren zu müssen und stabil ohne unser ständiges Zutun geradeaus zu fahren.

Doch wo kommt nun die durchaus fühlbare Stabilität mit zunehmendem Tempo her? Diese stabilisierenden Kräfte werden Kreiselkräfte genannt. Sie entstehen dadurch, dass sich Vorder- und Hinterrad drehen und dabei Umfangskräfte entwickeln. Man kann dies schön mit dem Rad eines Fahrrades ausprobieren: Das Rad an der Achse festhalten und mit der anderen Hand das Rad in schnelle Drehung versetzen. Dadurch entstehen Kreiselkräfte, sie stabilisieren das System, und zwar so deutlich, dass man es sogar an nur einer Seite der Achse aufhängen kann, ohne dass es herunterfällt. Deswegen rollt ab einer gewissen Geschwindigkeit das Motorrad auch freihändig geradeaus, ja sogar ohne Fahrer. Diese Stabilität wird durch einen zweiten Effekt verstärkt: Schiebt man nun an einer Seite die Radachse horizontal nach vorne, beim Motorrad geschieht dies durch die Lenkung, reagiert das drehende Rad mit einer Kippbewegung, und zwar immer in die Richtung der eingebrachten Kraft. Dieser Effekt wird Präzession genannt und soll uns beim Kurvenfahren noch sehr nützlich sein.

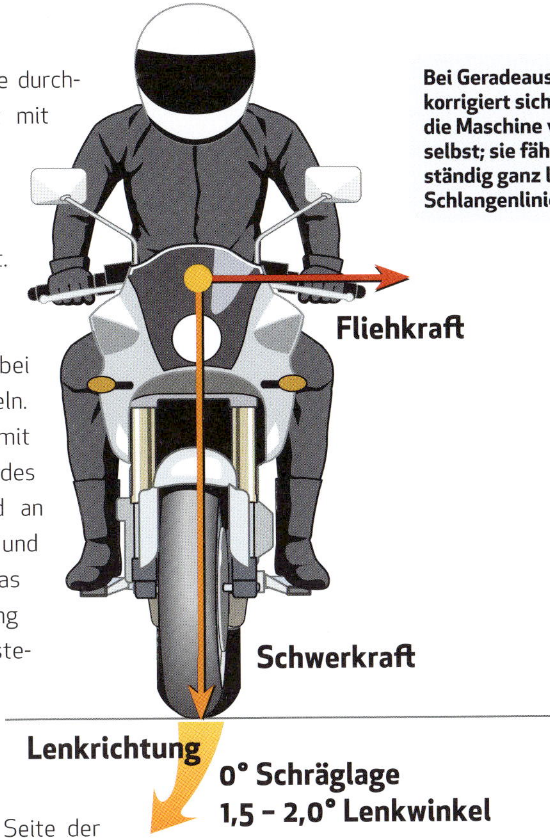

Bei Geradeausfahrt korrigiert sich die Maschine von selbst; sie fährt ständig ganz leichte Schlangenlinien.

Denn besonders interessant ist dieser Effekt am Vorderrad. Da es gelenkt wird, kann es Präzessionsbewegungen um die Lenkachse ausführen. Und diese Bewegungen korrigieren wunderbarerweise genau in die richtige Richtung. Sobald eine nicht genau in der Radmitte angreifende Kraft am Reifen auftritt, die das Motorrad kippen möchte, beispielsweise durch eine Bodenwelle oder eine Neigung der Fahrbahn, schlägt das Vorderrad leicht ein und korrigiert automatisch den Störeinfluss. Die Maschine stellt sich von selbst wieder senkrecht, indem sich die Lenkung für einen Moment kaum fühlbar schräg stellt. Genaugenommen fährt ein Motorrad eigentlich nie exakt geradeaus, sondern vollführt immer ganz leichte Schlangenlinien, die man allerdings kaum bemerkt. Wir bemerken sie in dem Moment, wenn das Lager im Lenkkopf zu stramm eingestellt oder verschlissen oder der Lenkungsdämpfer zu schwergängig ist und sich die Lenkung so nicht mehr ganz leicht, fast unmerklich aus der Mittellage bewegen lässt. Dann fühlt es sich so an, als ob die Maschine taumelt – was sie dann ja auch tut. Ist alles in Ordnung, nehmen wir die unzähligen kleinen Lenkeinflüsse der Straße

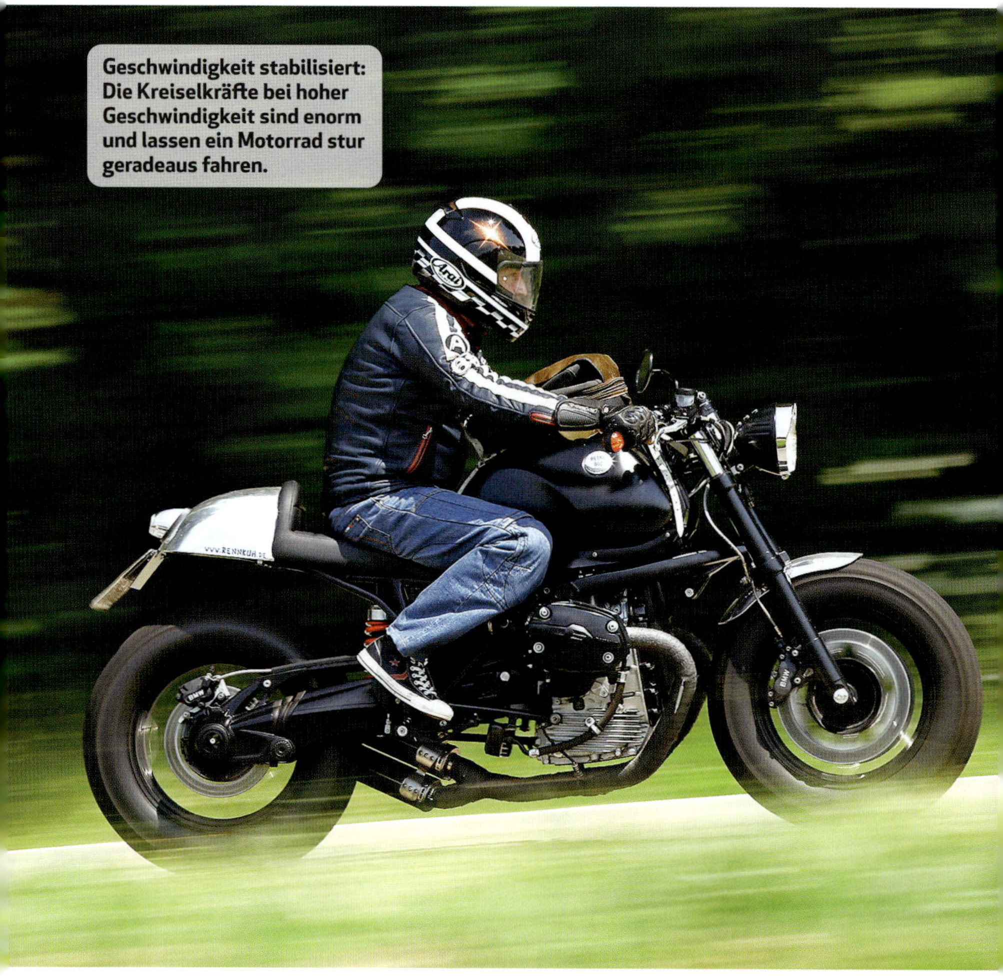

Geschwindigkeit stabilisiert: Die Kreiselkräfte bei hoher Geschwindigkeit sind enorm und lassen ein Motorrad stur geradeaus fahren.

kaum wahr. Viele korrigieren sich durch die oben erwähnte Präzession, größere wie Bodenwellen, Seitenwind, Windschleppen der Autos, eine schräge Straße oder Längsrillen, etwa vor einer Ampel, gleichen wir selbst aus durch mehr oder weniger unbewusste, bisweilen auch bewusste Lenkbewegungen.

Auch der Fahrer kann Störeinflüsse in die Lenkung einleiten. Er wackelt zum Beispiel durch Windwirbel hin und her und lenkt dabei unbewusst, vor allem dann, wenn er sich am Lenker festhält. Lässt er locker, korrigiert sich das durch die Reaktion des Vorderrads (siehe oben) wieder. Wenn die Räder sich immer langsamer drehen, sind irgendwann diese Selbstkorrekturkräfte zu gering, dann würde das Motorrad umkippen. Das kann man auch sehr schön an einem Spielzeugkreisel nachvollziehen: Nach dem Anstoßen dreht er sich eine Zeit lang stabil, dann fängt er an, immer mehr zu eiern und fällt schließlich um. Und das oben erwähnte einseitig aufgehängte Rad fällt einfach runter, wenn es zu langsam wird.

Je schneller man fährt, desto größer wird die Fahrstabilität, sind die Kreiselkräfte doch von der rotierenden Masse und deren Drehzahl abhängig. »Geschwindigkeit stabilisiert« ist auch eine alte Weisheit beim Geländefahren. Da wimmelt es ja nur so von Störkräften am Vorderrad, wodurch sich Anfänger im Offroad-Metier meist schrecken lassen. Erst wenn man sich traut, den Geschwindigkeitsbereich der Instabilität zu verlassen und schneller zu fahren, stabilisiert sich das Ganze, und selbst heftige Störeinflüsse werden weggesteckt, das Motorrad »tanzt«, bleibt aber weitgehend in der Spur – ausreichenden Grip vorausgesetzt.

Dieselbe physikalische Gesetzmäßigkeit erklärt auch, warum sich Größe und Gewicht des Vorderrades auf die Handlichkeit einer Maschine auswirken. Ein kleineres, leichteres Rad baut weniger Kreiselkräfte auf, man braucht geringere Lenkkräfte, um die Maschine in Schräglage zu bringen. Je schwerer und größer die Räder einer Maschine, umso stabiler, aber auch unhandlicher fährt sie.

3.1.2. Der Einfluss des Schwerpunkts

Bevor wir zum Kurvenfahren kommen, klären wir noch den wichtigen Einfluss des Schwerpunkts. Steht das Motorrad senkrecht, liegt sein Schwerpunkt zumeist über der Radaufstandslinie. Dann, und nur dann, fühlt es sich »leicht« an, umso »schwerer«, je schräger es steht. Die Höhe des Schwerpunkts, also des Punkts, in dem sich die gesamte Masse von Motorrad und Fahrer rechnerisch versammeln könnte, hat großen Einfluss auf die Labilität des Systems. Man merkt das beim Rangieren: Maschinen mit hohem Schwerpunkt lassen sich viel mühsamer balancieren und fühlen sich spürbar kippeliger an als Maschinen mit niedrigem Schwerpunkt.

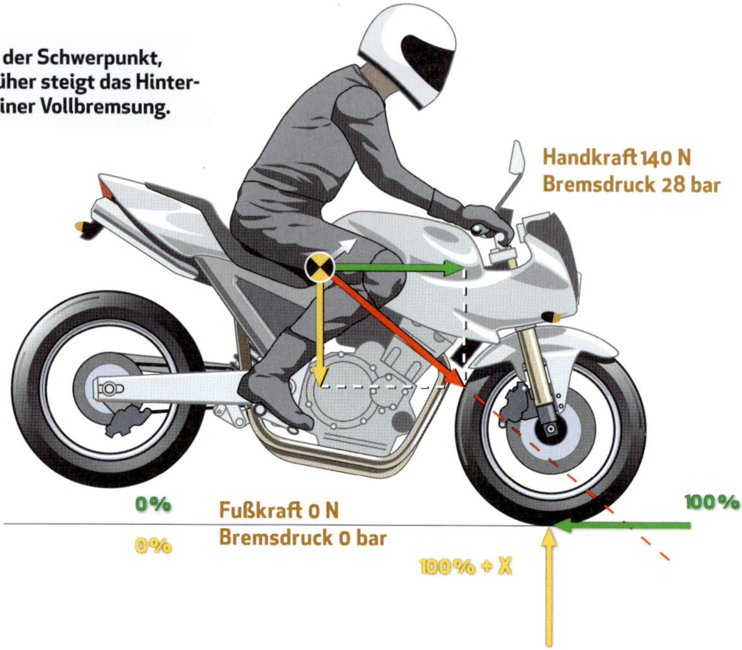

Je höher der Schwerpunkt, desto früher steigt das Hinterrad bei einer Vollbremsung.

Diese Rangierhandlichkeit, bei der sich der Fahrer mit den Füßen auf dem Boden befindet und sich so abstützt, ist aber etwas anderes als die Handlichkeit beim Fahren. Hier hilft ein hoher Schwerpunkt beim Einlenken, eben weil das System labiler ist. Das Fahrgefühl wird subjektiv handlicher. Allerdings: Je höher der Schwerpunkt liegt, desto instabiler wird die Maschine beim Bremsen und Beschleunigen.

Maschinen mit hohem Schwerpunkt neigen viel früher zum Abheben mit dem Vorderrad (Wheelie) oder Überschlagen des Hinterrades bei Vollbremsung (Stoppie). Deshalb muss ein Kompromiss zwischen Fahrstabilität und Handlichkeit gefunden werden, der je nach Motorradkategorie schon mal sehr unterschiedlich ausfällt.

3.1.3. Kurvenfahrt

Wie weiter oben bereits erklärt, fährt das Motorrad beim Geradausfahren ständig ganz feine Schlangenlinien. Wir erinnern uns an den Effekt der Präzession, er lässt sich an dem oben erwähnten Rad prima erleben: Wir nehmen das Rad in beide Hände, eine Hand links an der Achse, die andere am rechten Ende, und halten es am besten an den fast ausgestreckten Armen vor die Brust. Solange das Rad sich nicht dreht, lässt es sich ganz leicht in alle Richtungen kippen. Wenn nun ein Helfer das Rad in schnelle Drehbewegung versetzt, fühlen wir sofort, wie sich das Rad steif anfühlt, träge, unwillig. Schieben wir nun beispielsweise das rechte

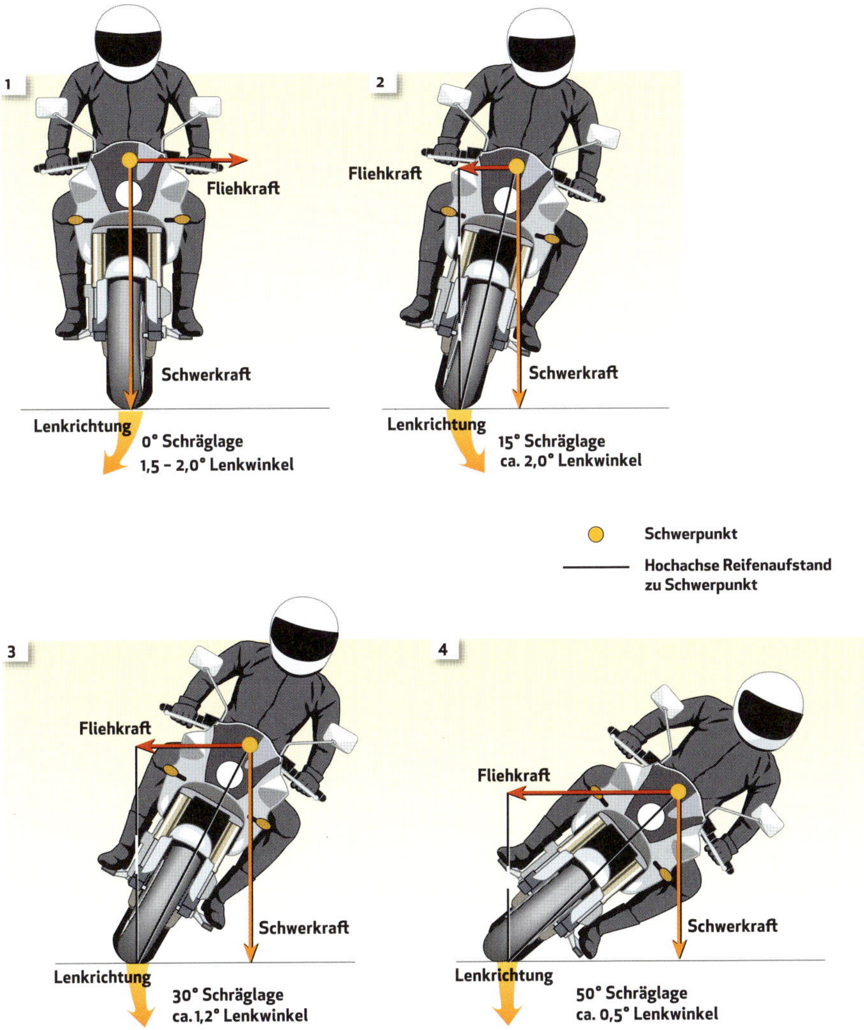

Zunächst lenkt der Fahrer in die »verkehrte« Richtung, um das Motorrad zu kippen; danach fällt es in einer relativ stabile Kurvenfahrt.

Ende der Achse ruckartig nach vorne, so wird das Rad kippen – und zwar nach rechts. Machen wir dasselbe mit der linken Seite, kippt das Rad nach links. Und tatsächlich sehen wir deutlich, dass das Rad kurzfristig quasi in die Gegenrichtung eingeschlagen wird, bevor es in die gewünschte kippt.

Übertragen aufs Motorrad, wo wir statt an die Achse bequem zum Lenker greifen, verhält es sich in Fahrt genauso. Will der Motorradfahrer eine Rechtskurve fahren, lenkt er zunächst nach links; durch die Gesetzmäßigkeiten des Kreisels kippt die Maschine nach rechts. Die meisten Motorradfahrer lenken völlig unbewusst, und so mancher würde wohl erst mal vehement bestreiten, dass er die Kurve verkehrt herum ansteuert. Wenn man sich aber einmal ganz bewusst darauf konzentriert, lässt sich die eingebrachte Lenkkraft fühlen. Um eine Maschine in Schräglage zu bringen, genügen vergleichsweise minimale Lenkausschläge, sie werden als Lenkimpuls bezeichnet. Bei hohen Geschwindigkeiten, wenn starke Kreiselkräfte wirken, braucht es aber dazu recht hohe Lenkkräfte. Wer schon mal bei Autobahntempo versucht hat, seine Maschine in Schräglage zu bringen, der weiß, wie sehr sich bei hohen Geschwindigkeiten die Maschine versteift, hier ist es mit Gewichtsverlagerung nicht getan. Da muss ein beherzter Lenkimpuls her, soll der Spurwechsel nicht ewig dauern.

Um den Lenkimpuls im Alltag immer parat zu haben, hat sich der folgende Merksatz bewährt: »Rechts drücken – rechts fahren, links drücken, links fahren.« Wobei mit »drücken« das Nach-vorne-schieben des Lenkerendes auf der jeweiligen Seite gemeint ist.

Erstaunlicherweise findet das Motorrad in Schräglage wieder ein gewisses Gleichgewicht und bewegt sich in einer stabilen Kurvenfahrt. Die gefahrene Schräglage resultiert dabei aus einem Gleichgewicht von im Schwerpunkt angreifender Fliehkraft und ebenso dort wirkender Schwerkraft. Der Physiker sagt: Die Resultierende aus Fliehkraft und Gewichtskraft geht durch die Reifenaufstandslinie. Alles klar? Noch spannender wird es, wenn man sich überlegt, welche Kräfte in diesem System welche Lenkmomente aufbauen. Durch den Nachlauf entsteht ein rückstellendes Lenkmoment, das kurvenausdrehend (die Lenkung gerade richtend) wirkt und so die Maschine in Schräglage drückt. Der Rollwiderstand am Vorderrad wirkt kurveneindrehend, das heißt, er schlägt die Lenkung zur Kurveninnenseite ein, was die Maschine aufrichten möchte. Je besser sich diese und weitere Effekte aufheben, desto neutraler fährt sich die Maschine. Verwirrend? Wie sich das anfühlt, steht im Kapitel Fahrpraxis.

Wenn nun in Schräglage gebremst wird, spürt aber jeder Motorradfahrer: Vorne Bremsen in Schräglage richtet die Maschine um so heftiger auf, je stärker gebremst wird, denn ähnlich dem Rollwiderstand, nur viel stärker, wird durch Bremsen eine Lenkkraft zum Kurveninneren erzeugt, der am Lenker entgegengewirkt werden muss, wenn man in Schräglage bleiben will. Neutraler verhält sich die Maschine, wenn hinten gebremst wird, da die Bremskräfte dann nicht auf die Lenkachse wirken und den Vorderradkreisel nicht beeinflussen. Allerdings sind der Hinterrad-

Motorradtypen im Vergleich: Die drei Maschinen benötigen auf der 46-Meter-Kreisbahn bei 50 km/h unterschiedliche Schräglagen, obwohl die theoretisch erforderliche Schräglage mit 40,5 Grad identisch ist.

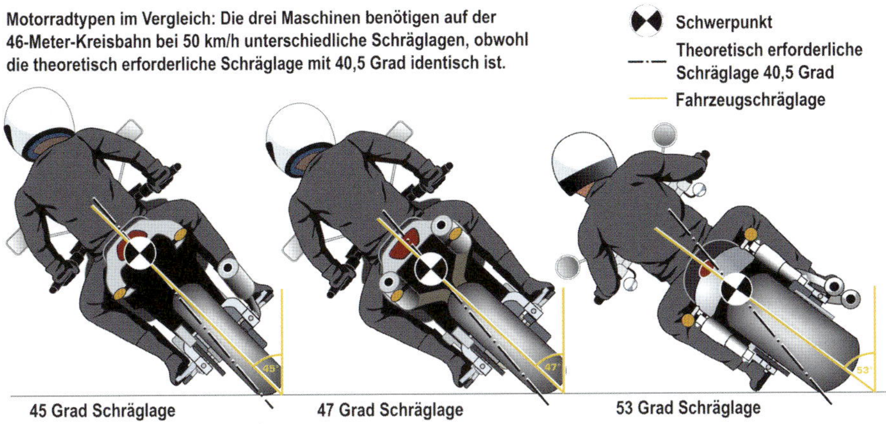

Je breiter die Reifen, desto weiter wandern die Radaufstandsflächen nach außen und desto mehr Schräglage ist bei gleicher Kurvengeschwindigkeit nötig.

bremse enge Grenzen gesetzt, da die übertragbaren Bremskräfte durch die Radlastveränderungen beim Bremsen vorn größer sind. Näheres hierzu im Kapitel Bremsen.

Das Tolle am Kurvenfahren ist: Trotz der enorm komplizierten Physik geht es einem nach einiger Zeit in Fleisch und Blut über. Je länger man seine Maschine fährt, desto besser automatisieren sich die einzubringenden Lenkkräfte, die sich je nach Reifen und Maschine teilweise stark unterscheiden. Man schießt sich regelrecht auf sein Motorrad ein und findet mit der Zeit ganz automatisch die richtige Schräglage und damit die richtige Kurvengeschwindigkeit. Dieser Kurven-Wohlfühlbereich ist oft sehr unterschiedlich angesetzt, was sich dann bei Gruppenausfahrten bemerkbar macht.

Der Gewöhnungs-Effekt ist beispielsweise auch ganz wichtig für die Testfahrer von MOTORRAD. Eine Maschine kann erst richtig beurteilt werden, wenn sich der Fahrer »automatisiert« hat, was schon mal 100 oder 200 Kilometer dauern kann. Ansonsten würde er von der vorher gefahrenen Maschine zu stark beeinflusst werden, auf deren Kurvenverhalten er noch geeicht ist.

Ein Effekt sei zum Schluss dieses Kapitels auch nicht verschwiegen: Je breiter die Reifen einer Maschine sind, desto größer wird die benötigte Schräglage in Kurven. Die Reifenaufstandsflächen wandern in Schräglage zum Kurveninneren, und da, wie bereits erklärt, die Resultierende aus Gewichtskraft und Fliehkraft durch die Reifenaufstandslinie gehen muss, braucht es bei gleicher Geschwindigkeit und somit gleicher Fliehkraft mehr Schräglage.

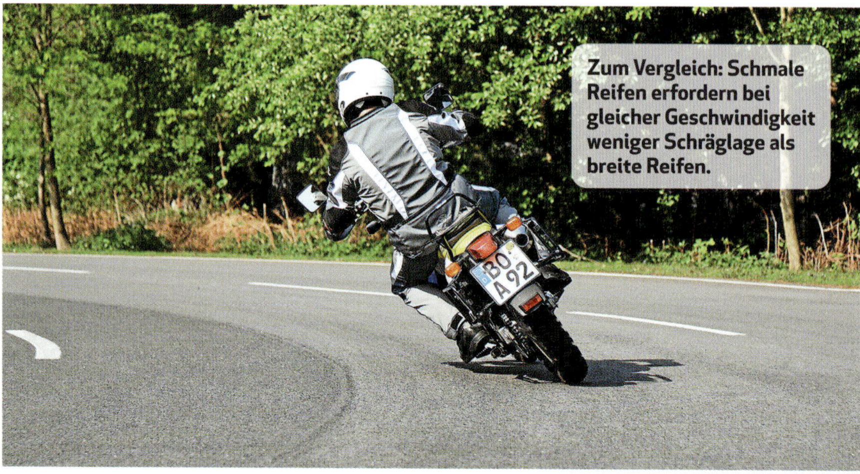

Zum Vergleich: Schmale Reifen erfordern bei gleicher Geschwindigkeit weniger Schräglage als breite Reifen.

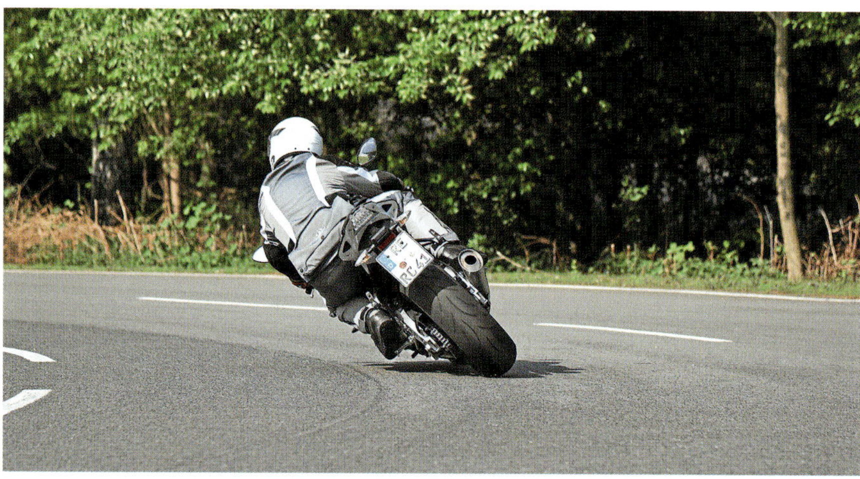

Jetzt wird auch klar, warum der Vorderreifen beim Motorrad meistens verhältnismäßig schmal ausgeführt wird. Nicht etwa, weil am Vorderrad geringere Kräfte übertragen werden müssten; dem ist ganz und gar nicht so. Vielmehr gibt die nach außen wandernde Reifenaufstandsfläche jeder kleinen Störkraft am Vorderrad einen mächtigen Hebelarm. Die so entstehenden Lenkmomente versetzen eine Maschine mit breitem Reifen vorn ständig in Unruhe, vor allem bei Kurvenfahrt. Demgegenüber verhalten sich vorne schmal bereifte Maschinen spürbar neutraler, was schnell ein deutlich entspannteres Fahren ermöglicht.

3.1.4. Der Kammsche Kreis

Zwei gerade mal handtellergroße Flächen stehen den Reifen zur Verfügung, um die Kräfte beim Bremsen, Beschleunigen und Kurvenfahren zu übertragen. Logischerweise unterliegen sie einer enormen Belastung. Dennoch erlauben moderne Reifen selbst bei Kurvenfahrt kräftige Beschleunigung oder Bremsmanöver. Die übertragbaren Kräfte verdeutlicht dabei der Kammsche Kreis. Durch ihn wird das mögliche Verhältnis von übertragbaren Radumfangskräften zu den in Schräglage aufgebauten Seitenführungskräften beschrieben. Dabei offenbart sich, dass bei moderaten Schräglagen bis zu 30 Grad noch fast die volle Brems- oder Beschleunigungskraft übertragen werden kann, nämlich über 85 Prozent. Ab einer gewissen Schräglage verringern sich die übertragbaren Längskräfte aber überproportional, sodass eine sehr geringe Brems- oder Beschleunigungskraft genügt, um den Kammschen Kreis zu verlassen – und auf die Nase zu fallen.

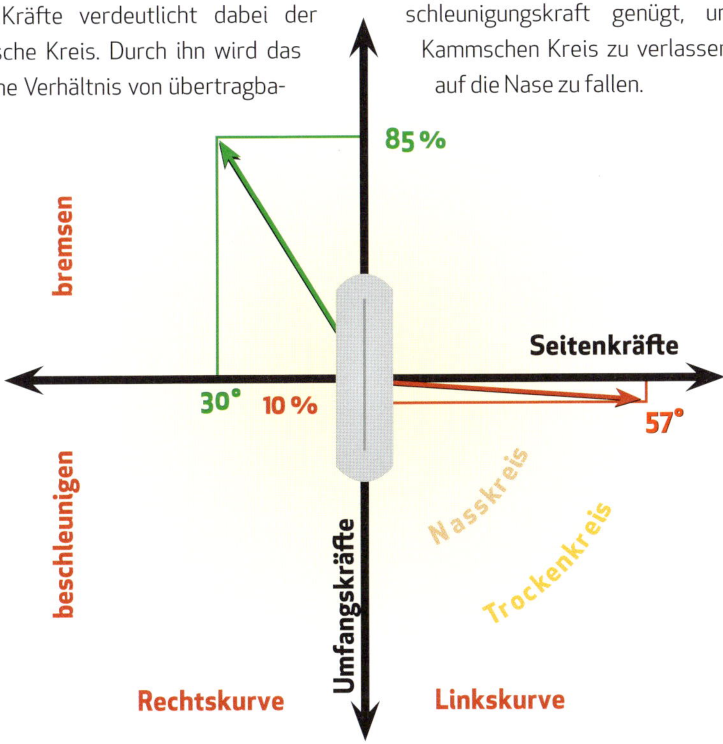

Der Kammsche Kreis verdeutlicht die vom Reifen übertragbaren Kräfte bei Geradeausfahrt und bei Schräglage. Lesebeispiel: Bei 30 Grad Schräglage sind immerhin noch 85 Prozent Umfangskräfte möglich (Grün). Bei 57 Grad Schräglage fast keine mehr (Rot). Der Kreis wird immer kleiner, je weniger Haftung vorliegt. Damit verringern sich auch die übertragbaren Kräfte dramatisch.

Der Kammsche Kreis wird umso kleiner, je weniger Haftung aufgebaut werden kann. Bei Nässe verringert sich der Grip je nach Straßenbelag deutlich, und damit auch die übertragbaren Kräfte. Wenn dann noch eine verschmutzte Fahrbahn dazu kommt, wird der Kreis nochmals kleiner. Dann genügen schon kleine Gasstöße, um das Hinterrad durchdrehen zu lassen, oder eine geringe Schräglage, um zu stürzen.

Das Wissen um diese Zusammenhänge ist das eine, die Realität auf der Straße das

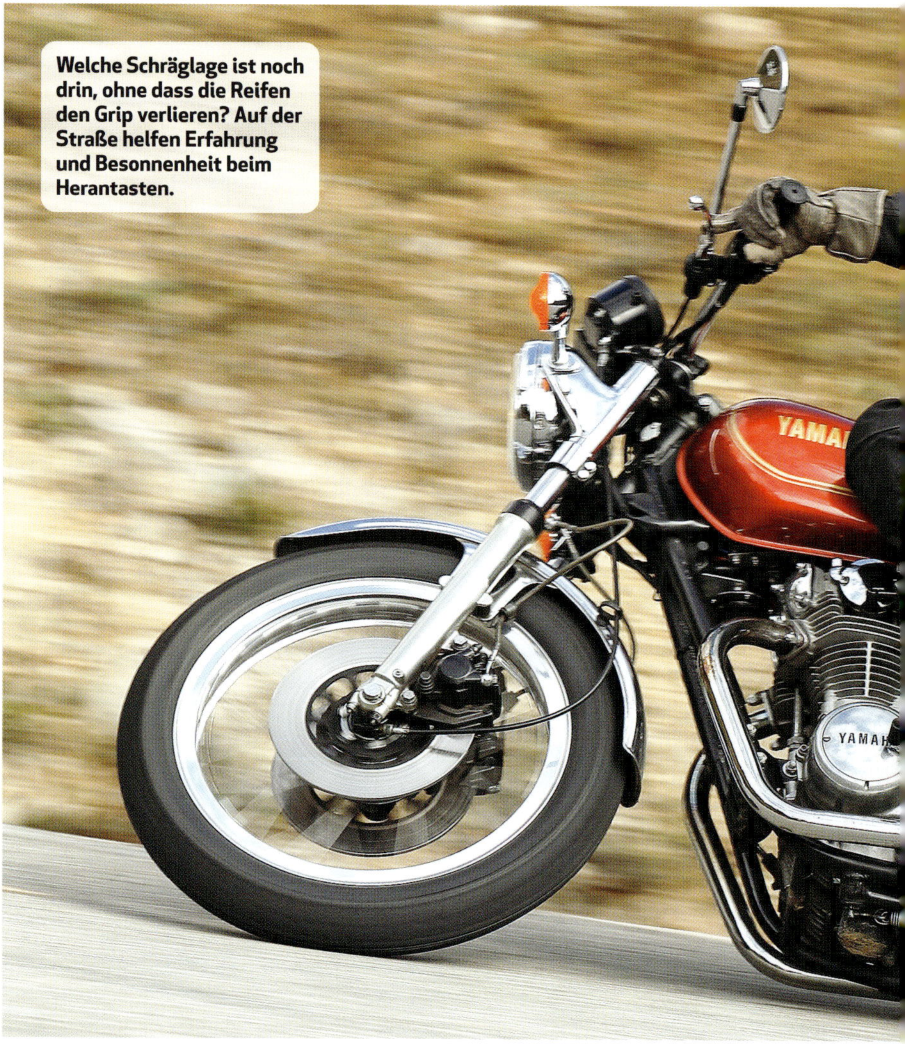

Welche Schräglage ist noch drin, ohne dass die Reifen den Grip verlieren? Auf der Straße helfen Erfahrung und Besonnenheit beim Herantasten.

andere. Denn woher sollen wir wissen, wie viel Grip gerade zur Verfügung steht? Eine Möglichkeit ist, einmal kurz mit einer Testbremsung das Haftungsniveau zu erfühlen, mit ABS gerne auch vorn, ohne lieber nur hinten. Vorher natürlich sicherstellen, dass hinter einem niemand fährt. Auch das Regeln der im Technikkapitel beschriebenen Traktionskontrolle geht als Warnhinweis durch. Ansonsten hilft nur Erfahrung und »Straße lesen«, um eine Idee vom Gripniveau zu bekommen.

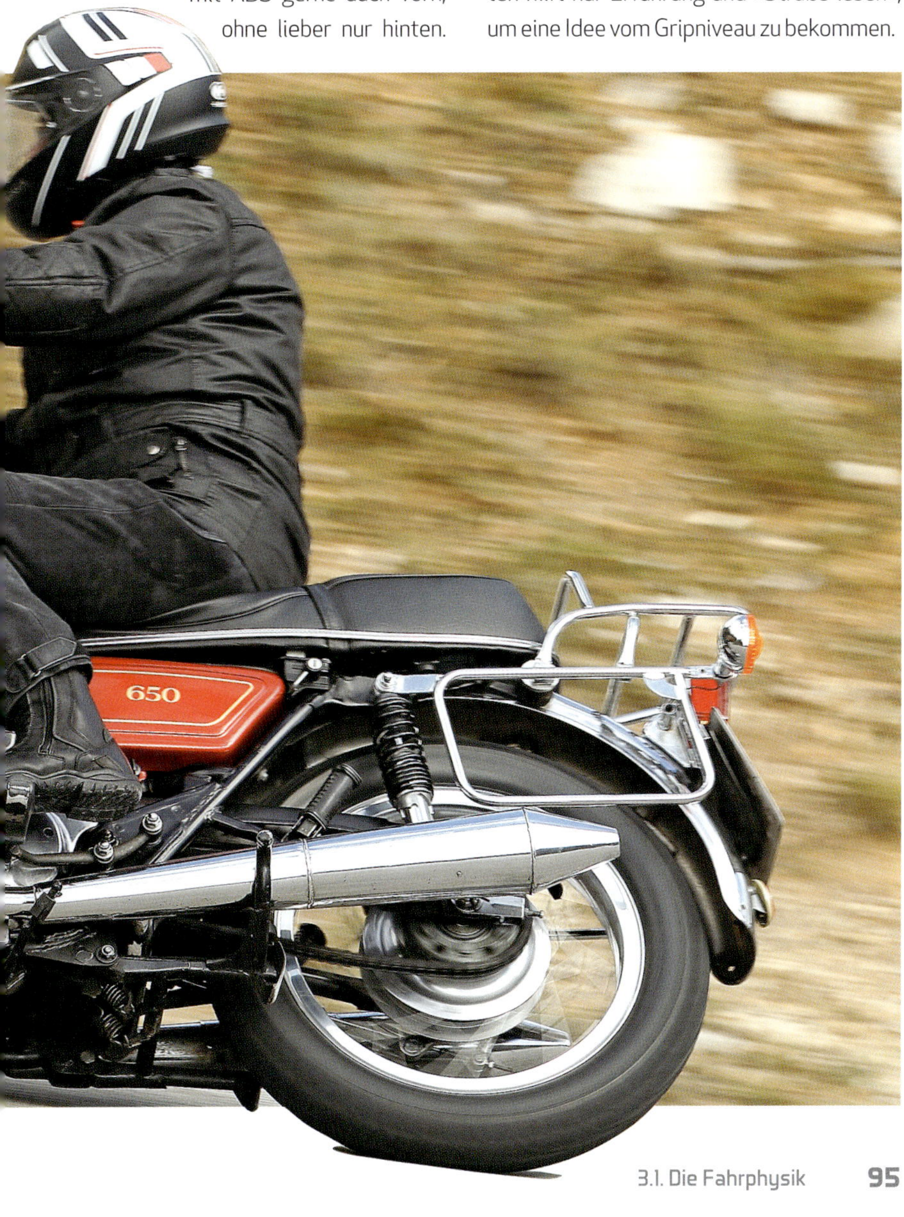

3.2. Fahrpraxis

Wie setzt nun der Motorradfahrer all diese komplizierten physikalischen Gegebenheiten in flüssigen Kurventango um? Muss er sich ständig einen Kammschen Kreis vorstellen, um seine Fahrmanöver entsprechend zu gestalten? Natürlich nicht: Der Mensch steuert all dies hauptsächlich unbewusst. Ihm gehen selbst komplizierte Bewegungsabläufe, wie Skifahren, einen Düsenjet fliegen oder eben Motorrad fahren, nach einiger Übungszeit weitgehend automatisch von der Hand. Ein Skifahrer muss nicht vor jeder Kurve überlegen, wann er jetzt den Talski belasten muss, ein Pilot hat oft gar keine Zeit, sich zu überlegen, welches Ruder er für welches Flugmanöver betätigen muss. Und wir Motorradfahrer regeln ebenfalls viele Dinge automatisch. Leiten Kurven durch einen Lenkimpuls ein, stemmen uns gegen die Bremskraft durch Aufrichten und schalten bei einer gewissen Drehzahl in den nächsthöheren Gang, ohne ständig den Drehzahlmesser im Auge zu haben. Uns genügt der Motorsound und das Gefühl, um zu entscheiden, dass nun ein Gangwechsel fällig ist.

Dieses Automatisieren gelingt umso besser, je mehr Erfahrung der Mensch besitzt. Für Motorradfahrer bedeutet das: Je mehr Kilometer er auf dem Buckel hat, desto routinierter fährt er zumeist. Fahrpraxis ist durch nichts zu ersetzen, selbst das klügste Buch hilft da im Endeffekt nur wenig. Lesen ist zwar gut, aber Fahren ist besser. Doch der Mensch vergisst natürlich mit der Zeit auch wieder einiges – vor allem die Feinheiten. Deswegen sollte man sich nach der Winterpause bewusstes Wiedereingewöhnen über mindestens hundert Kilometer gönnen. Damit alles dann wieder unbewusst richtig läuft. Lesen kann aber Wissen vermitteln, allgemeine Vorgänge erklären, die der Leser dann mit seinem eigenen Verhalten abgleichen kann. In den folgenden Kapiteln erzählen wir daher aus der Fahrpraxis und beschreiben die wichtigsten Dinge praxisgerecht. Jeder kann für sich als Trockenübung versuchen, die Vorgänge nachzuvollziehen. Und so checken, ob er oder sie es genauso macht, oder ob vielleicht der eine oder andere Tipp für besseres Fahren für ihn oder sie dabei ist.

3.2.1. Blickführung und Sitzposition

Der Blickführung, also der Richtung, in die wir bewusst schauen, kommt beim Motorradfahren eine entscheidende Bedeutung zu, denn der Körper folgt ganz automatisch dem Blick. Das gilt nicht nur fürs Motorradfahren, auch beim Radfahren, Paddeln, Skifahren oder Skaten, immer dann, wenn wir unseren Körper als Teil des Fortbewegungssystems benutzen. Kellner wissen das übrigens auch: Würden sie gebannt auf ihr Tablett mit den Gläsern starren, so kämen sie ins Stolpern, die Flüssigkeit würde überschwappen.

Richten sie den Blick dagegen auf den Tisch des Gastes, also auf ihr Ziel, klappt alles wie von selbst. Probieren Sie es einfach mal zu Hause mit einem Tablett aus – Sie werden sehen, es stimmt.

Was heißt das nun fürs Fahren, zunächst einmal geradeaus? Häufig sieht man, gerade bei Bikern mit wenig Erfahrung, dass sie mit gesenktem Blick und herunterhängenden Füßen losfahren, bestrebt, so schnell wie möglich den stabilen Fahrzustand zu erreichen. Die Arme sind dabei oftmals stark angewinkelt, und wenn die Füße sich endlich auf den Rasten eingefunden haben, stehen die Knie vom Tank ab. Der Blick reicht eben vor das Vorderrad, und es bereitet viel Mühe, überhaupt im Verkehr mitzufahren – geschweige denn einer Gruppe zu folgen. Kaum nähert sich dann die gefahrene Geschwindigkeit wieder dem Schritttempo, werden gleich die Füße wieder von den Rasten genommen. Eine ruckartige Bremsung – hoffentlich mit geradegestelltem Lenker – bringt die Fuhre wieder zum Stehen. Uff, geschafft. Wer nun sich oder einen Freund oder Freundin wiedererkennt, bekommt im Folgenden die Erklärung, warum es so nicht und wie es besser funktioniert.

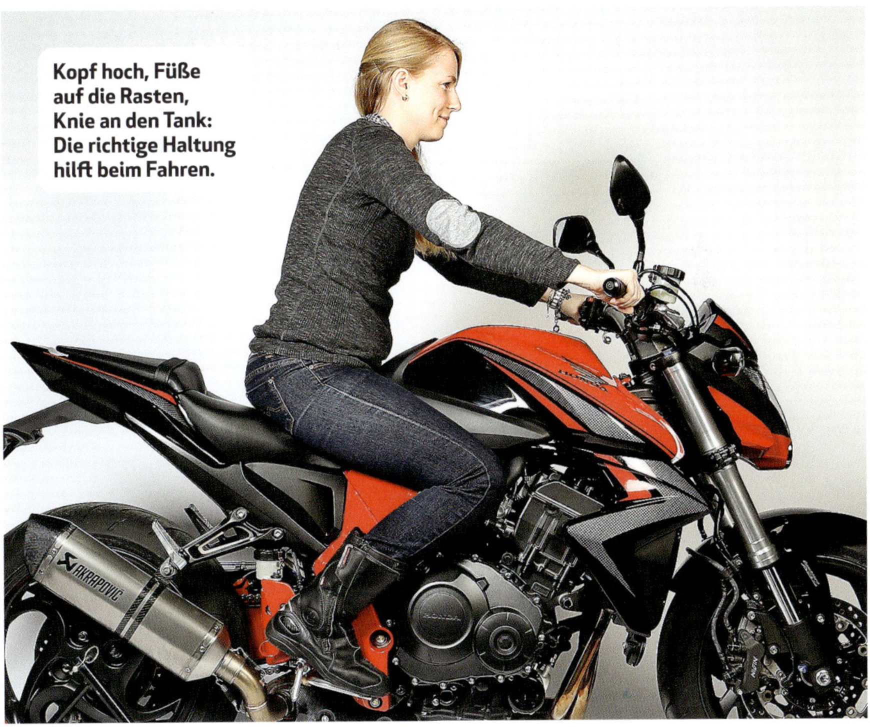

Kopf hoch, Füße auf die Rasten, Knie an den Tank: Die richtige Haltung hilft beim Fahren.

Hinter dem Lenker sollte die normale Sitzhaltung diejenige mit »Kopf hoch« sein. Der Kontrollblick auf die Instrumente, Motor an, Lämpchen aus, alles okay, dann wieder Blick nach vorn. Hier hilft vielleicht ein Schildchen auf dem Tacho: »Kopf hoch«. Egal wie langsam oder schnell losgefahren wird, so schnell wie möglich kommen die Füße auf die Rasten und die Knie an den Tank, die Arme sind nur leicht angewinkelt. Wir stützen uns auch nicht am Lenker ab oder halten uns daran fest, sondern stabilisieren den Oberkörper mit der Rückenmuskulatur. Gemeinsam mit dem »Kopf hoch« haben wir damit automatisch schon

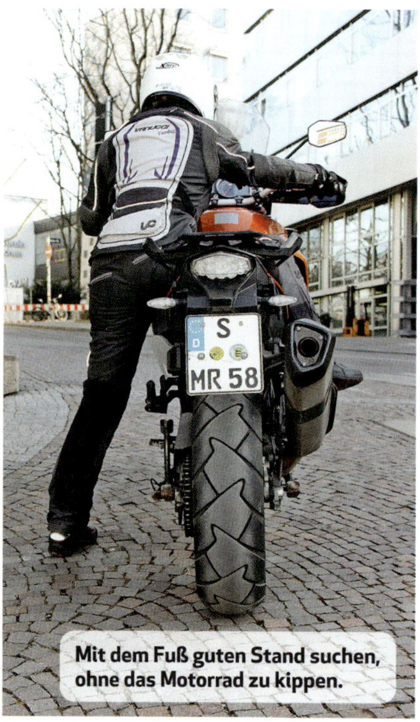

Mit dem Fuß guten Stand suchen, ohne das Motorrad zu kippen.

die richtige, stabilisierende Sitzposition. Nun balancieren wir das Motorrad über leichte Gewichtsverlagerung und Lenkbewegungen aus, den Blick weiter auf einen imaginären Punkt in der Ferne gerichtet. Bei jedem Tempo gilt nun, der Blick bleibt oben und gerade. Beim Langsamfahren hilft uns das, mehr Stabilität ins System zubekommen, unterstützt durch die Kupplung am Schleifpunkt, etwas erhöhte Leerlaufdrehzahl und eine leicht, aber konstant dagegen gedrückte Fußbremse. Schon dafür müssen ja die Füße auf den Rasten sein, und die Wackelei hat ein Ende. Wer Probleme mit dem Gleichgewicht hat, kann das auch prima mit dem Fahrrad üben.

Eine Angewohnheit vom Fahrrad sollten wir aber nicht übernehmen: Ist der Sattel zu hoch, wird dort einfach das ganze Rad geneigt, bis der Fuß im Stand den Boden erreicht. Beim Motorrad müssen wir, falls nicht beide Füße gleichermaßen den Boden erreichen, lieber mit einem Fuß guten Stand suchen, in dem wir mit dem Gesäß etwas auf die jeweilige Seite rutschen und dabei das Motorrad weiter schön senkrecht halten. So ausbalanciert, lässt sich Stop and Go auch viel leichter bewältigen.

Ebenso prima mit dem Fahrrad üben lässt sich die Blickführung beim Wenden und in langsamen Kurven, wie man sie auch für Serpentinen benötigt (siehe Fahren im Gebirge in Kapitel 4). Hier gilt es, aktiv den Kopf zu drehen und gedreht zu halten, bis man rum ist, mit dem Blick genau dorthin, wo man hin möchte. Die Len-

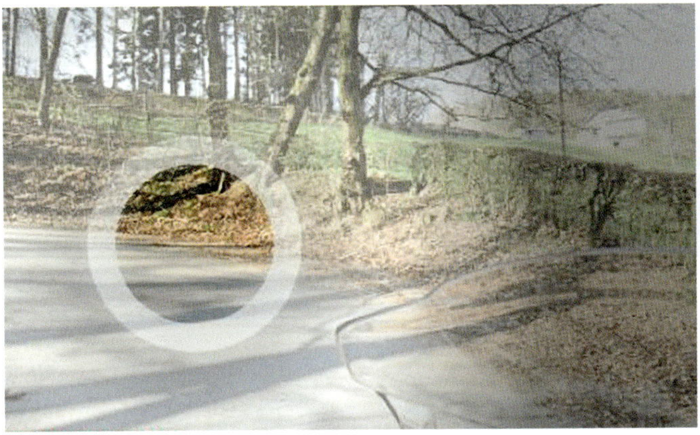

Bergauf fällt die richtige Blickführung oft schwer. Hier zieht der Dreck am rechten Fahrbahnrand erst einmal Aufmerksamkeit und den Blick auf sich.

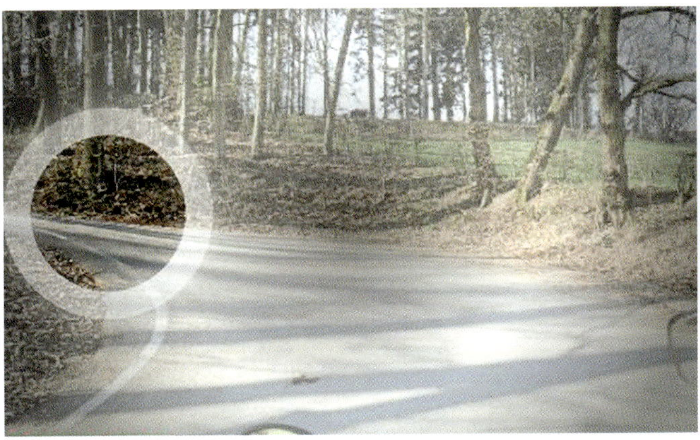

Nun heißt es „Kopf hoch" und bergauf geschaut, ob Gegenverkehr kommt und wie die Straße wohl weitergeht. Wir sehen noch nicht, was erst das nächste Bild zeigt.

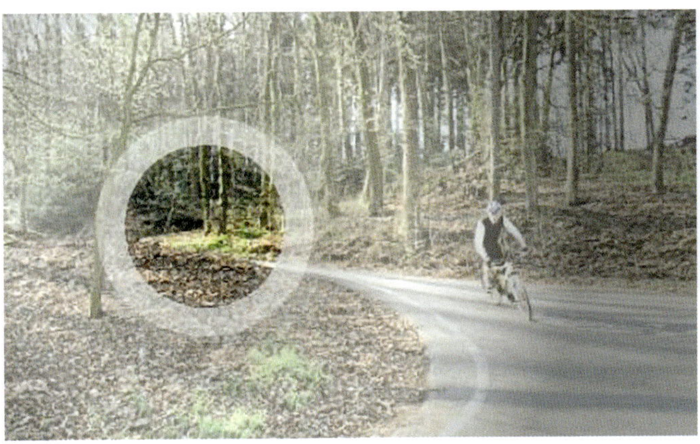

Frühzeitiges Vorausschauen verhindert, dass uns der nun auftauchende Radfahrer erschreckt und lässt uns die folgende Rechtskehre rechtzeitig wahrnehmen.

kung hängt an den Augen, deshalb ist auch die Reihenfolge wichtig: Erst Kopf drehen und schauen, dann lenken, so geht es plötzlich viel leichter.

Je schneller wir fahren, desto wichtiger wird der weite Blick für Sicherheit und Wohlbefinden. Warum? Weil die überblickte Strecke dazu reichen sollte, zum Stehen zu kommen, falls ein Hindernis in den Blick gerät. Ein einfaches Rechenbeispiel macht das deutlich. Schauen wir bei 70 km/h nicht mindestens 40 Meter weit voraus, so sagt das Bauchgefühl, wir sind zu schnell. Denn wir bräuchten 20 Meter Reaktionsweg bei einer Sekunde Reaktionszeit plus 20 Meter Bremsweg, macht 40 Meter Anhalteweg. Und weil ein Anfänger mit dem Blick kurz vors Vorderrad das zwar nicht weiß, aber meist genau fühlt, wird er langsam fahren. Oder sich in einer (zu) schnellen Gruppe furchtbar unwohl fühlen.

Beim Beschleunigen gilt das »Kopf hoch« und »Blick voraus« ganz besonders, dabei immer das Verkehrsgeschehen weit voraus beobachten, denn allzu schnell schießt man sich sonst in eine Situation, die man eben noch gar nicht »im Blick« hatte.

Für eine gute Kurventechnik spielt die richtige Blickführung die entscheidende Rolle, wenn wir die als richtig erkannte Linie treffen wollen. Bereits beim Einlenken ist es wichtig, dass wir den Blick zum Kurvenausgang richten, damit der Blick uns durch die Kurve ziehen kann. »Die letzten zehn Meter vor dem Vorderrad sind schon gefahren«, heißt es. Will sagen, was wir dann erst sehen, darauf können wir sowieso nicht mehr reagieren. Sinnvoll ist es daher, zwischen weitem und etwas näherem Blick abzuwechseln, je nach Gegebenheiten. Und wenn der Weg vor mir mit Gemeinheiten gespickt ist, auf die es kurzfristig zu reagieren gilt, muss ich ohnehin langsam fahren.

Die richtige Blickführung hilft auch ungemein, wenn man sich verschätzt hat und die Kurve zumacht, also enger ist, als ursprünglich gedacht. Dann nicht wie gebannt auf den herannahenden Graben oder die Leitplanke starren, sondern den Blick sehr bewusst auf den Kurvenausgang richten, auch wenn er woanders liegt als zunächst angenommen. Aufgeben ist keine Lösung! Wenn einem also in der Kurve die Straße auszugehen droht, dann gilt mehr Schräglage, Blick zum Kurvenausgang – es geht oft viel mehr, als man denkt. Falls man es mit der Schräglage übertrieben hat, rutschen die meisten Motorräder zuerst übers Vorderrad weg. Doch moderne Reifen stecken in optimaler Verfassung – bei Betriebstemperatur und auf griffigem Asphalt – Schräglagen bis zu 50 Grad weg. Die meisten Motorräder geben schon weit vorher deutliche Warnsignale, weil sie mit Fußrasten, Ständer oder Auspuff über den Asphalt kratzen. Aber viele Motorradfahrer trauen sich gar nicht so weit runter – schließlich ist der Mensch genetisch nur auf Schräglagen bis 20 Grad programmiert. Um mehr Schräglage zu erreichen, hilft nur üben und trainieren.

Leider passieren auch viele Unfälle, weil die Fahrer sich die möglichen Schräglagen nicht zutrauen, viel zu früh aufgeben und schlimmstenfalls in den Gegenverkehr rauschen. Doch weit häufiger dürfte schlechte Blickführung Ursache von Kurvenunfällen sein. Der Verunfallte war dann nicht zu schnell für diese Kurve, sondern nur für seinen Blick und wählte daher auch die falsche Linie. Dazu später mehr.

Weitere Hinweise zum Thema Blickführung finden Sie auch im Kapitel 4 im Abschnitt »Fahren im Gebirge«.

3.2.2. Richtig beschleunigen

Das Beschleunigungserlebnis auf dem Motorrad ist mit kaum etwas anderem zu vergleichen. Das niedrige Leistungsgewicht erlaubt eine Beschleunigung, bei der die wenigsten Autos mithalten können. Maschinen mit über 100 PS schaffen es locker unter vier Sekunden auf 100 km/h, die stärksten unter acht Sekunden auf 200 km/h. Das ist nichts für Anfänger.

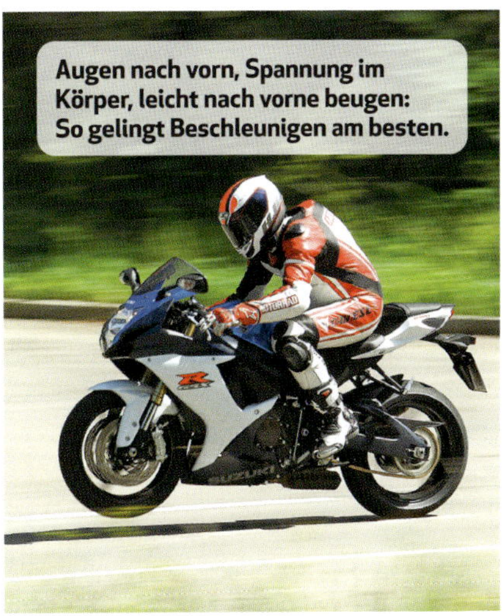

Augen nach vorn, Spannung im Körper, leicht nach vorne beugen: So gelingt Beschleunigen am besten.

Allgemein gilt: Die hohen Kräfte, die beim Beschleunigen auf den Körper wirken, müssen durch Körperspannung und versammelte Sitzposition aufgefangen werden. Also nicht wie ein schlaffer Sack auf der Sitzbank lümmeln, sondern mit leicht angewinkelten Armen, gutem Knieschluss und fest abgestützt auf den Fußrasten am Kabel ziehen. Dabei gilt es, den Körper aus der Rückenmuskulatur heraus zu stabilisieren, nicht etwa den Lenker als Haltestange zu missbrauchen.

Die Grenze für zügiges Beschleunigen im ersten Gang ist das steigende Vorderrad. Hochbeinige oder starke Maschinen ab etwa 100 PS zeigen den Effekt relativ früh, speziell mit Sozius und dem dann weiter hinten liegenden Schwerpunkt. Entgegenwirken lässt sich dem durch frühes Hochschalten in den nächsten Gang und weniger Gas. Im zweiten Gang können die meisten Maschinen voll beschleunigt werden.

Ein weiterer limitierender Faktor beim Beschleunigen ist große Schräglage oder nasse und verschmutzte Fahrbahn. Bei großer Schräglage über 45 Grad Neigungswinkel nimmt die übertragbare Längskraft am Hinterreifen stark ab (siehe Kammscher Kreis). Hier gilt es, das Gas gefühlvoll zu öffnen, damit die dynamische Radlastverlagerung auf das Hinter-

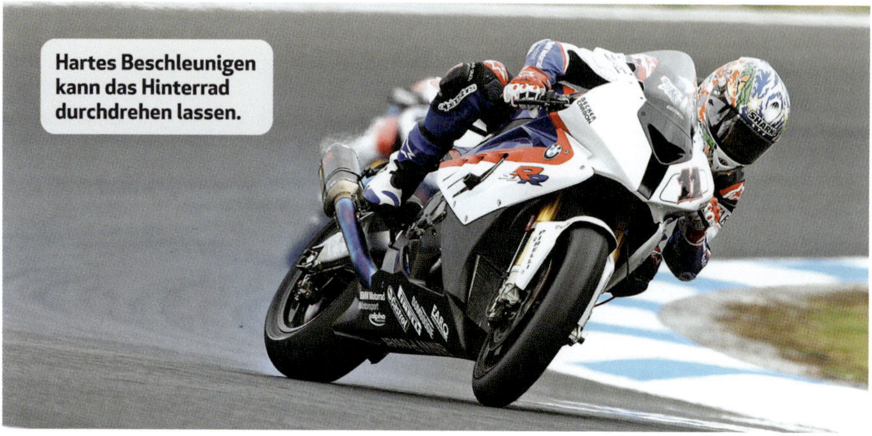

Hartes Beschleunigen kann das Hinterrad durchdrehen lassen.

rad auch für den nötigen Grip sorgen kann. Voll ans Gas geht es besser erst nach dem Wiederaufrichten der Maschine. Bei nasser oder verschmutzter Fahrbahn wird der Kammsche Kreis kleiner, sodass schon mittelstarkes Beschleunigen das Hinterrad durchdrehen lassen kann. Wenn dann noch zusätzliche Schräglage hinzukommt, kann die Maschine hinten ausbrechen. Es sei denn, eine Traktionskontrolle hält die Leistung im Zaum und regelt sie runter, bis der Grip wieder reicht.

Ein Tipp noch für den Umgang mit dem Gasgriff: Gefühlvolle Gasgriffbewegungen schonen nicht nur Motor und Antriebsstrang, sie lassen dem Menschen auch mehr Zeit, Rückmeldungen vom Fahrwerk zu spüren und darauf zu reagieren. Etwa die erwähnte dynamische Radlastveränderung beim Beschleunigen, bei der sich die Maschine regelrecht in die Federung stemmt. Dieser Extra-Grip baut sich aber nicht schlagartig auf, sondern braucht einige Zehntelsekunden. Beim zu harten Beschleunigen dreht das Hinterrad durch, bevor wir es überhaupt merken. Genauso verhält es sich beim Schließen des Gasgriffs, vor allem im kleinen Gang bei hoher Drehzahl; auch hier schützt ein nicht zu ruckartiger Ablauf vor Haftungsverlust. Eine Strategie, die sich vor allem in Kurven und auf nassen Straßen bewährt, ist deren Grip doch oft zweifelhaft.

3.2.3. Richtig Kurvenfahren

Kurven sind das Schönste am Motorradfahren und für die meisten von uns der eigentliche Grund, warum uns unser Hobby so fasziniert. Ob links oder rechts, eng oder weit, steil oder flach – Kurven verheißen Schräglage und damit das unvergleichliche, schwerelose Motorrad-Feeling. Dieses Spielen mit Schwerkraft und Fliehkraft, dieses Bewegen im Dreidimensionalen mit einem Sportgerät, das im Handumdrehen unbändige Kräfte mobilisiert, das ist wirklich ein einzigartiges Erlebnis.

Wie schon weiter oben im Theorieteil erklärt, genügen feine Lenkimpulse zum Einleiten sowie Nachjustieren der Schräglage, und das gekonnte Spiel mit Gasgriff und Bremse hilft am Kurvenein- und -ausgang.

3.2.3.1. Die Phasen der Kurvenfahrt

Das Durchfahren einer Kurve können wir in vier Teile gliedern: Anbremsen, Einlenken, Rollen, Beschleunigen. In der ersten Phase bremsen wir wenn nötig herunter auf das in unseren Augen passende Tempo. Ist der Einlenkpunkt beispielsweise einer Linkskurve erreicht, leiten wir in Phase zwei den Lenkimpuls am linken Lenkerende ein, machen also eine kurze Lenkbewegung gegen die Kurvenrichtung, hier nach rechts. Das bringt das Motorrad aus dem Gleichgewicht, und es kippt nach links in Schräglage ab. Bremst man vorn noch nach dem Einlenken in die Kurve, sträubt sich die Maschine gegen die Schräglage, es kommt zum berüchtigten Aufstellmoment. Die Maschine richtet sich auf, was sich nur durch Gegenlenken, also Druck am kurveninneren Lenkerende, ausgleichen lässt. Wir erinnern uns: Dieses Aufstellmoment rührt daher, dass die Radaufstandsfläche in Schräglage aus der Radmittenebene wandert. So entsteht ein ausdrehendes Lenkmoment. Lässt man dann die Vorderradbremse in Schräglage los, kippt die Maschine schlagartig nach innen und verhaut die Linie – es sei denn, man hat dies bewusst einkalkuliert und nutzt den Effekt zum zackigen Abbiegen.

Im Normalfall ist es also am besten, das Anbremsen vorn noch vor dem Einlenken in die Kurve abzuschließen. Neben der richtigen Geschwindigkeit kommt es auch auf den richtigen Gang an: Ist er zu klein, wird das Motorrad durch die hohe Drehzahl und das Bremsmoment des Motors bei geschlossenem Gasgriff zu langsam, der Fahrer muss schon vor dem Scheitelpunkt der Kurve beschleunigen und seine Linie korrigieren. Das kann man häufig in Haarnadelkurven in den Alpen beobachten, die manche Motorradpiloten im ersten Gang anfahren – worauf ihnen auf halbem Weg die Puste ausgeht. Ist der Gang hingegen zu groß und man hat ein höheres Motorbremsmoment einkalkuliert, wird das Motorrad zu schnell und der Fahrer muss seine Schräglage steigern oder in Schräglage bremsen, wenn er nicht im Gegenverkehr oder im Graben landen will.

Bliebe die Lenkung nach dem ersten Einlenkimpuls derart nach rechts gerichtet, käme die Maschine völlig aus der Balance. Folglich müssen wir das Einkippen der Maschine in Linksschräglage durch eine sanfte Lenkbewegung zur Kurveninnenseite abschwächen und stabilisieren, somit verhindern, dass sie weiter in Schräglage fällt als gewünscht. Ist in der Rollphase eine größere Schräglage bei konstanter Geschwindigkeit nötig, etwa weil der Radius der (in diesem Fall Links-) Kurve im Verlauf enger wird, so wird am linken Lenkerende nachgedrückt. Durch den großen Nachlauf erlebt man bei Choppern häufig ein anderes Phänomen: Sie kippen vor allem bei langsam gefahrenen Kurven weiter in Schräglage als man möchte und man muss in die Kurve hinein lenken, um nicht nach innen umzukippen. Selbst Geübte verunsichert dieses »Eigenlenkverhalten« immer wieder.

Am Scheitelpunkt bestimmen wir in Phase vier durch mehr oder weniger starkes Beschleunigen, wie unsere weitere Fahrlinie aussehen soll. Durch die Beschleunigung erhöhen sich die Fliehkräfte, und das Motorrad richtet sich wieder aus der Schräglage auf. Zum gänzlichen Aufrichten, etwa weil weitere Kurven folgen, genügt eine Lenkbewegung zur Kurveninnenseite. In diesem Fall der Druck am rechten Lenkerende, der bei Bedarf auch gleich die nächste Rechtskurve einleitet.

Voraussetzung für echtes Kurvenvergnügen ist ein flüssiger, runder Fahrstil. Die vermeintlich »sportliche« Fahrweise mit viel abruptem Bremsen und am Kurvenausgang wieder voll aufgerissenem Gas stresst Mensch und Maschine und ist entgegen landläufiger Meinung auch häufig langsamer als ein möglichst flüssiges Gleiten. Flüssig bedeutet, mit nur wenig veränderter Gasgriffstellung ohne Bremsen durch die wechselnden Kurven zu ziehen, was die oben erwähnten Kurvenphasen auf zwei reduziert: in die vor und die nach dem Einlenken. Wenn Linie und Blickführung stimmen, fühlt sich das richtig gut an, sieht dabei noch gut aus und lässt einen entspannt ankommen.

Wenn trotz aller Theorie und Praxis das Kurvenfahren einmal nicht so gut klappt, weil die Mondphase nicht passt, oder das Kurvenbier am Abend zuvor den Kopf vernebelt, dann hilft nur noch Tempo drosseln. Auch bei den Fahrprofis von MOTORRAD kommt das vor. Manchmal passt es einfach nicht und dann gilt es, vernünftig zu sein und nichts erzwingen zu wollen. Das hilft beim Motorradfahren sowieso nie.

3.2.3.2. Kurvenstile

Beim Kurvenfahren mit dem Motorrad haben sich drei unterschiedliche Stile bewährt.

Das **Legen** ist der Klassiker unter den Kurvenstilen. Dabei befinden sich Fahrer und Maschine in der gleichen Schräglage, der Körperschwerpunkt wird in einer Linie mit dem Motorradschwerpunkt nach innen verlagert, entweder mit festem Knieschluss oder mit sportlich abgespreiztem Innenknie. Die entspannte Haltung verlangt wenig Kraft und passt daher am besten für längere Touren. Im Kurvenstil Legen lassen sich praktisch alle Kurven meistern, eine Richtungskorrektur geht relativ schnell.

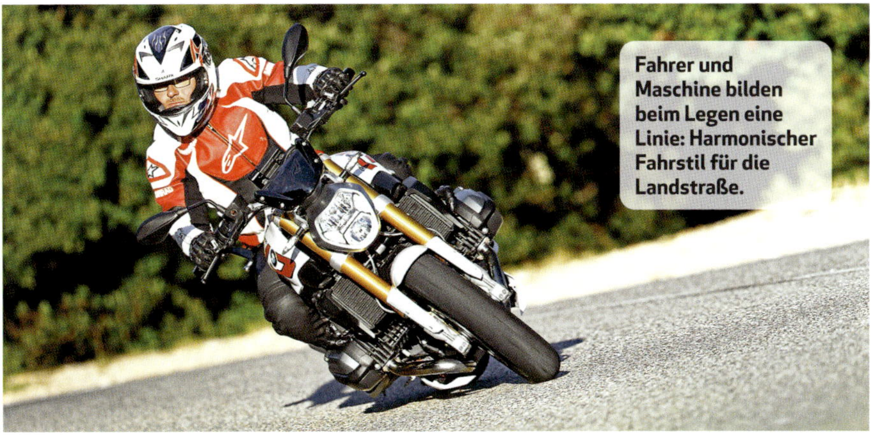

Fahrer und Maschine bilden beim Legen eine Linie: Harmonischer Fahrstil für die Landstraße.

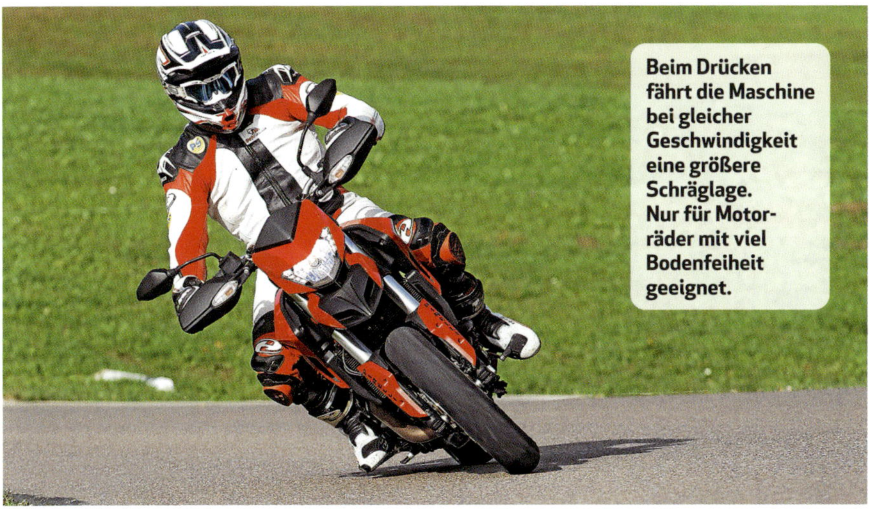

Beim Drücken fährt die Maschine bei gleicher Geschwindigkeit eine größere Schräglage. Nur für Motorräder mit viel Bodenfeiheit geeignet.

Drücken: Eine Kurventechnik, die aus dem Offroad-Bereich kommt. Der Fahrer bleibt dabei weitgehend aufrecht, hält seinen Körperschwerpunkt mehr senkrecht über der Reifenaufstandsfläche, die Maschine wird mit Lenkimpuls und dem kurvenäußeren Knie in Schräglage gedrückt. Logisch, dass ein fester Knieschluss die Voraussetzung für diesen Kurvenstil ist. Drücken eignet sich bestens für Schotterstrecken, aber auch für zügige Wechselkurven, die einen zackigen Richtungswechsel verlangen. Lässt sich dort auch bestens aus dem Legen heraus anwenden, erleichtert aber auch Haarnadelkurven.

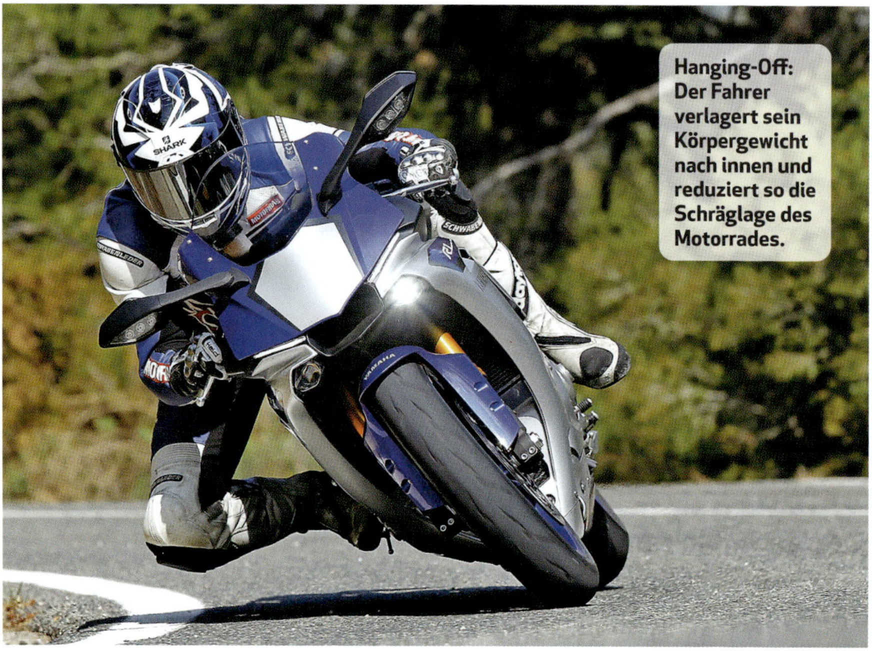

Hanging-Off: Der Fahrer verlagert sein Körpergewicht nach innen und reduziert so die Schräglage des Motorrades.

Hanging-Off gibt es in zwei Varianten: Auf der Rennstrecke hängt der Fahrer praktisch seitlich neben dem Motorrad, das kurveninnere Knie ist weit abgespreizt, Bodenkontakt mit dem Knie ist die Regel. Dieser Kurvenstil erfordert viel Übung und Kraft, dafür braucht das Motorrad bei gleicher Geschwindigkeit weniger Schräglage, was auf der Rennstrecke wertvolle Zeit bringt. Auf der Landstraße hingegen wirkt Hanging-Off deplatziert und ist auch noch gefährlich, denn Körper und Kopf kommen dem Gegenverkehr deutlich näher als beim Drücken oder Legen und ungeplante Richtungswechsel dauern deutlich länger. In abgeschwächter Form kann es jedoch gerade bei sportlichen Maschinen (ohne Knie am Boden) auch auf der Straße in vielen Situationen Vorteile bringen, etwa beim Bremsen in der Kurve, will aber besonders trainiert sein. Man spricht hier dann vom »Hineinlehnen«; das kurveninnere Knie wird nach vorne innen geschoben, ebenso lehnt man den Oberkörper nach vorne innen und bringt so zusätzlich Druck aufs Vorderrad.

Bei schnellen S-Kurven auf der Landstraße wird schnell klar, dass es mit Drücken oder Legen allein nicht getan ist. Wegen der rasch aufeinanderfolgenden Schräglagenwechsel braucht das Motorrad eine kräftige Hand, sprich: gezielte Lenkimpulse, um die gewünschte Linie zu treffen. Messungen von MOTORRAD haben ergeben, dass ein

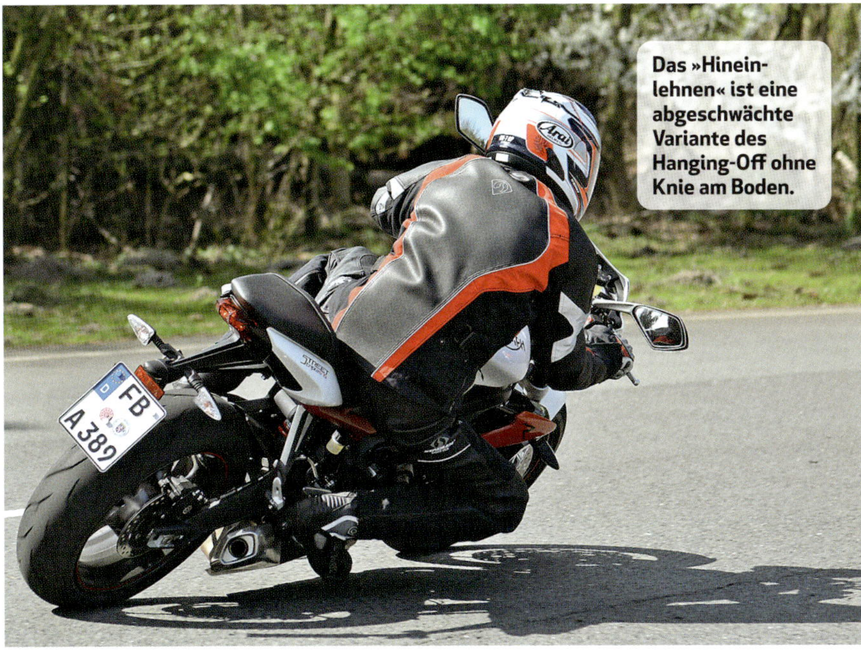

Das »Hineinlehnen« ist eine abgeschwächte Variante des Hanging-Off ohne Knie am Boden.

Fahrer bei Tempo 100 in einem solchen Kurvengeschlängel mit bis zu 300 Newton am Lenker drückt oder zieht; das entspricht einer Gewichtskraft von rund 30 Kilogramm.

Grundsätzlich braucht ein Motorrad in Schräglage, egal in welchem Stil, wesentlich mehr Platz als beim Geradeausfahren. Autofahrer rechnen damit oft nicht und schneiden die Kurven, selbst wenn sie das entgegenkommende Motorrad sehen. Zugegebenermaßen kommen aber auch manche Motorradpiloten dem Gegenverkehr gefährlich nahe, weil sie ihre eigene Breite und Geschwindigkeit falsch einschätzen. Oft aber auch, weil sie keine richtige Blickführung haben und auch deshalb die falsche Linie fahren.

3.2.3.3. Die richtige Linie: Kurven hinterschneiden

Im Kapitel »Die Phasen der Kurvenfahrt« wurde der Scheitelpunkt als derjenige bezeichnet, ab dem beschleunigt werden kann. Fragt sich oftmals nur: Wo ist der Scheitelpunkt? Meist, aber nicht immer, ist das auch der Punkt, ab dem wir den weiteren Verlauf der Strecke einsehen können. Und ab da dürfen wir dann auch richtig ans Gas, wenn es passt. Was läge also näher, als seine Fahrlinie so zu wählen, dass ich möglichst früh möglichst weit schauen kann?

So ist die ideale Linie auf der Landstraße nicht etwa die viel diskutierte

Ideallinie, sondern die sogenannte dynamische Sicherheitslinie. Sie trifft man durch das Hinterschneiden der Kurve am besten. Dabei fährt man die Kurve weit außen, etwa einen halben Meter von der Mittellinie bei Rechtskurven beziehungsweise vom Randstreifen bei Linkskurven entfernt, an, lenkt spät ein und setzt den Scheitelpunkt nach etwa Dreiviertel des Kurvenradius. Das hat gleich mehrere Vorteile: Zum einen sieht man die Kurve besser ein, zum anderen kann man sehr früh wieder beschleunigen, auch weil die Kurvengeschwindigkeit niedriger liegt als beim Anschneiden, also dem frühen Einlenken und flachen Durchfahren der Kurve. Außerdem verhindert es ungewollten Kontakt mit dem Gegenverkehr in Linkskurven. Auch die Gefahr, am Ende einer Rechtskurve im Gegenverkehr zu landen, verringert sich deutlich.

Ein Merksatz kann dabei helfen: Man sollte am Kurvenausgang schneller sein als am Kurveneingang. Eine Kurve, in die wir (zu) schnell rein, irgendwie durch und langsam wieder rausgefahren sind, fühlt sich immer ziemlich vergeigt an. Im Verlauf der Kurve beherzt noch in Schräglage Gas zu geben und dynamisch aus der Ecke raus zu kommen hinterlässt ein wesentlich besseres Gefühl – versprochen. Und noch ein Vorteil: Wenn wir die Kurve »lang-

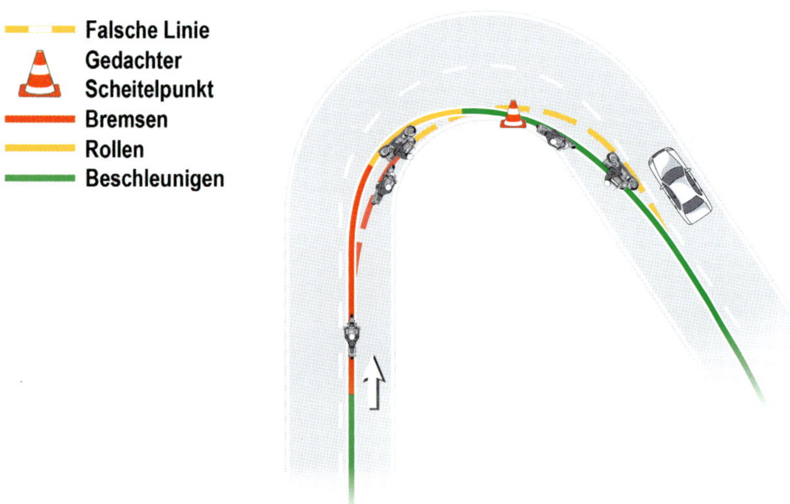

Klassische Rechtskurve: Schneidet man die Kurve an (gestrichelte Linie), so muss man am Kurvenausgang die größte Schräglage fahren und kommt dem Gegenverkehr allzu nahe. Beim Hinterschneiden hingegen (durchgezogene Linie) kann man den Scheitelpunkt der Kurve (Pylone) später setzen und am Kurvenausgang schon wieder ordentlich Gas geben.

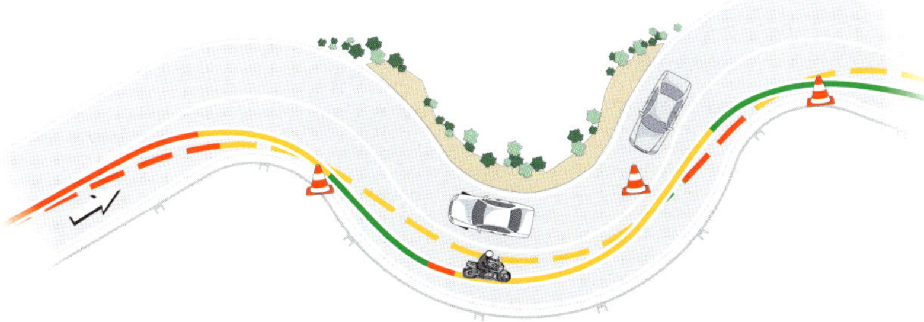

S-Kurven: Hier ist der Straßenverlauf zum Großteil nicht einsehbar, weshalb sich auch hier das Hinterschneiden empfiehlt – so, wie auf der durchgezogenen Linie dargestellt. Schneidet man die S-Kurve hingegen, kann man sich urplötzlich einem entgegenkommenden Fahrzeug gegenüber sehen.

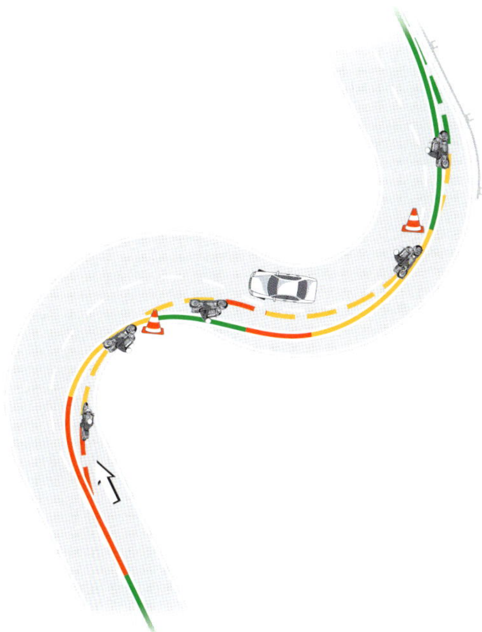

Folgt auf die Rechts- eine Linkskurve, wie in diesem Beispiel, bringt das Hinterschneiden noch mehr Vorteile: Der Fahrer kann die Linkskurve von weit außen anfahren, was einer flüssigen, runden Linie zugutekommt. Schneidet man die Kurve hingegen an (gestrichelte Linie), so muss man für die Linkskurve hart einlenken – kein wirkliches Vergnügen, zumal man dabei auch noch arg nah an die Gegenfahrbahn gerät.

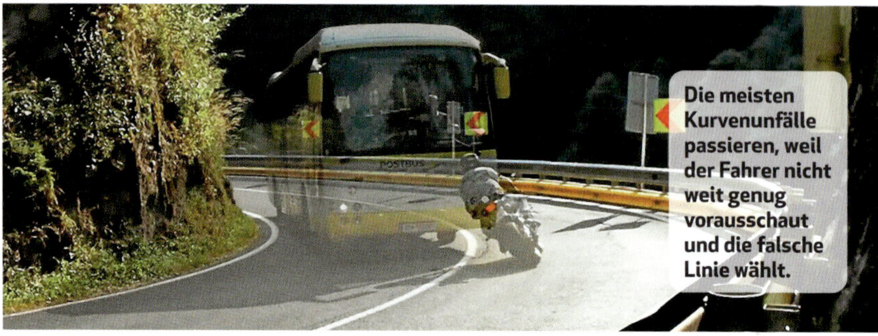

Die meisten Kurvenunfälle passieren, weil der Fahrer nicht weit genug vorausschaut und die falsche Linie wählt.

sam«, also im passenden Tempo anfahren, können wir spätestens ab dem Einlenkpunkt bereits mit leichtem Stützgas fahren, was die Sache runder und harmonischer gestaltet.

Auch deshalb bringt dieses »lange außen bleiben« das entscheidende Quantum Fahrsicherheit und Fahrfreude in den Alltag, aber man muss es trainieren. Auf keinen Fall sollte man aus Angst vor Schräglage Kurven schneiden und sie so flach wie möglich fahren, das endet unweigerlich über kurz oder lang im Gegenverkehr oder im Straßengraben.

Viele Motorradfahrer wissen aber nicht wirklich, wie schräg sie eigentlich unterwegs sind, sprich, wie viel der möglichen Schräglage sie ausnutzen. Habe ich noch Reserven? Oder bin ich am Limit? Solange noch keine Teile des Motorrades am Boden kratzen oder die Reifen wegrutschen, ist Schräglage ja reine Gefühlssache. Dieses Gefühl lässt sich recht einfach mit der Realität abgleichen und mögliche Reserven herausfinden. Ein dicker Strich mit einem Kugelschreiber auf der Lauffläche der Reifen auf Höhe des Ventils (damit man ihn wiederfindet) gibt Auskunft. Ist er weg, habe ich keine Reserven mehr, habe die profilierte Lauffläche und meine mögliche Schräglage komplett ausgenutzt. Je mehr vom Strich übrig bleibt, umso mehr Reserven habe ich, kann also die Maschine weiter runter drücken, wenn es mal eng wird. Immer vorausgesetzt, es schraddeln nicht vorher Teile wie Fußrasten, Ständer oder gar Auspuff über den Asphalt.

Wichtig: Herunterhängende Fußspitzen sind keine guten Schräglagenfühler. Die Füße gehören im kurvigen Geläuf mit den Ballen auf die Raste, und das Limit markiert der Nippel unter der Fußraste, denn dafür ist er dran. Die Füße melden womöglich viel zu früh das Ende der Schräglage, obwohl noch mehr gegangen wäre. Außerdem können sie einem beim Einfedern in einer Bodenwelle von den Rasten gerissen werden. Angeschliffene Stiefel sind kein Zeichen besonderen Fahrkönnens, sondern falscher Fußhaltung. Es sei denn, die Spuren befinden sich seitlich an den Stiefeln, dort, wo Rennstiefel auswechselbare Schleifer haben. Dann stimmt die Fußhaltung, aber solche Schräglagen gehören dann auch auf die Rennstrecke.

Wie leicht Kurven von der Hand gehen, hängt neben der Fahrtechnik auch vom Motorradtyp ab. Ein langer Radstand und ein flacher Lenkkopfwinkel sind ebenso wie hohes Gewicht hinderlich beim lockeren Kurventango. Viel Einfluss auf das Fahrverhalten haben auch die Reifen. Die Lektüre von Reifentests, wie sie etwa in MOTORRAD regelmäßig stattfinden, bringt Klarheit über die Lenk- und Kurveneigenschaften. Lenkimpuls und Blickführung sind allerdings die wesentlichen Grundfertigkeiten, die man draufhaben sollte. Denn mit einem gezielten Lenkimpuls geht der störrischste Bock um die Ecken, und mit guter Blickführung am Ende auch wieder hinaus.

3.2.4. Sicher bremsen – geradeaus und in der Kurve

Wer schon einmal eine Vollbremsung gemacht hat – und zumindest in der Fahrschule hat das jeder schon einmal tun müssen –, der weiß, welch rohe Kräfte dabei walten. Immer wieder erstaunlich, dass mit zwei handtellergroßen Gummiflächen auf Asphalt eine solch enorme Kraftübertragung klappt. Moderne Reifen und guter Asphalt lassen ein Motorrad bei optimaler Bremsung mit einer Verzögerung von bis zu 10 m/s^2 abbremsen. Aus 100 km/h steht die Maschine dann nach knapp 40 Metern. Prima, oder? Aber nur für sich betrachtet und leider nur ein Laborwert.

Denn in der Realität fehlt in dieser Rechnung noch die Reaktionszeit. Je nach

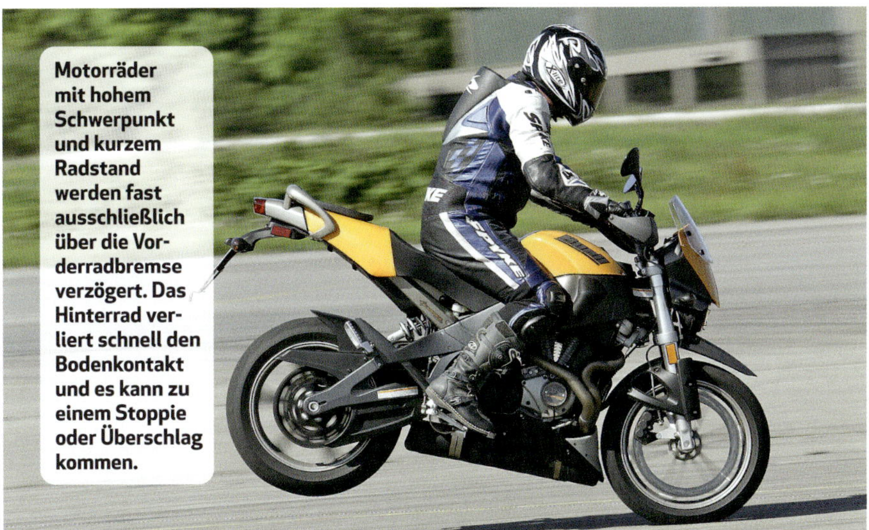

Motorräder mit hohem Schwerpunkt und kurzem Radstand werden fast ausschließlich über die Vorderradbremse verzögert. Das Hinterrad verliert schnell den Bodenkontakt und es kann zu einem Stoppie oder Überschlag kommen.

Aufmerksamkeit des Piloten dauert es eine halbe bis eine Sekunde, bevor er reagiert. Bei 100 km/h hat er nun schon 14 bis 28 Meter zurückgelegt. Dann baut er den Bremsdruck auf, was ebenfalls noch einmal bis zu 0,5 Sekunden braucht, macht noch mal etwa 14 Meter, um dann als geübter Bremser mit einer mittleren Verzögerung von 8,5 m/s^2 nach ungefähr 45 weiteren Metern zum Stillstand zu kommen. Der Anhalteweg wird also selbst bei geübten Fahrern aus 100 km/h bis zu 90 Meter lang. Das ist mehr als doppelt so lang wie der reine Bremsweg unter Laborbedingungen!

Motorräder ohne Anti-Blockier-System (ABS) stellen den Fahrer dabei noch vor ein zusätzliches Problem: die Dosierung der Bremsraft. Je nach Untergrund braucht es viel Erfahrung, um dem Optimum kurz *vor* dem Blockieren nahe zu kommen, ohne zu überbremsen und sich mangels Seitenführung auf die Nase zu legen. Dann verändern sich im Laufe der Bremsung durch die dynamische Radlastveränderung die zu übertragenden Bremskräfte: vorne steigen sie deutlich an, hinten dafür werden sie weniger, können bis auf Null sinken. Wie soll ein Fahrer das an der Blockiergrenze entlang optimal dosieren? Das schafft gerade mal der Profi mit ständigem Training.

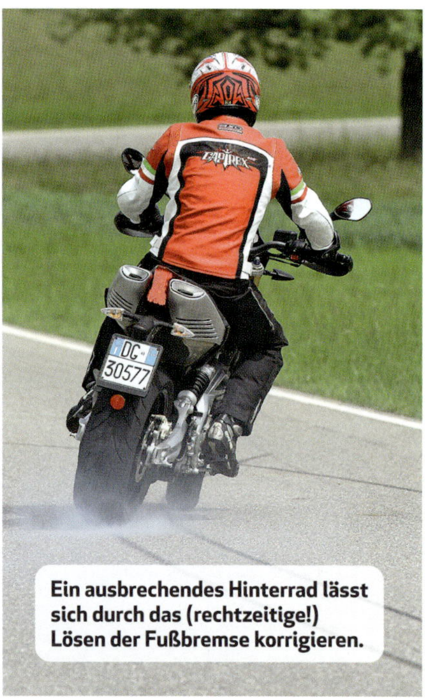

Ein ausbrechendes Hinterrad lässt sich durch das (rechtzeitige!) Lösen der Fußbremse korrigieren.

Normalfahrer legen daher alle Konzentration aufs Vorderrad, um es so gut wie möglich zu verzögern. Hinten wird mit gebremst, bei einer Notbremsung immer mit gleichzeitigem Auskuppeln. Ein ausbrechendes Hinterrad lässt sich durch das (rechtzeitige!) Lösen der Fußbremse leicht wieder korrigieren.

Je nach Motorrad-Typ hilft die Hinterradbremse unterschiedlich stark mit. Bei Choppern und Cruisern können hinten wirklich nennenswerte Verzögerungen aufgebaut werden, bis zu 30 Prozent der möglichen Bremsleistung können von hinten kommen. Sportmaschinen mit hohem Schwerpunkt und kurzem Radstand hingegen werden fast ausschließlich über die Vorderradbremse verzögert, da ist bei einer optimalen Bremsung das Hinterrad kaum mehr am Boden und verzögert so fast nicht mehr mit.

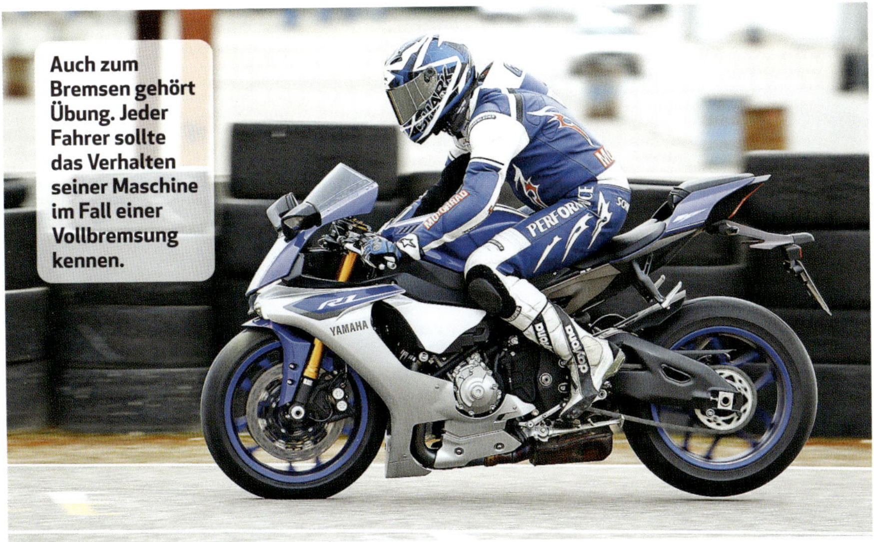

Auch zum Bremsen gehört Übung. Jeder Fahrer sollte das Verhalten seiner Maschine im Fall einer Vollbremsung kennen.

Hauptfeind bei einer Notbremsung ohne ABS ist aber der Schreck. Wer sich erschreckt und in Panik schlagartig die Bremse durchreißt, blockiert ebenso blitzartig das Vorderrad, weil die dynamische Radlastverlagerung noch keinen Anpressdruck zum Vorderreifen durchgereicht hat. Wer dann nicht blitzartig die Bremse löst, legt sich mit wegrutschendem Vorderrad womöglich weit vor dem Hindernis hin, obwohl es bei dosiertem Bremsen vielleicht gereicht hätte. Aus diesem Grund müssen seit 2017 alle neu zugelassenen Motorräder über 125 Kubikzentimeter ABS haben.

Denn jedes ABS regelt auch und gerade bei einer Schreckbremsung das »Zuviel« weg, beide Räder drehen sich weiterhin und das Motorrad kommt sicher zum Stehen. Beim normalen Bremsen außerhalb des Blockierbereiches, wo das ABS regeln würde, merkt der Fahrer erst einmal gar nichts davon. Im Bewusstsein, dass nichts passieren kann, traut man sich aber schon beim Ausprobieren viel mehr und ist erstaunt, wie viel Bremsverzögerung auch im Nassen möglich ist. ABS-Besitzer sollten das einmal auf freier Strecke ausprobieren. Bremsen üben ist auch für ABS-Fahrer eine sinnvolle Angelegenheit, um die Bremsleistung des eigenen Motorrades kennen zu lernen. Dazu sollte klar sein, wie die Bremsanlage die Bremskraft verteilt.

- Hat meine Maschine wie die Mehrzahl der Motorräder zwei getrennte Bremsen, jeweils mit ABS vorne und hinten?
- Oder vielleicht ein ganz einfaches Einkanal-ABS nur am Vorderrad, hinten aber keines?

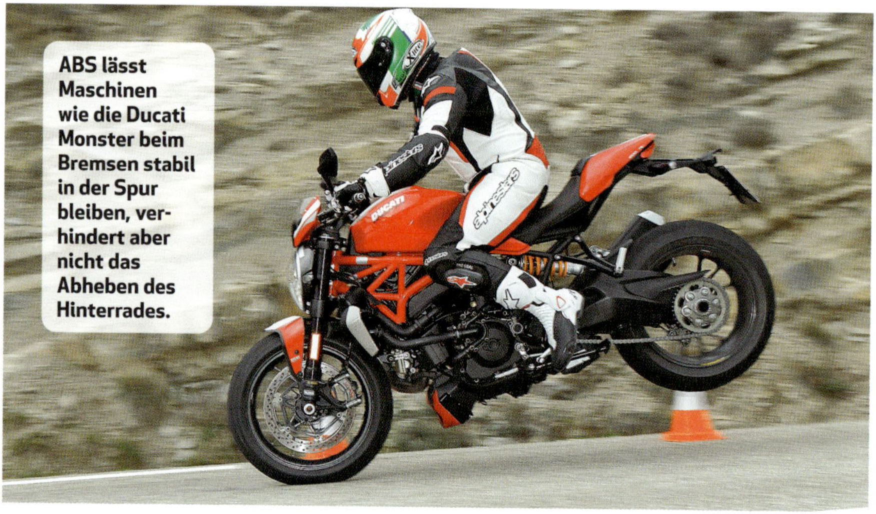

ABS lässt Maschinen wie die Ducati Monster beim Bremsen stabil in der Spur bleiben, verhindert aber nicht das Abheben des Hinterrades.

- Oder ein Teilintegral-ABS, wo der Handhebel neben der Vorderradbremse auch die hintere Scheibe mit betätigt?
- Oder ein Vollintegral-ABS, wo zusätzlich dazu der Fußbremshebel auch auf die vordere Bremse wirkt?

Allen Systemen gemein ist: Sie verhindern das Blockieren der Räder, nicht aber das Steigen des Hinterrades mit der Gefahr eines Stoppies oder gar Überschlages. Dazu bedarf es einer Abhebeerkennung, die dem System mitteilt: »Achtung, Hinterrad steht, muss wohl in der Luft sein, vorne Bremsdruck reduzieren!« Diese Meldung entsteht je nach System oft durch den Abgleich der Raddrehzahlen, wozu die Hinterradbremse betätigt sein muss. Bei den beiden Integralsystemen wird sie automatisch mit betätigt, bei den verbreiteten getrennten Systemen nicht. Daher der Rat: Auch als Fahrer eines Modells mit Integralbremse immer Hand- und Fußbremshebel betätigen, damit das Handlungsmuster im Ernstfall auch dann funktioniert, wenn wir nicht auf dem eigenen Motorrad sitzen – aus welchem Grund auch immer. Ein Sonderfall sind die einfachen Einkanal-Systeme. Sie verhindern zwar durch das ABS vorne, dass wir uns im Schreck auf die Nase legen, ein ausbrechendes Hinterrad oder einen eventuellen Überschlag bei bestem Grip müssen wir jedoch selbst »regeln«, sprich trainieren. Denn in einem Notfall folgt das Gehirn immer den Programmen, die wie trainiert haben.

Worauf wir auch gefasst sein sollten: Je nach Alter der Maschine entwickeln viele Motorräder im ABS-Regelbereich, also in dem Bereich, in dem die maximale Verzögerung erreicht wird und das System die Bremse immer wieder leicht öffnet, ein recht heftiges Eigenleben im Fahrwerk.

Das erschreckt beim ersten Mal, ist aber ganz natürlich, da die dynamische Radlastveränderung hier wieder zuschlägt und beim Lösen der Bremse die Maschine vorn ausfedern lässt. Steigt die Bremsleistung wieder an, federt die Maschine wieder ein. Das ist vor allem bei Maschinen mit viel Federweg gewöhnungsbedürftig, also ein paarmal ausprobieren. Allerdings ist dieses Phänomen in den letzten 30 Jahren ABS-Entwicklungszeit fast bis zur Unmerklichkeit abgeschwächt worden und bei aktuellen Maschinen meist verschwunden.

Einen Vorteil verbuchen in dieser Hinsicht alle BMW-Maschinen mit Telelever oder Duolever als Vorderradführung. Hier wird das Bremsnicken ausgeglichen, die Maschine bleibt auch bei heftigsten Bremsmanövern stabil. Für alle gilt aber: Draufbleiben! Wenn das Vorderrad auf Bodenwellen etwa die Haftung verliert und deshalb das ABS aufregelt, muss der Griff eisern gezogen bleiben, will man irgendwann doch zum Stehen kommen. Ohne ABS wäre hier akute Sturzgefahr, mit wird aber trotzdem der Bremsweg länger.

Und beim Thema Bremsweg ist das Motorrad dem Auto ohnehin leider ziemlich unterlegen. Glauben Sie nicht? In den Tests von MOTORRAD werden Bremswege zwischen gut 38 Metern (Bestwerte im Race-Modus) und 43 Metern aus 100 km/h gemessen. Sehr häufig sind Werte um die 40 Meter. Die Zeitschrift auto, motor und sport misst bei ganz normalen Alltagsautos Werte zwischen 34 und 39 Metern, wobei letztere schon wegen schlechter Bremsleistung kritisiert werden. Werte um 36 Meter sind hier guter Durchschnitt. Konkret: Wenn das Durchschnittsauto nach 36 Metern aus 100 km/h steht, knallt das optimal verzögerte Motorrad diesem mit 30 km/h Rest- oder besser Aufprallgeschwindigkeit ins Heck. Denn es hätte vier Meter mehr benötigt, was etwa dem Bremsweg aus 30 km/h entspricht. Alle, wirklich alle Motorradfahrer sollten sich der Tatsache bewusst sein, dass selbst bestes Bremsvermögen auf zwei Rädern aktuellen Autos gegenüber den Kürzeren zieht – und entsprechend Abstand halten.

Ein besonders heikles Kapitel ist für Motorradfahrer Bremsen in Schräglage. Da sich dabei je nach Bereifung die Maschine unterschiedlich stark aufstellen will, muss die Reaktion geübt werden. Grundsätzlich kann bei trockener und sauberer Fahrbahn auch in Schräglage erstaunlich stark gebremst werden. Bei gut 30 Grad Schräglage lassen sich bei optimalem Grip noch bis zu 8 m/s^2 Verzögerung erzielen. Allerdings traut sich das nur der Profi auf abgesperrter Strecke. Der Normalfahrer würde sich wegen der starken Aufstellkräfte und der durchaus berechtigten Angst vor einem Sturz kaum in diesen Bereich wagen, muss er doch mit erstaunlicher Kraft gegenlenken, um die Kurvenlinie nicht zu verlassen. Hier hilft das bei Thema Kurvenstile beschriebene »Hineinlehnen«. Gleichzeitig muss er dabei penibel dosieren, um nicht zu überbremsen.

Dies nimmt ihm die neueste Entwicklung in der Sicherheitstechnik für Motorräder, das Kurven- oder Schräglagen-ABS, gänzlich ab. Es dosiert auch bei einer Schreckbremsung in voller Schräglage die Bremskraft so fein, dass die Sturzgefahr gebannt

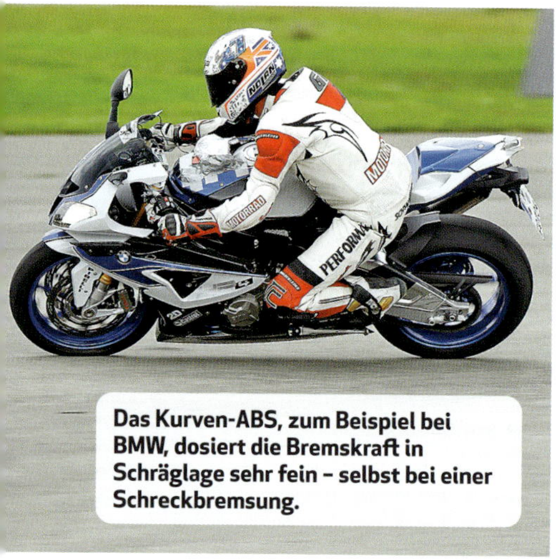

Das Kurven-ABS, zum Beispiel bei BMW, dosiert die Bremskraft in Schräglage sehr fein – selbst bei einer Schreckbremsung.

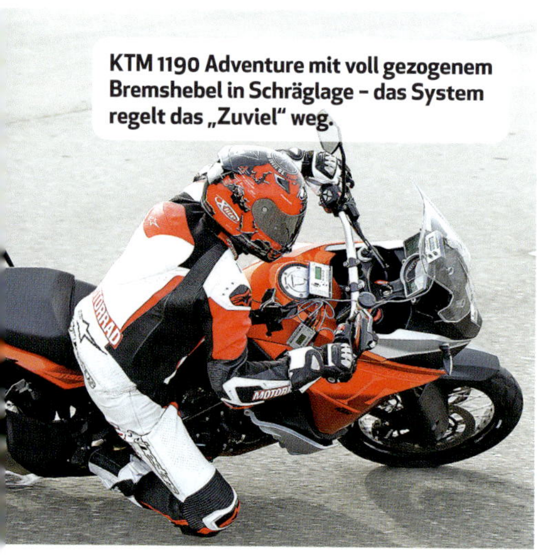

KTM 1190 Adventure mit voll gezogenem Bremshebel in Schräglage – das System regelt das „Zuviel" weg.

und auch kaum noch ein Aufstellmoment zu spüren ist. Trotzdem heißt es auch hier: Üben! Denn zum einen erfordert es Überwindung, den Hebel wirklich festzuhalten, um die optimale Verzögerung zu realisieren, zum anderen ist eben diese dann so immens, dass bewusst eingelenkt werden muss, um nicht schließlich im Stand umzufallen.

Und noch ein Tipp: Zum Saisonbeginn auf einem freien großen Parkplatz ohne Verkehr erst einmal ein paar Bremsungen hinlegen. Und dabei die Bremskraft vorne und hinten langsam steigern, um wieder ein Gefühl für das Motorrad zu bekommen. Allzu oft geht nämlich das Bremsen bei der ersten brenzligen Situation der jungen Saison gründlich schief. Bei einem Sicherheitstraining kann das alles, inklusive dem Bremsen in der Kurve, unter professioneller Anleitung geübt werden. Ein Gutschein hierfür ist ein wirklich menschenfreundliches Geschenk. Und: Auch beim nächsten gebrauchten Motorrad ans ABS denken! Die Auswahl ist inzwischen riesig.

3.2.4.1. Ausweichen auf der Bremse (Bremsend ausweichen)

Allein die Überschrift dieses Kapitels dürfte den meisten Lesern ein großes Fragezeichen ins Gesicht zaubern. Denn schließlich ist es nach wie vor gängige Lehrmeinung, dass Bremsen und Kurvenfahren gleichzeitig nicht gehe. Dazu steht allerdings im Widerspruch, dass eben dies von Könnern seit Ewigkeiten praktiziert wird. Grund genug für die Untersuchung, die das Institut für Zweiradsicherheit (ifz) kürzlich mit über 100 Probanden fast aller Könnensstufen durchgeführt hat. Sie zeigten klar, dass ein zusätzlich zu einer kräftigen Bremsung eingeleiteter Lenkimpuls zwischen einem und drei Metern seitlichen Spurversatz ermöglicht, bei nicht entscheidend verlängertem Bremsweg. Was heißt das konkret?

Es gibt immer wieder unklare Situationen, in denen das möglichst umgehende Reduzieren von Tempo zwar unabdingbar, aber vielleicht nicht allein selig machend, sprich, unfallvermeidend ist:

- Das Auto vor uns hat einen kürzeren Bremsweg, schon ein- bis eineinhalb Meter Spurversatz nach links könnten den Aufprall vermeiden.
- Der entgegenkommende Linksabbieger startet sein Manöver, bleibt aber dann doch stehen.
- Ein auf unsere Fahrbahn einbiegendes Auto nimmt uns die Vorfahrt.
- Das Fahrzeug, das wir gerade überholen, zieht unverhofft nach links.

In allen diesen Fällen kann die im Rahmen der Untersuchung als optimal erarbeite Strategie helfen: Dem kräftigem Griff zum Bremshebel folgt noch während der Bremsung ein deutlicher Lenkimpuls in die als Ausweg erkannte Richtung. Wichtig ist dabei, dass erst gebremst und dann gelenkt wird, damit durch die dynamische Radlastverlagerung genügend Grip am Vorderreifen bereitgestellt wird. Selbst ohne Übung gelang bei 50 km/h ein Meter Versatz zur Seite, was die Rettung bedeuten kann, wenn der Bremsweg nicht reicht. Und sei es nur, dass man den vorderen Kotflügel des Autos trifft und nicht mittig die Dachkante. Dabei gilt es natürlich ganz bewusst und deutlich in die Richtung zu schauen, in die wir ausweichen wollen, dann folgen Lenkung und Maschine auch dem Blick.

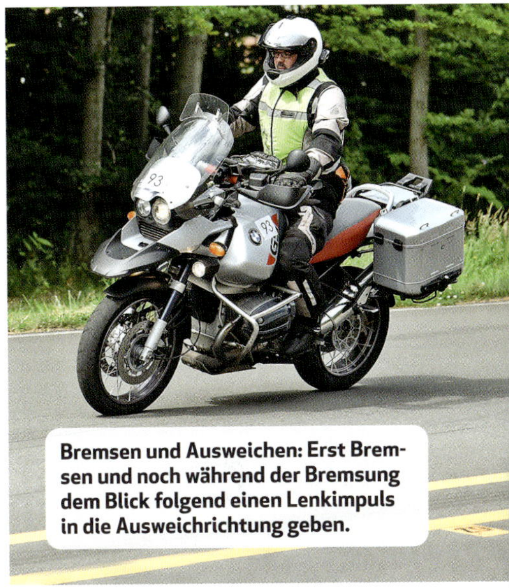

Bremsen und Ausweichen: Erst Bremsen und noch während der Bremsung dem Blick folgend einen Lenkimpuls in die Ausweichrichtung geben.

Und wohlgemerkt, das geht auch ohne ABS, ist womöglich mit den dabei ohnehin meist längeren Bremswegen dann noch viel wichtiger. Mit ABS, erst recht mit Kurven-ABS, lässt sich dieses Fahrmanöver indes deutlich stressfreier absolvieren. In allen Fällen gilt: Üben, damit es im Ernstfall klappt.

3.3. Der Schreck – und was wir dagegen tun können

Der Schreck ist der größte Feind des Motorradfahrers, schreibt Bernt Spiegel in seinem Standardwerk »Die obere Hälfte des Motorrades«. Doch wir sind ihm nicht hilflos ausgeliefert, es gibt sehr wohl Tricks, ihm ein Schnippchen zu schlagen. Was auch wichtig ist, denn viele Fehler machen wir nur, weil wir erschrecken und im Schreck blockiert sind, das eigentlich passende und auch gelernte Handlungsmuster auszuführen. Wie aber können wir es vermeiden, zu erschrecken?

Im Grunde ist die Antwort banal: In dem wir mit dem rechnen, was als nächstes kommt. »Das habe ich mir schon gedacht, dass das passieren wird«, sagt der erfahrene Fahrer, es hat ihn nicht überrascht – und schon gar nicht erschreckt. Aber es gehört noch mehr dazu: Laut Spiegel muss ein Ereignis *plötzlich* eintreten, *überraschend* für uns sein und als *bedrohlich* empfunden werden, um einen Schreck auszulösen. Dass etwas plötzlich passiert, daran können wir nichts ändern. Aber wenn wir damit rechnen, finden wir es nicht mehr überraschend. Und wenn wir eine Strategie dagegen haben und noch die Chance, sie anzuwenden, ist es auch nicht mehr bedrohlich. Zwei Beispiele sollen das verdeutlichen.

- Wir folgen einem Auto auf einer städtischen Ausfallstraße, gesäumt von Einkaufszentren, Baumärkten und Autohändlern. Die beiden im langsam fahrenden Auto, Kennzeichen nicht von hier, gestikulieren wild. Wir können uns darauf verlassen, dass sie nicht in den Spiegel schauen und uns deshalb sicher nicht gesehen haben. Dass dieses Auto *plötzlich* rechts blinkt, aber links abbiegt, *überrascht* uns nicht. Und wir finden es auch nicht *bedrohlich*, denn wir haben nicht versucht zu überholen, haben genug Abstand und können bremsen, denn das haben wir oft genug geübt.
- Eine Rechtskurve über Land, Felder, Wiesen, Büsche rechts und links. Sie ist nicht weit einsehbar, aber die Gegenfahrbahn ist stark verschmutzt, unsere Seite ist sauber. Wir könnten nun voll durchziehen, tun es aber nicht, denn wir rechnen damit, dass im Verlauf der Kurve diese Dreckspur von rechts aus dem Feld kommt und unsere Fahrbahn ab dort ebenfalls eingesaut ist. Unvorbereitet und »unbedacht« würde uns der *plötzliche* Dreck auf unserer Seite *überraschen* und wäre sicher sehr *bedrohlich*.

Früher nannte man das den »siebten Sinn«. Der entwickelt sich mit der Erfahrung, aber durch bewussten Umgang mit dem, was wir auf zwei Rädern anstellen, können wir ihn regelrecht trainieren. Sicherlich gehört zum Motorradfahren auch eine Menge Glück dazu. Aber wir können

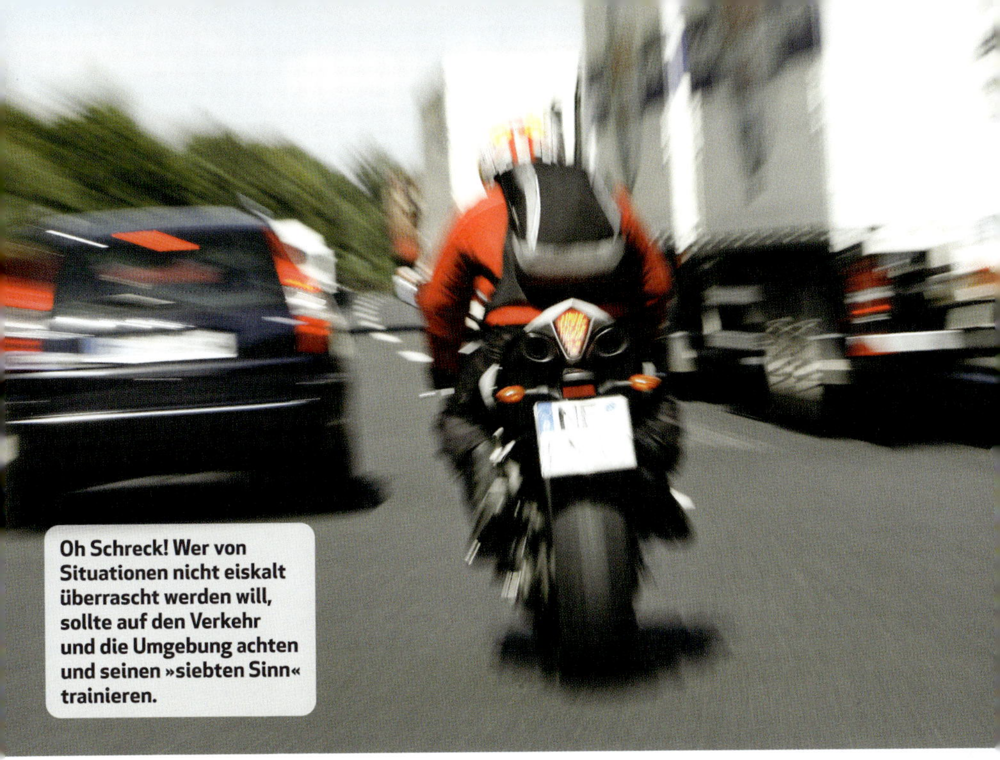

Oh Schreck! Wer von Situationen nicht eiskalt überrascht werden will, sollte auf den Verkehr und die Umgebung achten und seinen »siebten Sinn« trainieren.

selbst viel dafür tun, dass Ankommen nicht nur Glückssache ist.

Aktiv über ihre Handlungsmuster nachdenken müssen in diesem Zusammenhang auch Biker, die Maschinen mit und ohne ABS abwechselnd bewegen. Wer mit gut trainierten ABS-Reflexen ohne den Blockierverhinderer in eine Schrecksituation kommt, muss schon sehr viel Glück haben, um oben zu bleiben. Da hilft nur, dem Schreck durch entsprechende Fahrweise wenig Chancen zu geben. Und die Fähigkeit, optimal so zu bremsen, als hätte man kein ABS, immer wieder zu trainieren. Über eines sollten sich aber alle ABS-Skeptiker immer im Klaren sein: Sogar Rennfahrer und gut trainierte Instruktoren sind schon im Schreck mit überbremstem Vorderrad auf die Klappe gefallen. Mit ABS ist sicherer als ohne, diese Erkenntnis kann einfach niemand ernsthaft ignorieren. Aus gutem Grund vertrauen selbst Rennfahrer dieser Technik auch auf der Rennstrecke immer mehr.

Und noch ein Tipp: Menschen, die abwechselnd Fahrrad und Motorrad fahren, tun gut daran, beim Fahrrad die Wirkungsverteilung der Bremshebel dem Motorrad anzupassen. Wer gewöhnt ist, rechts zu bremsen und links zu kuppeln, wird auf einem Fahrrad mit Vorderradbremse links und Hinterradbremse rechts im Notfall womöglich Probleme bekommen, im Schreck aber ganz sicher!

4 TIPPS UND TRICKS: SO LÄUFT ES RUND

Tipps vom Experten können den Fahrstil spürbar verbessern und den Spaß am Motorradfahren deutlich erhöhen. Ideal ist natürlich praktisches Üben bei einem Fahrtraining unter fachlicher Anleitung. Ob Sie nun am Anfang Ihrer Motorrad-Karriere stehen oder ein erfahrener Vielfahrer sind – Trainings gibt es in allen Varianten, für Einsteiger ebenso wie für Könner (siehe Kapitel 7).

Es bringt jedoch auch viel, erst mal zu lesen, wie man es machen sollte. Unser Trockentraining erklärt, wie Sie der Perfektion so nah wie möglich kommen – im Regen, auf Schotter, in den Bergen, mit Beifahrer oder in der Gruppe. Vielen Menschen hilft schon das Wissen, wie es theoretisch geht, und schon flutscht es wie von selbst. Andere lernen vom abschauen und nachmachen, wieder andere müssen alles theoretisch bis ins kleinste durchdringen. Versuchen Sie doch mal herauszufinden, was für ein Lerntyp Sie sind.

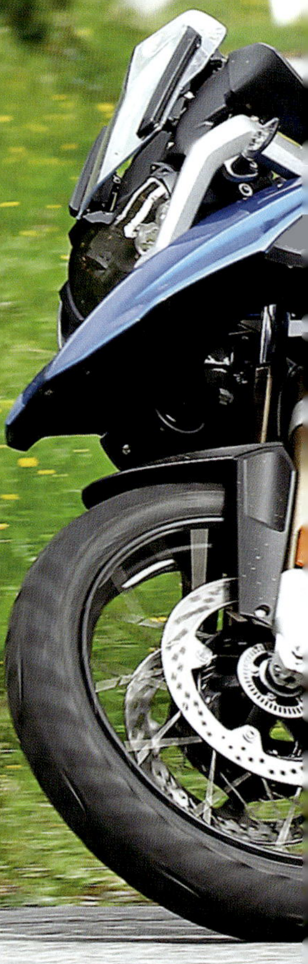

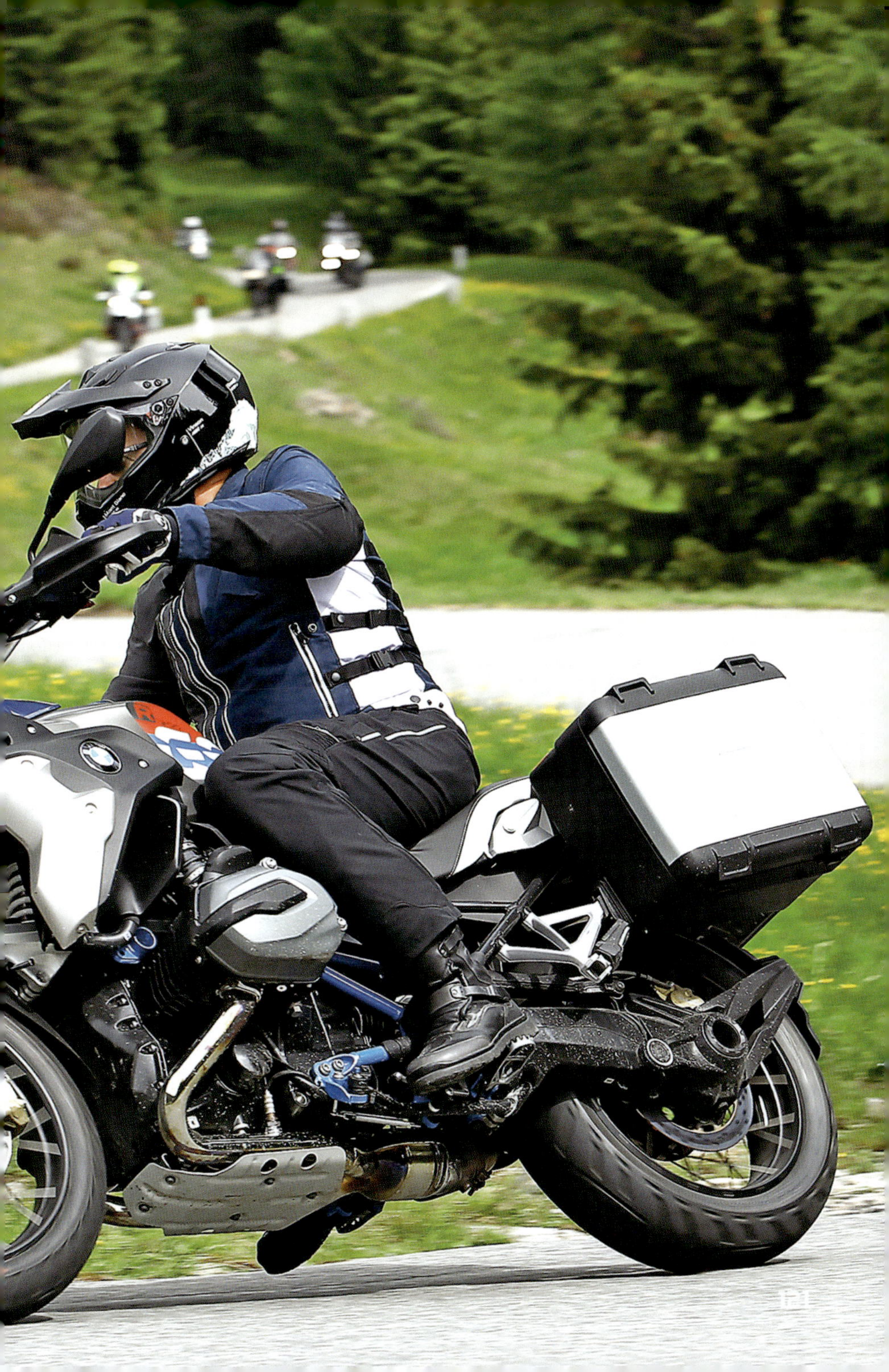

4.0. Fahren im Gebirge

Nie ist Motorradfahren schöner als in den Bergen – und nie wird der Fahrer stärker gefordert. Angefangen beim Trip durch Mittelgebirge wie Sauerland, Bergisches Land, den Harz oder die Schwäbische Alb mit Kurven ohne Ende (sogar enge Serpentinen gibt es dort) und weiter durch die Alpen, den Apennin oder die Pyrenäen gilt deshalb auch: Einfach so losfahren bringt für Ungeübte selten echten Fahrspaß; ohne Fahrkönnen macht sich im Kurven-Eldorado eher Überforderung breit.

Das geht schon mit dem Klima los. Gerade in den sommerlichen Alpen gilt es, glühende Hitze im Tal und schneidende Kälte auf der Passhöhe wegzustecken; Temperaturunterschiede von 30 Grad sind dabei möglich, ein Grad Unterschied pro 100 Höhenmeter ist der klimatische Normalfall. Daher immer einen Fleece-Pulli, ein Multifunktionstuch und dünne Unterhandschuhe griffbereit haben. Sie brauchen nicht viel Platz, machen die Berg- und Talbahn aber erst richtig zum Vergnügen, denn wer friert oder übermäßig schwitzt, fährt unkonzentriert, macht mehr Fehler und ist ganz allgemein schlechter Laune, was einem flüssigen Fahrstil nicht gerade zugutekommt. Wer mehr Platz hat, ist mit einem zweiten Paar Handschuhe und beispielsweise einer Weste zum Drüberziehen gut beraten; die ist schnell an- und ausgezogen und bringt viel.

Einstellen sollte man sich ebenfalls auf die wechselnden Lichtverhältnisse. Gleißender Schnee und grelle Sonne wechseln sich mit dunklen Tunneldurchfahrten und schattigen Waldstrecken ab. Mit Sonnenbrille sieht man gerade in den stockdunklen, aus dem Fels gehauenen Tunneln kleiner Passstraßen ziemlich alt aus, weil man in den ersten Momenten regelrecht im Blindflug fährt. Dort finden sich jedoch oft Geröllbrocken, Schlaglöcher, unter Umständen sogar Schafe oder Kühe, die man mit Sonnenbrille gar nicht oder zu spät sieht. Deshalb im Gebirge lieber ein nur leicht getöntes Visier verwenden, das gegen die blendende Sonne hilft, die Sicht im Tunnel aber nicht einschränkt. Noch komfortabler, aber vor allem in diesem Punkt sicherer ist ein Helm mit integrierter Sonnenblende, die sich schnell runter- und wieder hochklappen lässt. Tipp aus der Praxis: Ein paar Meter vor Erreichen der Tunneleinfahrt ein! Auge zukneifen, damit sich dieses durch Weiten der Pupille an die Dunkelheit gewöhnen kann, das mindert den Blindflug erheblich.

4.0.1. Tricks für Serpentinen

Für viele Flachland-Bewohner werden sie beim ersten Mal zum Alptraum: Serpentinen oder Haarnadelkurven, an denen die Alpen reich sind. Und doch lassen sich Serpentinen mit Genuss bewältigen, wenn man ein paar entscheidende Regeln beachtet.

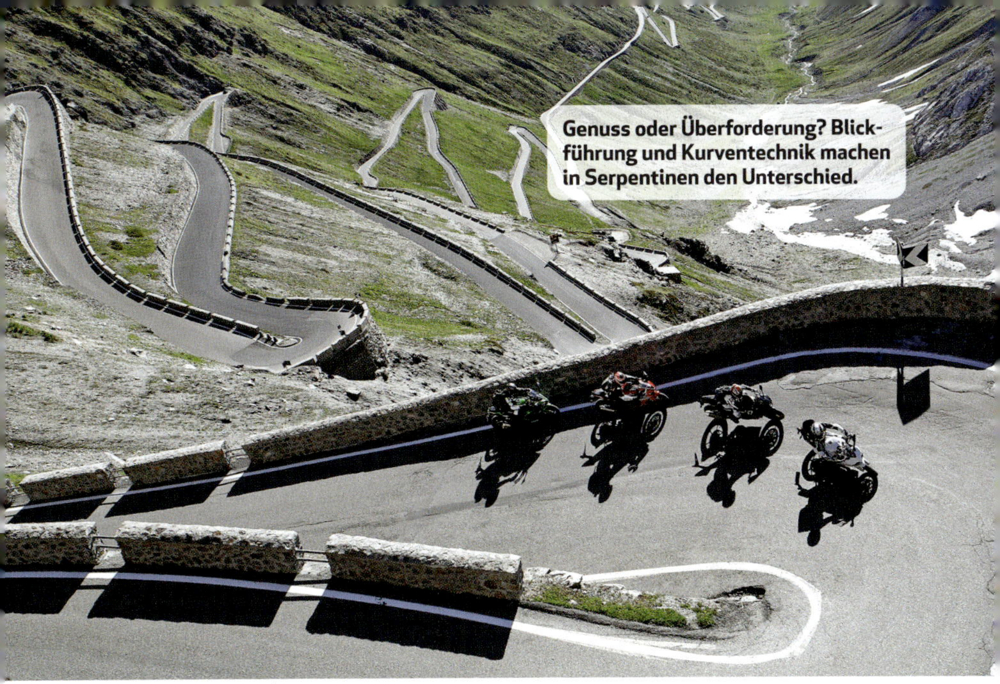
Genuss oder Überforderung? Blickführung und Kurventechnik machen in Serpentinen den Unterschied.

Wichtig sind dabei Kurventechnik und Blickführung. Zum Einsatz kommt auch hier wieder die Technik des Hinterschneidens (siehe Abschnitt »Richtig Kurvenfahren« in Kapitel 3). Die Kurve wird möglichst weit außen angefahren, und vor allem in Linkskurven achten wir darauf, dass zu keinem Zeitpunkt der Kopf in die Gegenfahrbahn ragt. Bis auf die Gegenfahrbahn führt uns die Linie aber schon mal in Rechtskurven, gerade dann, wenn sie innen sehr steil sind. Ich muss aber auf dieser Linie gut sehen können und bereit sein, blitzartig nach innen rein zu ziehen. Denn diese Sicherheitslinie ist in Rechtskurven nur so lange sicher, wie das Außenbleiben auch tatsächlich einen Sichtvorteil bringt. Auf besonders schmalen Pässen, an der Felswand entlang, mit dichtem Bewuchs

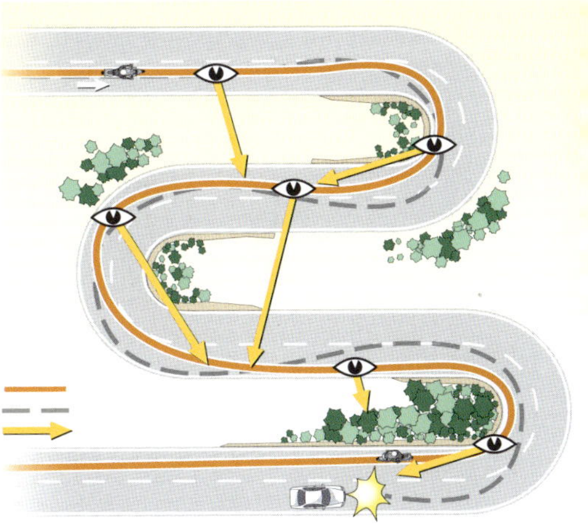
In den beiden oberen Kehren empfiehlt sich das Hinterschneiden, also spätes Einlenken und den Scheitelpunkt nach etwa zwei Dritteln der Kurve setzen. Anders dagegen in der untersten Kehre: Hier ist keine Sicht auf den Gegenverkehr möglich, weshalb man die engste Linie wählt.

oder in völlig unübersichtlichen Spitzkehren hingegen empfiehlt sich die engste Linie, also ganz rechts bleiben in Rechts- wie in Linkskurven. Sonst kann man sich unverhofft einem extrabreiten Reisebus oder Laster gegenüber sehen. Bewährt hat sich dabei der Fahrstil Drücken: Mit aufrechtem Oberkörper wird die Maschine über den Lenker nach unten gedrückt. Von den Südländern kann man sich auch getrost den Gebrauch der Hupe abschauen, um im engen, unübersichtlichen Winkelwerk auf sich aufmerksam zu machen.

Vor und auch noch in der Serpentine nach oben beziehungsweise unten schauen. Hierbei wieder aktiv den ganzen Kopf drehen. Nur so lassen sich entgegenkommende Fahrzeuge rechtzeitig ausmachen. Je nach Übersichtlichkeit der Serpentine die passende Linie wählen, also entweder Hinterschneiden oder wenn nötig die engste Linie in Kombination mit reduziertem Tempo.

Das Hinterschneiden – also das späte Einlenken in die Kurve – bietet allerdings viele Vorteile. Zunächst einmal den, dass wir deutlich die Gefahr reduzieren, am Kurvenausgang in den Gegenverkehr oder in den Straßengraben »getragen« zu werden. Und jenen, dass die Serpentine mit relativ langsamer Kurvengeschwindigkeit angefahren wird, weshalb sich das Motorrad mit ganz wenig Gas schnell stabilisieren lässt. Alternativ kann man das Tempo auch mittels Hinterradbremse regulieren; dabei das Gas leicht geöffnet lassen. Diese Technik sieht auf Serpentinenstrecken ausgesprochen elegant aus und entspannt zudem, weil das lästige Lastwechselruckeln entfällt, das beim Gasöffnen und -schließen entsteht. Bei Serpentinen bergab hilft auch, am Scheitelpunkt die Kupplung ziehen, hochschalten und mit Gas nun im nächsthöheren Gang wieder einzukuppeln. Auch so ist der gerade bei harsch abgestimmten großen Zweizylindern störende Lastwechselschlag leicht zu verhindern, sehr angenehm und vor allem ein Sicherheitsgewinn gerade bei Nässe. Vor der großen Alpentour ist es ratsam, im Flachland etwas zu üben: Eine enge Acht aufmalen oder mit Pylonen/Plastikflaschen markieren und das Tempo nicht nur über den Gasgriff, sondern auch über die Hinterradbremse bestimmen. Ideal hierfür wäre natürlich ein schräger Parkplatz.

Wichtigstes Handwerkszeug für enge und steile Kurven in egal welchen Bergen ist aber nach wie vor die immer wieder trainierte, bewusste Blickführung um die Kurve herum und die an Tempo und Umgebung angepasste Sicherheitslinie.

4.0.2. Besonderheiten im Gebirge

Mehr noch als auf normalen Landstraßen ist auf Passstrecken mit schlechtem Belag und Hindernissen zu rechnen. Schneeschmelze, heftige Regengüsse und Gewitter führen zu Steinschlag und verwandeln die Pässe manchmal in regelrechte Geröllpisten. Nässe und niedrige Luft- wie

Asphalttemperaturen stellen hohe Anforderungen an die Reifen. Supersportreifen erweisen sich da oft als ungeeignet, auch weil sie für höhere Temperaturen ausgelegt sind. Sie werden oft einfach nicht warm genug, um ihre Betriebstemperatur zu erreichen und bieten dann zu wenig Grip. Für Bergtouren sollte man daher Tourenreifen mit gutem Kalt- und Nassgrip verwenden. Bestens eignet sich auch nicht zu grobe Stollenbereifung, wie sie gerade für Reiseenduros in großer Auswahl angeboten wird. Dennoch ist Vorsicht geboten: Selbst nach einem kurzen Stopp in luftiger Höhe können die Reifen so stark abkühlen, dass sie erst mal ein paar vorsichtig gefahrene Kurven brauchen, um wieder auf Betriebstemperatur zu kommen.

Auf Passstraßen ab etwa 2000 Metern Höhe verlieren praktisch alle Motoren wegen des Sauerstoffmangels an Leistung. Besonders stark betrifft das Einzylinder mit Vergaser oder kleinvolumige Vierzylinder, was man beim Überholen einkalkulieren sollte. Der Grund: Der Benzinanteil steigt im Verhältnis zum Sauerstoffanteil, die Motoren laufen zu fett. Doch keine Bange, im Tal verschwindet das Phänomen von selbst wieder. Moderne Einspritzmotoren sind da klar im Vorteil, hier macht sich die ungewohnte Höhe kaum mehr negativ bemerkbar.

Außerdem nicht vergessen: Spaß macht die Gebirgstour nur, wenn das Motorrad nicht zu schwer beladen und das Gepäck richtig verteilt ist; zudem sollten Federung und Dämpfung auf die Straßenverhältnisse und die Zuladung abgestimmt werden. Mehr dazu im nächsten Abschnitt.

Noch mehr über unterschiedliche Fahrtechniken und dynamisches Motorradfahren erfahren Sie in Wort und dynamischem Bild auf der DVD »Motorrad fahren gut und sicher«. Bezugsquelle: **www. motorradonline/shop.de**

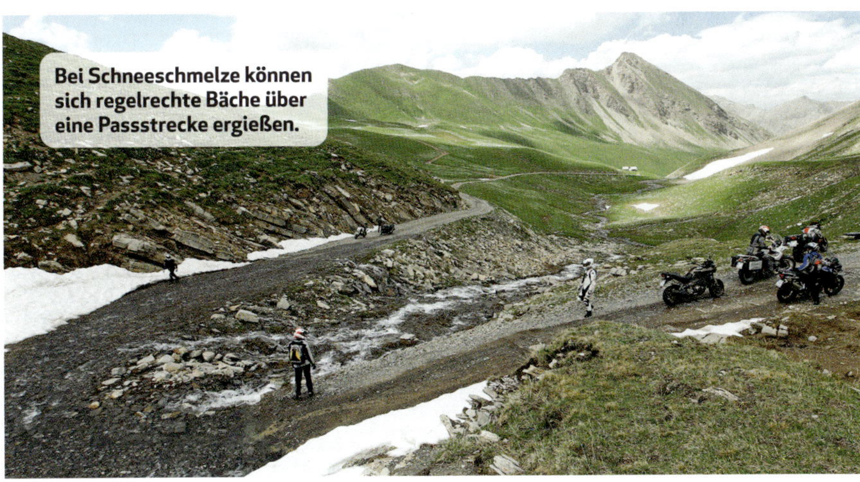

Bei Schneeschmelze können sich regelrechte Bäche über eine Passstrecke ergießen.

4.1. Fahren mit Gepäck

Nur wenn die Gepäckverteilung gut ausbalanciert ist, macht es Spaß, auch mit einem beladenen Motorrad auf Tour zu gehen. Deshalb gehören schwere Gegenstände immer nach unten, sei es im Tankrucksack, in den Packtaschen und Koffern oder im Rucksack. In die Gepäckrolle oder ins Topcase sollte man nur leichte Sachen packen, sonst wandert der Schwerpunkt nach oben und/oder hinten und verschlechtert die Fahreigenschaften. Den Tankrucksack grundsätzlich nur so hoch beladen, dass die Instrumente gut zu sehen sind und der volle Lenkeinschlag genutzt werden kann, sonst sieht man in engen Kurven ganz schön alt aus. Das heißt aber nicht nur, dass der Lenker bis an seinen Anschlag freigängig sein muss, sondern auch, dass man sich nicht bei Volleinschlag die Finger am Tank einklemmt und dass nicht Hupe, Anlasser oder gar der Killschalter betätigt werden. Beim Anbringen des Tankrucksacks darauf achten, dass Bremsschläuche oder elektrische Leitungen nicht eingeklemmt werden. Dass die zulässige Zuladung des Motorrads berücksichtigt wird, versteht sich von selbst.

Deutlich zu sehen: Mit voller Beladung verschiebt sich der Schwerpunkt stark. Zudem lasten rund zwei Drittel des Gesamtgewichts auf dem Hinterrad, weshalb man Federbasis, Zug- und Druckstufe sowie den Luftdruck anpassen sollte.

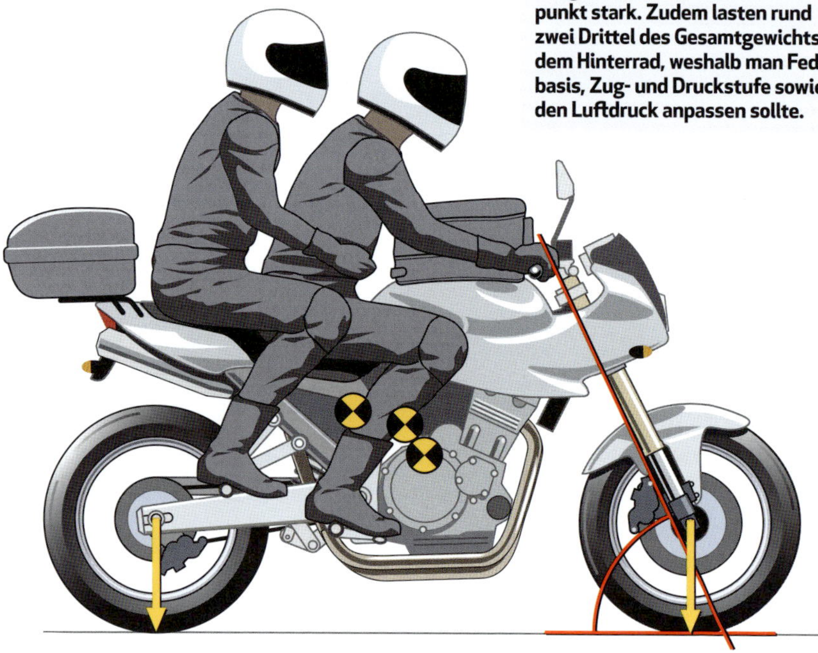

Bei einem voll beladenen Motorrad verändern sich die Geometriedaten beträchtlich. Der Lenkkopfwinkel wird flacher, die Handlichkeit sinkt, parallel dazu verschiebt sich der Schwerpunkt deutlich nach oben und hinten. Deshalb muss das Fahrwerk den veränderten Bedingungen angepasst werden. Auf jeden Fall erhöht werden sollte die Federvorspannung am Heck. Wenn das Federbein über die entsprechenden Einstellmöglichkeiten verfügt, werden außerdem Druck- und Zugstufe straffer gestellt (Erklärung in Kapitel 8.1, »Fahrwerk und Hebel richtig einstellen«). Ist man oft mit Sack und Pack sowie Beifahrer unterwegs, empfiehlt sich oftmals ein Nachrüstfederbein, das auf hohe Zuladung ausgelegt ist.

Hier sind natürlich die modernen, elektronisch einstellbaren Fahrwerke im Vorteil. Einfach über das Menü Zwei-Personen-Betrieb oder/und Gepäcktransport anwählen, enter und fertig. Das System

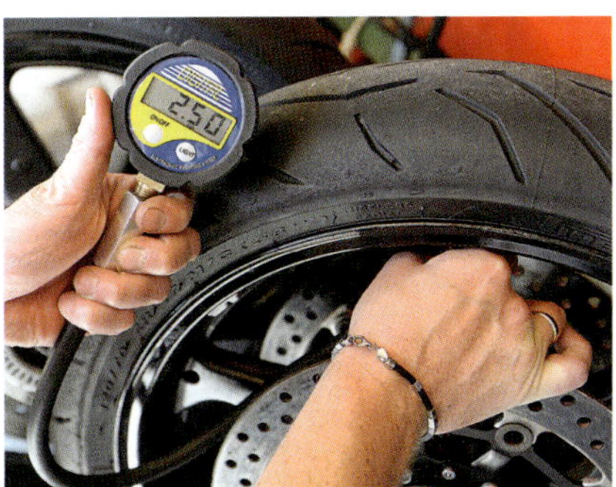

Mehr Reifenluftdruck erhält bei voller Beladung die Bremsstabilität und Lenkpräzision.

dreht die Federvorspannung hoch und strafft gegebenenfalls die Dämpfung, komfortabel und sicher, einwandfreie Funktion vorausgesetzt.

Als Nächstes muss der Luftdruck, speziell am Hinterrad, erhöht werden. Die empfohlenen Werte finden sich im Handbuch oder direkt am Motorrad, meist an der Schwinge oder am Kettenschutz. Der erhöhte Luftdruck ist wichtig, damit Bremsstabilität und Lenkpräzision erhalten bleiben. Gleichzeitig mindert das den Reifenverschleiß mit Beladung.

Einen Kontroll-Check mit voller Beladung, also Fahrer, Beifahrer und Gepäck, benötigt die Antriebskette. Logischerweise macht das am besten eine dritte Person, denn Fahrer und Beifahrer sitzen ja im Sattel. Die Kette sollte auch jetzt ausreichend Spiel haben und nicht etwa nun gespannt sein, sonst kann es zu Schäden am Getriebe kommen.

Gern vergessen wird der Scheinwerfer, dessen Lichtkegel durch die Beladung nach oben wandert. Zur Kontrolle den Lichtkegel im Solobetrieb bei Dunkelheit und drei Meter Abstand auf einer Wand anzeichnen, dann mit voller Beladung den Gegencheck machen und den Scheinwerfer auf diese Höhe herunter drehen. Nicht vergessen: Das gleiche Spiel, nur umgekehrt, macht man auch bei der Rückkehr.

Ist alles eingestellt, geht es auf Probefahrt über die Hausstrecke. Nur so lässt sich feststellen, ob Bremsen, Federung und Dämpfung ordentlich funktionieren

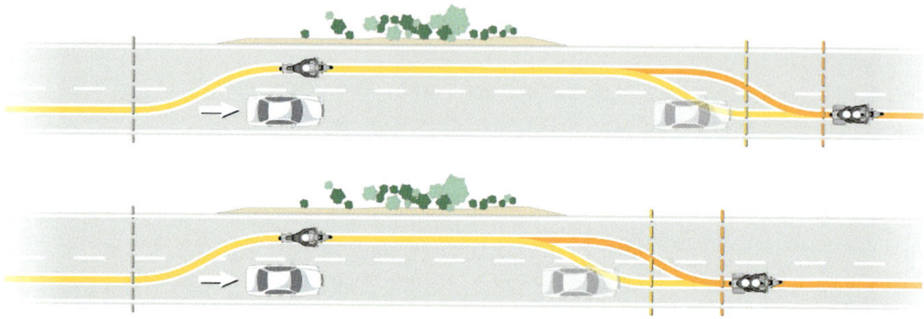

Volle Beladung, längerer Überholweg: Die Beispiele beziehen sich auf eine durchzugsstarke 1200er. Schon die braucht im vollen Ornat deutlich länger zum Überholen als im Solobetrieb. Bei schwächeren Maschinen potenziert sich der Effekt.

und sich die Fuhre problemlos lenken lässt, ob das Motorrad ungewohnt früh mit Ständer oder Auspuff aufsetzt oder ob der Tankrucksack beim Wenden stört.

Doch auch wenn die Probefahrt zur vollen Zufriedenheit verläuft, sollte man nicht vergessen, dass die Beladung an der Leistung knabbert – bei starken Maschinen weniger, bei schwächeren mehr. Beim Überholen kann es da zu bösen Überraschungen kommen, besonders aber beim Bremsen. Gerade bergab schiebt die beladene Fuhre sehr spürbar, was beim Anbremsen der ersten Serpentine bergab für erhöhten Pulsschlag sorgen kann. Denn der Bremsweg wird länger, die nötige Handkraft größer. Achtung, daran ändert auch ein ABS nichts, das verhindert nur das Blockieren.

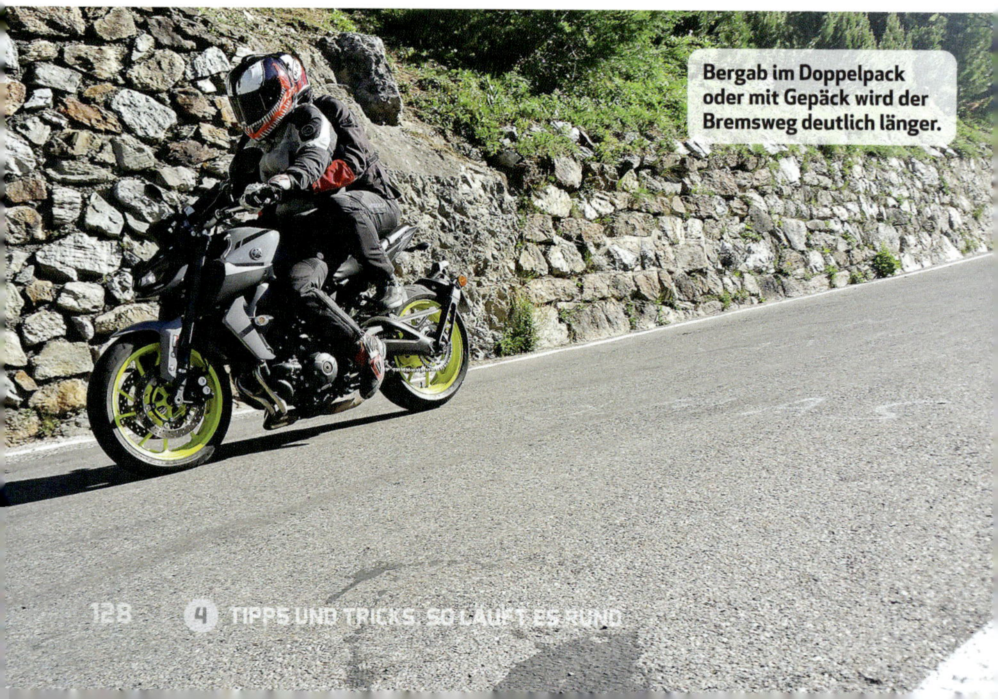

Bergab im Doppelpack oder mit Gepäck wird der Bremsweg deutlich länger.

4.2. Fahren mit Sozius

Wie sich das Fahrverhalten eines Motorrads mit Beifahrer verändert, darum ging es bereits im vorigen Kapitel. Diesmal steht etwas anderes im Mittelpunkt: die Kommunikation zwischen Fahrer und Sozius. Nur wenn die beiden sich gut verstehen, wird aus der gemeinsamen Tour ein echter Genuss. Für eingespielte Motorrad-Duos ist das längst kein Thema mehr. Doch am Anfang einer Sozius-Karriere sollten Fahrer und Beifahrer ein paar grundlegende Dinge beachten.

Als erfahrener Motorradpilot sollte man einem Neuling auf dem Soziussitz erst mal ein paar grundlegende Dinge über das Motorrad und die Fahrdynamik erklären. Allerdings nicht mit einem abendfüllenden Vortrag, sonst hat der Aspirant oder die Aspirantin schon vor der ersten Fahrt die Nase voll. Doch wenn der Sozius so ungefähr weiß, was mit einem Motorrad in einer Kurve passiert, wird ihm in Schräglage nicht gleich der Angstschweiß ausbrechen. Sinnvoll ist es auch, Zeichen zur Verständigung auszumachen und die Route gemeinsam zu planen. Außerdem sollte der Fahrer sich darum kümmern, dass sein Sozius ebenso sichere, passende, aber bequeme und dem Klima angepasste Bekleidung trägt wie er selbst. Und nicht vergessen: Ein gelungenes Motorraderlebnis zu zweit setzt voraus, dass der Sozius dem Fahrer vertraut. Dieses Vertrauen kann man sich nur durch eine angemessene Fahrweise verdienen – und durch unüberlegte Aktionen schnell wieder verspielen.

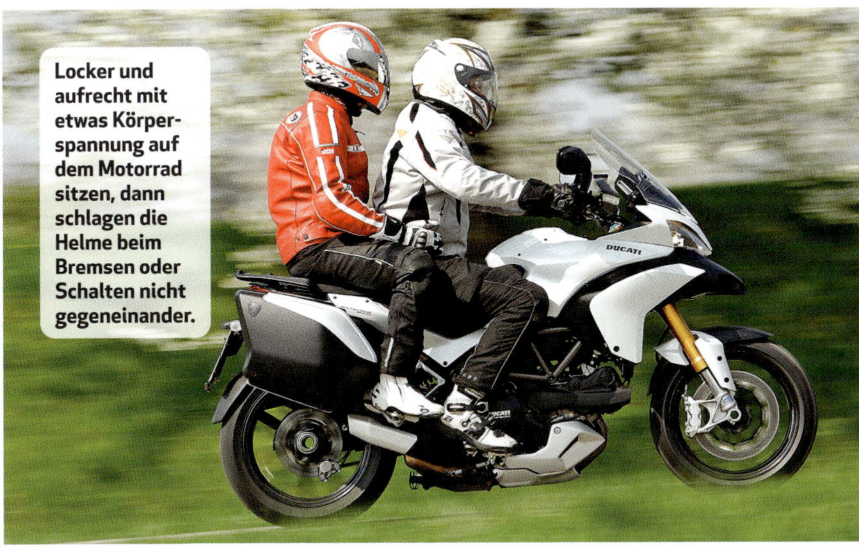

Locker und aufrecht mit etwas Körperspannung auf dem Motorrad sitzen, dann schlagen die Helme beim Bremsen oder Schalten nicht gegeneinander.

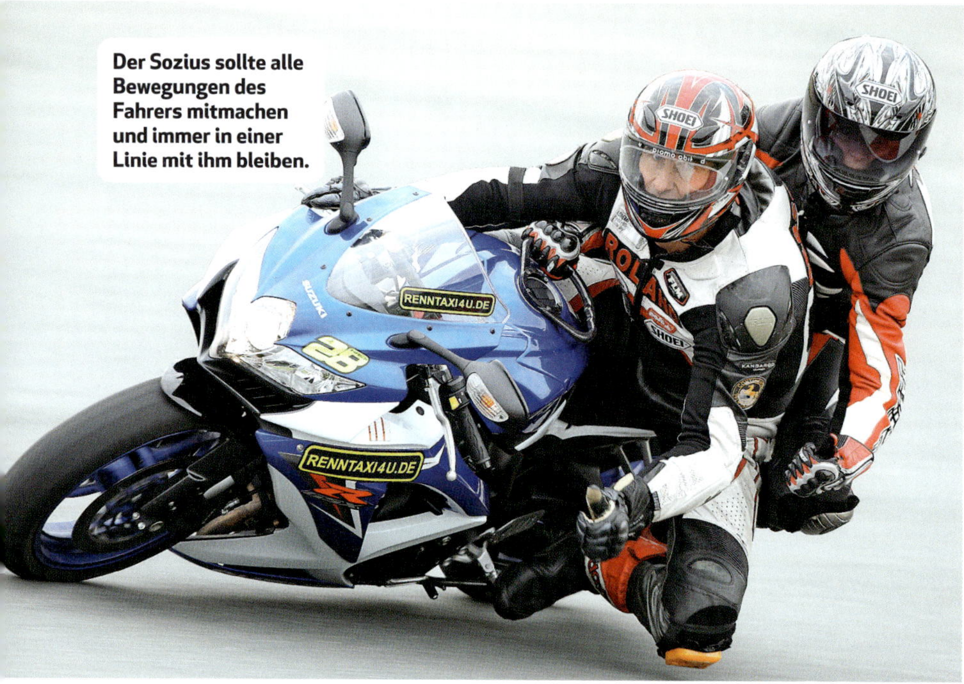

Der Sozius sollte alle Bewegungen des Fahrers mitmachen und immer in einer Linie mit ihm bleiben.

Daher möglichst sanft anfahren, beschleunigen, schalten und bremsen; ganz am Anfang am besten so, als führe man eine Ladung roher Eier spazieren. Nichts verschreckt Unerfahrene mehr als ein zackiger Rennstreckenstil. Nach einiger Zeit kann man dann auch mal stärker beschleunigen – allerdings nur nach Absprache. Auf Autobahnen nicht zu schnell fahren. 160 km/h sind mehr als genug, der Nacken des Hintermanns oder der Hinterfrau kriegt dabei schon einen ordentlichen Teil an Verwirbelungen ab. Außerdem häufiger Pause machen als bei der Solo-Tour, denn hinten ist es, speziell auf langen Autobahnetappen, deutlich langweiliger als vorn, weil man ja weniger zu tun hat – schmerzendes Sitzfleisch spürt der Sozius daher viel früher als der Fahrer. Extreme Schräglagen sollte man ebenso vermeiden wie knappe Überholmanöver. Unerfahrene Beifahrer zudem vor Schlaglöchern warnen, sonst kann es sie regelrecht aushebeln.

Als Beifahrer sollte man nur aufs Motorrad steigen, wenn man das auch wirklich möchte. Wer nur seinem oder seiner Liebsten eine Freude machen will, aber eigentlich vor Angst schlottert, tut weder sich selbst noch dem Fahrer einen Gefallen. Locker und aufrecht mit etwas Körperspannung auf dem Motorrad sitzen, dann schlagen die Helme beim Bremsen oder Schalten nicht gegeneinander. Sich nicht an Haltegriffen, sondern an der Taille des Fahrers festhalten und dicht an ihn heranrücken. So rutscht der Schwerpunkt weiter nach vorn, die Maschine lässt sich besser lenken. Alle Bewegungen des Fahrers mitmachen und immer in einer Linie mit ihm bleiben. Sich unter gar keinen Umständen in der Kurve aufrichten, weil einen die Schräglage erschreckt! Dadurch bringt man erstens den Fahrer von der Linie ab, was riskante Manöver zur Folge haben kann, und bewirkt zweitens das Gegenteil des Gewünschten: Der Fahrer muss die Maschine nun nämlich noch schräger legen oder drücken, um der Fliehkraft entgegenzuwirken. Ebenfalls wichtig: Während der Fahrt oder an der Ampel nicht die Füße von den Rasten nehmen, sonst bringt man Fahrer und Maschine aus dem Gleichgewicht. An der Ampel außerdem immer startklar sein, sich auf die Beschleunigung vorbereiten – und sie dann genießen.

Mit ein bisschen Übung sollte ein guter Sozius aktiv mitfahren: Jeweils auf der Kurveninnenseite am Fahrer vorbeischauen, das Verkehrsgeschehen beobachten und versuchen, den Asphalt zu lesen. Dann kann man sich bei Schlaglöchern rechtzeitig auf den Fußrasten abstützen beziehungsweise ein klein wenig aufstehen – so schlägt das Schlagloch weniger auf Mensch und Maschine durch. Bei starken Bremsmanövern oder auf Gefällstrecken um den Fahrer herumgreifen und sich am Tank oder auf dessen Oberschenkeln abstützen.

Nicht alle Motorräder eignen sich aber für den Sozius-Betrieb, selbst wenn sie in den Papieren als Zweisitzer ausgewiesen sind. Um die Sitzposition auf einem Supersportler mit seinem winzigen Sitzbrötchen, den hoch angebrachten Fußrasten und der vorgebeugten Haltung auf sich zu nehmen, braucht ein Beifahrer schon eine gehörige Portion Leidensfähigkeit – oder muss schwer in den Fahrer verliebt sein. Findet die erste Ausfahrt auf einer solchen Maschine statt, dürfte die Begeisterung fürs Motorradfahren in kürzester Zeit wie ein Strohfeuer in sich zusammenfallen. Daher sollte der Fahrer nicht nur Route und Fahrweise, sondern auch die Maschine für die erste längere Ausfahrt mit einem angehenden Sozius mit Bedacht wählen – und im Zweifelsfall auf ein komfortableres Leihmotorrad ausweichen.

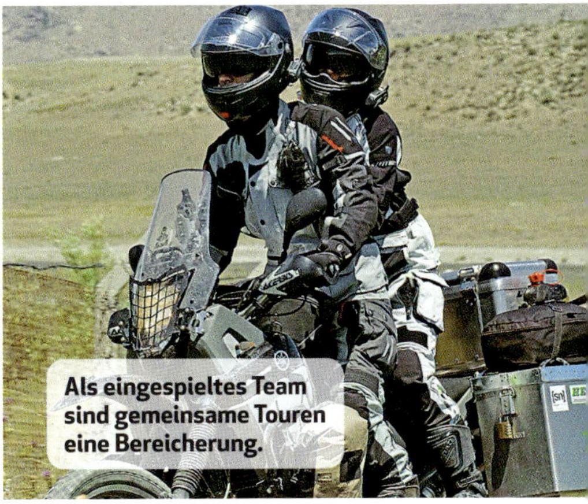

Als eingespieltes Team sind gemeinsame Touren eine Bereicherung.

4.3. Fahren in der Gruppe

Motorradfahren ist ein Hobby nicht nur für Individualisten. Viele Fahrer unternehmen ihre Touren zwar allein, nur mit einem Sozius oder mit dem besten Kumpel im Doppelpack auf zwei Motorrädern. Doch auch das Fahren in einer größeren Gruppe hat seine ganz eigenen Reize, gemeinsame Erlebnisse wirken oft noch nachdrücklicher und intensiver. Davon lässt sich dann in der Winterpause trefflich schwärmen und träumen.

Damit das Fahren in der Gruppe wirklich klappt, müssen alle Teilnehmer jedoch gewisse Regeln beachten. Rück-

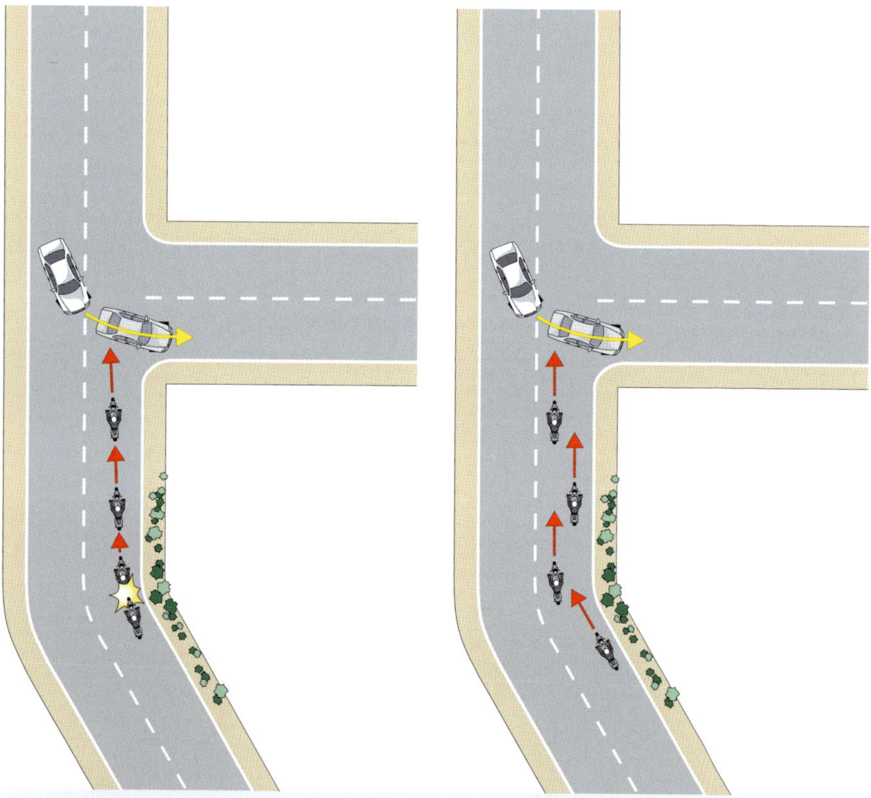

Im Gänsemarsch hintereinander herzufahren wie auf der Skizze links, kann ganz schön gefährlich werden: Die hinteren Fahrer sehen den Linksabbieger nicht und werden von den Bremsmanövern ihrer Vorderleute völlig überrascht. In der versetzt fahrenden Gruppe rechts hingegen haben alle gute Sicht nach vorn, sogar wenn das Hindernis, wie in diesem Fall, hinter einer Kurve auftaucht.

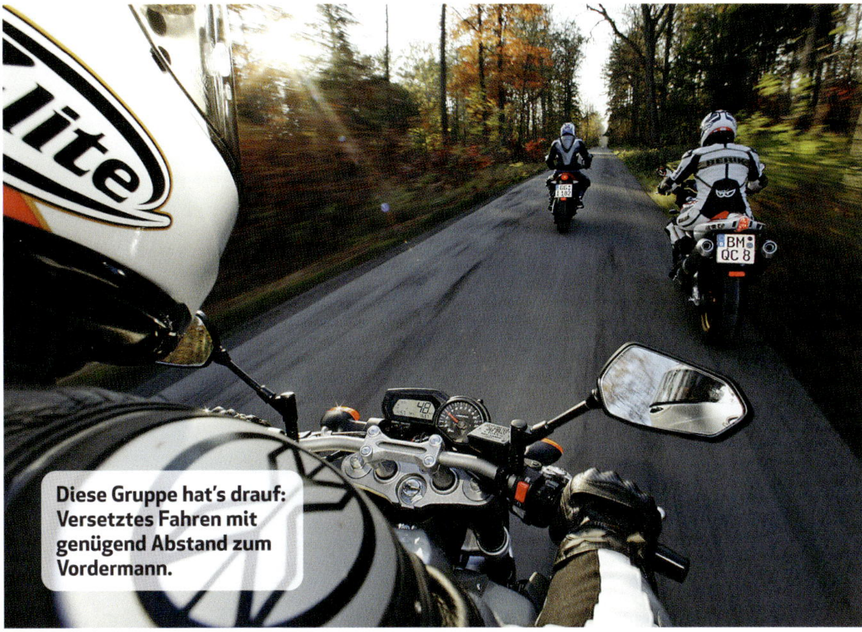

Diese Gruppe hat's drauf: Versetztes Fahren mit genügend Abstand zum Vordermann.

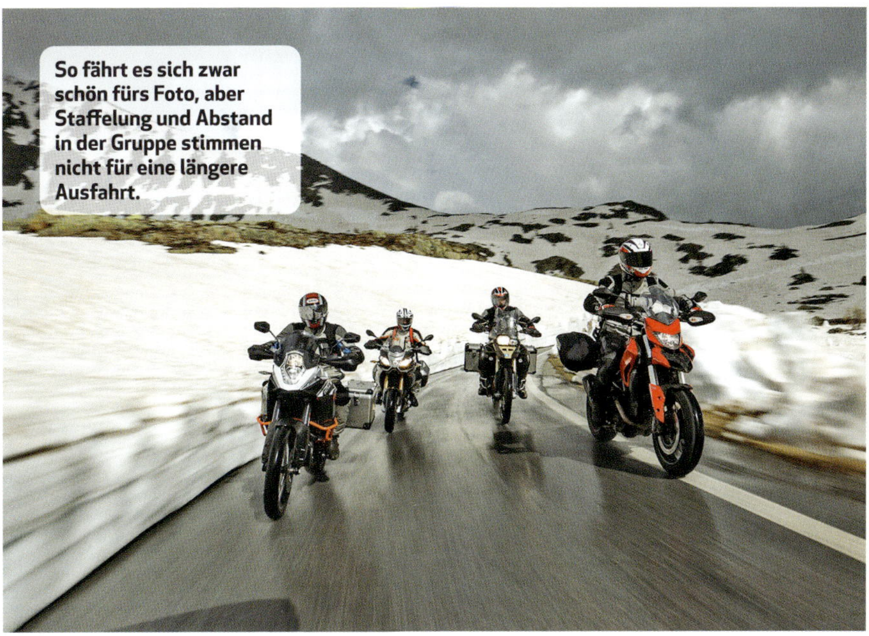

So fährt es sich zwar schön fürs Foto, aber Staffelung und Abstand in der Gruppe stimmen nicht für eine längere Ausfahrt.

sicht ist dabei oberstes Gebot! Wer sich nicht nach anderen richtet, sondern schlicht so schnell fahren will, wie er kann, sollte allein losziehen oder – noch besser – sich auf einer Rennstrecke mal so richtig austoben.

Besonders wichtig ist die richtige Staffelung. Einfach in einer Reihe hintereinander herzufahren, zieht die Gruppe zum einen zu weit auseinander, zum anderen können die hinteren Fahrer mangels Weitblick mögliche Gefahren nicht rechtzeitig erkennen und werden von den Bremsmanövern ihrer Vorderleute überrascht. Im schlimmsten Fall kann es dabei zu Unfällen innerhalb der Gruppe kommen. Richtig ist daher eine versetzte Staffelung; so sehen alle Fahrer gut nach vorn.

Noch ein Wort zur Reihenfolge: Oft hört man, dass der schnellste Fahrer vorausfahren solle, dann der nächstschnellere und so weiter bis zum schwächsten Glied der Gruppe, das ganz nach hinten verbannt wird. In einer solchen Reihenfolge, so die Argumentation, könne jeder sein Tempo selbst bestimmen und fühle sich nicht von den folgenden Fahrern gehetzt.

Das ist leider grundfalsch. Wer ganz hinten fährt, muss in aller Regel schneller sein als die Vorderleute, da Überholmanöver eine Gruppe auseinanderziehen und der Hintere dann aufholen muss. Befindet sich der schwächste Fahrer ganz hinten, muss er Kopf und Kragen riskieren, um der Gruppe auch nur halbwegs zu folgen. Oder die schnelleren stehen mehr oder weniger lange an bisweilen ungeeigneten Plätzen, um auf den Rest zu warten. Das kann unter ganz bestimmten Umständen funktionieren, tut es aber in den seltensten Fällen, wie der Autor aus eigener, jahrelanger Erfahrung weiß. Ganz nach hinten gehört daher der erfahrenste und möglicherweise auch schnellste Pilot. Die Gruppe anführen sollte der Scout, der weiß, wo's lang geht und ebenfalls über viel Erfahrung verfügt. Als Zweiter kommt der Fahrer mit der wenigsten Übung, dann wieder ein routinierter Pilot und so weiter im Wechsel. Nur so zieht sich die Gruppe nicht unnötig weit auseinander. Zudem können sich die Ungeübten an den Routiniers orientieren und beispielsweise von deren Linienwahl in der Kurve lernen.

Das klappt aber nur, wenn alle mitmachen und einverstanden sind. Und das sollte bei einer Freizeitgruppe der Fall sein. Wollen sich die Schnelleren nicht darauf einlassen, weil sie fürchten, keinen Fahrspaß zu haben, so ist es unumgänglich, die Gruppe zu trennen. Extreme Könnensunterschiede dürfen nicht auf dem Rücken der schwächeren, unerfahreneren Teilnehmer ausgetragen werden. Wenn es nicht passt, darf man nicht zusammen losfahren. Dann müssen eben die Unerfahrenen Erfahrung sammeln und üben, und zwar mit denen, die dazu bereit sind, sich auf deren Tempo einzulassen. Alles andere ist Frust für die einen und Harakiri für die anderen. Tipp: Kleine, wenig befahrene Nebenstraßen wählen, die eignen sich gut zum Bummeln und Üben, aber wenig zum Heizen.

Tipps zum Fahren in der Gruppe

- Tour gemeinsam planen. Nach den Erfahrungen von MOTORRAD lassen sich auf der Autobahn rund 800 km, auf der Landstraße 400 km und auf kurvenreichen Strecken etwa 200 – 250 km pro Tag bewältigen. Je kürzer die Etappen sind, desto mehr Freude kommt auf – es geht schließlich nicht ums Kilometerfressen, sondern um Genuss. Und: Diese Werte gelten für geübte Fahrer, nicht für Einsteiger!
- Mehr als acht Maschinen sollte eine Gruppe nicht umfassen, ideal sind fünf Motorräder. Wenn mehr Leute mitfahren wollen, mehrere Gruppen bilden, beispielsweise eine für die Heizer und eine für die Landschaftsbummler.
- Tempo am schwächsten Teilnehmer ausrichten. Die Tour soll für niemanden zur Tortur werden.
- Versetzt und mit ausreichend Sicherheitsabstand fahren. Vorn kommt der Guide, dann im Wechsel Ungeübte und Routiniers. Ganz hinten kommt die stärkste Maschine/der beste Fahrer.
- Nicht drängeln oder innerhalb der Gruppe überholen. Gerade Ungeübte verlieren dann leicht die Nerven und machen Fehler. Wer auf einem Teilabschnitt unbedingt schneller fahren will, sollte allein vorausfahren und an einem Treffpunkt wieder zu den anderen stoßen. Vorherige Absprache ist dabei unerlässlich, sonst wissen die anderen nicht, was los ist!
- Nie blind dem Vordermann folgen, etwa beim Überholen. Jeder ist für sich selbst verantwortlich.
- Nach dem Überholen ganz nach rechts einscheren, damit für den nachfolgenden Fahrer genügend Platz zum Einfädeln bleibt. Erst dann die versetzte Staffelung wieder aufnehmen.
- Zeichen ausmachen, etwa für einen Halt (beispielsweise Arm nach oben) oder zum Signalisieren von Gefahren (beispielsweise kurzfristiges Einschalten der Warnblinkanlage).
- Regelmäßig in den Rückspiegel schauen, die Folgenden im Blick behalten. Vor Abzweigungen aufschließen lassen.
- Beim Einbiegen in eine Vorfahrtstraße nicht nur nach dem Querverkehr schauen und Gas geben, wenn frei ist, sondern auch das vorherfahrende Motorrad beachten und nur fahren, wenn dieses das auch tut.
- Kommt es trotz aller Vorsicht zum Sturz, nicht auf das gestürzte Motorrad oder den Fahrer schauen, denn dann crasht man unweigerlich in die Unfallstelle, sondern sofort eine Ausweichlinie suchen. Am besten spielt man solche Gefahrensituationen vor der Tour mental durch, dann reagiert man auf der Straße richtig.

4.4. Fahren bei Nässe

Wer in Deutschland Motorrad fahren will, muss sich wohl oder übel daran gewöhnen: an das Fahren bei Nässe. Während in südlichen Ländern wie Italien professionell organisierte Fahrtrainings beim ersten Tropfen abgebrochen werden, geht es bei den Lehrgängen des MOTORRAD action team (siehe auch Kapitel 7.2) bei Regen erst recht auf die Übungsstrecke. Schließlich will und muss auch das Fahren bei Nässe gelernt sein. Mit einigen Tricks und vor allem Hintergrundwissen fahren Sie auch im Regen entspannt. Grundvoraussetzung ist eine gute, wasserdichte Bekleidung, denn wenn einem das Wasser kalt den Nacken und Rücken hinunter rinnt, vergeht selbst einer notorischen Frohnatur das Lachen.

Bei Nässe nimmt der Grip der Reifen teilweise ab, wodurch deutlich weniger

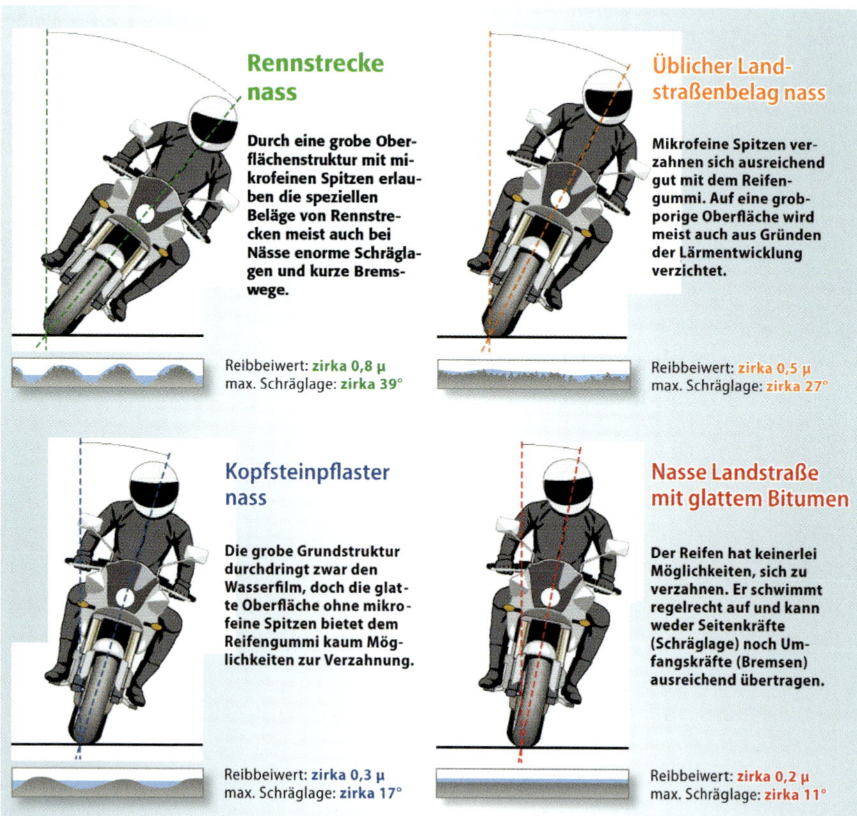

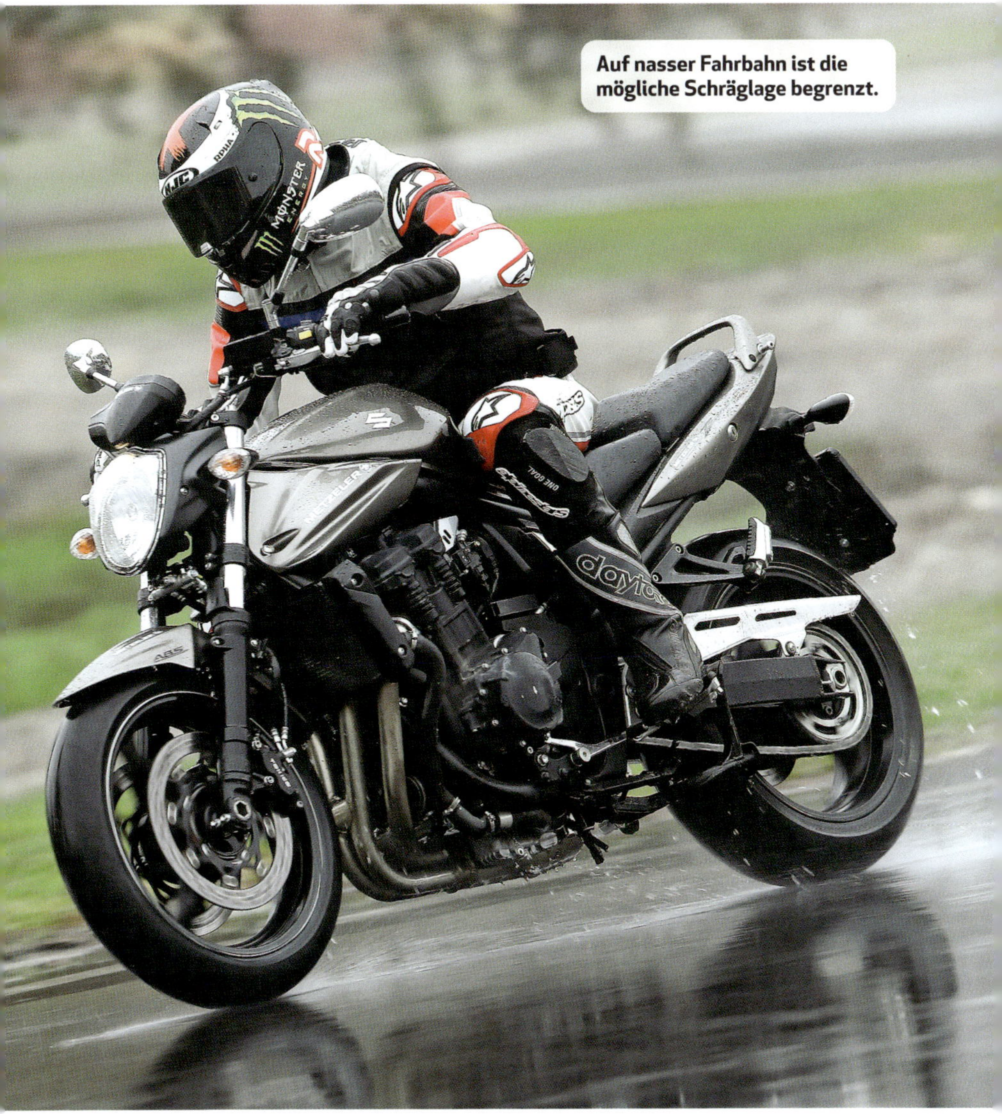

Auf nasser Fahrbahn ist die mögliche Schräglage begrenzt.

Schräglage möglich ist als auf trockener Fahrbahn. Allerdings kommt es ganz wesentlich auf den Belag an. In einer groben Oberfläche mit feinen Spitzen (Fachbegriff: mikrorau) kann sich der Gummi perfekt verzahnen und erlaubt selbst bei Regen große Schräglagen, beispielsweise auf der Rennstrecke. Grobe Oberflächen mit glatten Kanten (Fachbegriff: makrorau) hingegen verdrängen zwar den Wasserfilm, die Verzahnung und damit die Haftung fällt hier aber flach, die mögliche Schräglage sinkt dramatisch, anzutreffen etwa auf »glatten« Landstraßen. Noch übler wird es auf einer glatten Oberfläche wie Bitumen oder Fahrbahnmarkierungen. Der Reifen findet keinen Halt, die mögliche Schräglage liegt bei weniger als zehn Grad; alles, was darüber hinausgeht, führt zum Wegrutschen.

Das große Problem besteht darin, dass sich im Regen mit bloßem Auge meist nicht erkennen lässt, um was für einen Belag es sich handelt. Eine tückisch spiegelnde Fahrbahn kann einen haftfähigen, mikrorauen Belag verheimlichen, während eine anscheinend raue Oberfläche unter Umständen ganz schön glatt ist. Wirklich rutschig macht die Fahrbahn aber nicht das Wasser, sondern der gewässerte Schmutz. Besondere Vorsicht ist in Ländern rund um das Mittelmeer geboten. Dort werden zum einen oft glatte Steinarten zum Straßenbau verwendet, was den Belag tückisch macht. Zudem sickert in den oft langen Trockenphasen jede Menge Öl und Benzin in den Asphalt, der bei einem Regenguss dann herausgespült wird und gemeinsam mit der angesammelten Staubschicht wie Schmierseife wirkt.

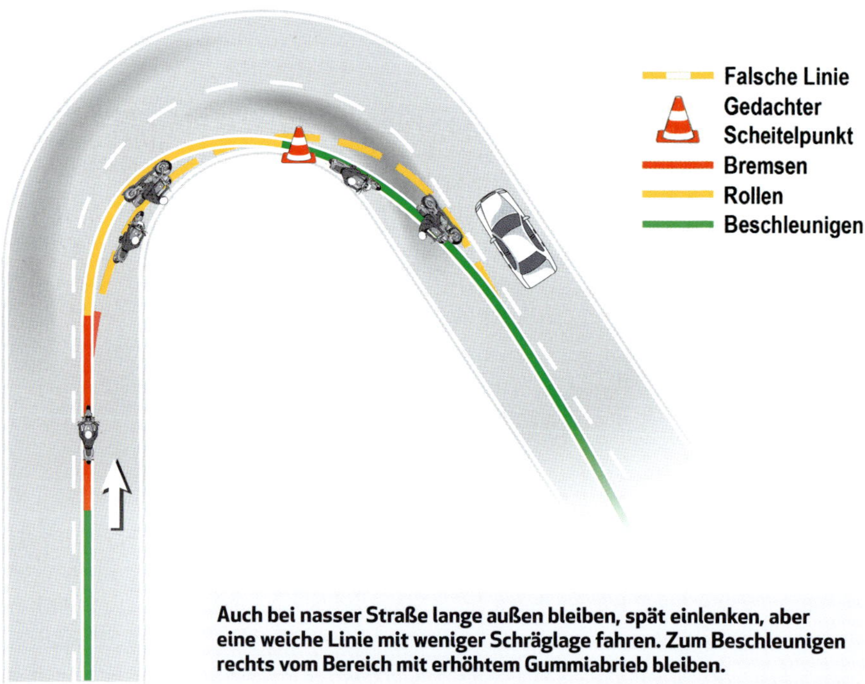

Auch bei nasser Straße lange außen bleiben, spät einlenken, aber eine weiche Linie mit weniger Schräglage fahren. Zum Beschleunigen rechts vom Bereich mit erhöhtem Gummiabrieb bleiben.

Deshalb gilt auf allen Straßen, auch bei uns: Nicht wenn es tagelang geschüttet hat, ist es am rutschigsten, sondern kurz nach Beginn eines leichten Regens.

Was also tun? Gas weg, heißt die Devise. Bei gemäßigtem Tempo lässt sich durch gezieltes Überbremsen des Hinterrades ausprobieren, wie griffig der Belag ist; allerdings ohne Garantie, denn hinter der nächsten Kurve kann er sich schon wieder ändern. Gas und Bremse werden im Regen mit viel Gefühl betätigt, Lenkbefehle sanft gegeben, denn ruckartige Manöver führen meist unweigerlich zum Wegrutschen.

Kurven umrundet man auch im Regen mit der Technik des Hinterschneidens (siehe Kapitel 3.2.2.3). Auf keinen Fall bei Nässe anfangen, mit einer möglichst flachen Linie die Kurven zu schneiden, sondern Tempo drosseln und bei der Sicherheitslinie bleiben. Also unter allen Umständen rechtzeitig vor der Kurve sanft bremsen und den Scheitelpunkt spät wählen, damit genügend Raum zum ebenfalls sanften Beschleunigen bleibt. Im Regen ist das noch wichtiger als auf trockener Straße, denn bei einer Fehleinschätzung kann man sich nicht mit einem schnellen Wechsel in den Fahrstil Drücken retten: Wer das Motorrad bei Nässe blitzartig in eine stärkere Schräglage zwingen muss, weil ihm der Platz ausgeht, macht fast unweigerlich den Abflug.

Auch das Bremsverhalten eines Motorrads ändert sich auf nassem Belag. Der Bremsweg verlängert sich deutlich, weil man bei einer nötigen Vollbremsung nicht ruckartig voll in die Eisen greifen darf – das hätte ein blockierendes Vorderrad zur Folge und damit einen Sturz. Vielmehr steigert man bei Regen den Bremsdruck vorn innerhalb einer knappen Sekunde, also kontinuierlich und gefühlvoll und bremst gleichzeitig hinten mit. Fein raus bei Regen ist, wer ein ABS hat, denn damit lassen sich selbst auf glattem oder wechselndem Belag erstaunliche Verzögerungswerte erreichen. Länger als bei Trockenheit ist der Bremsweg trotzdem, allerdings ist die Sturzgefahr gebannt.

Anders als viele glauben, existiert Aquaplaning mit dem Motorrad durchaus, wenn auch im Vergleich zum Auto in abgeschwächter Form. Zwar weist der Vorderreifen eines Motorrads eine deutlich kleinere Auflagefläche auf als ein Autoreifen und ist damit weniger anfällig für Aquaplaning; dennoch kann bei zu hoher Geschwindigkeit ein Wasserkeil entstehen und das Vorderrad ins Schwimmen bringen. Auf Autobahnen sollte man es daher mit Tempo 100 gut sein lassen, denn dort lauern speziell in der rechten Spur oft tief eingedrückte Rillen, die der Schwerlastverkehr verursacht. Bleibt die elementare Frage nach den Reifen. Wer sich nicht zu den Schönwetter-Fahrern zählt, sondern bei Wind und Wetter auf Tour geht, sollte sich Reifen zulegen, die bei Nässe und Kälte gute Hafteigenschaften aufweisen. Über den aktuellen Stand der Dinge und die besten Gummis informieren Sie die Reifentests in MOTORRAD.

4.5. Fahren auf Schotter

Viele Motorradfahrer, die auf Asphalt sicher und zügig unterwegs sind, geraten an ihre Grenzen, wenn sie unverhofft im Gebirge eine kleine Schotterpassage bewältigen müssen. Und doch klappt das mit praktisch jedem Motorrad, selbst mit einem Supersportler – vorausgesetzt, es handelt sich nicht um Grobkies oder halbmeterhohe Absätze, sondern um einen unasphaltierten Weg oder eine Baustelle.

Zunächst ist es dabei ratsam, sich ganz bewusst die richtige Blickführung in Erinnerung zu rufen. Auch Motorradfahrer, die sie auf Asphalt ganz gut verinnerlicht haben, starren auf Schotter den nächsten, etwas größeren Gesteinsbrocken an wie das Kaninchen die Schlange – und steuern prompt direkt darauf zu. Dabei gilt hier, genau wie auf der Straße: Kopf hoch, Blick nach vorn richten, den losen Untergrund direkt vor dem Vorderrad haben wir ja eben schon gesehen, wir behalten ihn aus dem Augenwinkel im Blick. Größeren Hindernissen können wir auch im Schotter nur ausweichen, wenn wir sie entsprechend unserem Tempo frühzeitig genug gesehen haben. Auch auf Schotter fahren wir dorthin, wo wir hinschauen, und wenn es ganz grob wird, müssen wir uns eben langsam durchmanövrieren.

Auf einfachen Schotterwegen sollte man allerdings möglichst nicht im ersten Gang über den Schotter holpern, sondern besser mit etwas Zug am Gas im zweiten. Das Motorrad wird durch eine etwas höhere Geschwindigkeit stabiler und meistert auch Unebenheiten besser. Ansonsten hilft, wie im Serpentinendickicht: Mit leicht geöffnetem Gas fahren und das Tempo per Hinterradbremse regulieren. Dann flutscht es fast von selbst.

Bei Kurven und vor allem engen Kehren auf Schotter unbedingt den Kurvenstil Drücken verwenden; der kommt schließlich aus dem Geländesport. Dabei das Motorrad mit kräftigem Druck des kurvenäußeren Oberschenkels an den Tank in die Kurve zwingen. Warum? So bleibt der Oberkörper und somit der Körperschwerpunkt über der Reifenaufstandsfläche und wir reduzieren die Gefahr, wegen der geringeren Seitenführungskräfte seitlich wegzurutschen. Außerdem in heiklen Passagen die Maschine im Stehen ausbalancieren. Damit schlägt man gleich zwei Fliegen mit einer Klappe: Das Motorrad lässt sich auch über zusätzlichen Druck auf die kurveninnere Fußraste besser lenken, und man kommt nicht in die Versuchung, mit den Füßen nach Halt auf dem Boden zu suchen – das ist nämlich meist fatal, denn müssen ungeübte Schotterfahrer erst mal anhalten, tun sie sich schwer, auf dem losen Untergrund wieder anzufahren.

Beim Bremsen auf losem Untergrund liegt die übertragbare Bremskraft meist – je nach Beschaffenheit – nur bei einem Bruchteil dessen, was auf Asphalt geht.

Einen Belag wie Schotter in allen Körnungen, auch mal mit Sandeinlagen, trifft man auf nicht asphaltierten Wegen häufig an. Um nicht gleich beim ersten Versuch seitlich wegzurutschen, sollte man zunächst wieder mit der Hinterradbremse ausprobieren, was geht. Dann den Lenker gerade, die Maschine schön senkrecht halten und vorne sanft anbremsen, langsam den Bremsdruck steigern. Durch den geringeren und auch bisweilen stark schwankenden Grip muss ich mich allerdings langsam herantasten, denn die dynamische Radlastverlagerung fällt geringer aus, sie funktioniert und hilft aber natürlich auf (fast) jedem Untergrund. So mancher dürfte überrascht sein, wie gut sich doch im Schotter bremsen lässt. Könner dosieren hart an der Blockiergrenze, dass die Brocken fliegen, aber das bedarf einiger Übung. Immer wieder beeindruckend ist die fulminante Wirkung moderner ABS-Bremsen an aktuellen Enduros. Für den Normalfahrer macht das Abschalten des ABS auch abseits des Asphalts keinen Sinn mehr, das tut nur der Profi bei hohem Tempo und/oder in sehr steilem Gelände.

Denn geht es steil bergab, kommt man gar nicht umhin, auch vorn zu bremsen. Hier hat die Hinterradbremse fast keine Wirkung, kann allerdings vor allem bergab vortrefflich zum Lenken eingesetzt werden. Auch beim Bremsen sollten die Füße auf den Rasten bleiben (schon wegen der Fußbremse), das Motorrad wird zusätzlich über festen Knieschluss stabilisiert. Ist die Abfahrt nicht so steil, kann man auch mit der Motorbremse verzögern. Dabei aber weich einkuppeln, vor allem in kleinen Gängen.

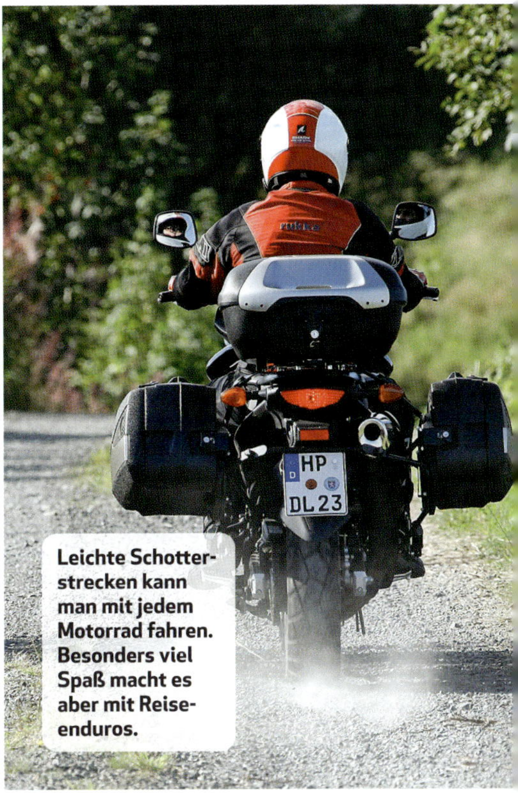

Leichte Schotterstrecken kann man mit jedem Motorrad fahren. Besonders viel Spaß macht es aber mit Reiseenduros.

Ein wenig Erfahrung auf Schotter hilft übrigens auch auf Asphalt ungemein, gerade in kritischen Situationen; ein kleiner Enduro-Lehrgang empfiehlt sich daher auch für reine Straßenfahrer. Hier lernt man auch das dringend nötige Bremsen auf losem Untergrund. Das MOTORRAD action team hat dafür passende Vorschläge im Programm (siehe Kapitel 7.4.)

4.6. Fahren auf der Rennstrecke

Die geheimen Tricks der Motorrad-Weltmeister können wir Ihnen in diesem Kapitel natürlich nicht verraten. Vielmehr finden Motorradfahrer, die sich erstmals zu einem Renntraining wagen, ein paar Tipps und Anregungen.

Grundsätzlich ist ein Renntraining eine gute Idee, denn mit modernen Supersportlern steht man im öffentlichen Straßenverkehr fast immer kurz davor, sein Punktekonto in Flensburg drastisch auszubauen. Das ganze Können dieser Maschinen sollte man deshalb nur auf Rennstrecken ausloten – aber auch dort vorsichtig, denn 200-PS-Raketen sind für so manche Überraschung gut.

Die wichtigste Regel lautet: Nur für und gegen sich selbst fahren, nicht versuchen, die anderen zu beeindrucken – schon gar nicht beim ersten Mal. Sonst ist der Sturz praktisch vorprogrammiert. Und auch wenn ein Ausrutscher dank guter Sturzräume auf der Piste meist glimpflich abgeht: Es wäre doch schade um die schöne Maschine.

Nicht am Material sparen, vor allem nicht an den Reifen, denn die spielen bei solchen Veranstaltungen die Hauptrolle. So mancher, der dachte, dass es die alten Schlappen schon noch tun würden, fand sich plötzlich im Kiesbett wieder, weil der grenzwertige Gummi einfach weggeschmiert ist. Vor allem alte, kantig abgefahrene Vorderreifen sind hier eine häufige Gefahrenquelle. Lieber griffige, neue Sportreifen aufziehen und am besten so-

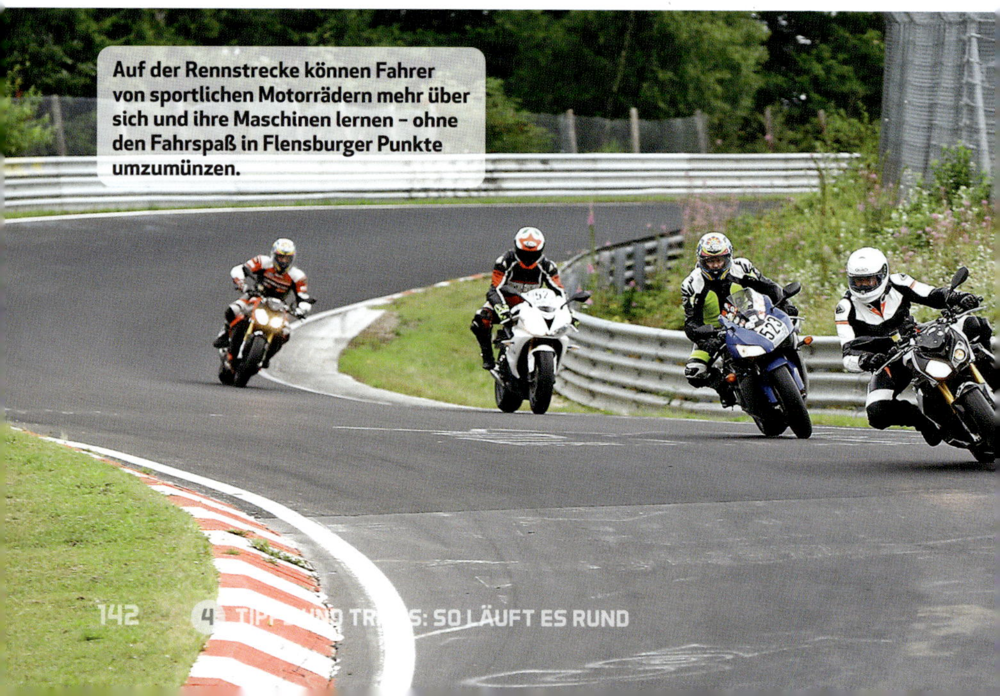

Auf der Rennstrecke können Fahrer von sportlichen Motorrädern mehr über sich und ihre Maschinen lernen – ohne den Fahrspaß in Flensburger Punkte umzumünzen.

gar noch ein Ersatzpaar mitbringen. Lassen Sie es langsam angehen. Erst mal muss man die Strecke kennenlernen, denn kein Mensch kann auf der Rennstrecke mit hoher Geschwindigkeit die Ideallinie treffen, wenn er gar nicht weiß, wie die Kurve verläuft. Nicht umsonst gehen viele Profis eine neue Strecke beim ersten Mal zu Fuß ab. Und gerade ein Rennstrecken-Neuling muss erst einmal lernen, die ganze Breite der Fahrbahn zu nutzen und sich mit der ungewohnten Rennstrecken-Linie anzufreunden. Denn die Ideallinie auf der Rennstrecke ist etwas völlig anderes als das weit verbreitete »Kurvenschneiden« der Möchtegern-Könner auf der Landstraße. Klar herrscht in den ersten Stunden von Renntrainings meist eine hektische Atmosphäre, doch davon sollte man sich nicht anstecken lassen. Lieber das Tempo ganz langsam steigern. Dabei versuchen, möglichst flüssig und präzise auf der richtigen Linie zu fahren, dann kommt das höhere Tempo von ganz allein.

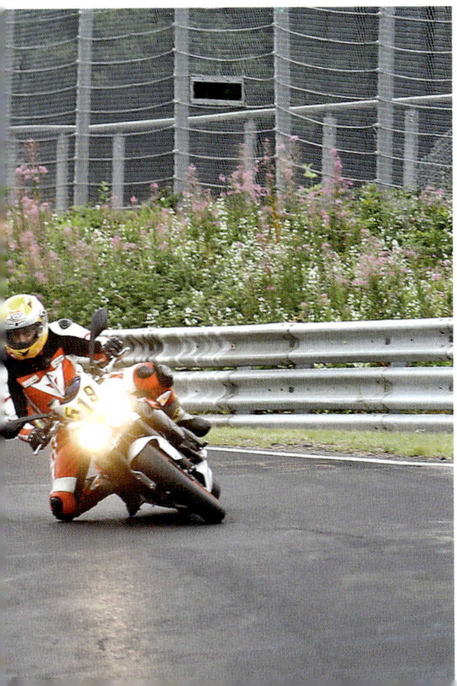

Wer noch fasziniert vom letzten Rennvideo gleich das Wheelie aus der Schräglage probiert, dass uns die Profis so gerne vorfahren, vergisst, dass hier Talent, Übung, Erfahrung und Siegeswillen auf Renn-Reifen an High-Tech-Werksmaschinen am Limit unterwegs sind. Über das sie bekanntlich auch gelegentlich recht schmerzhaft hinausgehen.

Öfter Pause machen: Es hat schon seinen Sinn, dass Turns im Rahmen von Rennstreckentrainings in der Regel nur 20 Minuten dauern. Dann ist die Konzentrationsfähigkeit erst mal erschöpft und man muss wieder Energie auftanken. Dazu gehört, dass man den eben gefahrenen Turn noch mal im Kopf durchspielt, sich an Fehler, aber vor allem auch an gute Passagen erinnert.

Notfallkiste mitbringen: Ein Ausrutscher kann auf der Rennstrecke immer mal passieren, weshalb ein zweiter Satz Kupplungs- und Bremshebel, Gasgriff und Fußrasten oft gute Dienste leisten. Gewebeband gehört selbstverständlich auch in die Kiste, damit lassen sich ganze Verkleidungen zusammenhalten. Wer öfter mal ambitioniert auf der Rennstrecke unterwegs ist, kann sein Gerät leicht umbauen, beispielsweise den Scheinwerfer entfernen oder statt der Originalverkleidung günstigere Nachbauten verwenden.

4.7. Fahren nach der Winterpause

Eine ganz spezielle Situation, mit der sich bis auf ein paar hartgesottene Winterfahrer jeder Motorradfan auseinandersetzen muss. Nach der in unseren Breiten meist allzu langen Winterpause brennen wir nur so darauf, uns wieder ins Kurvengetümmel zu stürzen. Aber langsam mit den jungen Pferden: Die Reflexe sind über den Winter eingerostet, was zur Ende der letzten Saison wie von selbst klappte, muss man sich jetzt erst wieder ins Gedächtnis rufen und üben.

Die allererste Fahrt führt zur nächsten Tankstelle, wo der Reifendruck wieder nach Handbuchvorgabe eingestellt wird. Danach sollte man sich wieder ans Beschleunigen und vor allem ans richtige Bremsen herantasten. Dabei auf einer verkehrsarmen Strecke oder einem speziellen Übungsgelände bis 80 oder 100 km/h beschleunigen und dann mehrmals zunehmend kräftiger bremsen. Dabei mit gezogener Kupplung und viel Gefühl den maximalen Bremsdruck am Vorderrad aufbauen. Sind die Reifen auf Temperatur, darf man sich bis an die Blockiergrenze mit leichtem Stoppie herantasten. Auch das Hinterrad sollte man kurz überbremsen, um sich mit einem ausbrechenden Heck vertraut zu machen. Selbst wer über ABS verfügt, sollte sich diesen Übungen nicht entziehen, denn sie helfen, den elektronischen Helfer tatsächlich bis ans Limit auszuschöpfen. Außerdem rufen sie einem die heftigen Reaktionen ins Gedächtnis, die wir durch die richtige Sitzposition ausgleichen müssen: Knieschluss, Körperspannung, Arme fest, Kopf hoch.

Übungen in Schrittgeschwindigkeit deutlich unter zehn km/h bringen das Gefühl für die Balance zurück. Zunächst auf engstem Raum wenden, mal links, mal rechts herum. Dabei die Maschine nach innen drücken und das Tempo per Kupplung, Gas und leicht betätigter Hinterradbremse bestimmen. Dann folgt die Acht. Die Scheitelpunkte mit Pylonen oder Plastikflaschen markieren. Dabei den Oberkörper parallel zur Lenkung drehen, die Maschine aus der Hüfte heraus ausbalancieren. Wenn genug Platz ist, kann man die Pylonen immer weiter auseinander ziehen und sich so auch wieder an unterschiedliche Schräglagen gewöhnen. Hierbei auch wieder bewusst an die richtige Blickführung denken: Kopf hoch, gerade weit voraus schauen, beim Wenden Kopf drehen und gedreht halten, bis man rum ist. Übrigens, auch Motorrad-Trainer fahren sich nach der Winterpause zu Saisonbeginn erst mal wieder ein, da braucht sich wirklich niemand komisch bei vorzukommen.

Besondere Vorsicht ist auf der Hausstrecke geboten. Nicht nur, weil die eigenen Reflexe immer noch schlummern, sondern auch, weil sich die Strecke möglicherweise drastisch verändert hat. Der Winter hat ihr zugesetzt, neue Schlaglöcher und Rollsplitt am Fahrbahnrand

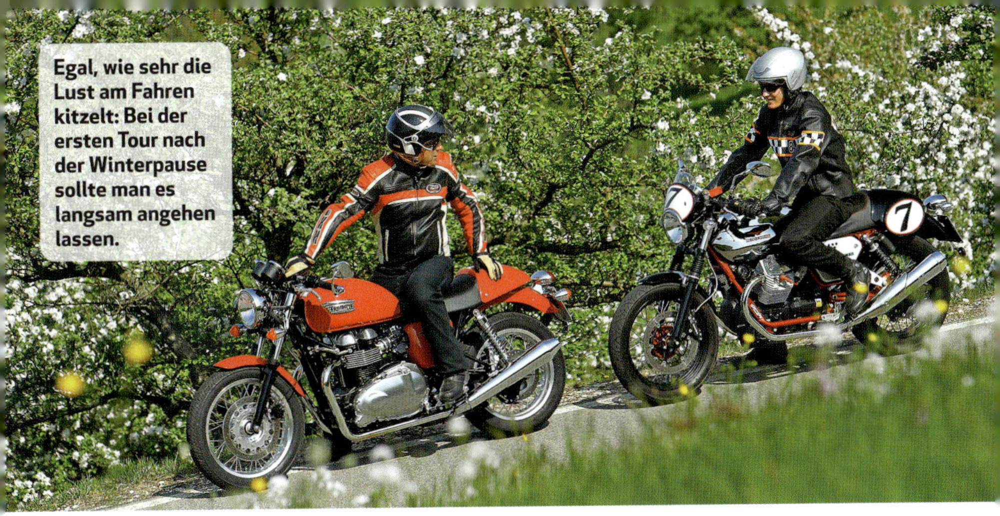

Egal, wie sehr die Lust am Fahren kitzelt: Bei der ersten Tour nach der Winterpause sollte man es langsam angehen lassen.

erfordern ein vorsichtiges Herantasten an altes Können. Höchst gefährdet sind Motorradfahrer übrigens nicht auf der allerersten Ausfahrt nach der Winterpause – die wird in aller Regel mit Bedacht angegangen –, sondern erst auf der dritten oder vierten: Nämlich dann, wenn wir fälschlicherweise glauben, unser altes Können bereits zurückerobert zu haben und uns überschätzen, zu viel und an den falschen Stellen Gas geben oder die Schnelligkeit entgegenkommender Fahrzeuge beim Überholen falsch kalkulieren.

Ebenso wie an die ideale Linie auf der Hausstrecke sollte man sich an hohe Geschwindigkeiten wieder langsam herantasten und das Tempo auf einer wenig befahrenen Autobahn allmählich steigern, dabei immer mal wieder ein Auge auf dem Tacho. Gerade moderne, dicht schließende Integralhelme führen nämlich dazu, dass man die eigene Geschwindigkeit niedriger einschätzt, als sie ist. Hinzu kommt, dass so mancher mittlerweile mit zusätzlichem Gehörschutz fährt. Das verstärkt diesen Effekt, auch wenn die Stöpsel speziell angefertigt wurden. Auf der ersten Landstraßenfahrt sollte man deshalb wenn möglich darauf verzichten.

Neben der Selbstüberschätzung kommt es in manchen Fällen nach der Winterpause zum Gegenteil: Man traut sich nichts mehr zu, hat Angst vor der Schräglage und eiert auf einer falschen Linie um die Kurven. Das Vergnügen am einst so geliebten Hobby scheint dahin. In solchen Fällen nicht gleich die Flinte ins Korn werfen. Die beschriebenen Übungen oder ein Fahrtraining unter professioneller Anleitung helfen, den Spaß zurückzugewinnen.

Und daran denken: Die anderen Verkehrsteilnehmer haben nach der langen Winterpause die Existenz von Motorrädern ausgeblendet und rechnen nicht mit der schnellen, schmalen Silhouette. Deshalb gilt beim Überholen, an Kreuzungen und bei entgegenkommenden Linksabbiegern gerade im Frühjahr besondere Vorsicht.

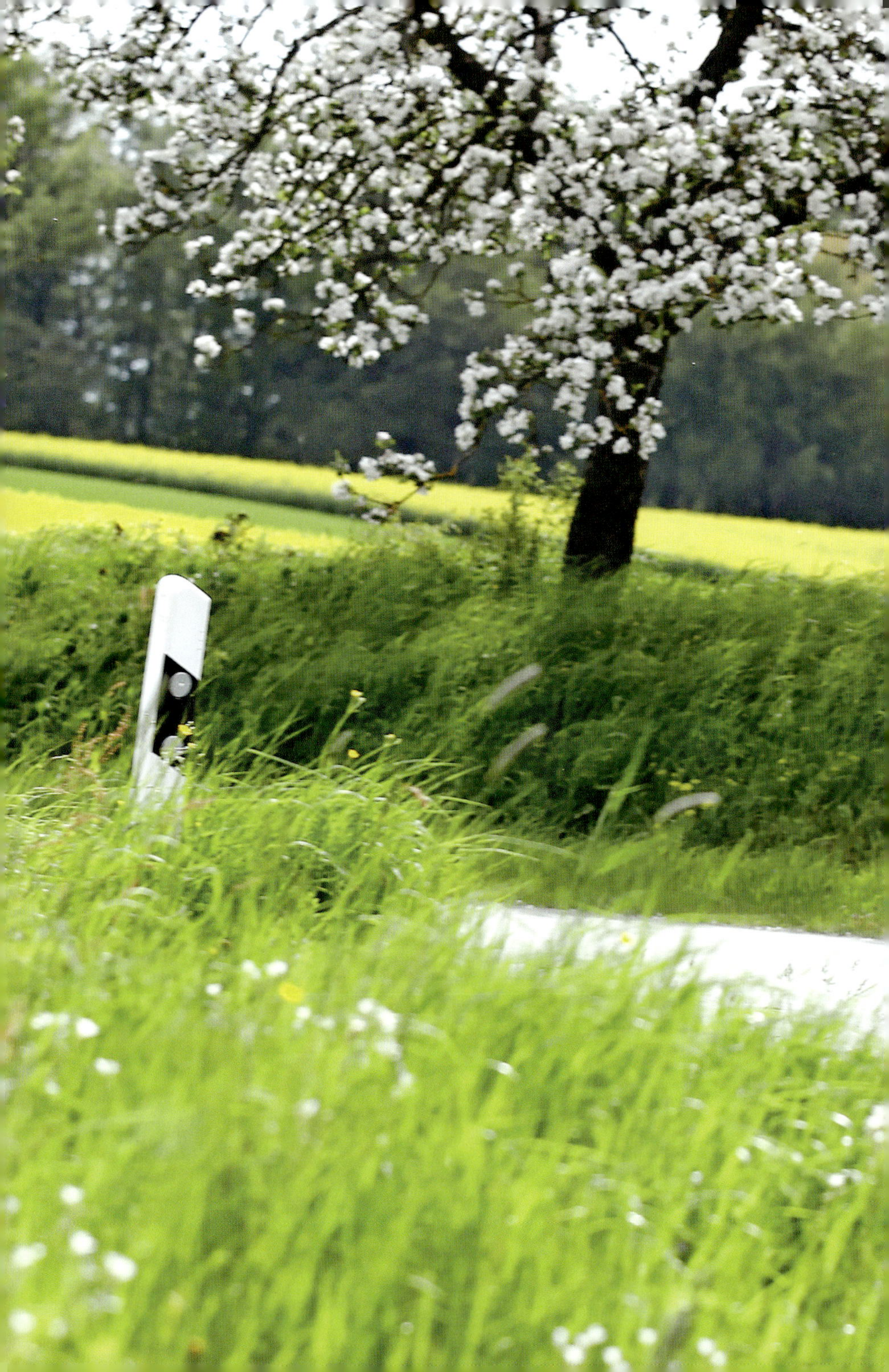

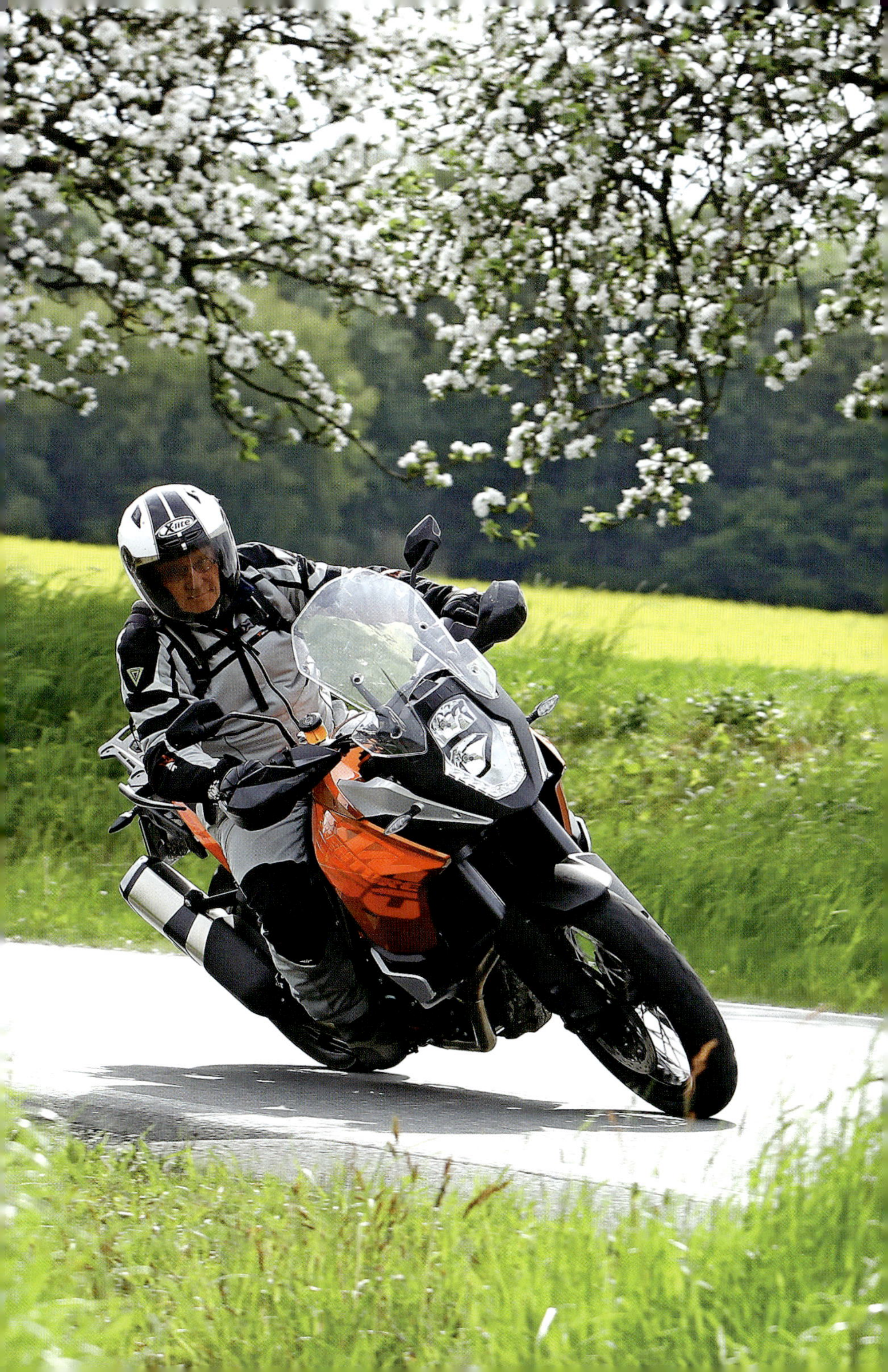

4.8. Tipps für die große Reise

Ein besonderes Ereignis im Motorrad-Jahr ist die große Urlaubstour, die man in der Regel nur einmal im Jahr unternimmt. Hier ein paar Tipps, wie Sie entspannt ans Ziel kommen.

- Egal in welches Ausland die Reise gehen soll, irgendetwas wird immer anders sein als in Deutschland. In Zeiten des Internet ist es recht einfach, sich die Infos über andere gesetzliche Bestimmungen, Tempolimits, Ausrüstungsvorschriften, Mautgebühren, Straßenzustand und medizinische oder technische Versorgung zu besorgen. Die Seiten der Automobilclubs und vielfach auch die der Fremdenverkehrsämter helfen da weiter. Eine beliebte, aber natürlich niemals rechtssichere Info-Quelle sind auch Internet-Foren oder die Reiseteile von Zeitschriften wie MOTORRAD.
- Die Etappen der Route nicht zu optimistisch, sprich nicht zu lang planen, denn das Wetter, ein Panne oder schlicht Übermüdung können einem einen Strich durch die Rechnung machen. Allemal besser als langweilige Autobahnetappen sind Schlenker über ruhige Nebenstrecken. Route dabei so planen, dass man gegen Ende immer noch auf die Autobahn ausweichen kann, etwa wenn man eine Fähre erreichen muss oder es einfach nur zu spät wird und wir aber trotzdem ins gebuchte Quartier wollen.
- Genügend Pausen einplanen. Die erste macht man am besten schon nach einer knappen Stunde, denn so baut sich die Anspannung ab und das Urlaubsfeeling stellt sich ein.
- Möglichst früh losfahren, denn der Mensch ist zwischen sechs und elf Uhr morgens besonders leistungsfähig. In der Mittagspause nicht zu üppig speisen und anschließend besonders aufmerksam weiterfahren, um dem »Schnitzelkoma« zu entgehen. Im Verlauf des Nachmittages steigt die Leistungskurve dann wieder an.
- Sonnencreme nicht vergessen. Der Nacken liegt oft frei, unter südlichem Himmel holt man sich da schnell einen Sonnenbrand. Dabei auch an die Nase denken.
- Navi hin oder her: Landkarten müssen mit. Für Motorradfahrer eignen sich Karten im Maßstab 1:100 000 bis 1:200 000 besonders gut.
- Zweiten Zündschlüssel einpacken oder einem Mitreisenden anvertrauen.
- Kopien der Dokumente bei Freunden/Verwandten oder im Internet hinterlegen (in die Cloud oder sich selbst per Mail schicken), damit sie im Notfall abrufbereit sind.
- Motorrad symmetrisch beladen, nicht einseitig schwerer. Schwere Teile wie Werkzeug nach vorn in den Tankrucksack (siehe auch »Fahren mit Gepäck«)

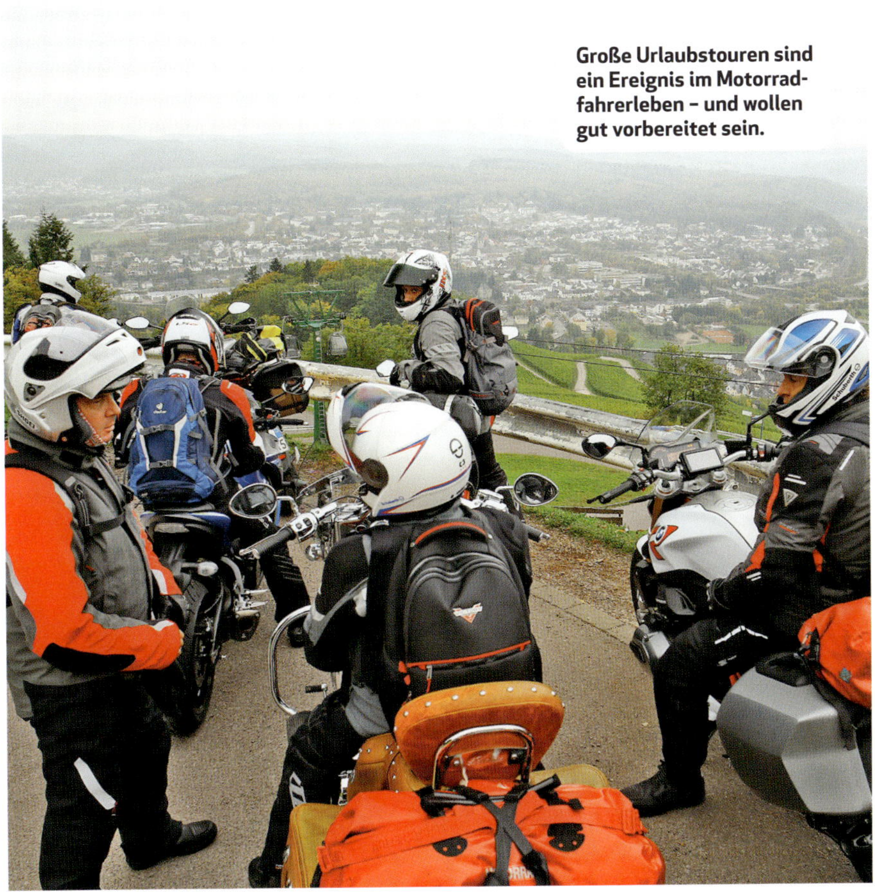

Große Urlaubstouren sind ein Ereignis im Motorradfahrerleben – und wollen gut vorbereitet sein.

- Für Rucksackträger: Brust- und Hüftgurt immer schließen. Die Tragegurte nach Möglichkeit so einstellen, dass der Rucksack auf der Sitzbank oder der Gepäckrolle aufliegt. Das entlastet den Rücken und beugt Verspannungen vor. Grundsätzlich den Rucksack nicht zu schwer beladen, denn sonst fehlt die nötige Bewegungsfreiheit auf dem Motorrad.

4.8.1. Richtig essen und trinken

Eigentlich immer, vor allem aber bei sommerlicher Hitze und Reisen in südliche Urlaubsländer sollte man ausreichend und regelmäßig trinken. Tut man dies nicht, wird das über kurz oder lang unweigerlich zu Kopfschmerzen und mangelnder Konzentration führen; Sicherheit, Fahrspaß und gute Laune bleiben auf der Strecke. Weil trinken so wichtig ist, gehört immer eine Flasche Wasser in den Tankrucksack und ausreichend Trinkpausen auf den Tourenplan: Auf Vorrat trinken funktioniert nämlich nicht, denn der Körper nimmt nur so viel Flüssigkeit auf, wie er gerade braucht. Wer mehr trinkt als nötig, kann sich gleich auf die eine oder andere zusätzliche Pinkelpause einstellen. Alternativ bietet sich ein Trinkrucksack an, aus dem man auch während der Fahrt trinken kann.

Stellt sich die Frage, was man trinken sollte. Alkohol ist selbstverständlich tabu, ansonsten scheiden sich die Geister. Während so mancher Rennfahrer für isotonische Getränke wirbt, empfiehlt der bekannte Rennarzt Dr. Christoph Scholl schlicht Wasser, Apfelschorle oder Früchtetee ohne Zucker. Engery-Drinks sieht er kritisch, da ihr hoher Koffeingehalt zu Aussetzern führen könne. Auch nach dem Taurin-Rausch folgt regelmäßig der Absturz in die Müdigkeit. Bei Sportlern beliebt als Pausengetränk ist alkoholfreies Weizenbier, es enthält ebenfalls keinen Zucker, ersetzt aber verlorengegangene Elektrolyte. Als Faustregel empfiehlt Scholl fünf Milliliter Flüssigkeit pro Kilogramm Körpergewicht und Stunde – macht bei einem 80 Kilogramm schweren Fahrer 0,4 Liter pro Stunde.

In Sachen Ernährung gilt: nicht zu viel und nicht zu fett essen. Lieber zu einem Teller Pasta und einem Salat greifen als zu einem üppigen Braten, der noch nach Stunden schwer im Magen liegt.

4.8.2. Wenn doch einmal etwas schief geht

Hin und wieder passiert es eben doch: Man bleibt mit einer Panne liegen oder das Motorrad fällt einfach bloß im Stand um. Blöd, wenn dann längere Verzögerungen drohen oder gar die Reise abrupt endet. Weil sich mit dem Bordwerkzeug in der Regel nicht viel anfangen lässt, gehört eine Pannen-Grundausstattung in den Tankrucksack. Mit Textilklebeband, Draht und Kabelbinder in verschiedenen Größen lassen sich kleinere Schäden

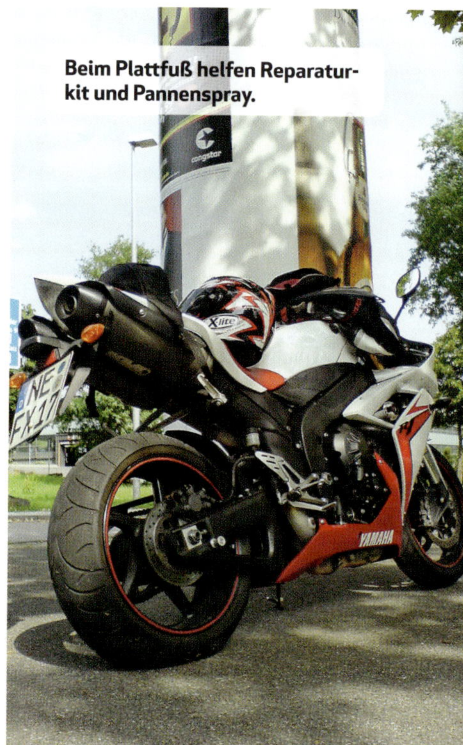

Beim Plattfuß helfen Reparaturkit und Pannenspray.

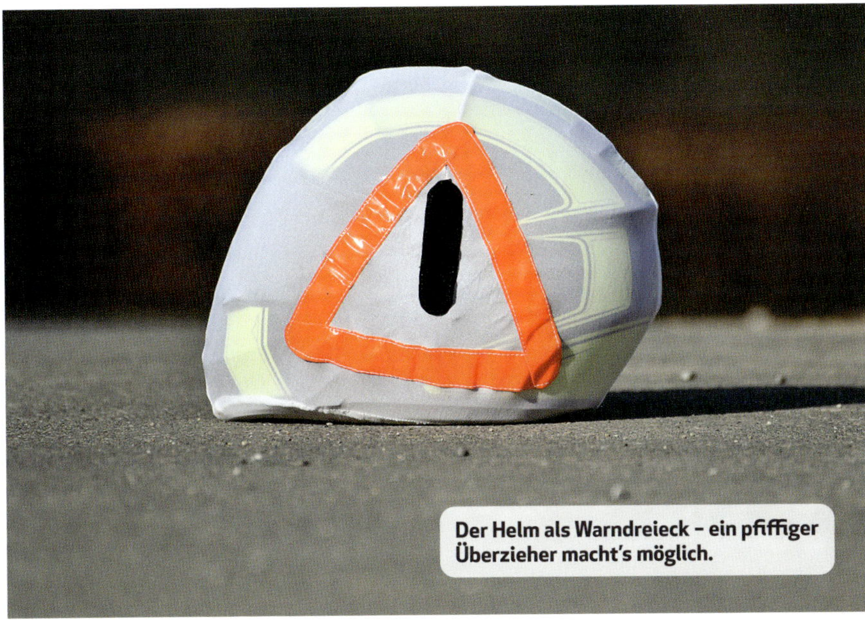

Der Helm als Warndreieck – ein pfiffiger Überzieher macht's möglich.

beheben, vom abgebrochenen Blinker bis zu abgefallenen Verkleidungsteilen. Pannenspray und Reparaturkit helfen bei platten Reifen; ganz Clevere nehmen sogar eine Mini-Fußpumpe mit. Mit Klemmschellen und einem universellen Bowdenzug klappt die Weiterfahrt selbst bei gerissenem Kupplungs- oder Gaszug. Ebenfalls gute Dienste leistet ein Multitool mit Zange, Schraubendrehern und Drahtschneider. Beim Kauf auf gute Verarbeitung und leichte, ungefährliche Handhabung der integrierten Werkzeuge achten. Gute Multitools haben ihren Preis, Billigteile für unter zehn Euro bieten meist mehr Verdruss als Nutzen. Wer dann noch als Ersatz je einen Hebel für Bremse, Kupplung, Schaltung und Fußbremse mitführt, kann stets gelassen bleiben. Denn auch wenn man selbst sich den Wechsel dieser Teile nicht zutraut, ein fachlicher Helfer findet sich vielleicht, aber ohne Teile geht es trotzdem erst mal nicht weiter.

Neben diesen Fitmachern fürs Motorrad sollte man auch noch ein kompaktes Erste-Hilfe-Set für Motorradfahrer im Tankrucksack unterbringen, das in einigen Ländern ohnehin Vorschrift ist. Bei dieser Gelegenheit auch an die Warnweste denken, die ebenfalls in vielen Ländern dabei sein muss. Sehr pfiffig ist ein Überzieher für den Helm mit aufgenähtem Warndreieck, den es inzwischen nicht nur bei Louis gibt. Nimmt wenig Platz weg, warnt aber vortrefflich den nachfolgenden Verkehr.

4.9. Vorsicht, Falle: kleine Gefahrenlehre

Ob wir mit dem Motorrad heil am Ziel ankommen haben wir auch ein Stück weit selbst in der Hand. Wer das Risikopotenzial einer Situation frühzeitig erkennt, kann sein Fahrverhalten anpassen und so vermeiden, dass sich die Lage zuspitzt. Zudem minimiert das Wissen um spezielle Gefahren für Motorradfahrer das Risiko. Auch wer in Gedanken gefährliche Situationen durchspielt, geht im richtigen

Rollsplit, klebriger Teer, Sand und Staub können das Motorrad ins Rutschen bringen. Zudem können Baustellenfahrzeuge oder Bauarbeiter unverhofft aufkreuzen – Bremsmanöver auf rutschigem Untergrund bergen erhöhtes Risiko.

Was schon im Auto zu einer kniffligen Situation führen kann, wird auf dem Motorrad unter Umständen zur Zitterpartie: Ein Ölfilm erhöht sowohl bei Nässe wie im Trockenen die Sturzgefahr. Hier den Blick nicht nur weit nach vorn richten, sondern auch immer wieder auf den Asphalt direkt vor dem Vorderrad schauen.

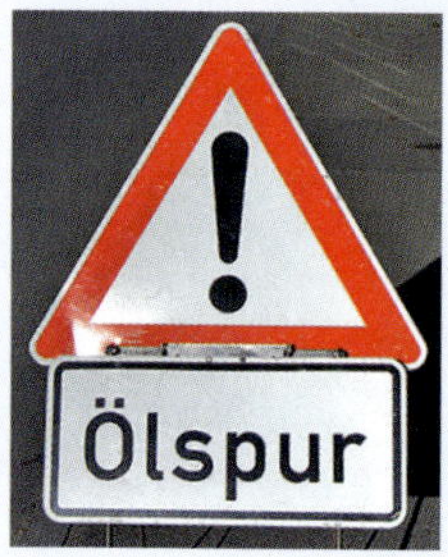

Frisch geteerte Straßen bekommen meist einen dicken Belag aus Rollsplitt, was per se zur Rutschgefahr führt. Doch auch wenn der Rollsplitt nach ein paar Tagen verschwunden ist, bleibt die Gefahr bestehen: Der mit Bitumen getränkte neue Belag bleibt oft über Monate besonders bei Nässe gefährlich.

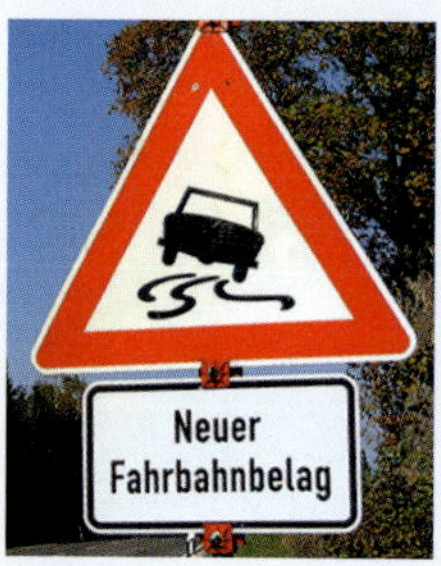

Kleine Wege, die auf die Landstraße einmünden, sollte man genau beobachten. Während man bei Feldwegen meist zumindest einen freien Blick hat und Gefahren kommen sieht, lässt sich bei Waldwegen nicht abschätzen, ob gerade eine Gruppe Fußgänger, Radfahrer oder gar ein riesiger Holztransporter auf die Hauptstraße einbiegt. Daher: Gas raus.

Leben gekonnter mit ihnen um. Und wer über die Dynamik bestimmter Situationen Bescheid weiß, kann sich auf sie einstellen und so Fehler und Unfälle vermeiden. Intelligentes, situationsangepasstes und im wahrsten Sinne des Wortes »gekonntes« Fahren bringt uns gesund ans Ziel.

Viele Gefahren werden durch Straßenschilder angekündigt. Die kennt man zwar auch vom Autofahren, doch mit dem Motorrad bekommen sie eine neue Dimension, denn viele Schilder bleiben bei Missachtung mit dem Auto folgenlos – mit dem Motorrad nicht.

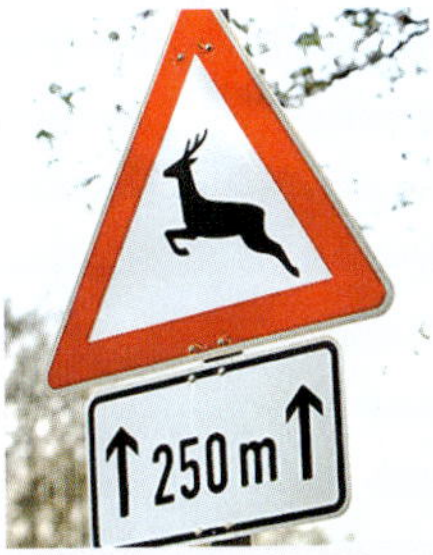

Wenn ein Schild auf Wildwechsel aufmerksam macht, kann man davon ausgehen, dass es auf dieser Strecke bereits zu mehreren Kollision mit Rehen oder Wildschweinen gekommen ist. Für Motorradfahrer können sie tödlich enden. Besonders bei Dunkelheit ist Vorsicht geboten, da das Scheinwerferlicht die Tiere blendet und sie oft einfach stehen bleiben.

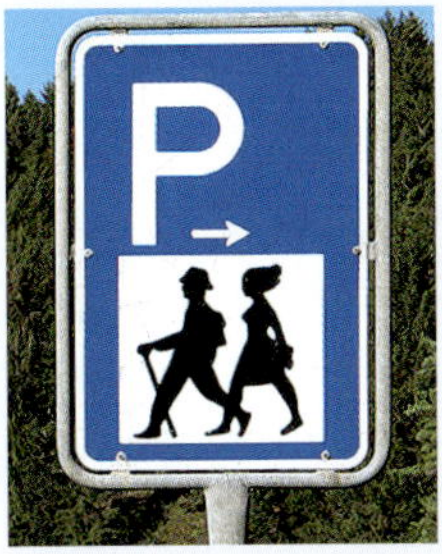

Wo sich viele Menschen zum Wandern treffen, sollte man mit allem rechnen, von frei laufenden Hunden über zerstreute Linksabbieger bis hin zu unaufmerksamen Autofahrern, die gerade rückwärts ausparken. Daher das Tempo drosseln. Die gleiche Warnung gilt auch für Ausflugslokale, Passhöhen und Panorama-Parkplätze.

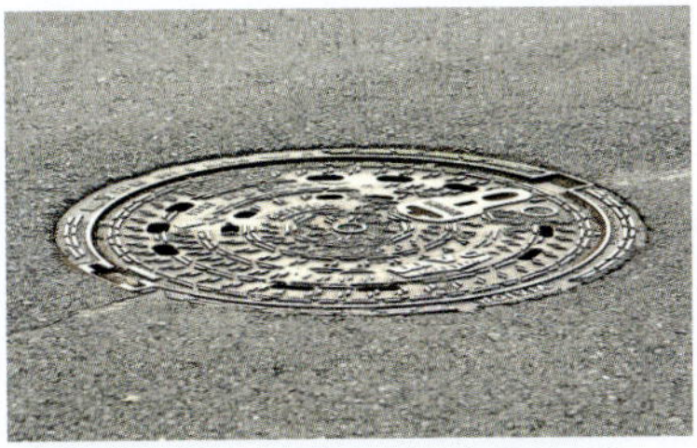

Kanaldeckel aus Gusseisen sind bei Regen ausgesprochen rutschig. Befinden sie sich in Kurven, solle man sie daher umfahren. Weil das aber nicht immer klappt, kann man das Motorrad alternativ leicht aufrichten und rollen lassen. Der kleine Rutscher lässt sich dann ausbalancieren.

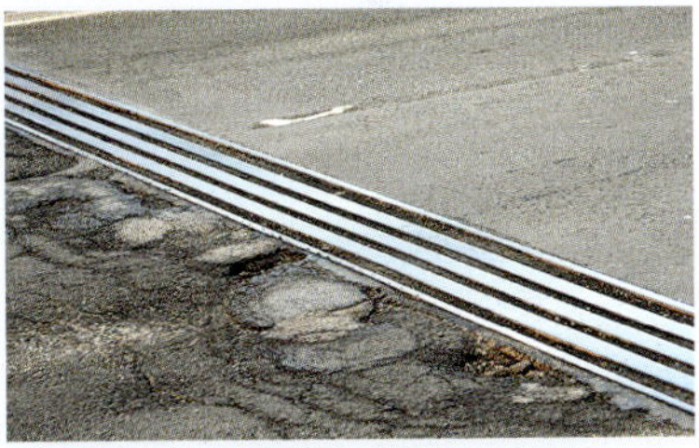

Ähnlich rutschig bei Regen sind Stahlplatten auf Brücken. Da man sie nicht umfahren kann, gilt hier generell: Das Motorrad drüber rollen lassen, ohne zu bremsen oder zu beschleunigen – auch, wenn die Straße nicht so ein Sturzacker ist.

Schwierig ist es mit Gefahren, die für Autofahrer in aller Regel kein Problem darstellen und auf die daher nicht hingewiesen wird; sie können Motorradfahrer jedoch ganz schön in Bedrängnis bringen.

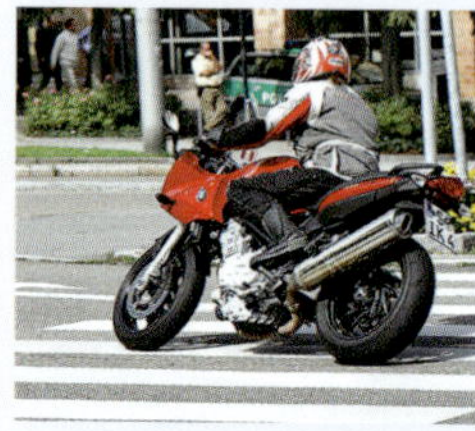

Im Trockenen stellen Zebrastreifen und andere Fahrbahnmarkierungen kein Problem dar, doch bei Regen ist der Kunststoff spiegelglatt. Deshalb nicht bremsen, keine großartigen Schräglagen fahren und nicht beschleunigen, sondern möglichst aufrecht darüber rollen.

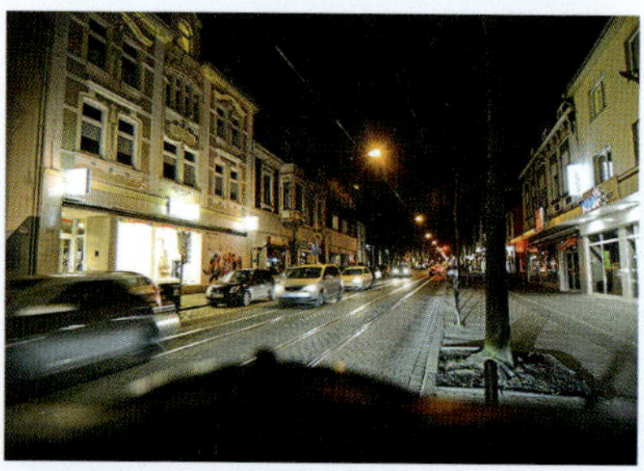

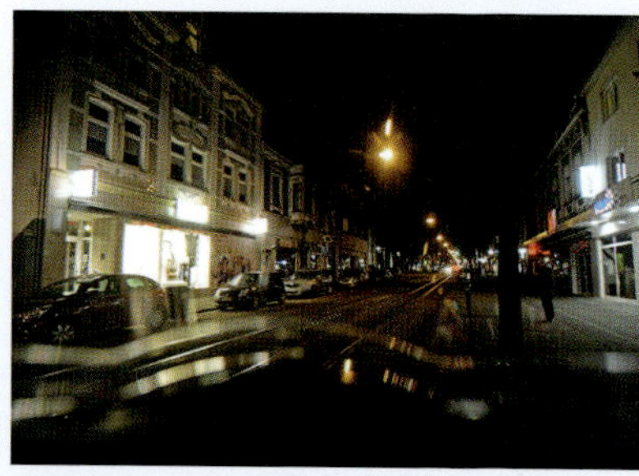

Nachts ist die Sicht ohnehin erschwert, durch Gegenverkehr, Lampen, Ampeln und dazwischen dunkle Ecken. Mit verkratztem Visier (rechts) und schlechtem Licht wird die Nachtfahrt zur anstrengenden Lotterie.

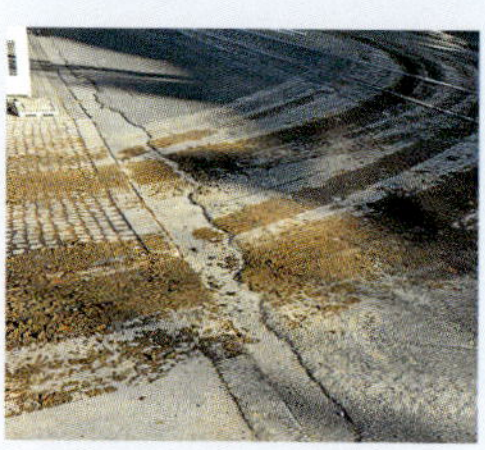

Diese Spuren einer Baustellenausfahrt bringen das Motorrad leicht aus dem Tritt. Zudem können plötzlich Bauarbeiter oder Baufahrzeuge auftauchen und abrupt zum Bremsen zwingen, was auf einem solchen Untergrund kein Spaß ist.

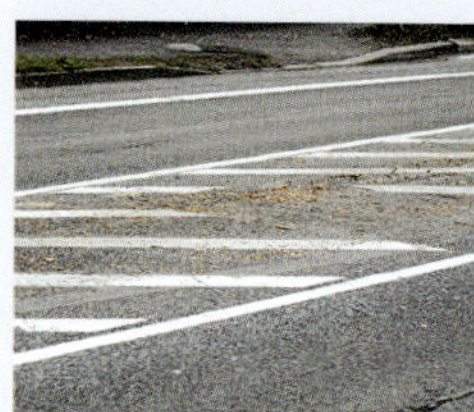

Sperrflächen dürfen nicht befahren werden, deshalb sammelt sich dort jede Menge Dreck an. Das bedeutet aber für einen Motorradfahrer: Wenn er sie einmal als Ausweichraum benötigt, sind Schräglagen und Bremsungen dort äußerst heikel.

Mit diesen Bildern ist das Gefahrenpotenzial für Motorradfahrer aber leider längst nicht erschöpft. Um das Risiko weiter zu minimieren, sollte man lernen, die Fahrbahn zu lesen. Neben den hier angeführten Beispielen kommt ein Motorrad auch auf Schienen, Kopfsteinpflaster, feuchtem Herbstlaub, Heu, Ackererde oder Blütenstaub ins Rutschen. Nach dem Winter lauern im Asphalt Schlaglöcher, die ein Motorrad aus der Spur bringen können, ebenso wie Steinschlag oder Schmelzwasser. Kuppen, Kurven und Senken lassen sich nicht einsehen und bergen daher potenziell immer Risiken. Auch kritische Zeiten wie Wochenend- und Feierabendverkehr bergen erhöhte Gefahren, vor Sonnenuntergang blendet die tief stehende Sonne und ein verkratztes Visier fällt zwar tagsüber kaum auf, macht aber das Fahren in der Dämmerung und nachts zur Lotterie.

Straßen in südlichen Ländern haben auch noch andere Überraschungen parat. In monatelanger Trockenheit sammeln sich Öl und Diesel im Asphalt, bei einem plötzlichen Regenguss werden sie nun herausgespült, überziehen den Belag wie ein Schmierfilm und machen ihn spiegelglatt.

Manche Risiken sind allerdings auch zu gemein: Etliche Straßen rund um das italienische Carrara sind spiegelglatt, auch bei Trockenheit. Dort wird Marmor abgebaut, und die Bergsträßchen sind mit einer feinen, praktisch unsichtbaren, dafür aber fies glatten Schicht Marmorstaub überzogen. Die Reifen der Autos polieren das Ganze in den Serpentinen noch zusätzlich. Ein Effekt, den man auch in Griechenland erleben kann, sogar teilweise in den Alpen. In einer solcherart glattpolierten Serpentine hat sich auch der Autor dieser Zeilen schon einmal auf dem Hosenboden wiedergefunden.

Motorradfahrer sollten sich immer mal wieder klar machen, dass Nicht-Motorradfahrer sie fast immer falsch einschätzen, was Beschleunigung, Geschwindigkeit, Entfernung und Platzbedarf anbelangt. Etwa in Kurven, wo sie unbekümmert die Mittenmarkierung zwischen die Räder nehmen – womit sie einen Motorradfahrer in voller Schräglage in schwere Bedrängnis bringen. Vor allem, wenn der auch nicht weit genug rechts fährt. Die schmale Silhouette des Motorrads wird zudem leicht übersehen, versteckt sich hinter der A-Säule des Autos oder hinter einem Verkehrsschild.

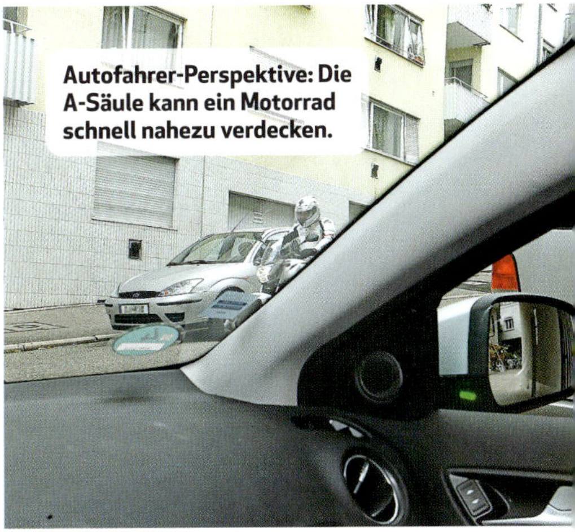

Autofahrer-Perspektive: Die A-Säule kann ein Motorrad schnell nahezu verdecken.

Oder es versteckt sich im toten Winkel des Rückspiegels. So sollten wir niemals schräg hinter einem Auto herfahren, schon gar nicht bei einem Lastwagen oder Reisebus. Entweder sind wir ausreichend weit dahinter, dass unser Licht in den Spiegel leuchtet, oder so weit davor, dass wir gut zu sehen sind – oder weg. Wenn wir das Gesicht des Fahrers in seinem Spiegel nicht sehen können, so kann er uns auch nicht sehen!

Ein Allheilmittel gegen die drohenden Gefahren für Motorradfahrer gibt es nicht. Dass unser Hobby deutlich mehr Risiken birgt als Autofahren, wissen wir alle. Doch wer diese und die folgenden Tipps beherzigt, kann die Gefahren deutlich reduzieren:

- Sich nur auf sich selbst verlassen. Auch wenn einem der Autofahrer an der Kreuzung scheinbar tief in die Augen schaut, heißt das noch längst nicht, dass er die Vorfahrt achtet. Also: Bremsbereit sein!
- Vorausschauend, ja vorausahnend fahren. Sich vorstellen, wie sich die Situation entwickeln könnte und sich darauf einstellen, siehe auch Kapitel 3.3. Der Schreck.
- Mögliche Gefahrensituationen im Kopf durchspielen. Das verbessert die Reaktion, wenn eine solche Situation tatsächlich eintritt.
- Äußere Umstände wie Wetter und Verkehrslage berücksichtigen und Fahrweise anpassen.
- Fahrbahn lesen und auch Gespür dafür entwickeln, etwa für das unterschiedliche Abrollgefühl diverser Beläge.
- Auf Tour genügend Pausen einplanen. Das verbessert die Konzentration und verringert die Gefahr, selbst Fehler zu machen.
- An Kreuzungen und Einmündungen generell besonders vorsichtig sein. Wenn da ein Limit von 70 km/h steht, hat das einen Sinn, denn zum einen kann der Querverkehr einen besser und länger sehen und man hat selbst bessere Chancen zu bremsen als bei 100 km/h oder mehr. Es nützt niemand, wenn auf Deinem Grabstein steht: »Er hatte Vorfahrt.«

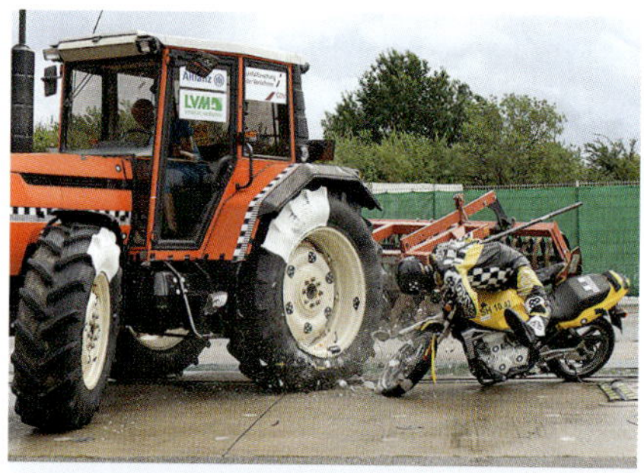

Crash-Test mit einem Traktor: Solche Unfälle gehen für Motorradfahrer böse aus *(Foto: ACE).*

- Das gilt besonders für querende oder einmündende Traktoren. Selbst wenn deren Fahrer gute Augen und Ohren hat, benötigt das Vehikel einfach seine Zeit. Kleines Rechenbeispiel: Ein Motorrad fährt mit 120 km/h auf einen wartenden Traktor zu. Zu dem Zeitpunkt, wo der Traktorfahrer in seine Richtung schaut, ist es noch gut 100 Meter entfernt, drei Sekunden später schon vorbei. Drei

Sekunden sind auf einem Traktor eine sehr kurze Zeit, und die meisten Traktorfahrer würden losfahren, wenn ein Motorrad noch mehr als 100 Meter entfernt ist. Dann ist es nämlich kaum zu sehen. In drei Sekunden schafft der Trecker es gerade mal halb auf die Fahrbahn... Der Autor dieser Zeilen kennt diese Situation auch aus der Traktorperspektive, zum Glück bisher ohne Unfall. Da hilft dem Motorradfahrer wirklich nur langsam fahren.

Fehleinschätzungen:

- Auch Motorradfahrer sind nur Menschen – und machen daher Fehler. Gerade in Kurven ist das Potenzial dafür sehr hoch. Möglich sind folgende Ursachen, siehe die beiden Abbildungen unten.
- Zu hohe Geschwindigkeit auf falscher Linie: Die Kurve wird zu schnell und zu weit innen angefahren, wenn man das merkt, kommt es zur Panikbremsung. Die Bremse wird am Scheitelpunkt der Kurve daher nicht gelöst, das Motorrad sträubt sich gegen die Schräglage und fährt aus der Spur. Vermeiden lässt sich dieser Fehler durch eine bewusst gewählte Außenlinie bei reduziertem Tempo, siehe Kapitel 4. Ist der Fehler doch passiert, kann nur das zumindest teilweise Lösen der Bremse bei gleichzeitigem in Schräglage drücken der Maschine die Situation retten – sofern man nicht rettungslos zu schnell ist. Ideal ist ein Fahrtraining mit Experten (siehe Kapitel 7.4.)
- Schräglagenangst: Das passiert besonders Ungeübten. Die Kurve wird zwar richtig angebremst, doch wegen der Angst vor zu großer Schräglage landet man auf der Gegenfahrbahn. Hier hilft nur, viel zu trainieren. Und zwar zur Schräglage auch ganz vordringlich die Blickführung. Falls es wirklich mal zu eng wird, kann man das Motorrad dann im Fahrstil Drücken durch die Kurve manövrieren.
- Überholen auf der letzten Rille: Wer sich vor einer Kurve mit hoher Geschwindigkeit gerade noch so an einem Auto vorbeidrückt, riskiert viel. Zum einen, dass die Kurve nicht mehr richtig angebremst werden kann und es daher zur Panikbremsung kommt; zum anderen, dass das Anbremsen zwar noch klappt, nun aber der dicht folgende Motorrad- oder Autofahrer überfordert ist und auffährt.

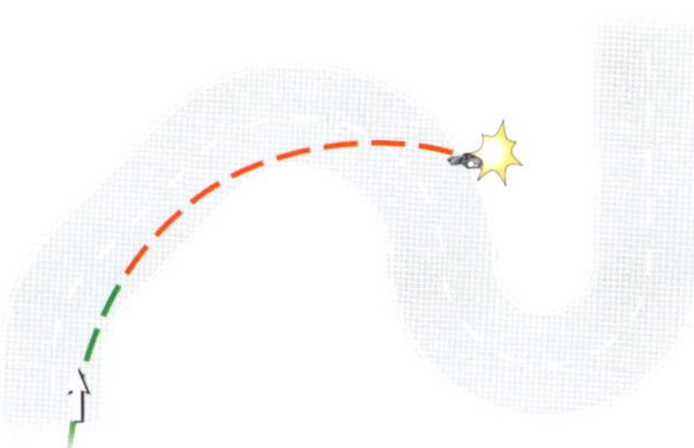

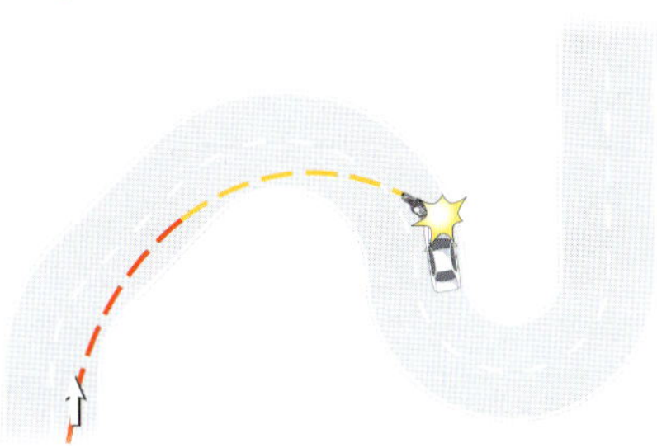

5 FAHRPSYCHOLOGIE: AUF DEN KOPF KOMMT ES AN

Gutes Fahren beginnt im Kopf; diese Erkenntnis hat sich inzwischen durchgesetzt. Was es damit auf sich hat und was jeder selbst dafür tun kann, erklärt dieses Kapitel.

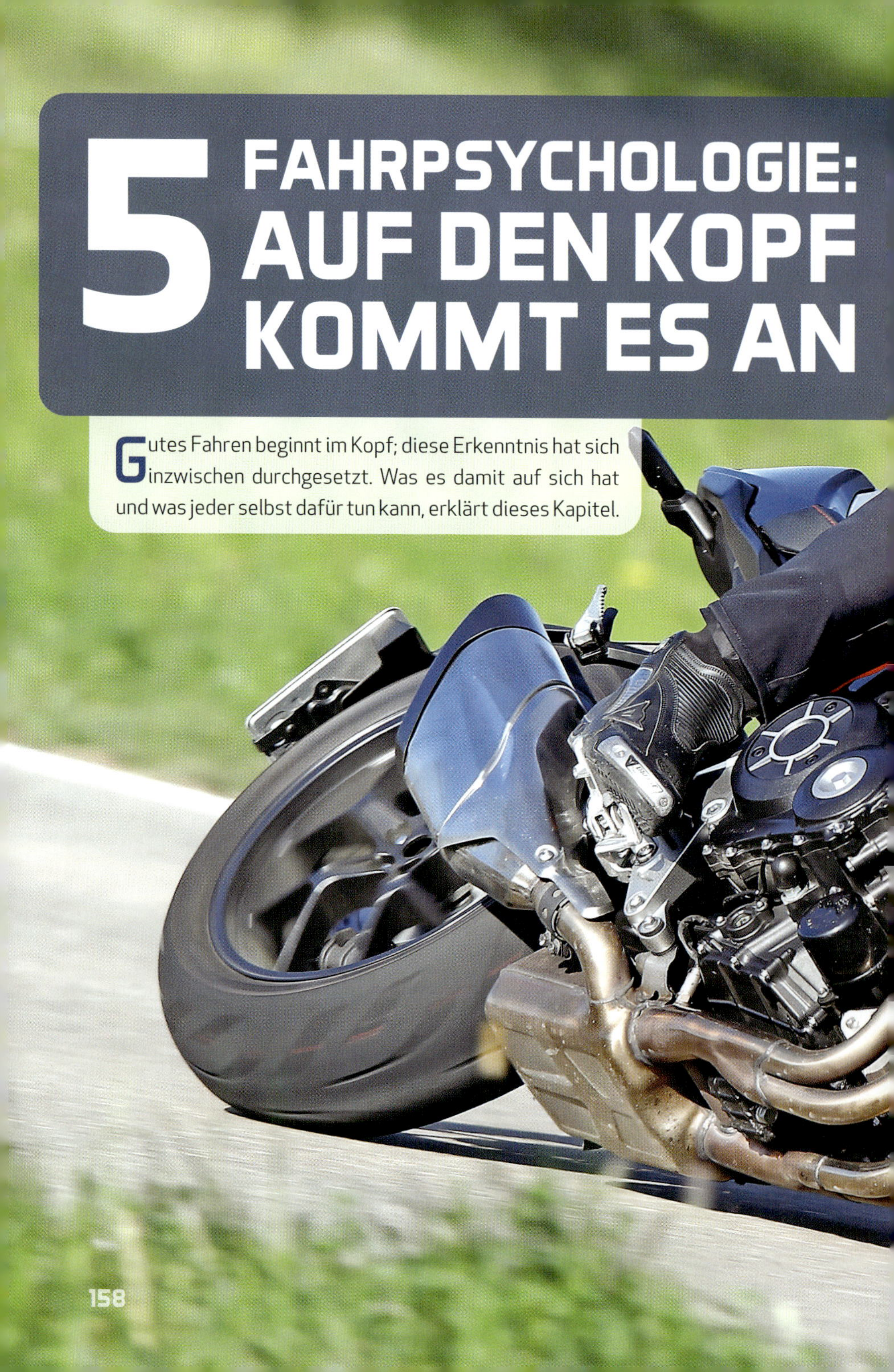

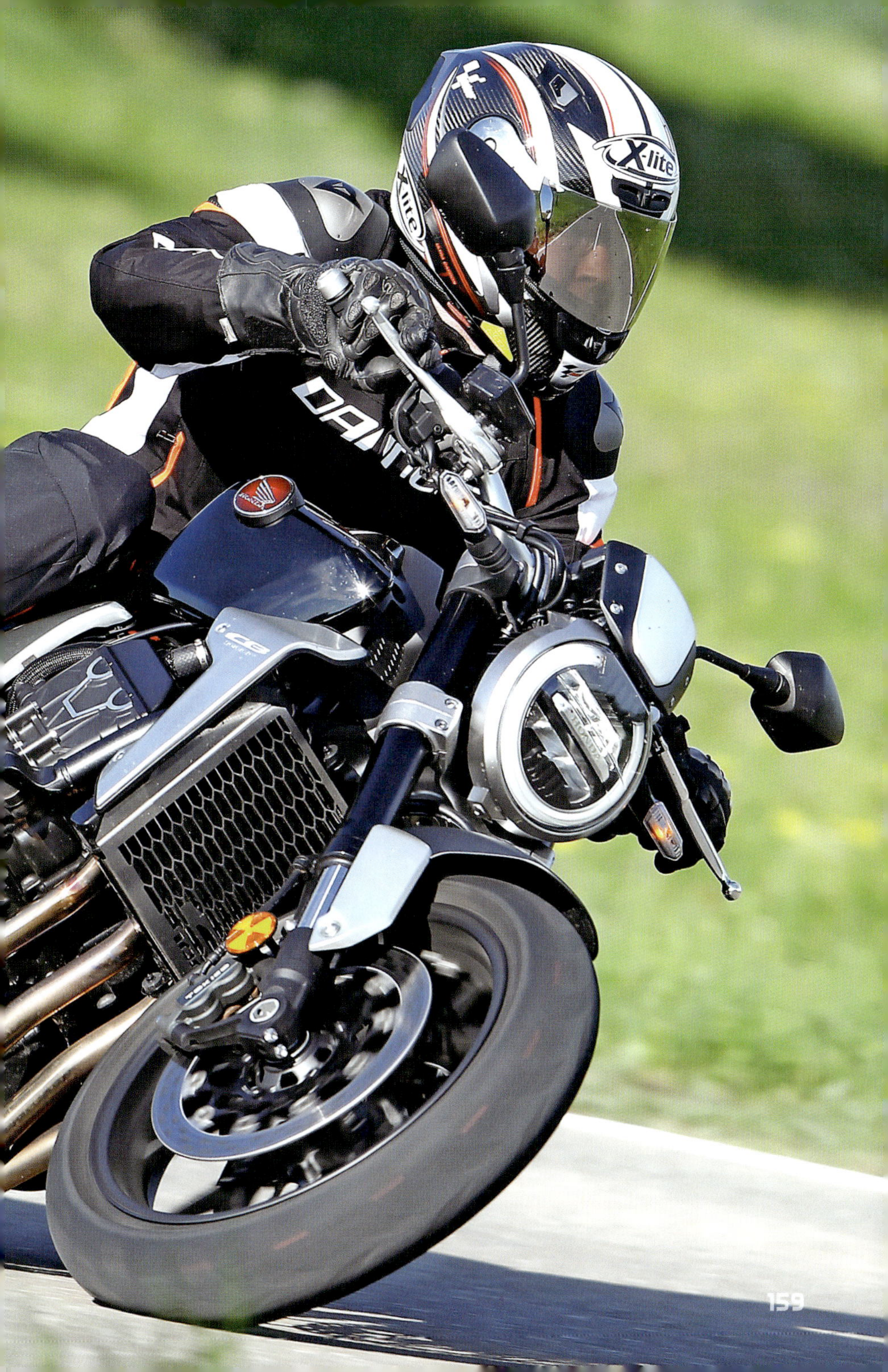

5.1. Mentales Training

Entwickelt wurde mentales Training ursprünglich, um die Leistungen von Spitzensportlern zu stabilisieren und zu verbessern. Dahinter steckt das Wissen, dass Vorstellungen unsere Handlungen beeinflussen, ob bewusst oder unbewusst. Hans Eberspächer, der leider viel zu früh verstorbene Professor für Sportwissenschaft und Sportpsychologie und über viele Jahre Instruktor beim MOTORRAD action team, hat es so formuliert: »Über die Veränderung von Vorstellungen lässt sich Handeln, also beispielsweise auch Motorradfahren, trainieren, ohne tatsächlich zu fahren: nämlich mental.«

Beim mentalen Training muss man sich das, was man trainieren will, möglichst intensiv vorstellen. Dabei kann es sich um die richtige Kurventechnik handeln, aber auch um eine fiktive Gefahrensituation, etwa einem gestürzten Motorradfahrer auszuweichen und nicht schreckensstarr ebenfalls die Kontrolle über seine Maschine zu verlieren (siehe auch Kapitel »Fahren in der Gruppe«). Indem man seine Vorstellung vom Geschehen nach und nach verbessert, lässt sich der tatsächliche Handlungsablauf auf der Straße oder Rennstrecke optimieren.

Wichtig ist es dabei, sich die Bewegungsabläufe genau vorzustellen, Fachleute nennen es »visualisieren«, sich regelrecht in das Geschehen hineinzuversetzen. Wichtig sind hierfür korrekt formulierte Handlungsanweisungen in der richtigen Reihenfolge. Dazu gehören Bilder genauso wie Gerüche, Geräusche, Farben und vor allem Empfindungen. Die Vorstellungskraft sollte derart stark sein, dass sie sogar körperliche Reaktionen wie Herzklopfen oder Angstschweiß hervorrufen kann. Will man beispielsweise Kurvenfahren trainieren, so macht man in Gedanken alles so wie im echten Motorradleben: Mit richtiger Blickführung auf die Kurve zufahren, abbremsen, zum Hinterschneiden ansetzen, in die Kurve hineinschauen, Scheitelpunkt setzen, Schräglage im Legen oder Drücken, Rollen, Beschleunigen, Aufrichten. Das alles in HD, begleitet vom Hämmern des Motors, dem Rauschen des Windes, dem Klacken des Getriebes, dem harzigen Geruch der Bäume. Wenn man dabei auch noch die sommerliche Hitze durch die Lederkombi spürt, obwohl man im klimatisierten Raum sitzt, ist man auf dem besten Weg zum Erfolg.

Ganz so einfach ist es aber meist nicht. Sportpsychologe Eberspächer, der das mentale Training aus dem Leistungssport ins Motorradtraining holte, unterscheidet zwischen subvokalem Training, verdecktem Wahrnehmungstraining und ideomotorischen, dem eigentlichen mentalen Training, unterschiedliche Stufen auf dem Weg zur Perfektion. Weil es den meisten Motorradfahrern – und nicht nur ihnen – schwer fällt, aus dem Stand eine solche Vorstellungskraft zu entwickeln, dass selbst die Empfindungen die gleichen sind wie auf dem Motorrad, kann man sich der Sache allmählich annähern. Nämlich, indem man sich die Kurvenfahrt zunächst laut selbst erzählt (subvokales Training). Im nächsten Schritt versucht man, sozusagen einen Film über sich selbst während der Kurvenfahrt zu sehen, nimmt dabei aber noch die Rolle des Beobachters ein (verdecktes Wahrnehmungstraining). Wenn das alles klappt, ist man reif für das eigentliche mentale Training, bei dem man sich mitten ins Geschehen versetzt, einschließlich aller Bewegungen und Empfindungen. Voraussetzung für den Erfolg ist, sich zunächst in einen völlig entspannten Zustand zu bringen, etwa durch Atemübungen. Am besten wirkt das mentale Kurventraining, wenn es im Wechsel mit einem realen Kurventraining – etwa beim MOTORRAD action team – auf der Strecke praktiziert wird.

Allerdings sollte man beim richtigen mentalen Training von Fahrfertigkeiten auch durch einen kundigen Instruktor begleitet werden. Er instruiert den richtigen Ablauf und überwacht, ob die Phasen der Kurvenfahrt, so wie man sie sich selbst (laut) erzählt, auch wirklich korrekt ist, oder ob man Fehler eingebaut hat und sich dann womöglich falsche Handlungsmuster antrainiert.
Mit dem mentalen Training für mögliche Gefahrensituationen verhält es sich etwas anders, etwa für das oben beschriebene Unfallszenario. In der Praxis üben will das niemand, hier muss das mentale Training ausreichen – und das tut es oftmals auch. Wer eine gefährliche Situation oft genug im Kopf durchspielt und sich immer wieder die richtige Reaktion vor Augen führt, wird auch in der Praxis mit allergrößter Wahrscheinlichkeit schnell und richtig reagieren.

Mentales Training im Kleinen kann auch jeder für sich sehr gut anwenden. Ständige Wiederholungen wichtiger Handlungsmuster wie »Kopf hoch«, »Blick weit in die Kurve«, »Füße hoch«, »Unterlippe locker« und dergleichen sind wie das oben beschriebene subvokale Training die Vorstufe zum mentalen Training und können von jedem sogar während der Fahrt sehr gut realisiert werden. Um dann, wenn es eng wird, diese Handlungsmuster verfügbar zu haben.

Vertiefte Informationen zum mentalen Training finden sich im nach wie vor erhältlichen Standardwerk von Hans Eberspächer »Motorradfahren mental trainiert«.

5.2. Fahren im Flow

Beim Kurvenfahren ist vom »flüssigen Fahrstil« die Rede. »Versucht, im Fluss zu bleiben«, sagt der Instruktor beim Kurventraining. Der »Flow« ist in der Alltagssprache angekommen. Aber was ist damit überhaupt gemeint, mit »Flow«? In den Siebzigerjahren brachte der amerikanische Psychologe Mihaly Csikszentmihalyi den Begriff ins Gespräch. »Jenseits von Angst und Langeweile im Tun aufgehen« ist Übersetzung des Originaltitels seines Buchs und Erklärung zugleich. Was bedeutet, eine Tätigkeit in perfekter Balance zwischen eigenem Können und den äußeren Anforderungen auszuüben. Sprich, weder unterfordert, womöglich gelangweilt zu sein, noch überfordert, was Angst hervorrufen kann. Störende Einflüsse fehlen, alles Überflüssige wird ausgeblendet.

Übertragen aufs Motorradfahren bedeutet das: Der Flow ist nur Menschen vergönnt, die ein gewisses Niveau fahrerischen Könnens erreicht haben. Alle notwendigen Handlungen beim Fahren müssen bereits in Fleisch und Blut übergegangen sein. Überlegungen zu Gangwahl, Kurvenlinie und Bremspunkten finden nicht statt. Eine Strecke, zum Beispiel eine vergleichswiese breite, übersichtliche, fordert gerade so weit, dass die eigene Leistungsbereitschaft genau passend in Anspruch genommen wird. Die Geschwindigkeit orientiert sich exakt am Kurvenradius und der einsehbaren Wegstrecke. Zu niedriges Tempo würde langweilen, ein zu hohes durch hastige Bremsmanöver oder nicht mehr passende Linie den Flow beenden. Ebenso würde ein in die Fahrlinie ragender Gegenverkehr, der zum Ausweichen zwingt, Dreck auf der Straße oder einsetzender Regen so stören, dass der Flow zu Ende ist. Gleiches gilt für einen langsameren Fahrer auf der Spur oder einen Überholenden von hinten.

Flow braucht Zeit, die Strecke muss lang genug sein, sonst kommt man nicht »hinein«. Dieser mentale Ausnahmezustand ist ein recht fragiles Gebilde, schnel-

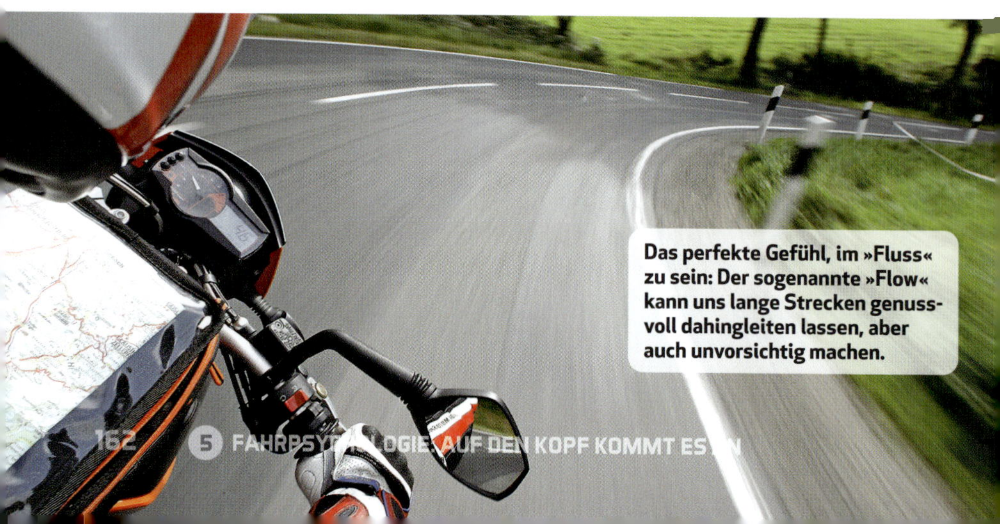

Das perfekte Gefühl, im »Fluss« zu sein: Der sogenannte »Flow« kann uns lange Strecken genussvoll dahingleiten lassen, aber auch unvorsichtig machen.

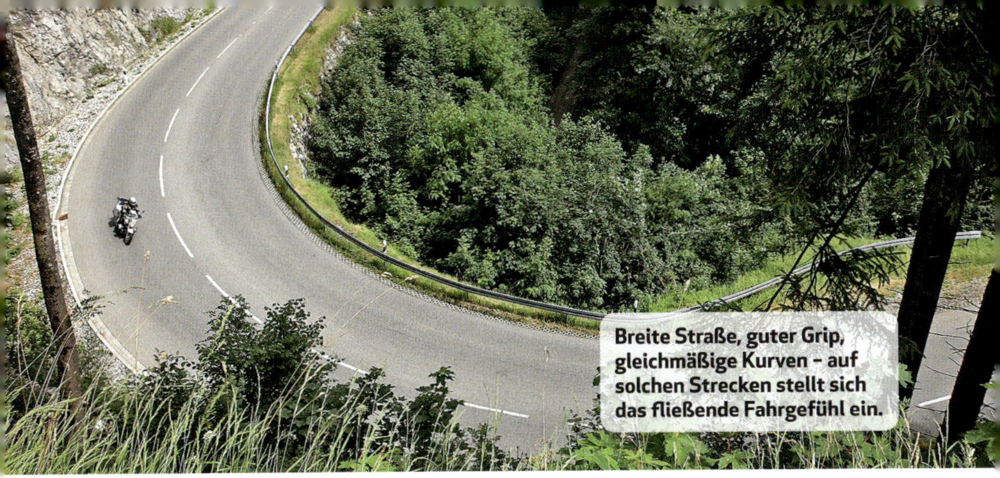
Breite Straße, guter Grip, gleichmäßige Kurven – auf solchen Strecken stellt sich das fließende Fahrgefühl ein.

ler zerstört als erreicht. Wo also könnte in ihm eine Gefahr lauern? Dann, wenn das Erhalten des Flowzustandes zur Priorität wird, dafür quasi alles unmerklich in Kauf genommen wird, jedes Risiko wie in Trance negierend. Wenn sich etwas ändert, auf das ich reagieren müsste, ich dies aber ausblende, die Information mich gar nicht erreicht.

Am Beispiel der in diesem Kapitel abgebildeten, »flüssig« zu fahrenden Strecke lässt sich das schön verdeutlichen. Sie ist breit genug, um genügend Übersicht zu bieten. Ich kann also weit schauen, um Störenfriede früh zu erkennen und so rechtzeitig zu reagieren, dass der Flow erhalten bleibt. Der Grip ist gut, kein Unrat im Weg, keine Schattenlöcher – perfekt. Die Gefahr kommt nun aus dem Hinterhalt, wenn der Flow zum unkontrollierten Rausch wird, die Bereitschaft zum Risiko ungeahnte Dimensionen erreicht. Ein langsameres Auto vor der Kurve unterbricht dann nicht den Flow, sondern wird ansatzlos überholt, obwohl ich eigentlich nichts sehen kann. Gerade kam doch auch keiner... Die Konzentration auf den perfekten Kurventanz schiebt alle Bedenken beiseite, die ich sonst vielleicht hätte. Oder die Straße wird schmaler, die Kurven etwas enger, eigentlich müsste ich das Tempo der geringeren Sichtweite anpassen – aber nix da, es »läuft« gerade so schön, da will ich mich nicht bremsen lassen!

Bernt Spiegel spricht dann vom ungeregelten Flow. Während der geregelte den Tunnelblick quasi nur so weit zulässt, dass die mir eigenen Kontrollmechanismen noch greifen, bin ich beim ungeregelten Flow geradezu enthemmt, beinahe außer mir. Und tue Dinge, die ich sonst nicht täte, siehe oben. So unterscheidet Spiegel in seinem Buch »Die obere Hälfte des Motorrades« den Flow als Helfer, der manch lange »Plackerei« von der Qual zur Lust werden lässt, vom ungeregelten Flow als gefährlichem Feind. Es ist hilfreich, sich darüber im Klaren zu sein. Zu spüren, wann Flow einsetzt, ihn zu genießen, dabei aber nicht das Gespür für die Grenzen zu verlieren – damit alles im Fluss bleibt.

6 WAS MAN ZUM MOTORRADFAHREN BRAUCHT: DIE AUSRÜSTUNG

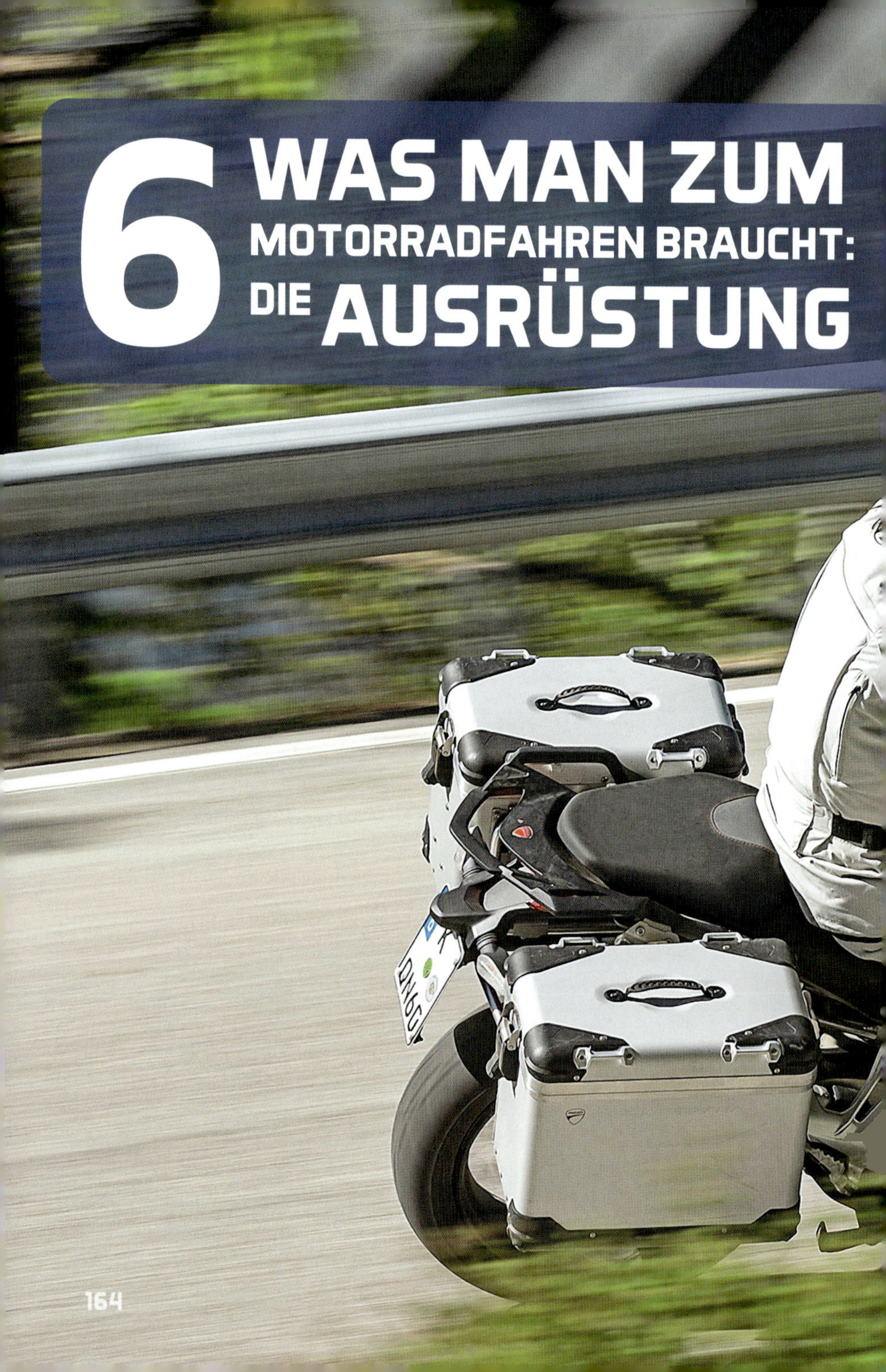

Einfach ein Motorrad kaufen, und ab geht die Post? So simpel funktioniert das längst nicht mehr. Gesetzlich vorgeschrieben ist zwar nur der Helm, doch in unseren sicherheitsbewussten Zeiten wagt sich kaum jemand nur in Jeans und T-Shirt aufs Motorrad, und sei das Wetter noch so schön. Rund um die Maschine ist eine riesige Industrie entstanden, die von der schlichten Lederjacke über die maßgeschneiderte Racing-Kombi bis hin zu speziellen Navigations- und Gepäcksystemen alles bietet, was man zum Motorradfahren brauchen kann.

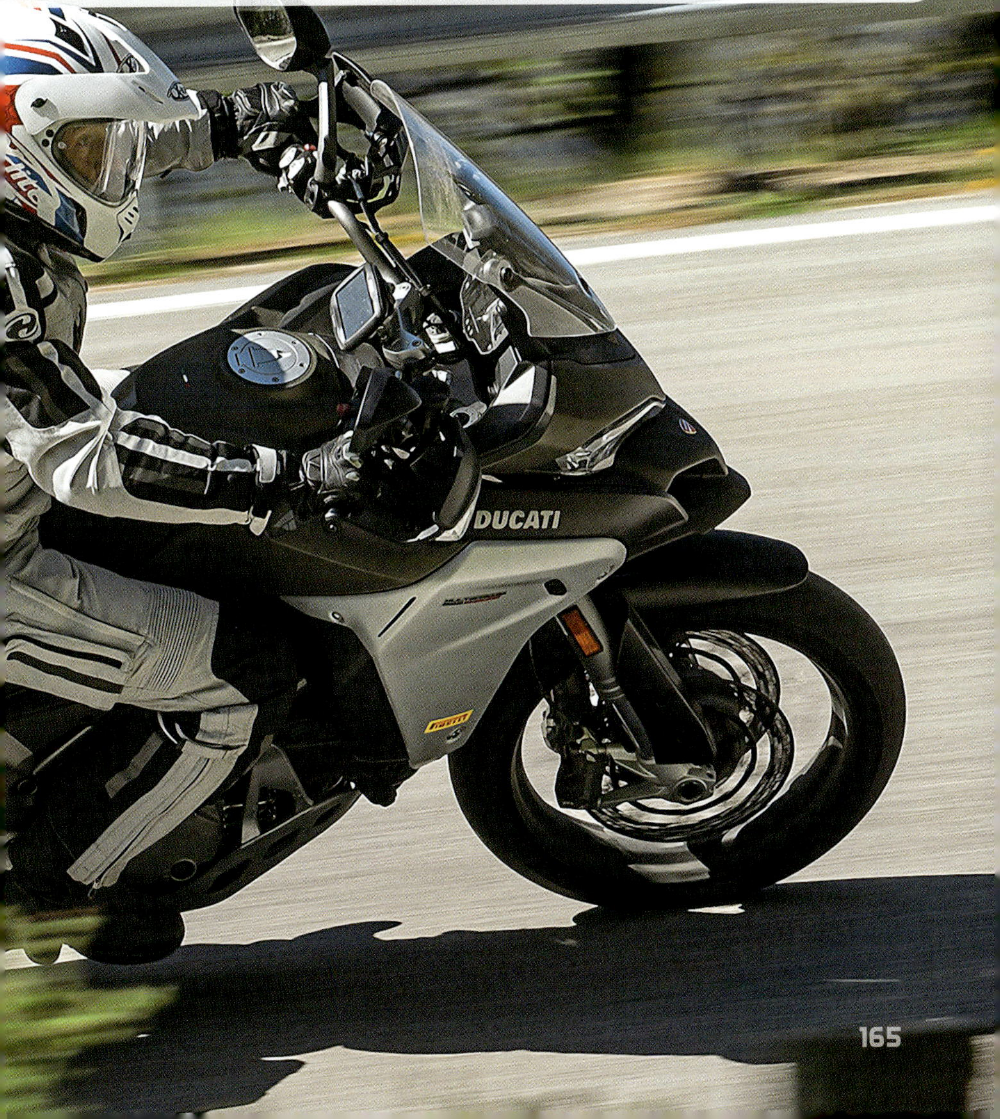

6.1. Gut behütet: der Helm

Fangen wir mit dem wichtigsten Equipment jedes Motorradfahrers an: mit dem Helm. Um den richtigen zu finden, sollte man sich viel Zeit nehmen und nicht einfach den Testsieger des letzten MOTORRAD-Helmtests im Internet bestellen. Eine ausgiebige Anprobe ist Pflicht, denn selbst der beste Helm nützt nichts, wenn er nicht zur Kopfform passt. Manche Händler erlauben sogar eine Probefahrt mit dem neuen Kopfschutz, was natürlich ideal ist. Aber auch eine längere Anprobe im Laden reicht meist, um zu erkennen, ob der Helm wirklich passt. Er darf weder zu eng sitzen, denn das führt zu schmerzhaften Druckstellen, noch zu locker, denn dann besteht das Risiko, dass er bei einem Unfall vom Kopf geschleudert wird. Passt je ein Finger zwischen Helm und Schläfe, ist der Helm zu weit – ebenso, wenn er sich auf dem Kopf relativ weit nach links oder rechts drehen lässt. Wer mit Brille fährt, sollte sie bei der Anprobe tragen; das gleiche gilt für Sturmhauben.

Nach einem Sturz ist auf jeden Fall ein neuer Helm fällig, selbst wenn von außen nur ein paar Kratzer zu sehen sind. Doch höchst wahrscheinlich sind die Innenschalen beschädigt, was bedeutet, dass sie bei einem erneuten Sturz nicht mehr richtig schützen. Dieses Innenleben, aus besonders geformten und gemischten Styropor, nimmt die Energie bei einem Aufprall auf und verdichtet sich oder bricht gar. Von außen nicht sichtbar, aber nicht mehr einsatzfähig, wenn es einmal genutzt werden

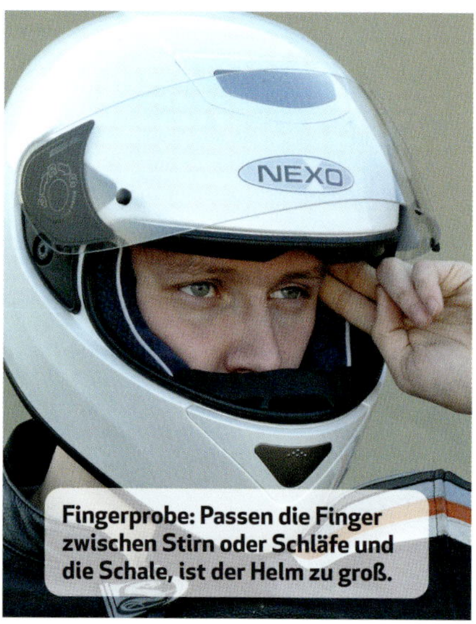

Fingerprobe: Passen die Finger zwischen Stirn oder Schläfe und die Schale, ist der Helm zu groß.

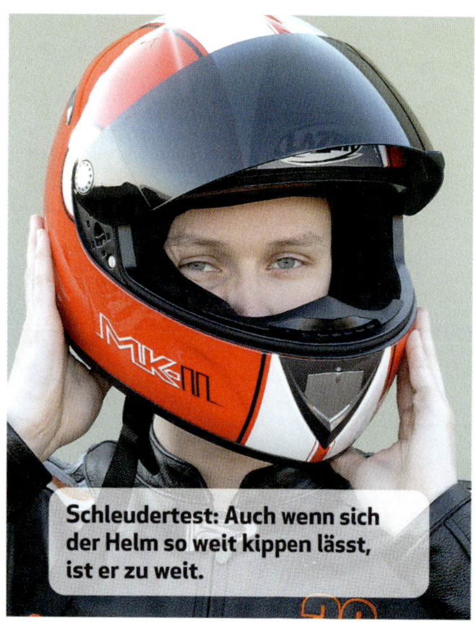

Schleudertest: Auch wenn sich der Helm so weit kippen lässt, ist er zu weit.

musste. Generell sollte man den Helm alle paar Jahre wechseln. Bei Thermoplast-Helmen wird in der Regel eine Nutzung von fünf Jahren empfohlen, bei Duroplast-Helmen bis zu zehn (siehe auch das folgende Kapitel »Helmmaterial«).

6.1.1. Helmmaterial

Wie einfallsreich oder kryptisch die Hersteller den von ihnen verwendeten Werkstoff auch bezeichnen: Im Grunde gibt es nur zwei Materialien, aus denen Helme bestehen, nämlich Thermo- und Duroplaste.

Preisgünstiger in der Herstellung sind in der Regel Thermoplast-Helme. Dabei werden Granulate aus Polycarbonat (PC), Polyamid (PA) oder Acrylnitrid-Butadien-Styrol (ABS) geschmolzen und im Spritzgussverfahren maschinell zu Helmschalen verarbeitet, und zwar in nur einem Arbeitsgang. Die nötigen Maschinen sind teuer, weshalb sich die Herstellung erst bei großen Stückzahlen lohnt. Moderne Thermoplast-Helme halten rund fünf Jahre, lackierte Modelle etwa zwei Jahre länger. Danach werden sie durch Umwelteinflüsse wie Sonnenlicht spröde und verlieren an Schutzwirkung.

Die Bezeichnung Thermoplast verwenden die Hersteller bei der Bezeichnung leider selten; Nolan etwa nennt das entsprechende Material »Polycarbon«. Eine kleine Hilfe bietet der Klopftest mit dem Fingernagel: Thermoplast-Helme klingen dunkler als solche aus Duroplast.

Als Duroplast bezeichnet man glasartige Polymer-Werkstoffe, die sich nach dem Aushärten nicht mehr verformen. Das Material wird von Hand in mehreren

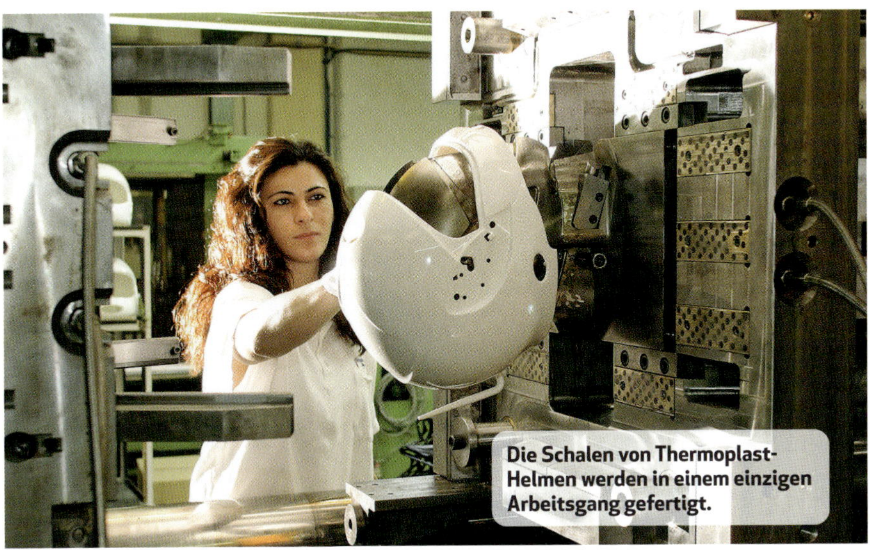

Die Schalen von Thermoplast-Helmen werden in einem einzigen Arbeitsgang gefertigt.

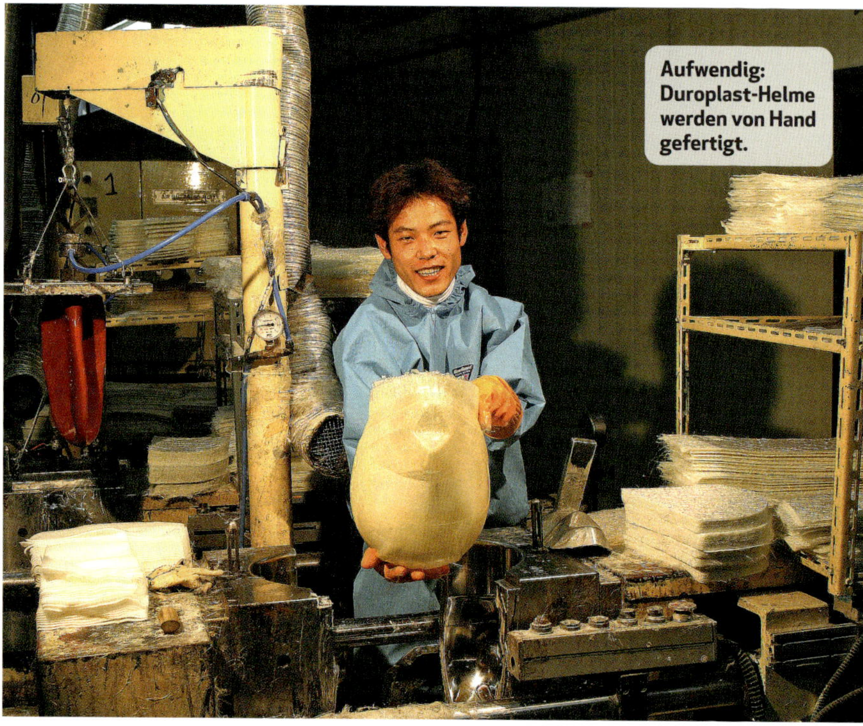

Aufwendig: Duroplast-Helme werden von Hand gefertigt.

Schichten aufeinander laminiert. Das macht die Herstellung teuer, weshalb günstige Duroplast-Helme meist aus Billiglohnländern kommen. Die Helme haben eine Lebensdauer von rund zehn Jahren und gelten als resistent gegen Lösungsmittel, Benzin und Chemikalien. Weil reine Fiberglas-Helme relativ viel wiegen, weichen viele Hersteller auf einen Mix aus Fiberglas (GFK) mit Karbon oder Kevlar aus.

Eine Sonderstellung nehmen Karbon-Helme ein. Zwar bestehen sie nicht aus reinem Karbon, sondern weisen mindestens immer eine Schicht Kevlar oder GFK auf, aber sie sind besonders leicht – einige wiegen sogar weniger als 1000 Gramm. Grundsätzlich sagt das verwendete Material noch nichts über die Qualität des Helms aus. Thermoplaste sind keineswegs schlechter als Duroplaste – sie altern nur früher.

6.1.2. Glaubensfrage: Integral- oder Jethelm

Rollerfahrer schwören auf Jethelme. Aber auch viele Tourenfahrer möchten den bequemen Kopfschutz nicht missen, speziell auf großer Fahrt in südlichen Ländern.

Sicherer ist ohne Zweifel ein Integralhelm, denn nur er schützt auch das Kinn

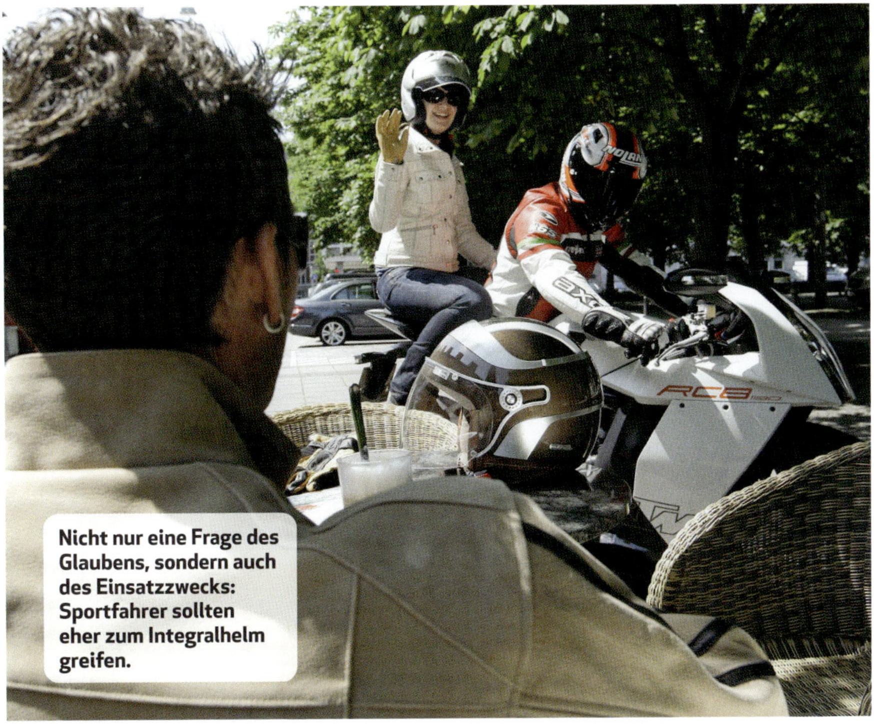

Nicht nur eine Frage des Glaubens, sondern auch des Einsatzzwecks: Sportfahrer sollten eher zum Integralhelm greifen.

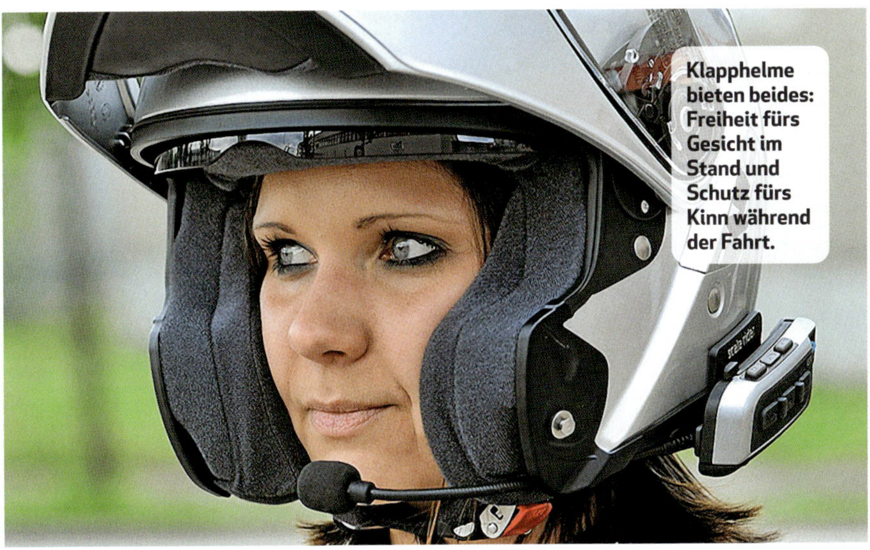

Klapphelme bieten beides: Freiheit fürs Gesicht im Stand und Schutz fürs Kinn während der Fahrt.

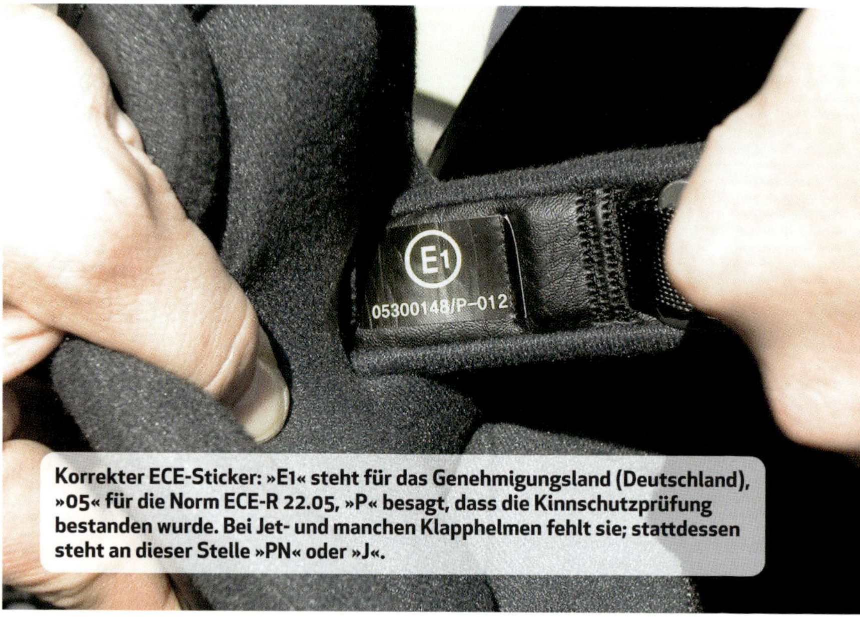

Korrekter ECE-Sticker: »E1« steht für das Genehmigungsland (Deutschland), »05« für die Norm ECE-R 22.05, »P« besagt, dass die Kinnschutzprüfung bestanden wurde. Bei Jet- und manchen Klapphelmen fehlt sie; stattdessen steht an dieser Stelle »PN« oder »J«.

und das Gesicht. Manche Hersteller von Jet-Helmen bieten deshalb inzwischen abnehmbare Kinnbügel an, die ein Mindestmaß an Schutz gewährleisten. Doch ansonsten haben Jet-Helme durchaus ihre Vorteile, zumal sie inzwischen bei Stoßdämpfungstests von MOTORRAD erstaunlich gut abschneiden. Ihr Sichtfeld ist größer, das Fahrerlebnis intensiver, sie sind leichter, und in aller Regel beschlagen sie weniger. Allerdings sollte der Jet-Helm über eine große Visierscheibe verfügen, sonst vergällen Mückenattacken im Gesicht schnell den Spaß am Fahren.

Moderne Integralhelme hingegen schützen besser, nicht nur im Falle eines Sturzes, sondern auch vor Zugluft. Sie sind leiser und schließen dicht. Genau diese Merkmale verleiten einen jedoch dazu, die tatsächliche Geschwindigkeit zu unterschätzen.

Doch auch bei der Wahl des Helms nicht vergessen: Wir fahren Motorrad, weil es Spaß macht. Wer sich unter einem Integralhelm eingesperrt fühlt, wird nicht locker und entspannt fahren. Und wem ein Jethelm zu wenig Sicherheit vermittelt, der wird das intensivere Fahrerlebnis kaum genießen können.

6.1.3. Helmausstattung und -zubehör

Moderne Integralhelme der gehobenen Preisklasse bieten jede Menge Ausstattung. Belüftungsschieber, die bei Bedarf dafür sorgen, dass im Helm Luft zirkulieren kann, gehören inzwischen zum absoluten Standard. Schwer im Trend liegen Bluetooth-Sprechanlagen, die beispielsweise Anrufe entgegen nehmen lassen und dank eingebauter Lautsprecher und Mikrophon die Kommunikation ermöglichen. Des Weiteren finden sich

- Wind- und Atemluftabweiser,
- meist »Pinlocks« genannte Innenvisiere, die das Beschlagen verhindern,
- ausziehbare Sonnenblenden,
- Anti-Noise-Pads,
- aufpumpbare Wangenpolster,
- Reflexfolien,
- getönte oder spiegelnde Visiere

und mehr. Die Zubehörindustrie bietet witzige Spielereien wie plüschige Helmohren mit Saugnäpfen oder einen Irokesenaufsatz in der Motorradfarbe. Aber auch sinnvolles Equipment ist zu haben, etwa ein rutschfestes Helmpad, auf dem der Helm sowohl zu Hause als auch unterwegs sicher liegt, oder Ohrstöpsel, die den Lärmpegel im Helm deutlich senken.

Empfehlenswert für alle Motorradfahrer sind auf jeden Fall die Pinlocks, denn ein beschlagfreies Visier ist eine wahrhaft segensreiche Erfindung.

6.1.4. Tipps zum Helmkauf

- Darauf achten, dass der Helm die aktuelle Prüfnorm aufweist. Der Sticker findet sich meist am Kinnriemen. Derzeit gilt die ECE-R 22.05,
- fester Sitz ohne Druckstellen,
- großes Sichtfeld,
- beschlagfreies Visier,
- Belüftungstasten auch mit Handschuhen gut zu bedienen,
- herausnehmbares Futter,
- das Ende des Kinnriemens sollte sich fixieren lassen, sonst schlägt es unangenehm gegen den Hals,
- Visierwechsel ohne Werkzeug,
- möglichst geringes Gewicht.

Ob die Lüftung wirklich funktioniert, der Helm nicht zu laut ist und die Aerodynamik stimmt, es also keinen Auftrieb gibt, lässt sich nur mit einer Probefahrt feststellen – und die erlaubt nicht jeder Händler. Alternativ finden Sie fundierte Tests, die natürlich auch diese Kriterien berücksichtigen, in MOTORRAD.

6.1.5. Helmpflege

Visier: Die meist zahlreichen Insektenüberreste sollten nach jeder Tour entfernt werden, sonst ist's bald Essig mit dem Durchblick. Das klappt am besten, indem man ein nasses, weiches Tuch, am besten mit Seifenlauge getränkt, über das Visier legt und die oft hartnäckigen Verschmutzungen einweicht; danach mit reichlich Wasser abspülen. So hinterlässt das Saubermachen keine Kratzer. Weil Visiere in der Regel außen eine kratzfeste und innen eine Anti-Beschlag-Beschichtung haben, sind chemische Reiniger tabu, ebenso Politur oder Entfernungsmittel für Kratzer – ein verkratztes Visier gehört schlicht in den Müll. Für unterwegs eignen sich spezielle Visierreiniger, die es auch als platzsparende Reinigungstücher gibt. Von Zeit zu Zeit sollte man außerdem die Mechanik des Visiers reinigen und mit Vaseline oder Silikonöl schmieren.

Helmfutter: Fein heraus ist, wer einen Helm mit herausnehmbarem Futter hat. Einfach mit Feinwaschmittel von Hand waschen, mit viel Wasser ausspülen. Doch auch bei einem fest verklebten Helmfutter muss man nicht im Mief von Schweiß und Sonnencreme der vergangen Saison auf Tour gehen: Mit einem feuchten, weichen Schwamm und einer milden Seife – gut eignet sich Shampoo – kann man den Rückständen zu Leibe rücken. Am besten wenig Wasser verwenden und danach den Helm gründlich trocknen, damit sich kein Schimmel bildet. Perfekt für die Trocknung eignet sich ein Helmpad. Inzwischen gibt es auch spezielle, milde Reiniger für Helmpolster. Von normalen Haushalts-Polsterreinigern sollte man die Finger lassen, denn sie enthalten oft Chemikalien, die die Haut reizen können. Und ein unerträglicher Juckreiz unterm Helm gehört nicht gerade zu den Erlebnissen, die man sich auf der Tour oder gar auf der Rennstrecke wünscht.

Helmschale: Auch die Schale am besten nur mit einem weichen Schwamm und einer milden, lauwarmen Seifenlauge saubermachen. Hände weg von aggressiven Haushaltsreinigern: Sie können den Lack beschädigen, bei Thermoplast-Helmen sogar die ganze Struktur vorzeitig spröde machen. Hartnäckigen Schmutz weicht man ein, genau wie beim Visier. Wird der Helm länger nicht benutzt, sollte man ihn staubfrei in einem weichen Helmsack verstauen.

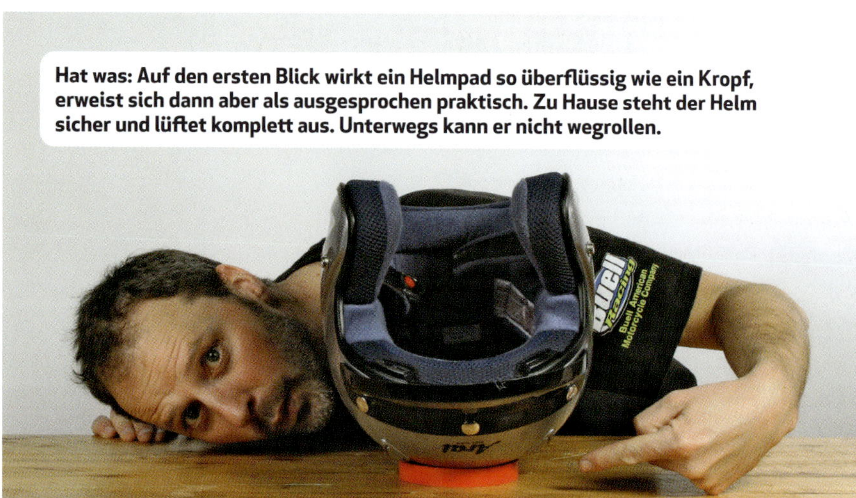

Hat was: Auf den ersten Blick wirkt ein Helmpad so überflüssig wie ein Kropf, erweist sich dann aber als ausgesprochen praktisch. Zu Hause steht der Helm sicher und lüftet komplett aus. Unterwegs kann er nicht wegrollen.

6.2. Wie man sich anzieht, so fährt man: Kombi, Stiefel, Handschuhe

Die Bekleidung der Motorradfahrer hat sich in den letzten Jahrzehnten dramatisch verändert. Noch in den 80er Jahren galten Lederjacke, Nierengurt und Handschuhe als Standard, nur für die große Tour oder für die Rennstrecke griff man zur Kombi und zu Stiefeln. Heute hingegen gibt es spezielle Funktionsbekleidung für jeden Einsatzzweck und aus ganz verschiedenen Materialien: Leder von Rind, Ziege oder Känguru, Textiljacken und -hosen, Geländehemden, Protektorenkombis, Kurz-, Lang- und Geländestiefel, vorgekrümmte Handschuhe aus Leder, Textil oder einem Mix für die Rennstrecke, die große Tour oder die Stadtfahrt. Dazu kommt noch Spezialbekleidung für Regen oder Winter, Funktionswäsche und vielerlei Zubehör. Die Auswahl ist enorm, die Wahl nicht immer einfach. Sicherheitsfanatiker können sogar Airbag-Kombis oder -Westen kaufen.

Klar fällt die Kaufentscheidung auch in Bezug auf den passenden Look: Die knallbunte Lederkombi auf dem Cruiser wirkt genauso uncool wie die Fransenjacke auf dem Supersportler. Doch es geht um mehr als nur den schönen Schein. Im Idealfall erfüllt moderne Bekleidung für Motorradfahrer viele Funktionen: Sie bietet optimalen Schutz, sieht gut aus und sorgt zudem dafür, dass man sich in seiner zweiten Haut pudelwohl fühlt. Und wer sich wohl fühlt, fährt einfach besser.

6.2.1. Die Kombi

Drei von vier verkauften Kombis bestehen heutzutage aus synthetischem Gewebe.

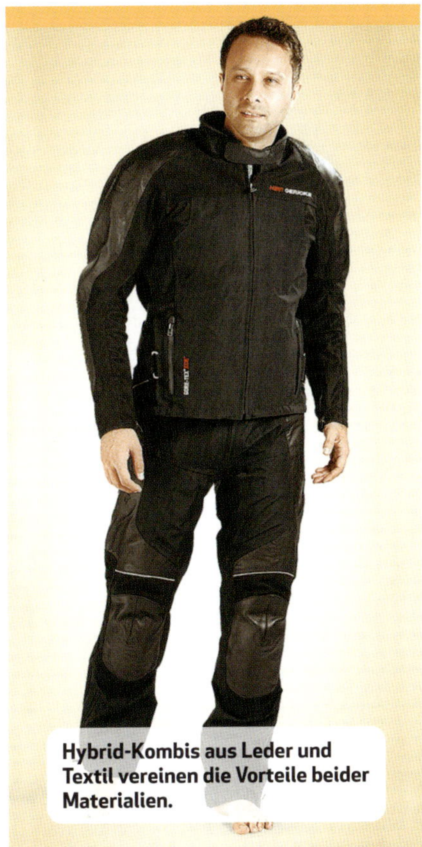

Hybrid-Kombis aus Leder und Textil vereinen die Vorteile beider Materialien.

Textilkombis sind dank einer Klimamembran meist wasserdicht und haben oft ein herausnehmbares Thermofutter, was sie zum Allrounder für das ganze Jahr macht. Eine Lederkombi hingegen schützt besser, denn sie bietet gute Abriebwerte und hohe Reißfestigkeit, zudem verrutschen die meist eingenähten Protektoren nicht. Und: Leder sieht in aller Regel deutlich schicker aus, was ja auch nicht ganz unwichtig ist, wenn man auf dem Motorrad eine gute Figur machen will.

Die Vorteile beider Welten vereinen sogenannte Hybrid-Kombis aus Leder und Textil. Die Basis besteht dabei aus synthetischem Gewebe, kritische Stellen wie Knie, Schulter, Ellenbogen und Hüfte sind mit Lederpartien verstärkt. Der körpernahe Schnitt sorgt für gutes Aussehen und sicher platzierte Protektoren, Stretcheinsätze erhöhen den Komfort. Hybrid-Kombis kosten ein paar Euro mehr, aber die Investition lohnt sich.

6.2.1.1. Lederkombis

Unbehandeltes Leder besteht zu 65 Prozent aus Wasser und hat nur eine geringe Schutzwirkung. Erst beim Gerben werden die Eiweiße in der Haut zu festen und beständigen Lederfasern. Die Häute für Lederkombis, -jacken und -hosen kommen zum Großteil aus Brasilien und Argentinien. Der Gerbprozess findet meist in Asien statt, in höherer Qualität in Mitteleuropa. Die Motorradbekleidung selbst wird heutzutage fast ausschließlich in Asien oder Osteuropa konfektioniert. Übliche Lederstärken sind: Stiefel 1,5 bis 3,5 mm, Kombis 1,0 bis 1,5 mm, Handschuhe 0,6 bis 1,0 mm.

Für Racer ist eine Lederkombi ohnehin Pflicht, ohne sie braucht man auf der Rennstrecke gar nicht erst antanzen. Am besten eignen sich hier Einteiler, natürlich mit dem vollen Protektorenprogramm, einschließlich Airbag. Optimal sind ein leicht vorgekrümmter Schnitt, herausnehmbares Futter, stabile Reißverschlüsse, Klimamembran, Stretcheinsätze für mehr Komfort und ein knackiger Sitz. Bei der Anprobe sollte man in typische Fahrhaltung gehen; so lässt sich herausfinden, ob es irgendwo zwickt oder kneift. Zu eng darf der Einteiler allerdings auch nicht sein, denn schließlich soll er die Bewegungen auf dem Motorrad problemlos mitmachen und einem nicht die Luft abschnüren.

Für alle, die sich nicht bevorzugt auf der Rennstrecke tummeln, gibt es zweiteilige Kombis. Die Kaufkriterien sind im Grunde die gleichen wie bei den Einteilern; besonderes Augenmerk sollte allerdings dem Verbindungsreißverschluss zwischen Jacke und Hose gelten. Er muss sehr stabil, dabei aber auch leichtgängig sein.

Lederpflege

Die meisten Motorradfahrer gehen mit Lederfett an ihre Kombi. Experten sind aber der Meinung, dass sich spezielles Öl besser zur Pflege eignet, weil es leichter einzieht als Fett.

Für optimale Pflege das Leder zunächst gründlich reinigen. Besonders bequem funktioniert das in der Waschmaschine – aber Achtung, längst nicht alle Kombis eignen sich dafür, daher Pflegeanleitung beachten. Alternativ kann man auch Lederseife verwenden. Für die Reinigung in der Waschmaschine wenn möglich Protektoren herausnehmen, spezielles Lederwaschmittel in die Maschine, dann im Schon- oder Wollwaschgang durchspülen. Mit einem Handtuch trocken reiben, und nun mit einem weichen Lappen das Lederpflege-Öl in das noch leicht feuchte Kleidungsstück einmassieren. Dann an einem warmen, gut belüfteten Ort trocknen lassen, aber nicht in der Sonne oder über der Heizung! Die Restfeuchtigkeit verdunstet ganz allmählich, und das Öl zieht in die nun weit geöffneten Poren ein. So bleibt das Leder geschmeidig.

Fett eignet sich dafür aber als Schutzfilm gegen Feuchtigkeit. Das mit Öl gepflegte Leder sollte man daher vor einer längeren Tour mit einer dünnen Schicht Lederfett einreiben. So bleibt es besser gegen Nässe geschützt. Ebenfalls einen guten Schutz vor Nässe und Schmutz bieten spezielle Imprägniermittel. Viele weitere Tipps rund ums Leder finden sich im Internet unter **www.lederzentrum.de**.

6.2.1.2. Textilkombis

Der Verkaufsschlager der letzten Jahre sind eindeutig Textilkombis mit Klimamembran, sie sind also wasserfest und atmungsaktiv – wobei atmungsaktiv nicht bedeutet, dass man nicht mehr schwitzt, sondern dass der Schweiß durch die Klimamembran verdunsten kann. Textilkombis sitzen in aller Regel lockerer als Lederanzüge und sind daher bequemer. Allerdings mit dem Nachteil, dass Protektoren eben gerade durch diesen lockeren Sitz im Fall des Falles leichter verrutschen.

Folgende Kriterien sind entscheidend für eine gute Textilkombi:

- wind- und wasserdichte, atmungsaktive Membran,
- Verbindungsreißverschluss zwischen Jacke und Hose,
- herausnehmbares Thermofutter,
- ausreichende Anzahl von wasserdichten Außen- und Innentaschen,
- Belüftungsreißverschlüsse an sinnvollen Stellen (Schulter, Ärmel, Oberschenkel),
- eng schließender, hoher Kragen, der aber nicht drücken darf. Anprobe daher mit Helm und Halstuch,
- Möglichkeiten zur Weitenverstellung an Saum, Taille und Ärmeln, sonst flattert die Kombi, wenn das Thermofutter entfernt wird,
- Handschuhe gehören unter die Ärmel, Stiefel unter die Hose. Daher braucht man auch hier Möglichkeiten der Weitenverstellung,
- herausnehmbare CE-Protektoren an Ellbogen, Schultern, Knien, Hüfte und Rücken,

- Maschinenwäsche erlaubt,
- kritische Stellen sollten verstärkt sein, entweder mit abriebfestem synthetischem Gewebe, oder – noch besser – mit Leder (Hybridkombi).

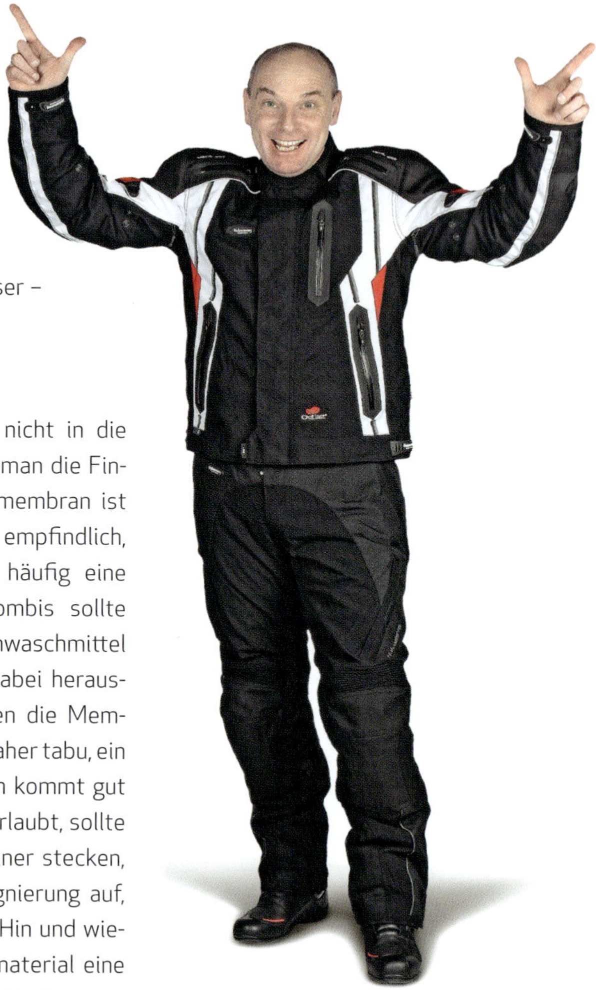

Rundum glücklich: Textilkombis mit herausnehmbarem Thermofutter sind Allrounder für das ganze Jahr.

Pflege von Textilkombis

Von einer Textilkombi, die nicht in die Waschmaschine darf, sollte man die Finger lassen. Denn die Klimamembran ist meist sehr dünn und daher empfindlich, weshalb sie entsprechend häufig eine Reinigung braucht. Textilkombis sollte man oft und mit wenig Feinwaschmittel waschen; die Protektoren dabei herausnehmen. Weichspüler können die Membran beschädigen und sind daher tabu, ein Extra-Klarspülgang hingegen kommt gut an. Wenn der Hersteller es erlaubt, sollte man die Kombi in den Trockner stecken, denn das frischt die Imprägnierung auf, übrigens genau wie Bügeln. Hin und wieder sollte man dem Außenmaterial eine Auffrischungskur mit Imprägnierspray gönnen.

6.2.1.3. Protektoren-Jeans

Seit einiger Zeit gibt es Protektoren-Jeans, die sich gerade für die hochsommerlichen Tage oder für den kurzen Trip zum Baggersee anbieten. Im strengen MOTORRAD-Test schnitten die Hosen erstaunlich gut ab; eine gute Leder- oder Textilhose können sie in aller Regel aber nicht ersetzen. Dennoch sind sie eine prima Alternative etwa für den Stadtbummel oder die kurze Tour zum Baggersee.

Beim Kauf sollte man auf Folgendes achten:

- dicker, fester Denim-Stoff,
- herausnehmbare Knieprotektoren,
- Hüftprotektoren zumindest nachrüstbar,
- Verstärkungen durch Kevlar (Aramid) an den kritischen Stellen,
- guter Sitz,
- bequem zu tragen, auch bei längerem Gehen – sonst fällt der eigentliche Vorteil der Jeans weg.

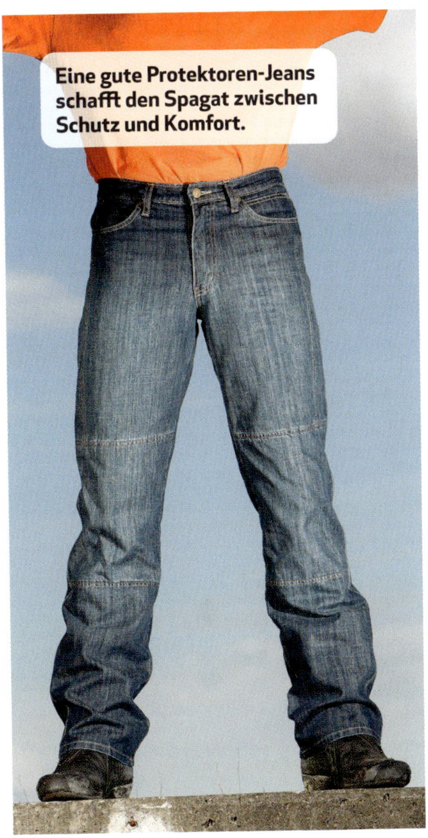

Eine gute Protektoren-Jeans schafft den Spagat zwischen Schutz und Komfort.

6.2.2. Stiefel

Früher boten Motorradfahrer bei Regen oft einen tristen Anblick: Die Gepäckrolle wurde in einen schwarzen, meist flatternden Müllsack gehüllt, und nicht viel besser sah es meist bei den Stiefeln aus. Es gab zwar wasserdichte Regenüberzieher, doch die bekamen am heißen Auspuff oder Motor oft ein Loch – und in der Not zogen viele auch über ihre Stiefel als provisorischen Nässeschutz die nicht gerade kleidsamen Mülltüten.

Die Zeiten sind zum Glück vorbei. Heute präsentieren sich Motorradfahrer auch bei Regen mit makellosem Schuhwerk, wasserdichten Touringstiefeln sei Dank. Hier gibt es inzwischen zahlreiche Modelle, die das ganze Jahr über gute Dienste leisten, denn dank moderner Innenfutter tragen sie sich sowohl bei hohen als auch bei niedrigen Temperaturen angenehm. Grundsätzlich sollten es beim Motorradfahren immer Stiefel und keinesfalls Turnschuhe sein, und zwar nicht nur, weil Stiefel bei einem Unfall Fuß und Bein schützen, sondern auch, weil sie viel stand- und rutschfester sind. So lassen sich mit Stiefeln kleine Ausrutscher, etwa in der Spitzkehre, oft noch abfangen, während man mit Turnschuhen schnell auf der Nase liegt. Wer trotzdem beim Kurztrip oder bei der Anfahrt zur Stadtbesichtigung lieber auf Stiefel verzichtet, sollte zu speziellen Freizeitschuhen greifen, die über den Knöchel reichen; sie garantieren ein Minimum an Schutz und sicherem Stand. Die Motorradindustrie bietet hier inzwischen leichtes, bequemes und auch schickes Schuhwerk. Kleiner Tipp, falls Sie trotzdem mal mit ganz normalen Freizeitschuhen fahren: Im Zubehörhandel gibt es Lederverstärkungen mit Gummiband, die man einfach über den Schuh zieht – so klappt das Schalten besser.

Doch wie gesagt, erste Wahl sind immer Stiefel. An der modischen Optik soll es nicht scheitern, denn es gibt sie im passenden Look für alle Motorradtypen, vom Tourer über den Chopper oder Cruiser bis hin zum Retro-Bike oder zur Enduro, ganz zu schweigen von Modellen für die Rennstrecke und fürs Gelände. Dazu kommen Kurzstiefel mit eng anliegendem, kurzem Schaft, denn oft kommen sich sonst die Protektoren der Kombi und der Stiefel ins Gehege.

Tipps zum Stiefelkauf

Der am weitesten verbreitete Typ von Motorradstiefeln sind inzwischen wasserdichte Tourenstiefel. Darauf sollten Sie beim Kauf achten:

- guter Sitz, keine Druckstellen,
- rutschfeste Sohle,
- leichter Absatz, damit der Fuß Halt auf der Raste findet,
- Verstärkungen an Knöchel, Schienbein und Ferse,
- fester Sitz im Knöchelbereich,
- genügend Bewegungsfreiheit beim Fahren,
- bequem auch beim Gehen,
- stabiles, abriebfestes Außenmaterial, am besten Leder,
- Reflexstreifen,
- Weitenverstellung für den Schaft,

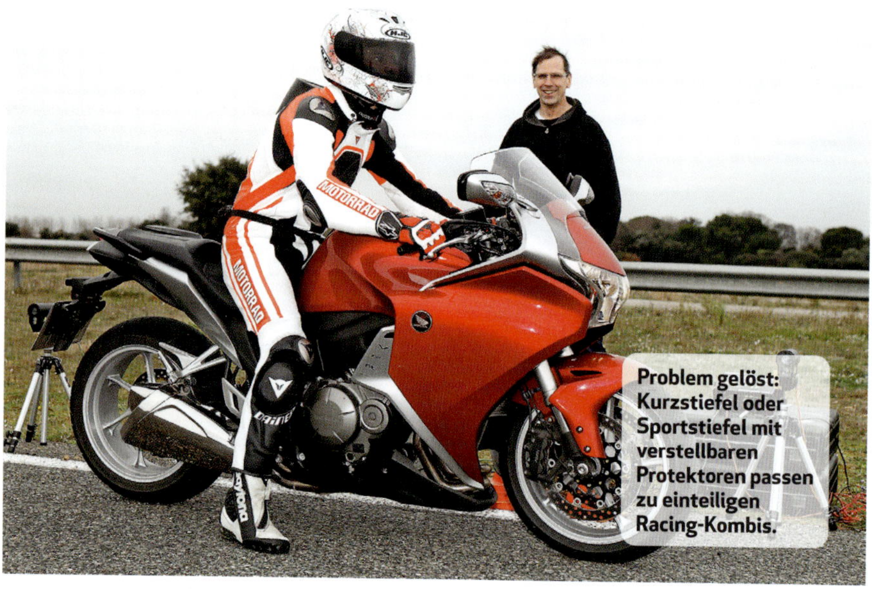

Problem gelöst: Kurzstiefel oder Sportstiefel mit verstellbaren Protektoren passen zu einteiligen Racing-Kombis.

- Schaltverstärkung am linken Stiefel,
- am besten bald nach dem Kauf im Regen ausprobieren und bei Problemen sofort reklamieren.

6.2.3. Handschuhe

Die Hände sind beim Motorradfahren besonders wichtig, denn sie bedienen Gas, Kupplung und Bremse. Und damit das auch morgen noch klappt, sollte man sie ausreichend schützen. Gute Motorradhandschuhe gibt es heute in allen Farben und Formen: mit kurzer oder langer Stulpe, aus Rinds- oder besonders weichem Känguru- oder Ziegenleder, vorgekrümmt, gefüttert und mit hochwertigen Materialien wie Titan oder Kevlar verstärkt. Wie der ideale Handschuh aussieht, hängt natürlich vom jeweiligen Einsatzzweck ab: Auf der Tour nach Island legt man andere Maßstäbe an als beim Sommer-Racing in Aragon. Grundsätzlich gilt aber: Um gutes Gefühl für die Hebeleien zu haben, sollte der Handschuh so dünn wie möglich sein, aber bei niedrigen Temperaturen auch ausreichend gefüttert, um keine kalten Finger zu bekommen. Bei Regen geht der Griff zum Handschuh mit wasserdichter Membran, denn kalte, nasse Finger können nicht mehr gefühlvoll agieren. Und der Spaß bleibt auch auf der Strecke.

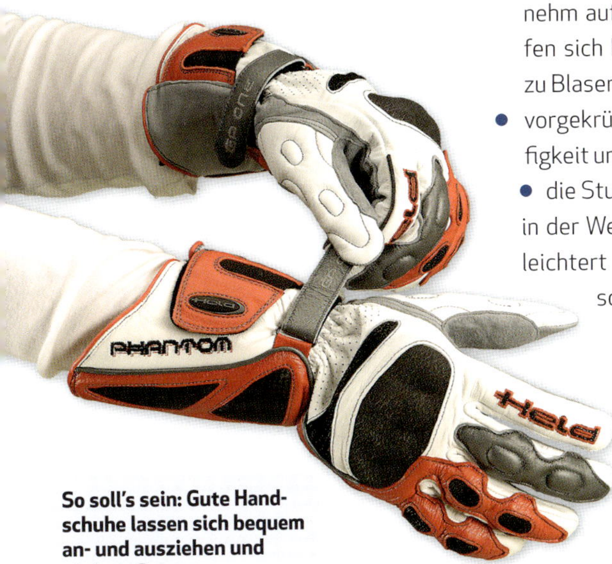

So soll's sein: Gute Handschuhe lassen sich bequem an- und ausziehen und einfach fixieren.

Tipps zum Handschuhkauf:

- die Fingerkuppen sollten in Fahrposition nicht an den Handschuh anstoßen, jedenfalls nicht so, dass es unangenehm auffällt. Auf der Innenseite dürfen sich keine Falten bilden, das kann zu Blasen führen,
- vorgekrümmte Finger verbessern Griffigkeit und das Gefühl für den Lenker,
- die Stulpe sollte sich per Klettlasche in der Weite verstellen lassen. Das erleichtert das An- und Ausziehen und sorgt für festen Sitz,
- ein einstellbarer Klettriegel am Handgelenk verhindert, dass der Handschuh bei einem Sturz abgestreift wird,
- Protektoren an den Fingerknöcheln und verstärktes Material an Hand-

kante und -ballen erhöhen die Schutzfunktion. Hartschalen-Protektoren müssen abgepolstert sein, sonst drücken sie,

- vor allem Sporthandschuhe aus Ziegen- oder Känguru-Leder nicht zu groß kaufen, denn das besonders weiche Material weitet sich noch,
- Winterhandschuhe größer kaufen, damit noch Unterhandschuhe darunter passen.

6.2.4. Protektoren

Hartschalen- beziehungsweise Weichschaum-Protektoren gehören inzwischen ganz selbstverständlich zur Ausrüstung vieler Motorradfahrer. Die meisten modernen Kombis werden mit herausnehmbaren Protektoren auf Schultern, Ellenbogen, Knien, Schienbeinen und Hüften geliefert; für den Rückenprotektor sind viele Kombis vorbereitet, zur Ausrüstung beisteuern muss man ihn aber oft selbst. Dabei können sich Probleme ergeben, denn die Abmessungen sind nicht genormt und können sogar bei einem Hersteller variieren. Daher zum Kombi-Kauf den eigenen Rückenprotektor mitnehmen. Daneben gibt es auch noch Nackenstützen, die bei einem Sturz die Halswirbelsäule schützen sollen.

Natürlich bietet eine Kombination all dieser Protektoren optimalen Schutz, zumal wenn dann noch entsprechende Stiefel und Handschuhe dazu kommen. Doch wie viel Protektor der Mensch braucht, muss jeder selbst entscheiden. Die besten Protektoren nützen wenig, wenn man sich auf dem Motorrad wie in eine enge Ritterrüstung gesperrt fühlt und durch dieses Unwohlsein Fehler macht, die überhaupt erst zu einer Gefahrensituation führen.

Wie bereits oben erwähnt, ist das mit den Protektoren bei Textilkombis allerdings so eine Sache: Durch vergleichsweise lockeren Schnitt können sie verrutschen, bei einem Sturz liegt das Gelenk dann frei, die Schutzfunktion verpufft. Daher unser Tipp: Greifen Sie zu einer eng anliegenden Protektorenweste mit Rü-

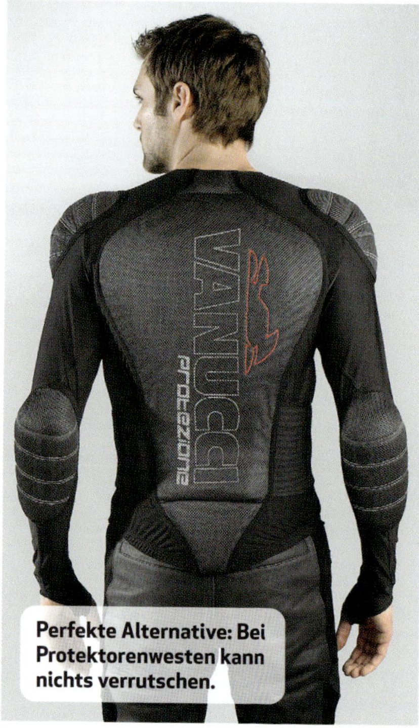

Perfekte Alternative: Bei Protektorenwesten kann nichts verrutschen.

ckenschutz. Sie lässt sich bequem tragen und garantiert, dass sich nichts verschiebt. Und ohne die eingebauten Protektoren sitzt Ihre Textiljacke gleich viel besser.

6.2.5. Airbags

Sie könnten den Schutz von Motorradfahrern enorm weiterbringen: Airbags, die bei einem Sturz im Bruchteil von Sekunden weiche Luftpolster aufblasen. Allerdings entpuppt sich das Thema beim Motorrad als ungleich komplexer als beim Auto. Dort bleibt der Fahrer bei einem Aufprall schließlich im Fahrzeug, beim Motorrad hingegen nicht. Folgerichtig muss der Airbag nicht am Motorrad, sondern in der Bekleidung sitzen.

Entsprechende Jacken waren bereits vor zehn Jahren auf dem Markt, konnten sich aber nicht durchsetzen. Das lag vor allem daran, dass der Airbag vorwiegend mechanisch aktiviert wurde, meist mit einer Art Reißleine. Die Kunden trauten der Technik nicht und griffen lieber weiterhin zu Protektoren.

Inzwischen haben mehrere Hersteller Airbags mit elektronischen Sensoren und entsprechend abgelegten Beschleunigungsalgorithmen auf den Markt gebracht, die eine deutlich bessere Funktionsweise verheißen. Sie werden bereits von Renn- und Testfahrern eingesetzt – auch von der Redaktion MOTORRAD. Ducati bietet sogar ein System mit einer mit dem Motorrad vernetzten Sensorik an. Das scheint noch besser zu sein, aber natürlich auch sehr unflexibel. Man will ja vielleicht auch mal wieder eine andere Maschine fahren.

6.2.6. Dies und das: Unterwäsche, Sturmhaube, Nierengurt, Regenkombi

Sturmhauben und Multifunktionstücher

Kalte Zugluft macht muntere Motorradfahrer müde: Sie kühlt den Körper aus, und so geht viel von der Energie verloren, die man eigentlich für einen flüssigen Fahrstil braucht. Gerade zwischen Helm und Jacke zieht es oft. Dagegen schützen Sturmhauben, Halstücher und Halswärmer aus modernen Stoffen, die oft auch noch über eine winddichte und wasserabweisende Beschichtung verfügen. Voll im Trend liegen Multifunktionstücher, die nahtlos aus einem Stück hergestellt werden und sich vielseitig verwenden lassen: als Halstuch, Sturmhaube, Pulswärmer, Haarband, Bandana oder Mütze. Es gibt sie in vielen verschiedenen Designs. Sie kosten nicht viel, lassen sich klitzeklein zusammenfalten und sind äußerst praktisch. Weil sie meist aus einem sehr leichten Stoff bestehen, kann man sie sogar bei der Tour in den sonnigen Süden verwenden: Dort schützen sie den Hals vor gefährlichen Bienen- oder Mückenstichen und verhindern, dass sich die Plagegeister unter die Jacke schmuggeln.

Unterwäsche

Ein wichtiges Thema, denn die beste atmungsaktive Textilkombi hilft nichts, wenn das Baumwoll-T-Shirt darunter den Schweiß aufsaugt und verhindert, dass er durch die Klimamembran nach draußen verdampft. Das feuchte Shirt klebt unangenehm am Körper, von Wohlfühlklima keine Spur mehr. Gerade wenn man in den Bergen unterwegs ist und bei Auf und Ab der Pässetour von heißen Tälern immer wieder auf kalte Gipfel und zurück kurvt, kann die verkehrte Unterbekleidung den Spaß gründlich verleiden.

Der Fachhandel geht den Motorradfahrern längst an die Wäsche und bietet bequeme und gut funktionierende Unteranzüge, die je nach Bedarf warm halten oder den Schweiß abtransportieren. Die meisten Sets sehen richtig gut aus, sodass man während der Rast bedenkenlos die Jacke ablegen kann, ohne befremdete Blicke zu ernten. Die Unteranzüge gibt es für verschiedene Temperaturbereiche, einige speziell für den Sommer, andere für den Winter und/oder die Übergangszeit. Wofür man sich entscheidet, hängt davon ab, zu welcher Jahreszeit man am meisten fährt. Im Zweifel lieber zwei Sets kaufen, eins für die kühlen und mittleren Tage, eins für die sommerlichen Touren. Ein Tipp noch: Gar zu günstig sollte ein solcher Unteranzug nicht sein, denn sonst hapert es an seiner Funktionalität. Gute Sets aus langärmligem Shirt und langer Hose,

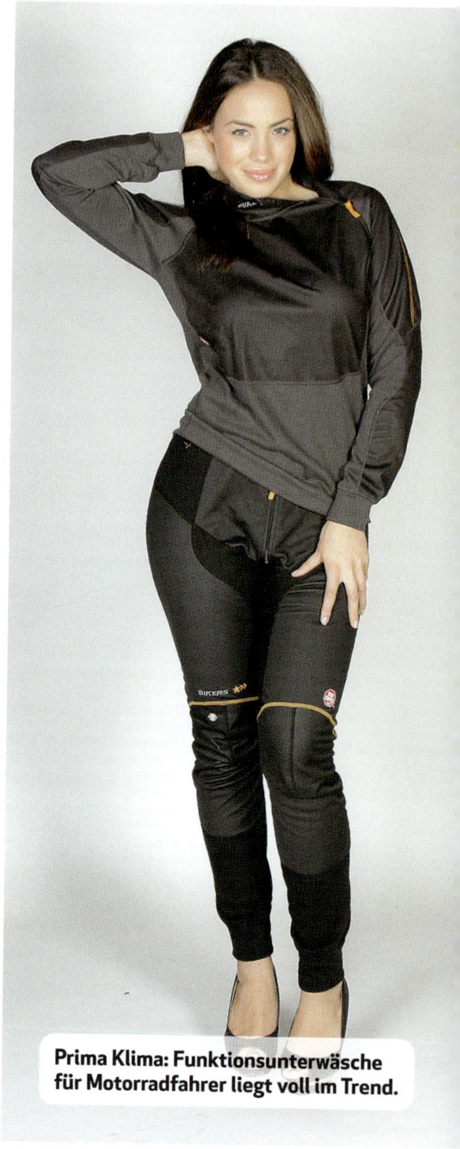

Prima Klima: Funktionsunterwäsche für Motorradfahrer liegt voll im Trend.

so fand MOTORRAD in seinem jüngsten Test heraus, beginnen bei etwa 90 bis 100 Euro.

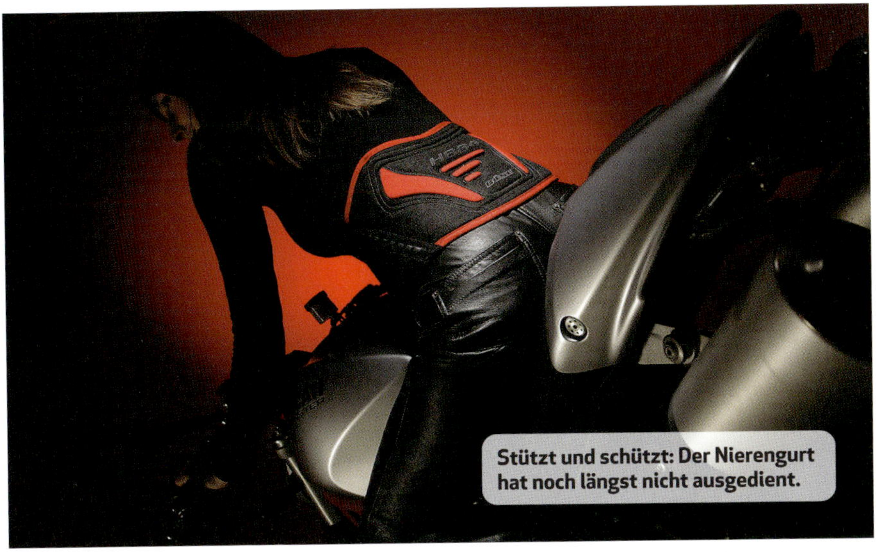

Stützt und schützt: Der Nierengurt hat noch längst nicht ausgedient.

Nierengurt

Selbst in Zeiten moderner Funktionsbekleidung für Motorradfahrer ist und bleibt der Nierengurt ein Evergreen. Früher war er Pflicht, denn er bedeckte die Stelle zwischen Jacke und Hose und verhinderte, dass der Rücken sich ungeschützt dem Fahrtwind darbot. Damit muss man dank der Verbindungsreißverschlüsse der Kombis heute nicht mehr rechnen, aber der Nierengurt hat weiter seine Daseinsberechtigung: Er stützt die Körpermitte und fixiert bei Bedarf auch den Rückenprotektor. Bei der sommerlichen Ausfahrt in winddurchlässiger Kleidung schützt er nach wie vor zuverlässig vor Zugluft.

Experten empfehlen, den Nierengurt aufgrund seiner stützenden Wirkung sogar unter einer Komplettmontur zu tragen. Je nach Jahreszeit sollte der Gurt unterschiedlich stark isolieren, weshalb man sich am besten zwei zulegt. Es gibt Nierengurte aus windabweisendem und sogar aus winddichtem Material für die kalten Tage, während Netzmaterial für ausreichend Belüftung an heißen Tagen sorgt. Ein Nierengurt für den Offroad-Einsatz sollte steife Einsätze und im Idealfall Lendenwirbelprotektoren aufweisen, da es bei ihm ganz besonders auf eine stützende und schützende Wirkung ankommt.

Regenkombis

Im Zeitalter von Klimamembranen für Textil- und Lederkombis sind die Regenhäute etwas aus der Mode gekommen. Doch es gibt sie noch, denn nicht jeder Motorradfahrer hat bereits eine hochmoderne Kombi, andere wollen bei Reisen in Länder mit Dauerregen-Gefährdung einfach auf Nummer sicher gehen.

Regenkombis gibt es als Ein- oder Zweiteiler. Wichtig sind bei beiden Varianten ein bequemer Einstieg mit Stiefeln; ausreichend lange Ärmel und Beine; ein hoher bequemer Kragen, der im Idealfall bis unter den Helm reicht; Außen- und Innentaschen; stramme Gummizüge; Weitenanpassungen, damit nichts flattert. Zum willkommenen Luxus zählen eine Sitzfläche mit Antirutsch-Beschichtung, Futter im Kragen oder eine Helmkapuze, damit auch wirklich kein Wasser in den Kragen läuft. Daneben stehen auch wasserdichte Überzieher für Handschuhe und Stiefel aus Latex, PVC oder Nylon zur Verfügung. Praktisch sind Kurzgurte mit Klettverschluss, die helfen, falls doch mal Beine oder Ärmel der Regenkombi unangenehm flattern. Für Wetter-Pessimisten, die selbst einem strahlend blauen Himmel nicht trauen, eignen sich winzig klein zusammenfaltbare Einweg-Kombis, die unter jede Sitzbank passen.

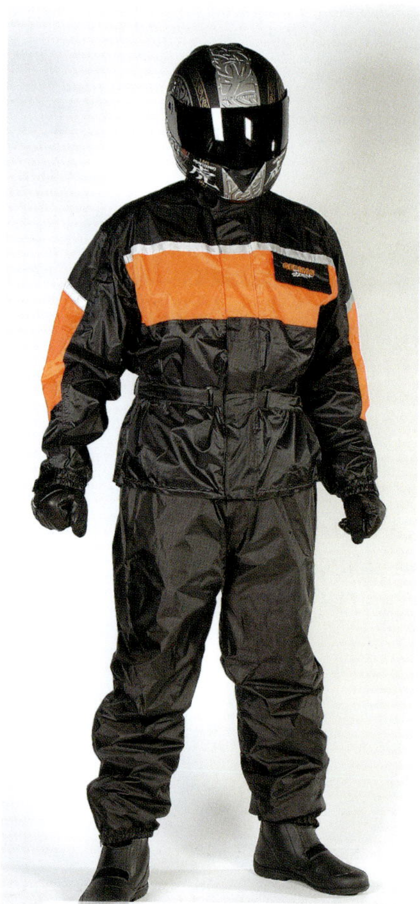

Da kann der Dauerregen kommen: Regenkombis sind zwar nicht sonderlich schön, aber nützlich.

6.2.7. Motorradbekleidung für Frauen

Ein richtig großes eigenes Kapitel braucht dieses Thema nicht, denn grundsätzlich gelten all unsere Tipps und Vorschläge für motorradfahrende Männer und Frauen gleichermaßen. Allerdings sind die Zeiten, da Frauen mit Männerkombis vorlieb nehmen mussten, endgültig vorbei. Wenn Frau keine passende Kombi beim bevorzugten Hersteller findet, dann lieber auf eine andere Marke ausweichen. Eine Männerkombi sitzt nie richtig, denn entweder kneift die Hose an Oberschenkeln und Hüfte

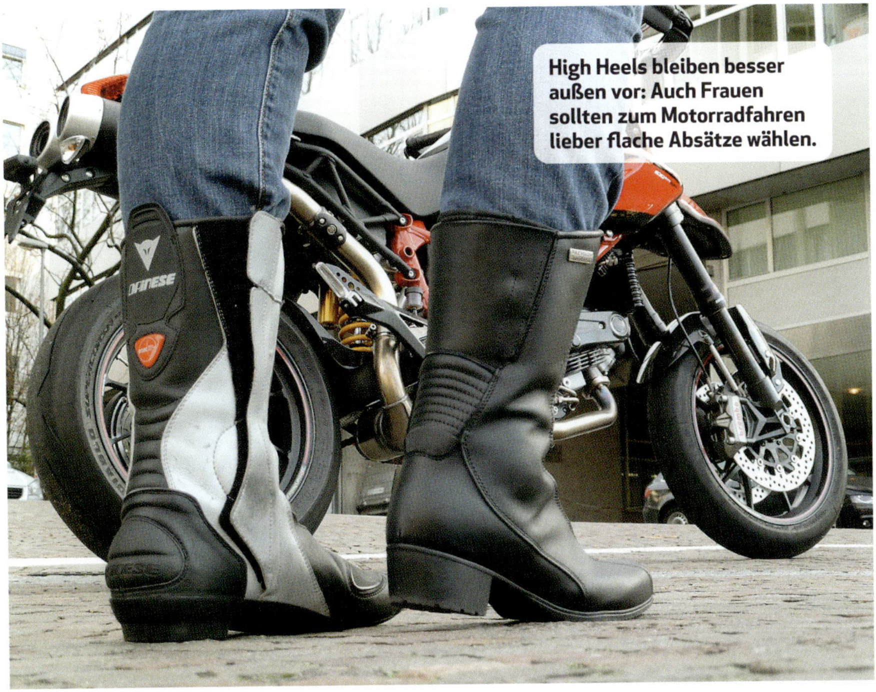

High Heels bleiben besser außen vor: Auch Frauen sollten zum Motorradfahren lieber flache Absätze wählen.

oder sie ist in der Taille viel zu weit. Die Jacke wiederum hängt traurig von den Schultern und quetscht dafür den Busen platt.

Es gibt inzwischen genügend Hersteller, die weibliche Kundschaft berücksichtigen und passende Bekleidung anbieten, von Protektorenwesten für Frauen bis zum Damenstiefel. Zum Thema Stiefel noch ein Tipp: Auch wenn Sie nicht zu den Walküren unter den motorradfahrenden Frauen gehören, sollten Sie auf die hohen Absätze, die einige Hersteller ihren Damenstiefeln verpassen, verzichten. Für besseren Halt auf der Raste und im Zweifel besseren Stand bei einem Ausrutscher sorgen flache Absätze. Einen Trick für ein paar Zentimeter mehr Körpergröße gibt es trotzdem: Manche Damenstiefel bieten eine Sohlenerhöhung im Innern, die mehr Sicherheit im Stand verleiht.

6.2.8. Tipps für den Winter

Wer bereits zu den harten Winterfahrern zählt, weiß es längst: Hier gilt nach wie vor das Zwiebelprinzip. Direkt am Körper sollte man eine schweißabsorbierende Unterwäsche tragen, darüber kommt eine zweite Schicht aus winddichtem Stoff. Dazu trägt man zwei Paar Socken sowie wasserdichte, gefütterte Handschuhe mit dünnen Unterhandschuhen; so bleibt das Gefühl für Kupplung und Bremse erhalten, während es mit superdicken Fäustlingen leicht verloren geht. Weiterer Trick: Nierengurte mit Wärmekissen, die rund eine Stunde lang die Körpermitte mollig warm halten.

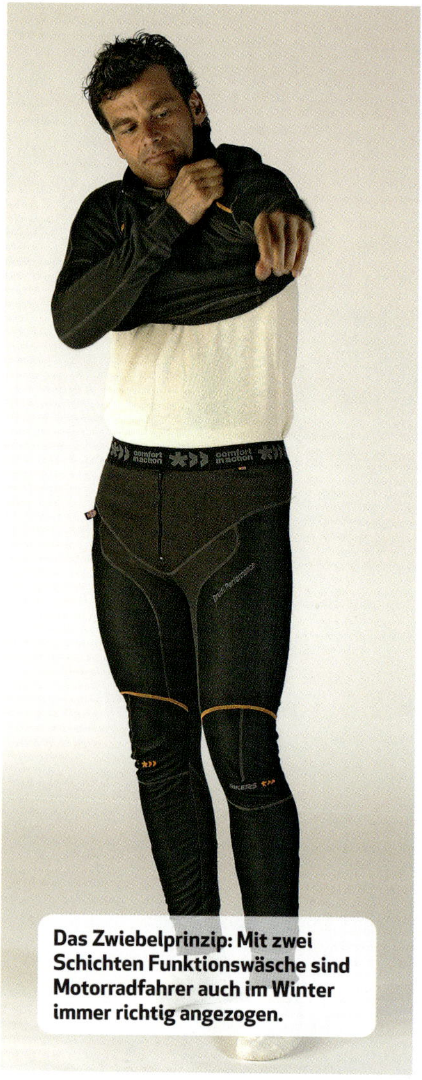

Das Zwiebelprinzip: Mit zwei Schichten Funktionswäsche sind Motorradfahrer auch im Winter immer richtig angezogen.

Daneben gibt es natürlich viele elektronische Helferlein, von Heizgriffen über beheizbare Sitzbänke, von Stiefelwärmern bis hin zum elektrisch beheizten und damit beschlagfreien Visier.

6.3. Gepäcksysteme und Rucksäcke

Wer mit seinem Motorrad auf Tour gehen will – und wer will das nicht? – braucht Stauraum. Die wenigsten Motorradfahrer verreisen nur mit der viel zitierten Kreditkarte in der Brieftasche. Die Touren- oder Lederkombi mag funktionell sein, beim Abendessen im Hotel wirkt sie aber fehl am Platz, zudem mangelt es ihr an Bequemlichkeit.

6.3.1. Gepäcksysteme

Also her mit den Koffern, Packtaschen, Gepäckrollen und Tankrucksäcken. Es gibt sie in zahlreichen Varianten, Formen und Farben; zur »Anprobe« auf jeden Fall das Motorrad mitnehmen. Viele Hersteller bieten speziell auf ihre Maschinen zugeschnittene Gepäcksysteme an, allerdings meist zu gepfefferten Preisen.

Zu unterscheiden ist grundsätzlich zwischen Systemen mit starrem Gepäckträger und Softgepäck, das direkt an der Maschine verzurrt wird. Erstere sind stabiler, Letztere flexibler anzubringen und meist auch für Sportmotorräder mit hochgelegtem Auspuff geeignet.

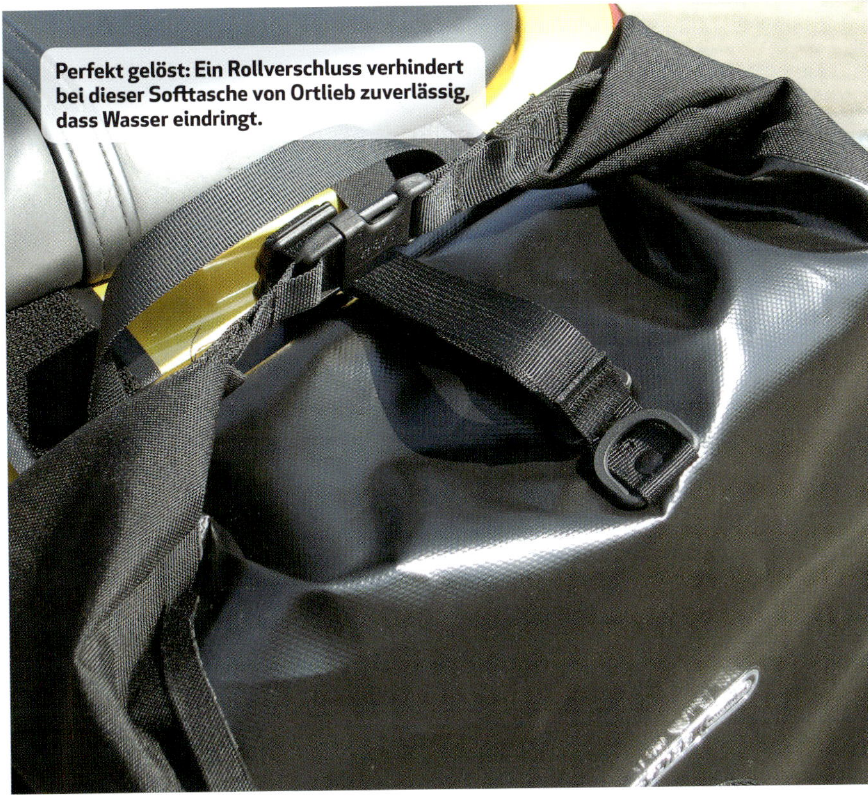

Perfekt gelöst: Ein Rollverschluss verhindert bei dieser Softtasche von Ortlieb zuverlässig, dass Wasser eindringt.

Koffer mit Hartschale gelten als wasserdicht – aber auch da gibt es Ausnahmen. Bei Softgepäck sollten die Verschlüsse gut gegen Wasser geschützt sein, sonst droht am Abend beim Auspacken eine nasse Überraschung. Prima eignen sich hier Rollverschlüsse. Reise-Experten verpacken ihr Gepäck generell erst in Plastiktüten oder besser in Kofferinnentaschen, bevor sie es in Koffer oder Tasche verstauen.

Weiche Satteltaschen brauchen an neuralgischen Punkten eine hitzefeste Verstärkung, sonst brennen heiße Auspuffanlagen schnell ein Loch hinein. Ebenfalls aus hitzeresistentem Material sollten Haken, Ösen und Zurrriemen bestehen. Weil unterwegs gewaltige Kräfte an den Softbags zerren, sollten sich Reißverschlüsse gegen ungewolltes Öffnen sichern lassen, sonst landet der Tascheninhalt möglicherweise auf der Straße. Bei Softgepäck, das ohne Träger direkt am Motorrad festgemacht wird, hilft eine rutschfeste Beschichtung an der Innenseite. Die weichen Gepäckstücke können allerdings durch feine Schwingungen den Lack schädigen. Deshalb darunter – ebenso wie unter dem Tankrucksack – eine spezielle Klebefolie anbringen.

Tankrucksäcke gibt es in unterschiedlichen Größen. In der Regel lässt sich ihr Volumen per Rundumreißverschluss variieren. Zur Minimalausstattung gehören ein Kartenfach und eine Regenhaube, die den Durchblick auf die Karte ermöglichen sollte. Praktisch sind ein Tragegriff, seitliche Fächer für Kleinigkeiten wie Brille und Hausschlüssel. Oft werden auch spezielle Fächer fürs Navi angeboten, doch das sitzt besser direkt am Motorrad. Viele Tankrucksäcke lassen sich mit Magneten befestigen. Nur schade, dass sie auf Tanks aus Kunststoff oder Aluminium keinen Halt finden. Alternativ gibt es für solche Tanks Saugnäpfe oder Kletthalterungen. Schwerbepackte Tankrucksäcke sollte man anderen Befestigungsmöglichkeiten zum Trotz aber auf jeden Fall zusätzlich mit Riemen sichern: Wenn das Teil verrutscht, gerät die ganze Fuhre in Gefahr. Vorsicht bei Magnet-Tankrucksäcken mit Speicherchips von Digitalkameras, EC- und Kreditkarten: Das Magnetfeld kann sie beschädigen.

Rucksäcke

Jeder Motorradfahrer hat mindestens einen: Für den Krimskrams, der auf den Kurztrip oder auf dem Weg zur Schule, Uni oder ins Büro mit muss, ist ein Rucksack unerlässlich. Idealerweise bringt er Hüft- und Brustgurt mit, nur so lässt er sich sicher auf dem Rücken befestigen, ohne ständig zu verrutschen oder gar Unruhe in die Fahrt zu bringen. 20 bis 40 Liter sollte ein normaler Rucksack fassen, denn mehr als etwa sieben bis acht Kilogramm sollte man seinem Rücken über längere Zeit nicht zumuten. Zwar gibt es auch riesige Reiserucksäcke, doch sie schränken die Bewegungsfreiheit auf dem Motorrad stark ein; dann lieber doch zur Gepäckrolle greifen. Harte Gegenstände wie Glasflaschen, Dosen oder Fotoapparat gehören nicht in den Rucksack, denn sie erhöhen die Verletzungsgefahr bei einem Sturz. Die schwersten Sachen kommen immer nach unten. Doppelreißverschlüsse sitzen während der Fahrt unten oder auf der Seite; schließt man sie oben, können sie sich durch Verwirbelungen öffnen, und schon verschwindet die Brieftasche im Nirwana des Straßengrabens.

Zur Ausstattung: Der Rucksack sollte aus wasserdichtem Material bestehen oder über eine Regenhaube verfügen. Zahlreiche Außenfächer sind praktisch, vergrößern aber die Möglichkeit, dass bei Regen Wasser eindringt. Breite, gepolsterte Schultergurte erhöhen den Komfort, ebenso ein Rückenpolster. Es gibt außerdem Motorradrucksäcke für spezielle Anforderungen, beispielsweise mit integriertem, gepolstertem Laptop-Fach oder mit Helmnetzen, die man bei Bedarf anbringt, wenn man als Fußgänger unterwegs ist.

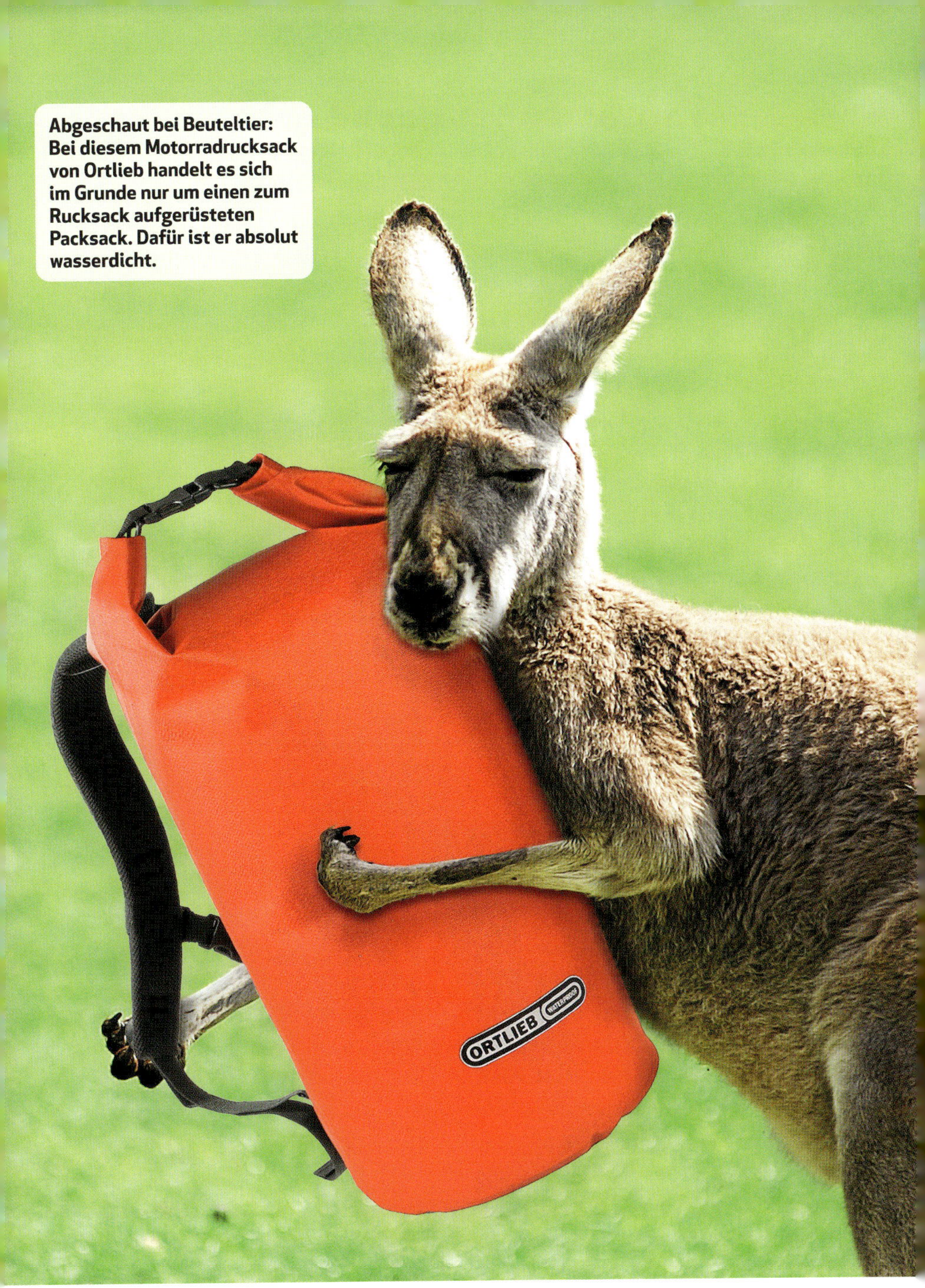

Abgeschaut bei Beuteltier: Bei diesem Motorradrucksack von Ortlieb handelt es sich im Grunde nur um einen zum Rucksack aufgerüsteten Packsack. Dafür ist er absolut wasserdicht.

6.4. Was man sonst noch brauchen kann: Navi, Handy & Co.

Technisches Zubehör zum Motorradfahren liegt stapelweise in den Läden. Doch an der Frage, was nun wirklich nötig ist, scheiden sich die Geister. Während die einen immer sofort das allerneueste technische Spielzeug auf ihrem Motorrad installieren, fahren Puristen weiterhin nach der Landkarte im Tankrucksack und ohne jegliche Art von Headset oder Gegensprechanlage. Gerade wer beruflich ohnehin viel kommuniziert, mag ganz froh sein, wenn er mal nicht erreichbar ist. Die Ausrede: »Tut mir leid, ich war mit dem Motorrad in den Bergen unterwegs, und da klappt das mit dem Empfang nicht überall«, ist jedenfalls prima und klingt auch noch höchst dynamisch.

Fest steht: Zumindest in Westeuropa kommt man überall ohne ständige Handy-Verbindung zu den Zuhausegebliebenen und auch ohne Navi prima klar. Anders liegt der Fall bei Wüstenfahrern und Fernreisenden, denn dort kann sich eine GPS-Ortung als lebensrettend erweisen.

Nachdem nun also geklärt ist, dass in dieser Frage jeder nach eigenem Gusto entscheiden darf, ohne sich als Steinzeit-Motorradfahrer oder als überrüsteter Techno-Freak fühlen zu müssen, können wir uns den praktischen Aspekten der elektronischen Helferlein zuwenden.

6.4.1. Navigationssysteme

Die Technik macht in diesem Bereich Riesenschritte nach vorn. Elementar für den Spaß am Navi auf dem Motorrad sind folgende Punkte:

Das Navi sollte speziell für Motorräder ausgelegt sein. Die Auswahl ist wegen der geringeren Nachfrage allerdings längst nicht so groß wie bei Systemen für Auto, und deutlich mehr Geld kosten sie meist noch dazu. Klar lässt sich ein billiges Auto-Navi irgendwie ans Motorrad pfriemeln, aber dann ist Ärger vorprogrammiert, denn der Fahrspaß erhöht sich nicht, sondern wird einem regelrecht vergällt. Und das ist ja nicht gerade der Sinn der Sache.

Besondere Bedeutung kommt einem robusten, wetterfesten Gehäuse zu, Sie sollten darauf achten, dass das Navi den IPX-7-Standard erfüllt. Geräte mit IPX-4-Standard hingegen schützen nur gegen Spritzwasser und eignen sich daher nicht fürs Motorrad. Tankrucksack-Adapter stellen nur eine Notlösung dar, denn eine gute Draufsicht oder gar eine Bedienung mit Handschuhen klappt so nicht. Deshalb sollte das Motorrad-Navi bereits ab Werk eine gute Halterung mitbringen, die das Gerät mit Bordstrom versorgt. Wer sich nur auf den Akku verlässt, steht möglicherweise gerade dann, wenn die Tour am schönsten wird, mangels Strom ohne Navi da. Deswegen muss man die Tour zwar nicht abbrechen – aber es nervt.

Weitere generelle Kaufkriterien fürs Motorrad-Navi: Bedienung mit Handschuhen, kontrastreicher Bildschirm auch bei Sonneneinfall und ein SD-Kartenschacht, damit sich Touren, etwa vom MOTORRAD-Tourenplaner, laden lassen.

6.4.2. Smartphones

Wenig für die Motorradnavigation eignen sich gängige Smartphones. Die Teile sind in der Regel nicht dafür gemacht, auf dem Motorrad in einer Halterung ihr Leben zu fristen. Die Schläge sowie die Wind- und Wettereinflüsse, die sie dort einstecken müssen, machen ihnen meist vorzeitig den Garaus. Und ob der Hersteller in solchen Fällen die Garantie übernimmt, ist mehr als fraglich.

6.4.3. Kommunikationssysteme

Mittlerweile ein weites Feld. Von Bluetooth-Headsets für die kabellose Verbindung zum Handy über Gegensprechanlagen für Fahrer und Beifahrer bis zur Funkkommunikation von Motorrad zu Motorrad ist alles geboten, und zwar mit speziell flachen Kopfhörern, die selbst unter enge Helme passen. Nötig sind Headsets auf jeden Fall, wenn man mit Navi unterwegs ist, denn sonst verpasst man die Anweisungen. Die Kommunikation von Motorrad zu Motorrad erweist sich als extrem nützlich, wenn größere Gruppen auf Tour gehen; beim Kauf sollte man aber auf die Reichweite und auf die Anzahl der möglichen Teilnehmer achten. Komfortabel ist außerdem eine automatische Anpassung der Lautstärke, sonst wird die Ansage durch Wind- und Verkehrsgeräusche irgendwann unverständlich – oder brüllt einem beim Halt an der Kreuzung schmerzhaft in die Ohren.

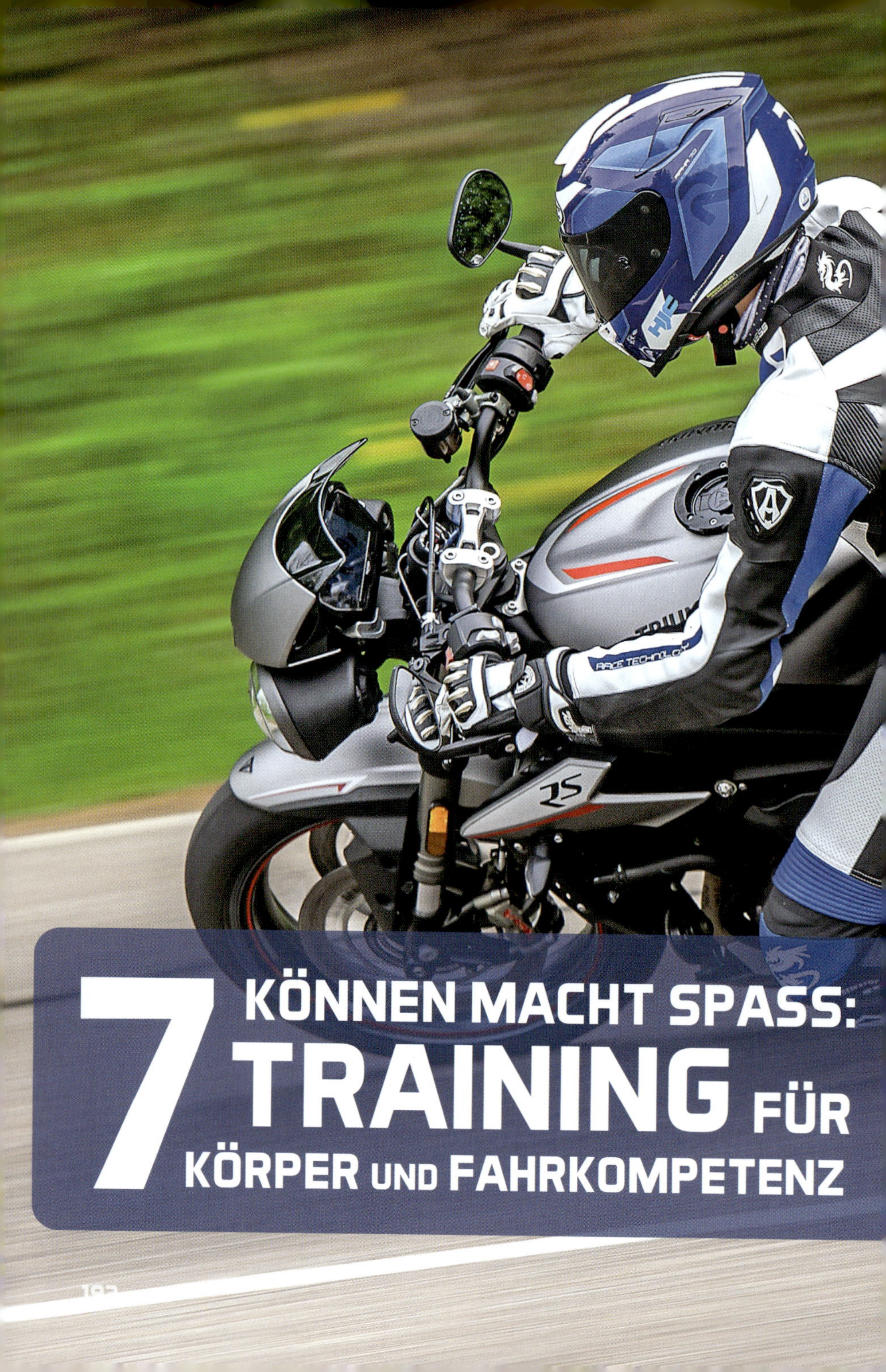

7 KÖNNEN MACHT SPASS: TRAINING FÜR KÖRPER UND FAHRKOMPETENZ

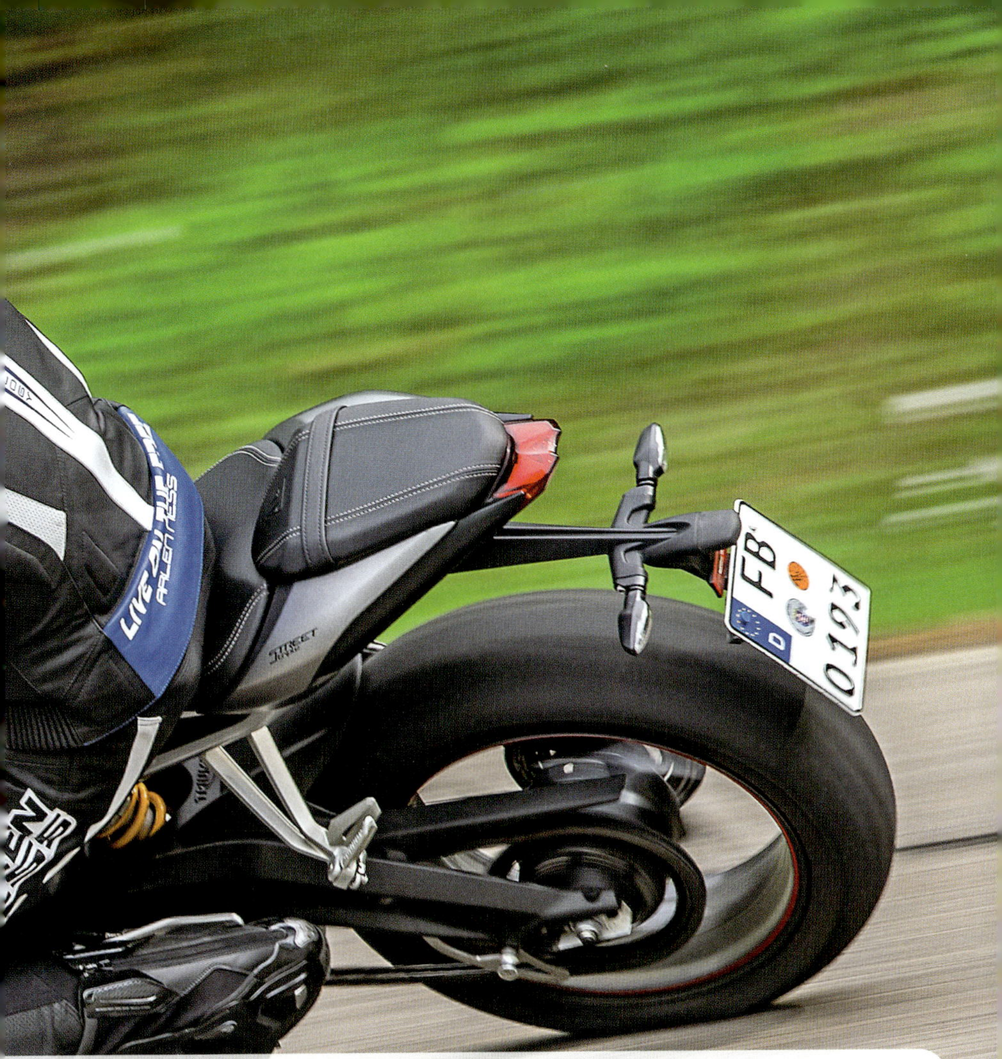

Um der Perfektion auf dem Motorrad möglichst nahe zu kommen, muss man trainieren – natürlich das Motorradfahren selbst, aber auch die körperliche Fitness sollte trainiert werden. Rennfahrer verfolgen dabei einen ausgeklügelten, individuell abgestimmten Trainingsplan, denn sie betreiben echten Hochleistungssport. Doch auch ganz normale Motorradfahrer sollten das Fitnesstraining nicht außen vor lassen, denn selbst ein simpler Kurztrip auf dem Motorrad fordert Körper und Psyche deutlich stärker und vor allem ganz anders als eine Urlaubsreise im Cabrio. Tipps zum mentalen Training finden sich im Kapitel 5.

7.1. Fit muss man sein: Fitnesstraining für Motorradfahrer

Wer körperlich fit ist, hat mehr vom Motorradfahren. Man bleibt entspannt und konzentriert, wird nicht so schnell müde und macht folgerichtig weniger Fehler. Zudem ist bei einem Sturz das Verletzungsrisiko geringer. Deshalb sollte man die in unseren Breiten lange Winterpause nutzen, um sich körperlich fit zu machen. Am besten eignet sich dafür ein gutes Fitnessstudio, denn dort stehen entsprechende Geräte zur Verfügung, erfahrene Trainer stimmen das Programm auf die individuellen Bedürfnisse und Ansprüche ab.

Ein Standard-Fitnessprogramm für Motorradfahrer gibt es nicht, denn dafür sind Fahrer und Maschinen zu unterschiedlich, doch ein paar Grundregeln gelten generell. Wie bei jedem Training steht außerdem am Anfang eine Aufwärm-, am Schluss eine Cool-down-Phase. Übertreiben sollte man es außerdem auch nicht, denn sonst schadet das Training mehr als es nutzt. Unsere Übungen wurden mit Hilfe des erfahrenen Sportwissenschaftlers Jowa Bacher aus Bergisch Gladbach zusammengestellt.

7.1.1. Ausdauer

Ausdauer ist die Grundlage für den wahren Genuss auf der Motorradtour. Ein entsprechendes Training kräftigt Herz und Kreislauf und fördert Konzentration und Leistungsfähigkeit. Die Ausdauer kann man natürlich auch außerhalb eines Fitnessstudios trainieren, etwa beim Joggen oder natürlich beim Radfahren.

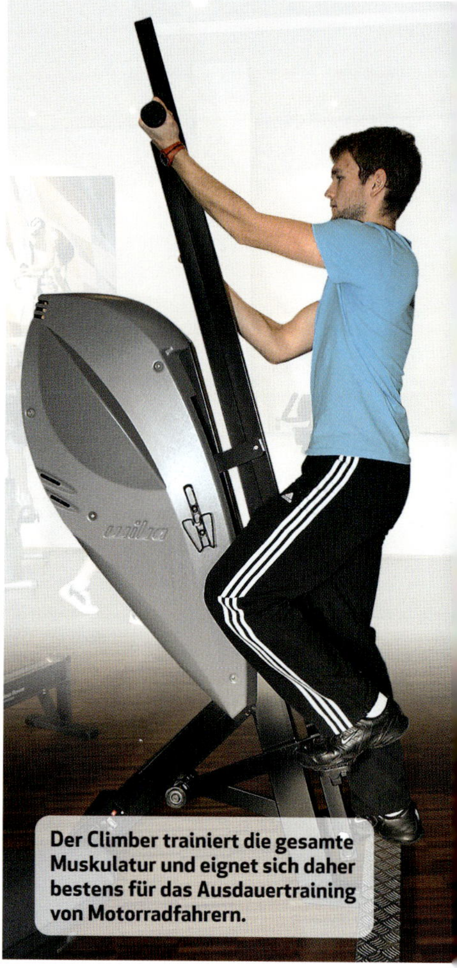

Der Climber trainiert die gesamte Muskulatur und eignet sich daher bestens für das Ausdauertraining von Motorradfahrern.

Im Studio selbst eignen sich zum Ausdauertraining für Motorradfahrer besonders Geräte, die man in aufrechter Körperhaltung benutzt, beispielsweise Climber, Crosstrainer, Stepper oder Laufband. Schließlich ist Motorradfahren trotz allem eine vorwiegend sitzende Tätigkeit, daher ist es ratsam, beim Training nicht auch noch zu sitzen.

7.1.2. Körperkoordination und Gleichgewicht

Anders als beim Autofahren kommt beim Motorradfahren der ganze Körper zum Einsatz, um die Maschine perfekt über die Strecke zu dirigieren. Hände und Füße übernehmen zudem unterschiedliche Aufgaben wie Bremsen, Kuppeln und Schalten. Je besser alle nötigen Bewegungsabläufe koordiniert werden, desto weniger Kraftaufwand und Konzentration erfordern sie. Die Reaktionen werden schneller, der Fahrer ermüdet weniger, die Unfallgefahr verringert sich.

Die nötige Koordination lässt sich am besten auf einem instabilen Untergrund trainieren, denn dann muss der Körper ums Gleichgewicht ringen. Auch dafür stehen in Fitnessstudios Geräte zur Verfü-

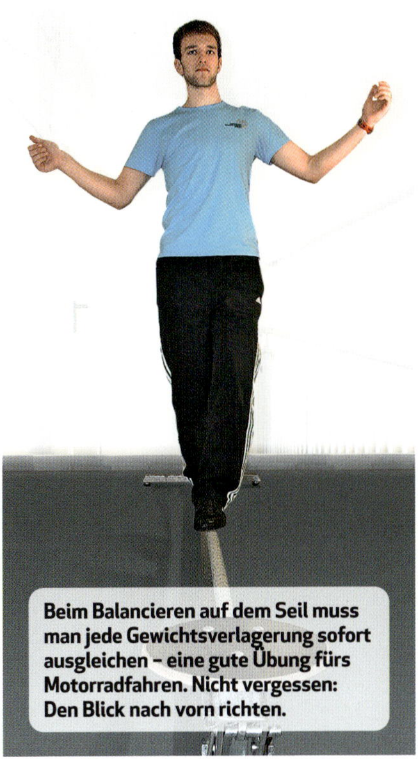

Beim Balancieren auf dem Seil muss man jede Gewichtsverlagerung sofort ausgleichen – eine gute Übung fürs Motorradfahren. Nicht vergessen: Den Blick nach vorn richten.

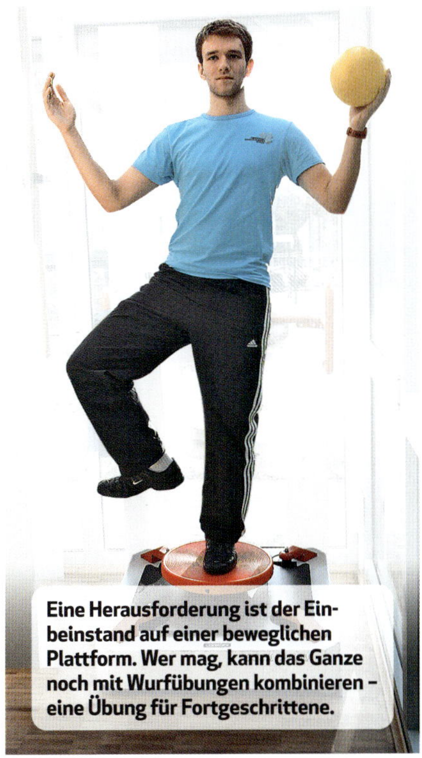

Eine Herausforderung ist der Einbeinstand auf einer beweglichen Plattform. Wer mag, kann das Ganze noch mit Wurfübungen kombinieren – eine Übung für Fortgeschrittene.

gung, beispielsweise bewegliche Plattformen. Wer nicht ins Studio will, kann aber auch einfach den Einbeinstand oder das Balancieren üben.

7.1.3. Krafttraining für bessere Haltung

Keine Frage: Fast alle Motorradfahrer sitzen falsch, zumindest nach einer gewissen Zeit auf der Maschine. Der Kopf ist meist zu weit vorgestreckt, die Schultern sind oft hochgezogen, und bei fast allen sorgt ein Rundrücken für ein nicht gerade dynamisches Aussehen. Auch diese Haltungsfehler lassen sich im Fitnessstudio sozusagen wegtrainieren oder zumindest eindämmen. Zudem reduziert ein gezieltes Muskeltraining die Verletzungsgefahr, falls es zum Sturz kommt.

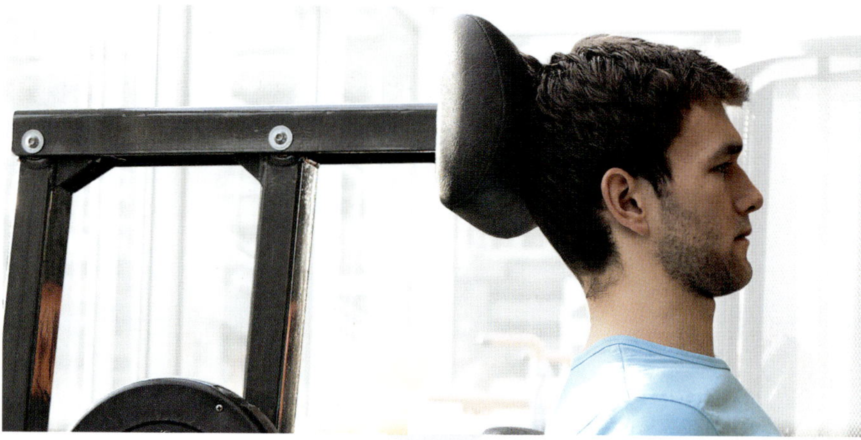

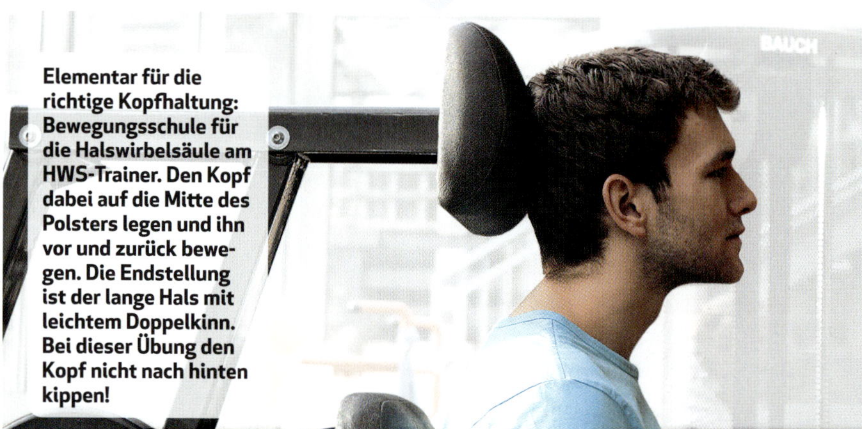

Elementar für die richtige Kopfhaltung: Bewegungsschule für die Halswirbelsäule am HWS-Trainer. Den Kopf dabei auf die Mitte des Polsters legen und ihn vor und zurück bewegen. Die Endstellung ist der lange Hals mit leichtem Doppelkinn. Bei dieser Übung den Kopf nicht nach hinten kippen!

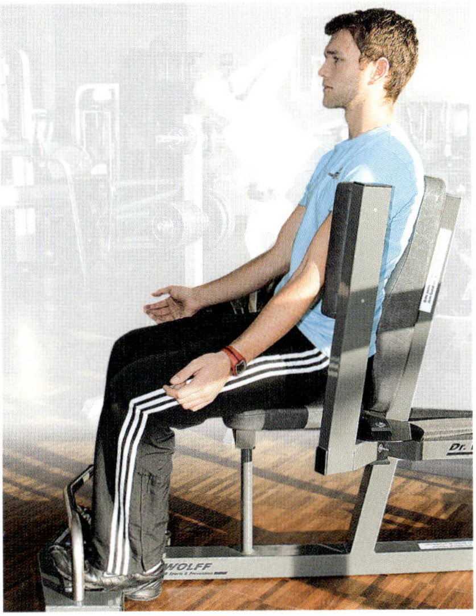

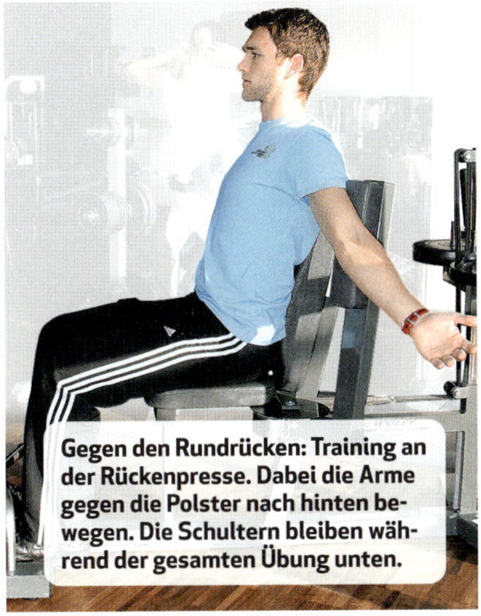

Gegen den Rundrücken: Training an der Rückenpresse. Dabei die Arme gegen die Polster nach hinten bewegen. Die Schultern bleiben während der gesamten Übung unten.

7.1.4. Training für spezielle Muskelpartien

Druck auf den Lenker, Greiftraining oder die typische Haltung auf dem Motorrad sind Übungen, die in üblichen Fitnessprogrammen nur selten vorkommen. Hier ein paar Tipps, wie Sie die entsprechenden Muskelpartien speziell trainieren können:

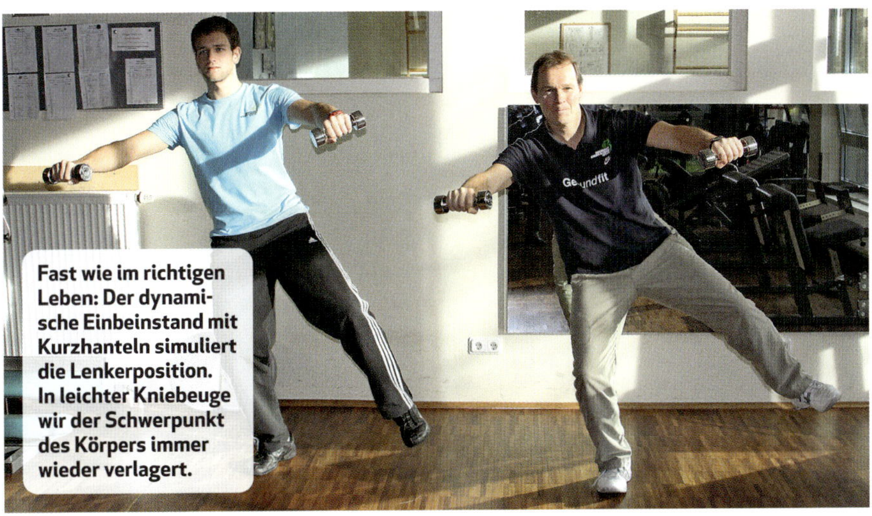

Fast wie im richtigen Leben: Der dynamische Einbeinstand mit Kurzhanteln simuliert die Lenkerposition. In leichter Kniebeuge wir der Schwerpunkt des Körpers immer wieder verlagert.

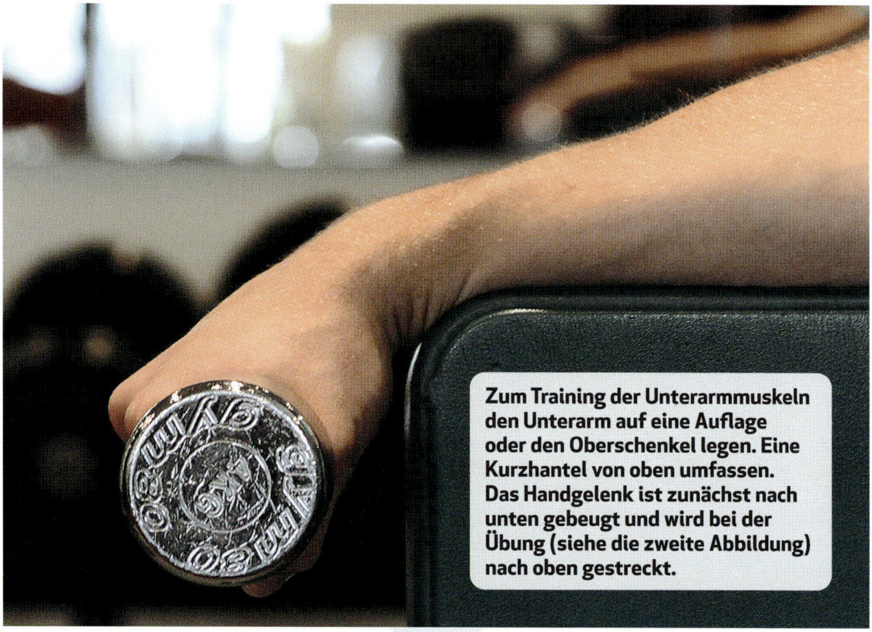

Zum Training der Unterarmmuskeln den Unterarm auf eine Auflage oder den Oberschenkel legen. Eine Kurzhantel von oben umfassen. Das Handgelenk ist zunächst nach unten gebeugt und wird bei der Übung (siehe die zweite Abbildung) nach oben gestreckt.

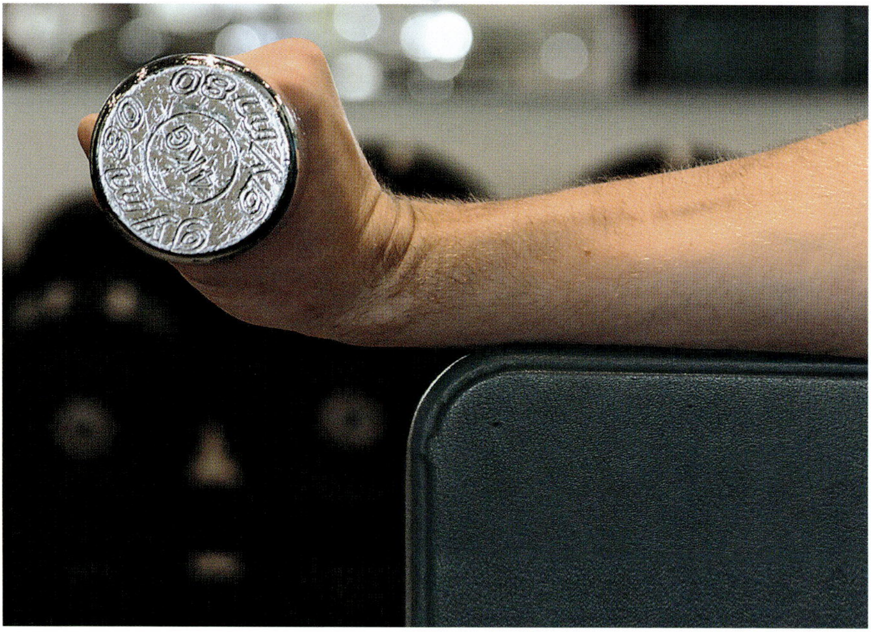

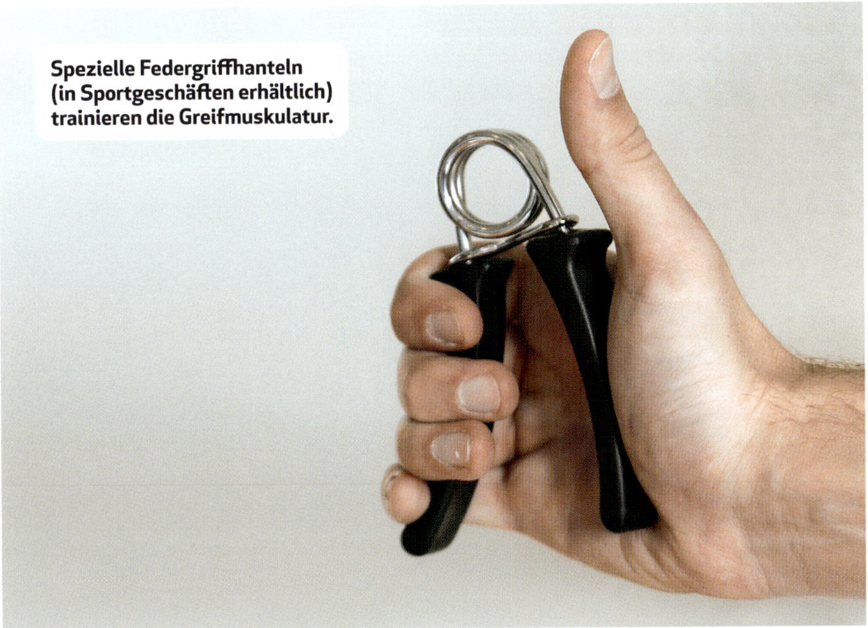

Spezielle Federgriffhanteln (in Sportgeschäften erhältlich) trainieren die Greifmuskulatur.

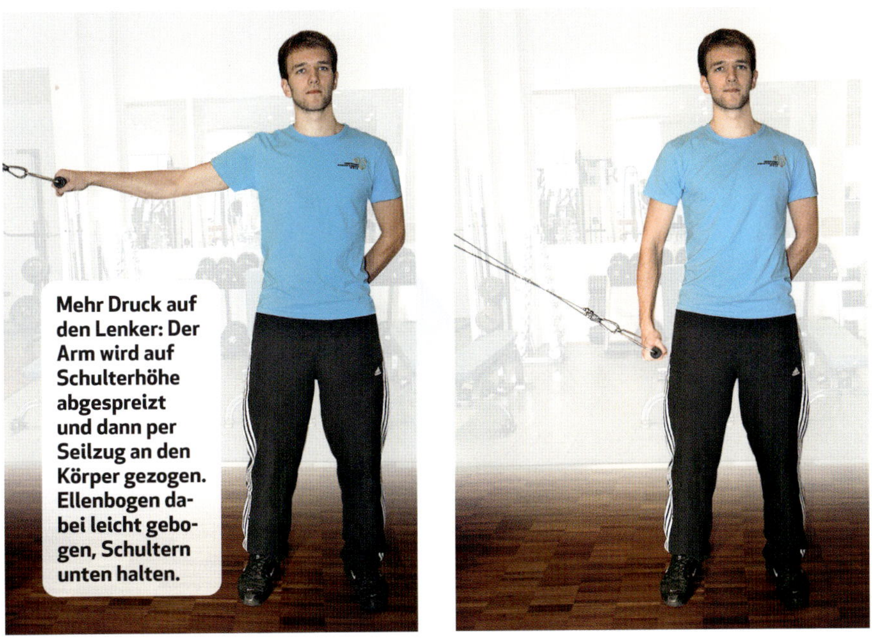

Mehr Druck auf den Lenker: Der Arm wird auf Schulterhöhe abgespreizt und dann per Seilzug an den Körper gezogen. Ellenbogen dabei leicht gebogen, Schultern unten halten.

7.2. Mach mal Pause

Motorradfahren ist anstrengend. Deshalb sollte man im Grunde jede Stunde, spätestens aber alle zwei Stunden eine Pause machen. Beim »Strecke machen« lässt sich das oft nicht durchhalten; dann greifen unsere Entspannungsübungen während der Fahrt (siehe nächstes Kapitel 7.3.).

Bin ich aber unterwegs um der Touren willen, ist es sehr empfehlenswert, einmal pro Stunde anzuhalten. Und zwar nicht nur, um zu tanken oder auf die Toilette zu gehen, sondern um ganz bewusst zu entspannen. Am besten sucht man sich dafür ein schönes Plätzchen etwas abseits, genießt die Landschaft und den Anblick des Motorrads. Für solche Momente fahren wir schließlich, oder? Eine Erlebnispause hilft ungemein, sich zu regenerieren.

Optimieren lässt sich eine solche Genuss-Pause noch durch kleine Fitness-Übungen: Ein paar Meter gehen, 50 Meter locker joggen, den Körper recken und strecken.

Gut tut eine Übung für die Halswirbelsäule: Über die rechte Schulter zur Seite schauen, den Kopf im Halbkreis nach vorne unten zur anderen Seite kreisen lassen, über die linke Schulter schauen.

Außerdem sehr effektiv: Augen schließen und Grimassen schneiden. Das entspannt die Gesichtsmuskeln und versorgt zusätzlich die Augen mit Tränenflüssigkeit, die sich wie ein Schutzfilm über die Hornhaut legt und das Sehen verbessert.

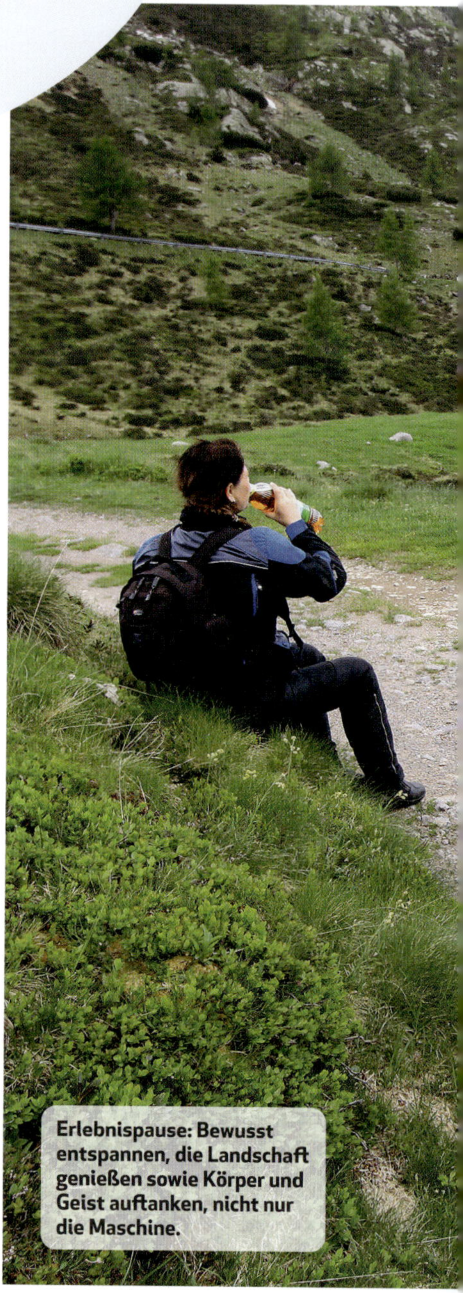

Erlebnispause: Bewusst entspannen, die Landschaft genießen sowie Körper und Geist auftanken, nicht nur die Maschine.

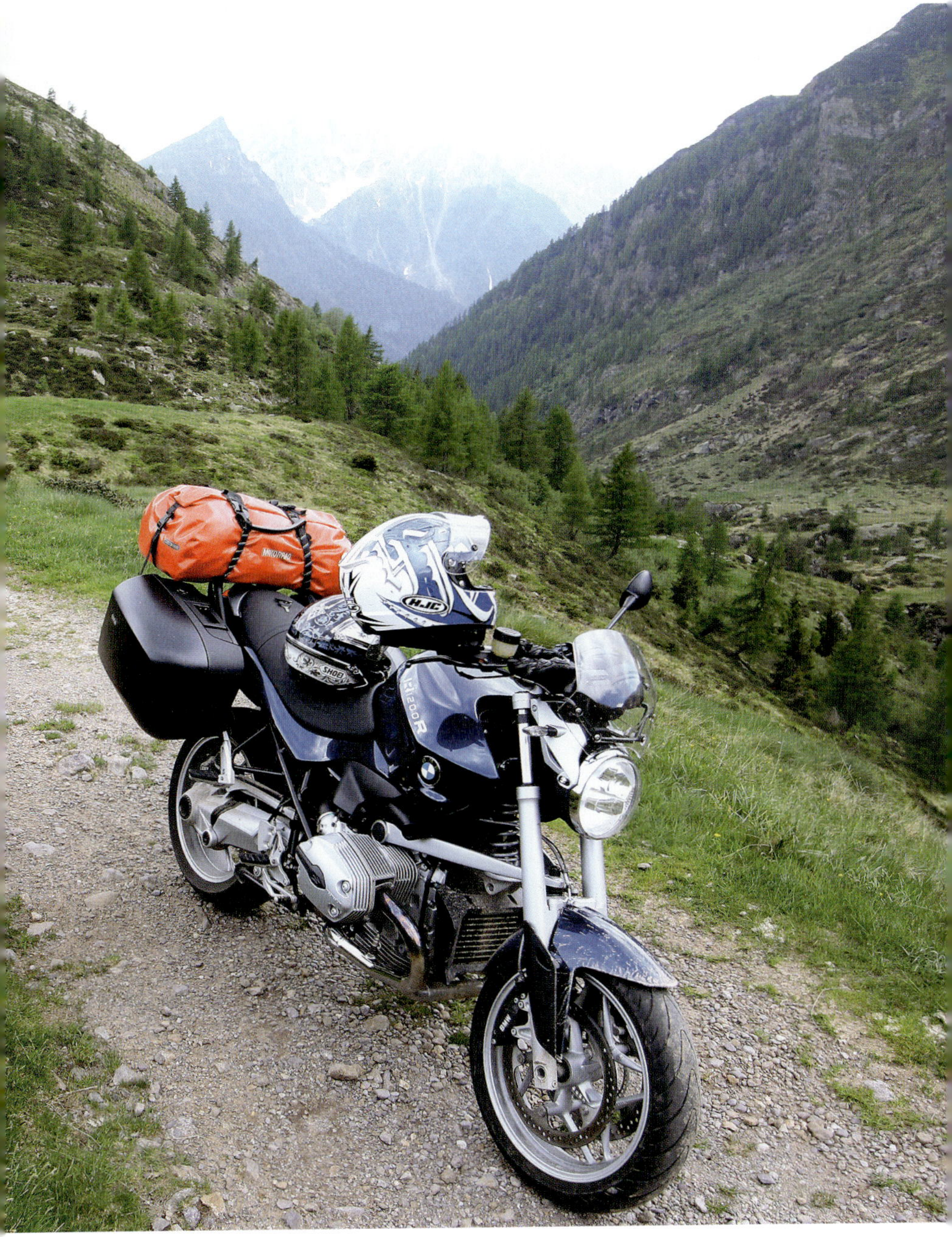

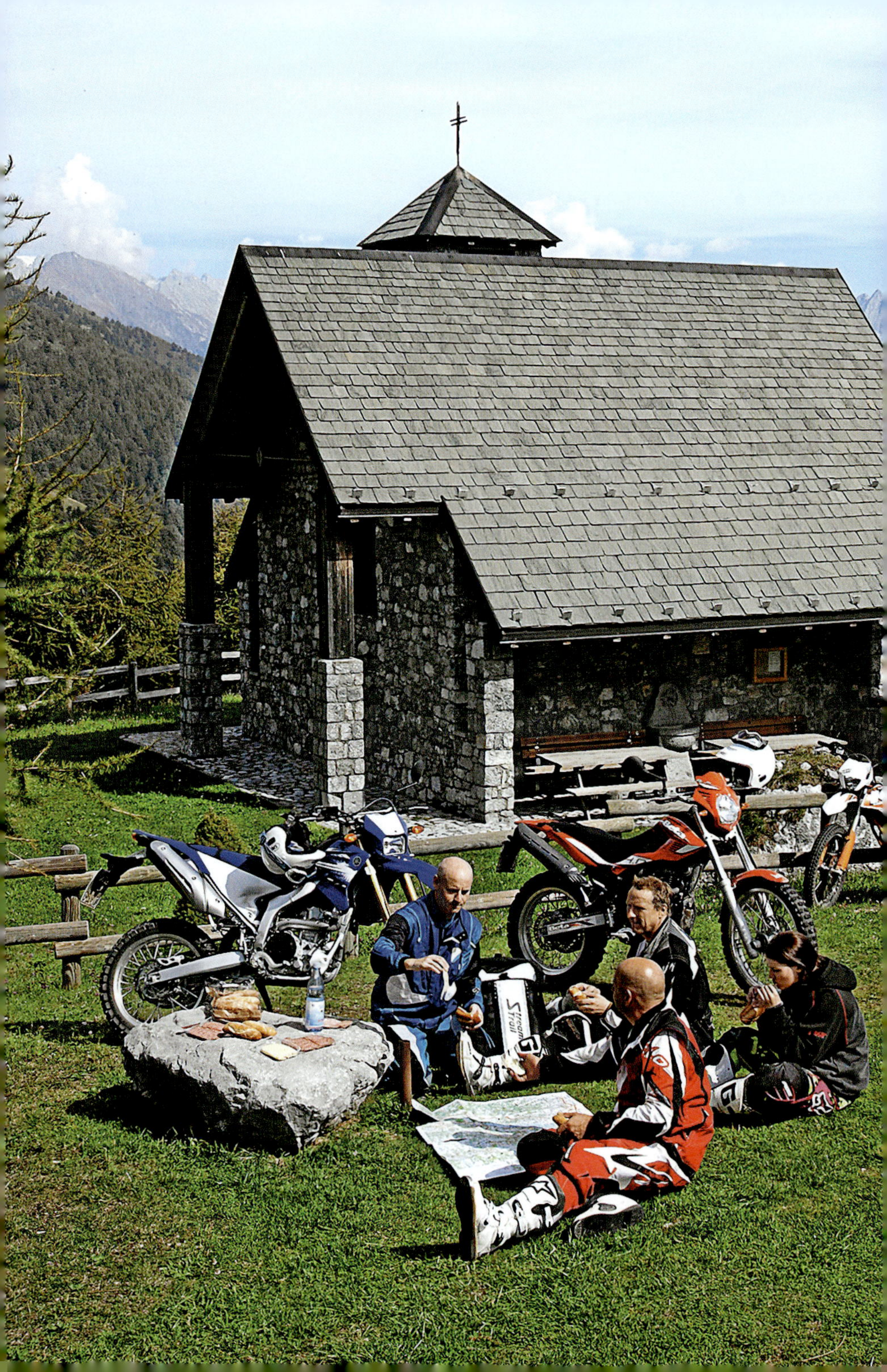

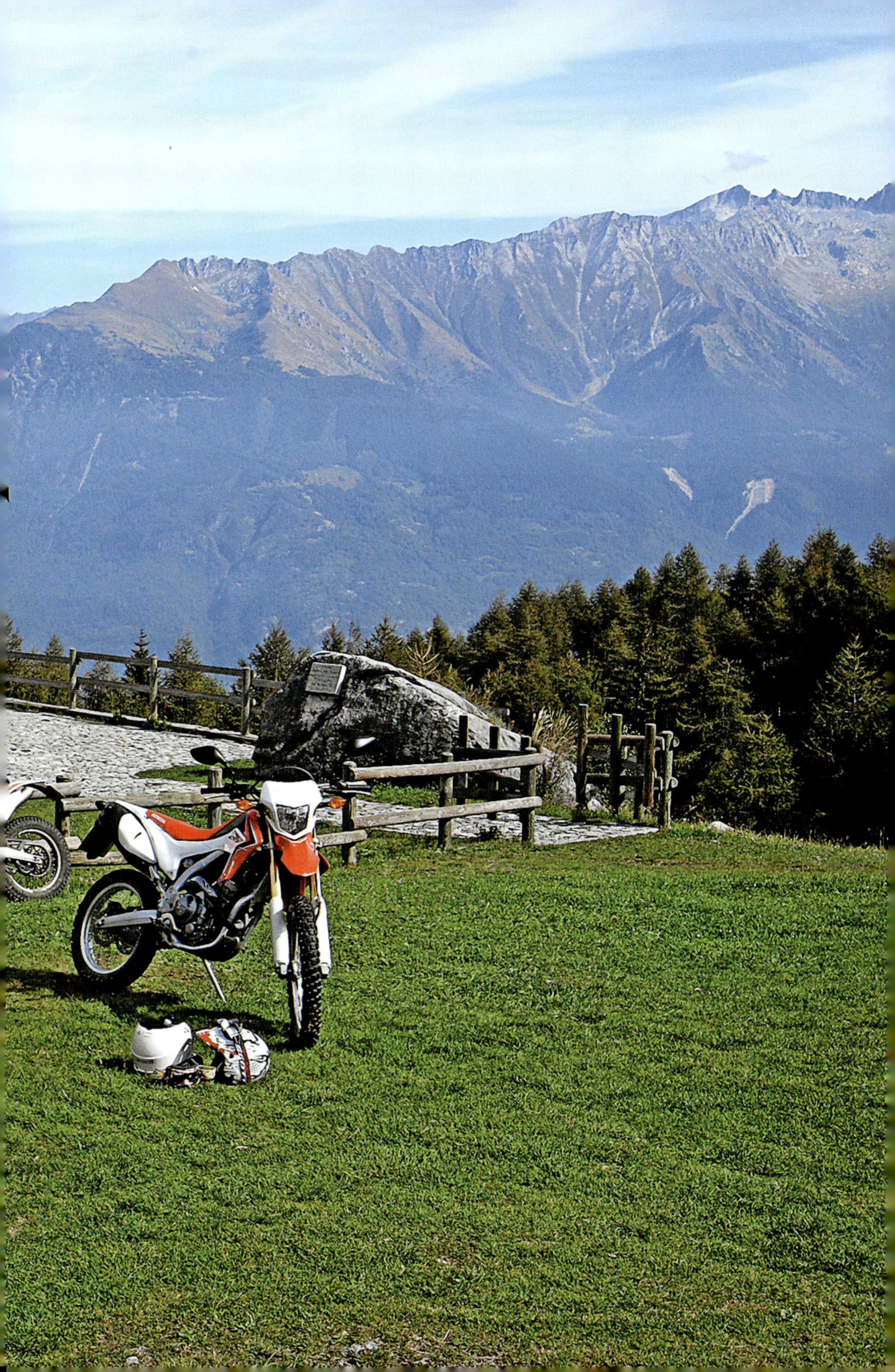

7.3. Schön locker bleiben: Entspannungsübungen während der Fahrt

Auch während der Fahrt lässt sich etwas für die Fitness tun. Natürlich keine akrobatischen Übungen, damit würde man sich selbst und andere gefährden. Doch sämtliche Muskeln, die beim Motorradfahren beansprucht werden und durch die immer gleiche Haltung auf Dauer verkrampfen, lassen sich ganz einfach wieder lockern.

Zwar hilft es, sich diese Übungen schon zu Hause sozusagen im Trockentraining anzueignen, viel wichtiger ist es aber, sich während der Fahrt immer wieder selbst zu beobachten: Sitze ich richtig, bin ich locker oder verkrampft? Sobald man erkannt hat, welche Muskelgruppen gerade besonders angespannt sind, stellt sich die Erinnerung an die Übungen wie von selbst ein. Das Prinzip: Auf bewusste, zusätzliche Anspannung folgt Entspannung, ebenso bewusst und spürbar, zum Beispiel durch fühlbare Wärme in den nun gelockerten Muskeln Und die Belohnung folgt auf dem Fuße: eine entspanntere Haltung auf dem Motorrad erhöht den Fahrgenuss enorm.

- Hände und Arme Richtung Lenkermitte drücken. Die Anspannung sollte sanft sein und nur wenige Sekunden dauern, die Brust dabei herausgedrückt sein. Ebenfalls entspannungsfördernd: Lenkergriffe kräftig drücken und wieder lösen.
- Hals lang machen, Kopf nach oben recken, Kinn dabei unten lassen. Sich dabei vorstellen, man wolle die Wirbelsäule verlängern.
- Kaum jemand ist sich dessen bewusst, doch der Mund gehört zu den angespanntesten Körperpartien beim Motorradfahren. Um ihn zu lockern, im Helm singen, sprechen, langsam und tief ein- und ausatmen. Und lächeln, das entspannt am besten!
- Schultern vor- und zurückbewegen, dann in kleinen Kreisen rotieren lassen. Zweite Übung: Schultern heben und senken, nach unten drücken.
- Brust nach vorn und oben strecken, Brustmuskeln anspannen, wieder lösen.
- Becken nach vorn drücken und wieder lösen.
- Oberschenkel an- und wieder entspannen. Fest an den Tank drücken, lösen.
- Gesäßmuskeln anspannen, lösen. Sanfte Gewichtsverlagerung von einer auf die andere Pobacke. Weitere Übung: So tun, als wolle man aufstehen, dann wieder setzen. Das entspannt den ganzen Unterleib.
- Knie nach außen spreizen, lösen. Zweite Übung: Ans Motorrad drücken, wieder entspannen.
- Ferse nach oben und unten bewegen, zum Motorrad kreisen lassen. Die Ballen bleiben dabei auf den Rasten. Fußspitzen abwechselnd kurz anheben. Zehen spreizen und krümmen.

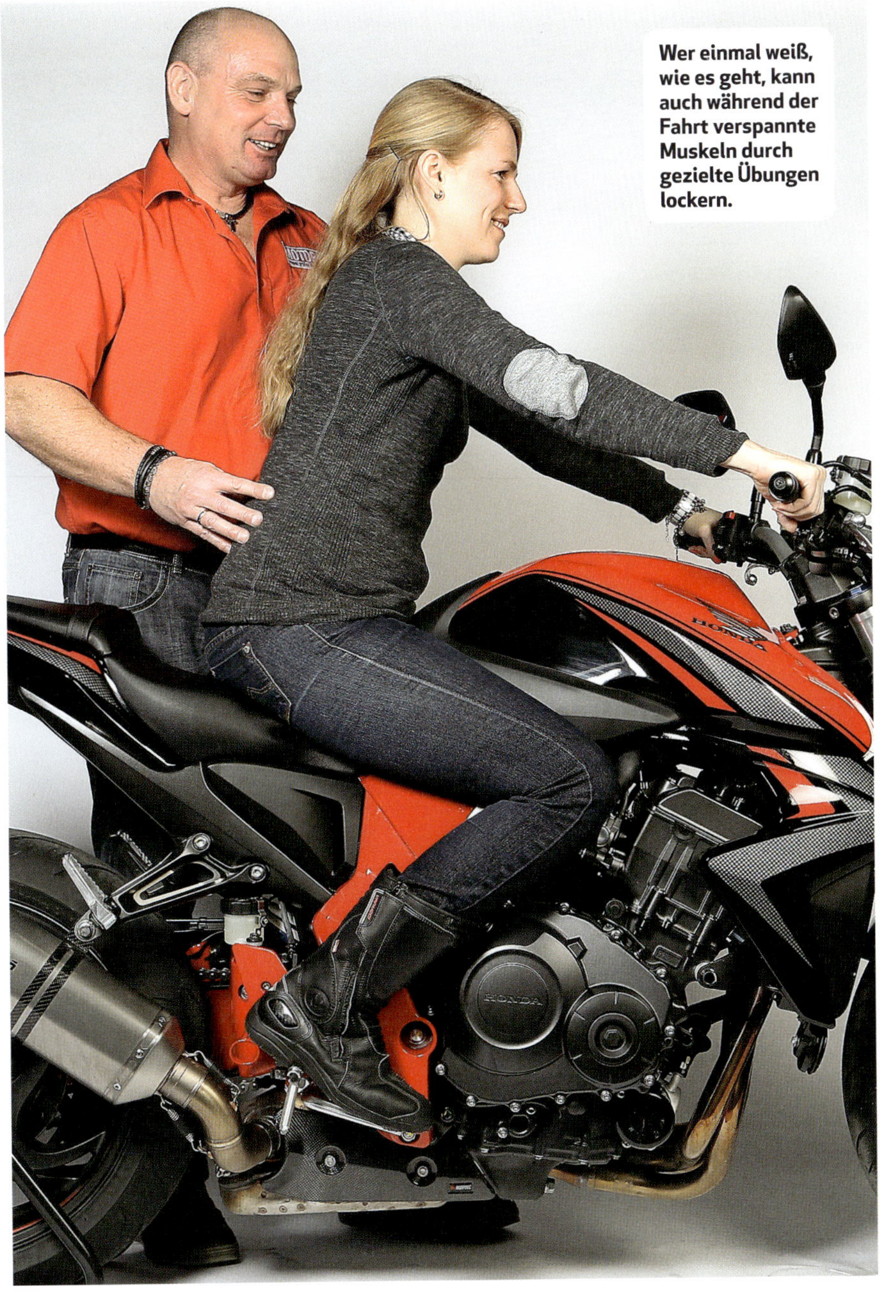

Wer einmal weiß, wie es geht, kann auch während der Fahrt verspannte Muskeln durch gezielte Übungen lockern.

7.4. Durch Übung zum Meister: Welches Fahrtraining passt für wen?

Fahrtrainings gibt es zuhauf, und zwar in schier verwirrender Auswahl. Hier genau das richtige Training für das eigene Fahrkönnen und die individuellen Ansprüche auszuwählen, scheint auf den ersten Blick nicht ganz einfach.

An vielen Terminen vor allem zu Saisonbeginn gibt es von Verkehrsclubs wie dem ADAC Trainings, die idealerweise auf eigens dafür gebauten Übungsplätzen stattfinden. Sie dauern einen Tag oder auch nur ein paar Stunden und eignen sich prima dazu, die über den Winter eingerosteten Reflexe wieder wach zu rütteln. Dabei gibt es Kurse für jedes Niveau von Einsteiger bis Geübte. Je mehr Übung und Erfahrung jemand hat, um so eher sollte er oder sie darauf achten, dass der gebotene Platz mehr ist als nur eine ebene Asphaltfläche. Richtige Kurven sollten schon sein, schön sind auch Höhenunterschiede, eine kleine Rundstrecke ist prima. Dann können hier auch altgediente Biker noch etwas lernen. Blickführungs-Training, richtiges Sitzen, die Voll-Bremsung, aber auch das so wichtige Schrittfahren machen fit für die Saison. Weil wir nur können, was wir regelmäßig trainieren.

Wer jedoch der Perfektion auf dem Motorrad nahe kommen will, wird mehr

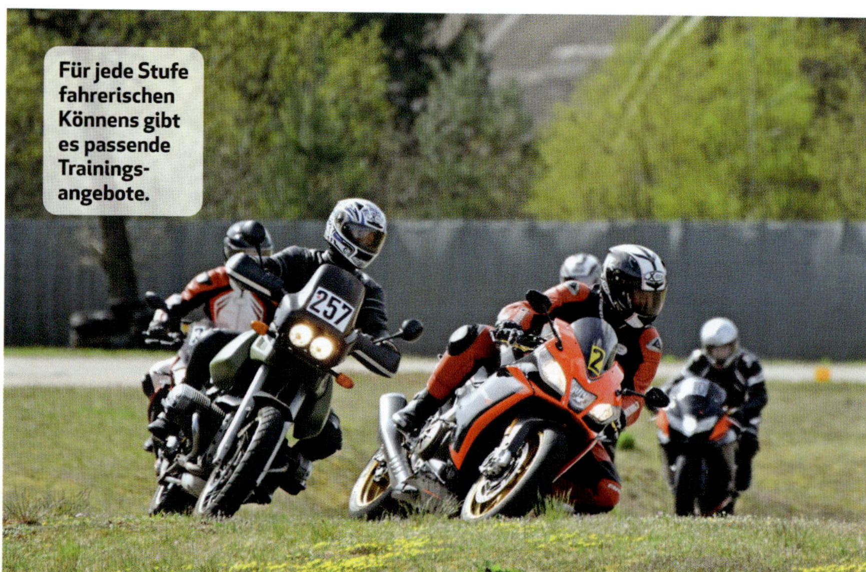

Für jede Stufe fahrerischen Könnens gibt es passende Trainingsangebote.

wollen. Für Fahrer, die größere Ansprüche an sich selber stellen, bietet auch das MOTORRAD action team weiterführende Trainings in allen Varianten. Das Team verfügt über mehr als 30 Jahre Erfahrung und findet garantiert für jeden das richtige Training. Gefahren wird dabei immer auf abgesperrten Strecken, vorwiegend in Deutschland, aber nicht nur. Highlight ist nach wie vor das inzwischen schon legendäre Perfektionstraining auf dem Nürburgring. Mehr als 40 erfahrene Instruktoren kümmern sich um die Teilnehmer, verbessern ihre Kurventechnik, geben Tipps zu Blickführung und Sitzhaltung, erläutern die Fahrdynamik und erklären die Technik.

Um das richtige Fahrtraining zu finden, braucht man im Grunde nur zu überlegen, was man lernen will oder wo man mögliche Defizite im eigenen Fahrstil sieht. Wer sein Fahrkönnen im Alltag oder auf der großen Motorrad-Tour verbessern will, ist beispielsweise beim Fahrdynamik-Training im Bosch-Prüfzentrum Boxberg oder bei »Einsteiger und Aufsteiger« auf dem Nürburgring richtig. Wer es schneller angehen lassen will, wird mit der Kurvenschule, etwa am Baden Air Park oder auf dem Sachsenring oder den echten Sportfahrerlehrgängen glücklich, bei denen selbst ambitionierte Hobbyracer noch etwas lernen. Offroad-Lehrgänge sind ebenso im Programm wie Supermoto-Camps oder spezielle Trainings nur für Frauen. Wer den maximalen Lernerfolg in kurzer Zeit sucht, kann sogar ein Individualtraining buchen. Das ist dann zwar nicht ganz billig, aber

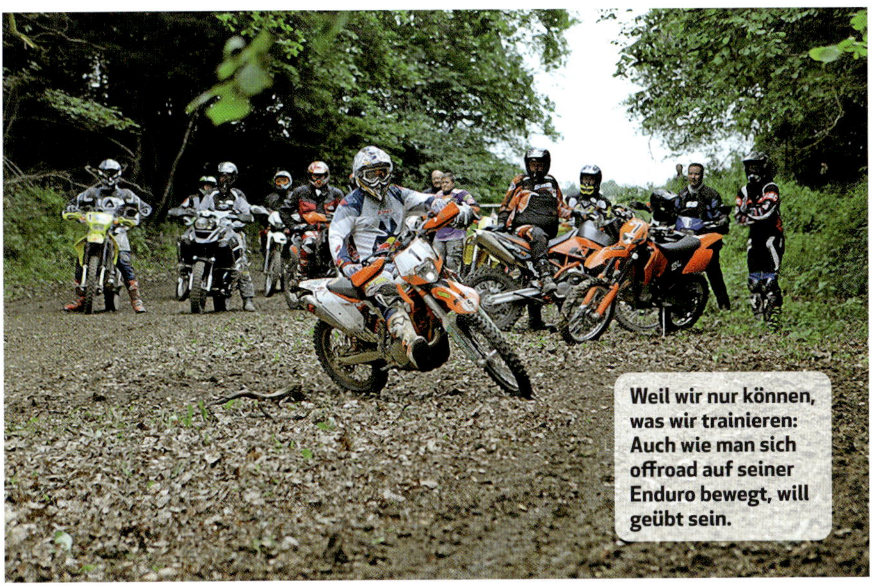

Weil wir nur können, was wir trainieren: Auch wie man sich offroad auf seiner Enduro bewegt, will geübt sein.

dafür besonders intensiv, weil ganz speziell auf den Einzelnen abgestimmt.

Für alle Trainings gilt aber: Auch die anderen Teilnehmer kommen um Spaß zu haben und selbst besser zu werden. Bei allen Trainings gibt es verschiedene Gruppen, aufgeteilt nach Fahrkönnen, und fast immer kann man nach den einzelnen Turns wechseln, wenn Teilnehmer oder Trainer den Eindruck haben, dass es nicht passt. So wird niemand über- oder unterfordert. Fest steht, dass der Fahrspaß sich durch

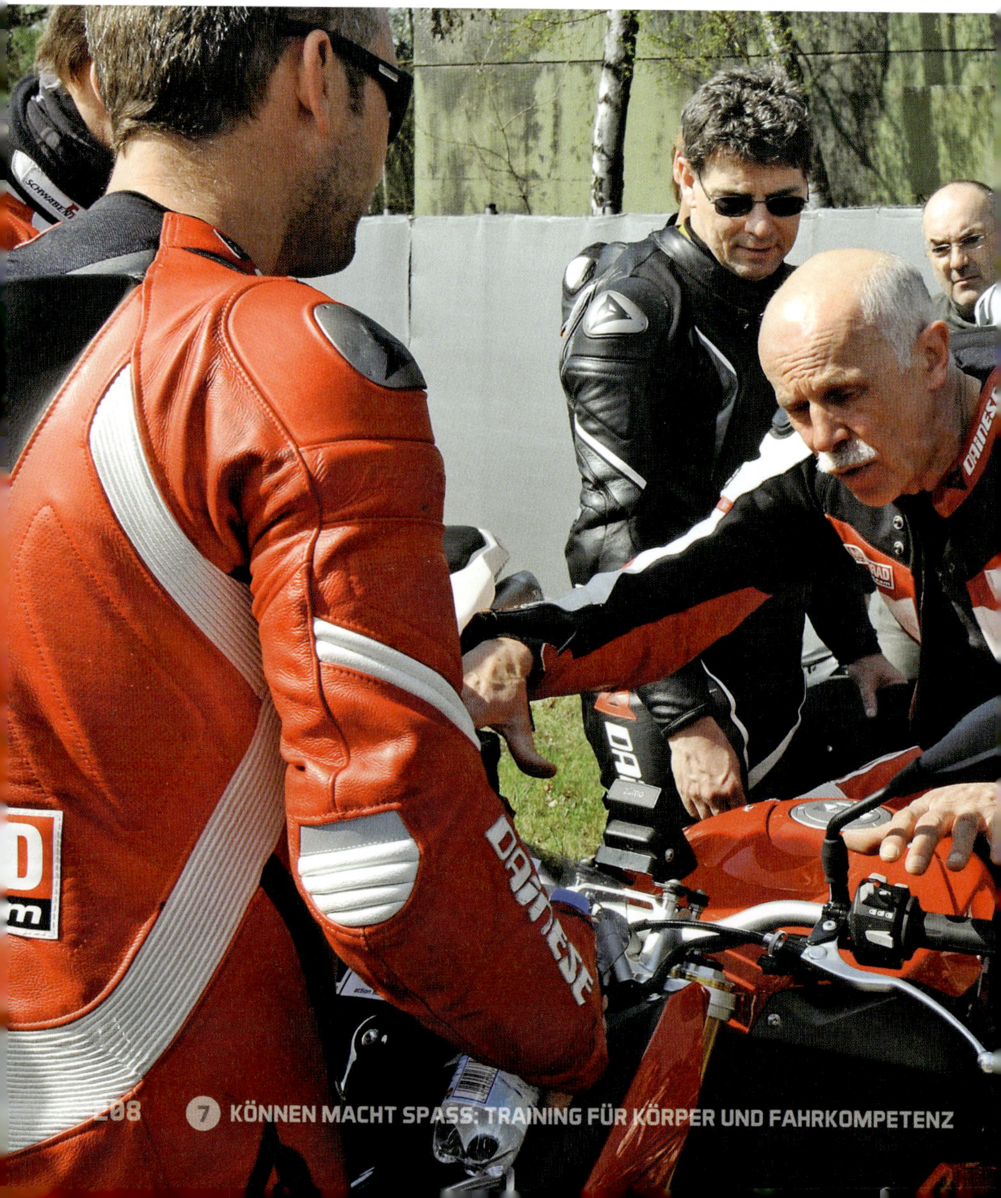

ein solches Training potenziert – sowohl vor Ort als auch danach, wenn Sie Ihr neu erworbenes Wissen und Können auf der Tour oder auf der Rennstrecke weiter umsetzen. Einen Überblick über die aktuellen Trainingsangebote mit allen Anbietern und Terminen vermittelt die Webseite des Institutes für Zweiradsicherheit (ifz) auf **www.ifz.de** unter dem Reiter »Training«. Infos zu den Trainings vom MOTORRAD action team gibt es unter **www.motorradonline.de/actionteam**.

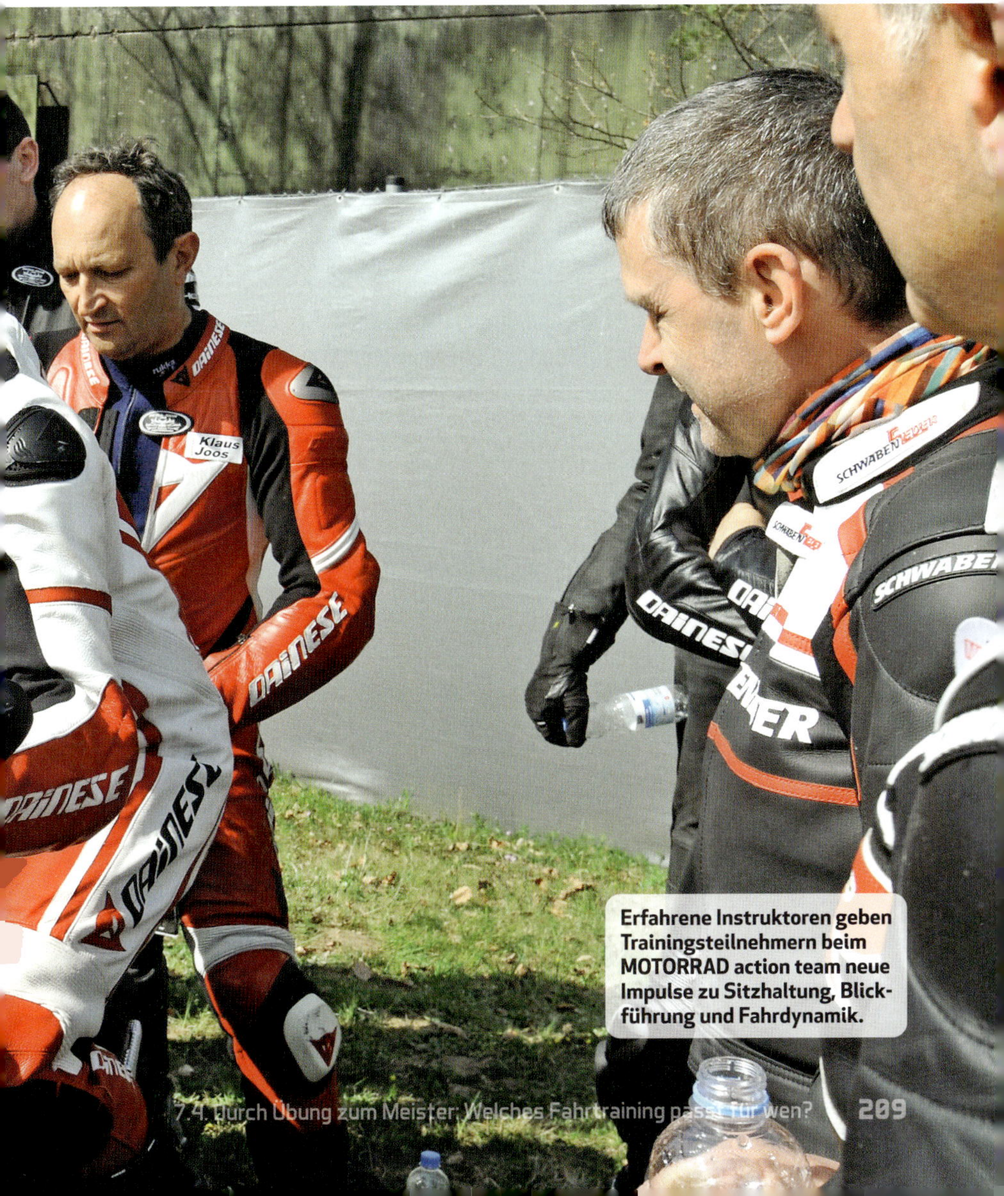

Erfahrene Instruktoren geben Trainingsteilnehmern beim MOTORRAD action team neue Impulse zu Sitzhaltung, Blickführung und Fahrdynamik.

8 PFLEGE UND UMGANG MIT DER MASCHINE

Wenn die Maschine nicht bewegt wird, kann man sich die Zeit damit vertreiben, ihr ein wenig Pflege angedeihen zu lassen. Besser gesagt: Ein so hochtechnisiertes Gerät wie ein Motorrad braucht ein gewisses Maß an Pflege und Wartung. Vieles dabei kann man selber machen, und dabei auch noch Spaß haben. Das Einstellen der Maschine nach persönlichem Geschmack kann beim Fahren noch einen ganz wichtigen Nebeneffekt erzeugen: Man fühlt sich auf einer perfekt ausbalancierten Maschine einfach wohler.

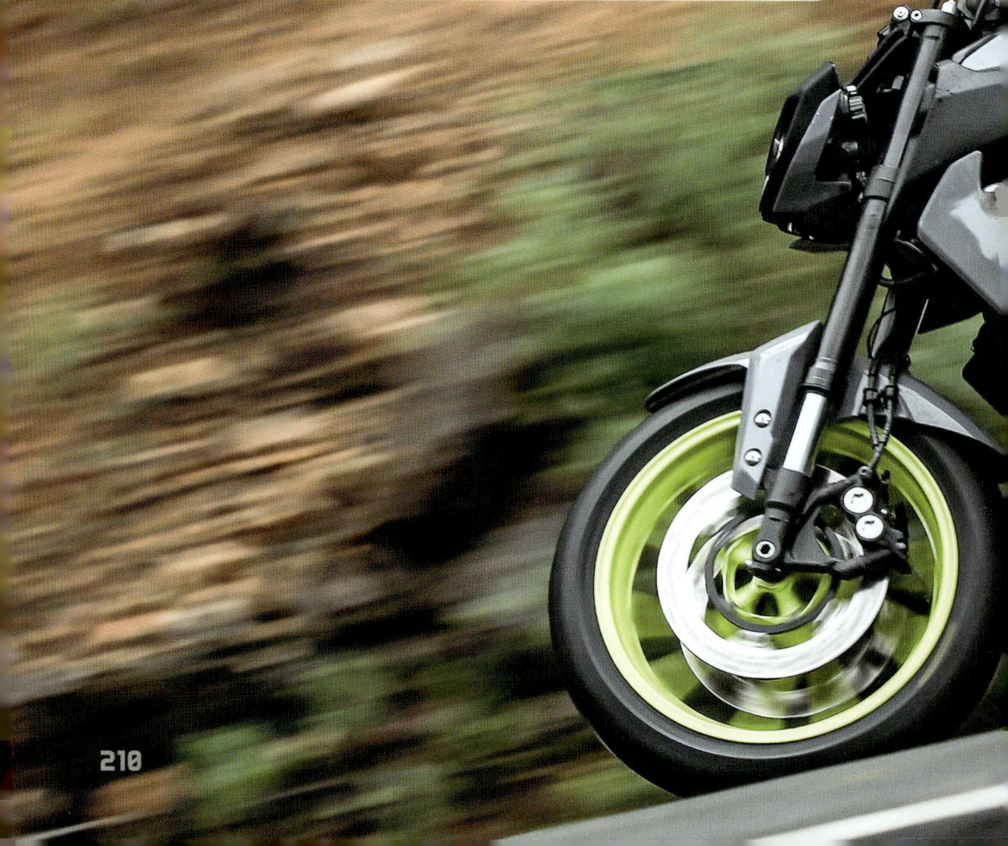

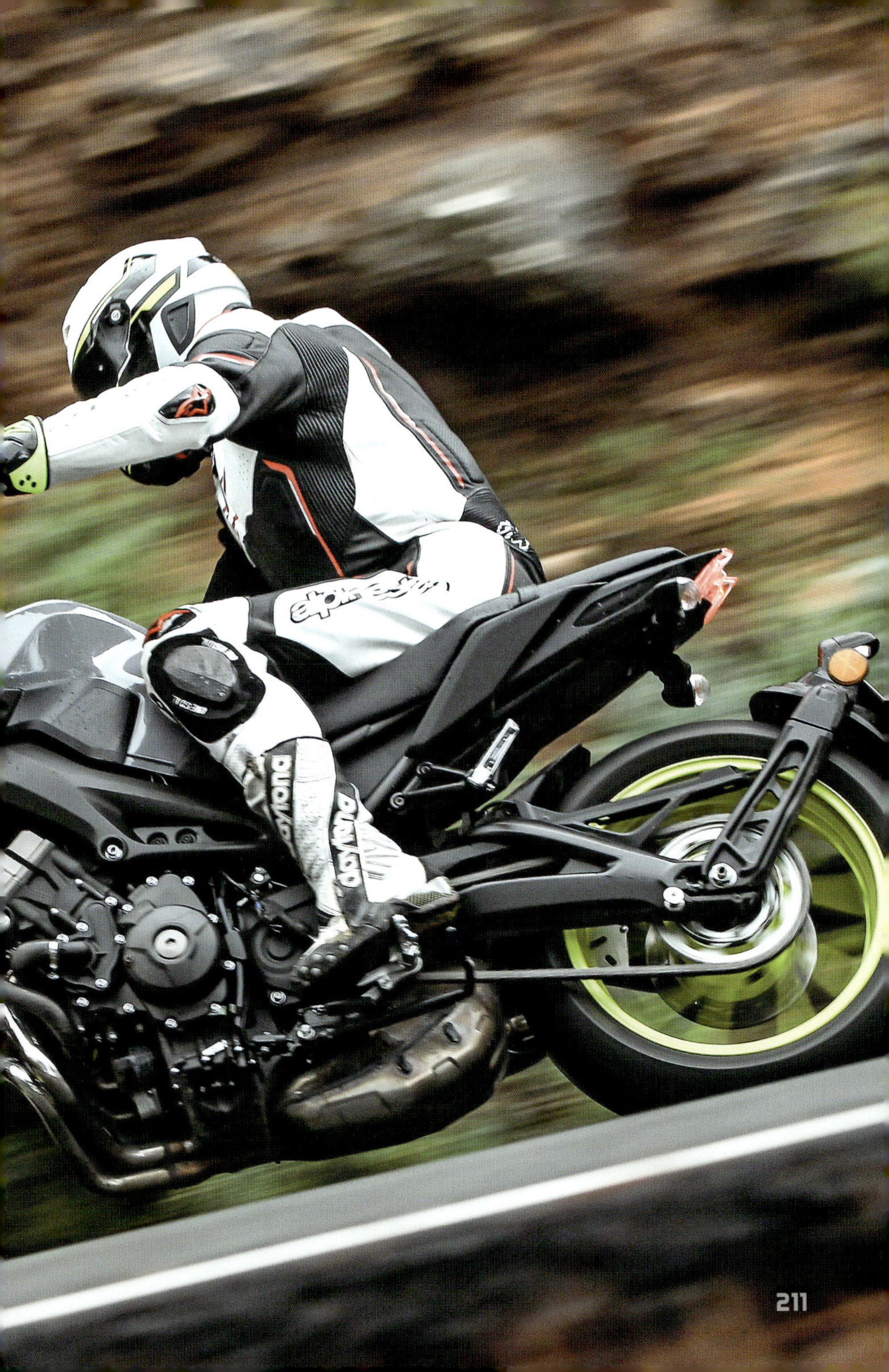

8.1. Fahrwerk und Hebel richtig einstellen

Je nach Maschine können hier ganz unterschiedliche Einstellungen vorgenommen werden. Eher günstige Maschinen bieten meist eine solide Grundabstimmung, aber wenig Veränderungsmöglichkeiten an Dämpfung und Handhebeleien. Teure Sportmaschinen lassen sich oft auf vielerlei Art einstellen. Wichtig: Erst einmal das Fahrerhandbuch lesen und die entsprechende Grundeinstellungen an Hand-, Fußbremshebel und eventuell Schalthebel vornehmen. Dabei das Motorrad aufbocken, sodass die Einstellung immer wieder kontrolliert werden kann. Die Handhebel werden so eingestellt, dass sie bequem und schnell erreicht werden können; kleine Hände etwa brauchen Druckpunkte nahe am Lenker. Schalt- und Fußbremshebel sollten so eingestellt werden, dass man bequem hoch- und runterschaltet, ohne den Fuß anzuheben beziehungsweise den Druckpunkt der Hinterradbremse erreicht, ohne den Fuß zu sehr abwinkeln zu müssen.

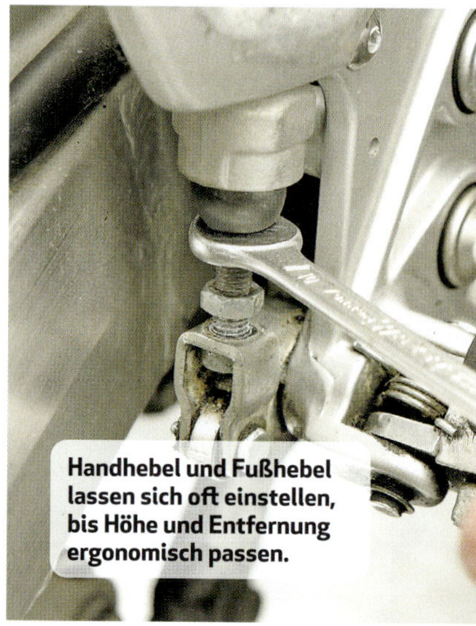

Handhebel und Fußhebel lassen sich oft einstellen, bis Höhe und Entfernung ergonomisch passen.

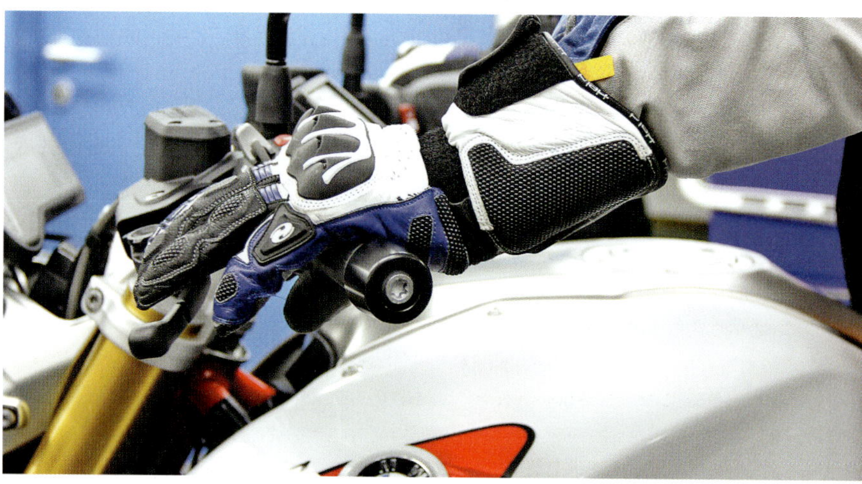

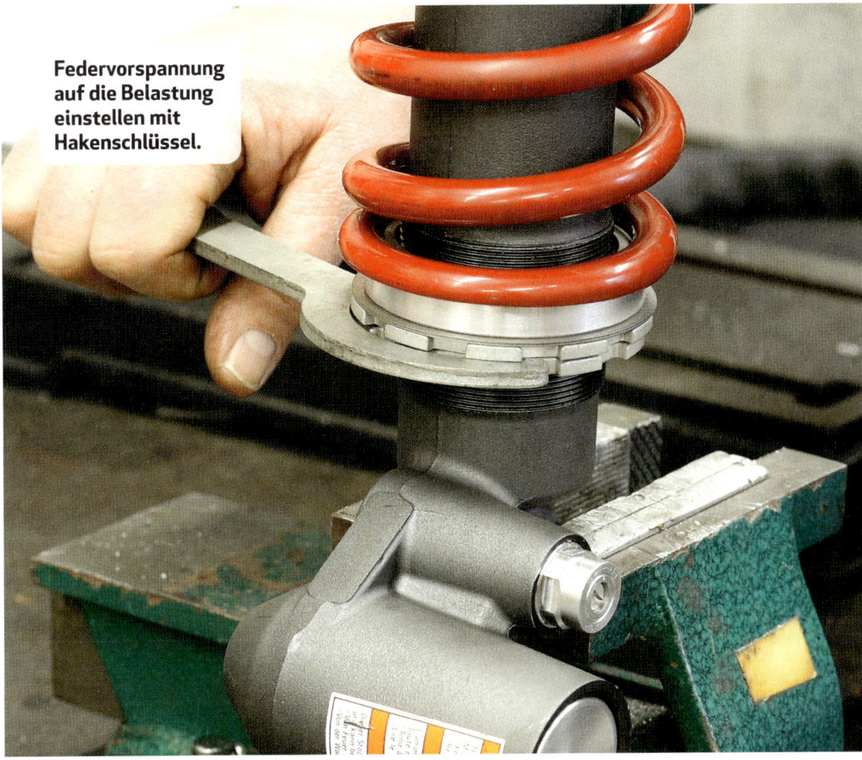

Federvorspannung auf die Belastung einstellen mit Hakenschlüssel.

Passen Griffe und Hebel, dann geht es an das Fahrwerk. Die im Fahrerhandbuch angegebenen Werte für die Einstellung von Gabel und Federbeinen passen in den meisten Fällen sehr gut. Beim Verstellen der feinen Dämpferschräubchen und Federvorspannmuttern muss man exakt passendes Werkzeug verwenden. Allzu schnell hat man hier etwas versaut. Zunächst beginnt man mit der Federeinstellung. Mit einem passenden Ringschlüssel oder Gabelschlüssel werden die beiden Vorspannhülsen auf den Gabelholmen in die exakt gleiche Position gebracht. Die Hersteller geben die Vorspannposition mit Ringen an. Bei hoher Beladung sollten die Gabelfedern mehr vorgespannt werden, also weniger Ringe zu sehen sein. Bei geringer Beladung kann man die Front absenken, dann sind mehr Ringe zu sehen. Am Federbein oder den Federbeinen geht man ähnlich vor. Höhere Last bedeutet, die Feder mehr vorzuspannen. Das geht meist mit einem Hakenschlüssel, manche Motorräder besitzen auch eine hydraulische Einrichtung mit Handrad. Wichtig: Vorder- und Hinterradfederung sollen zueinander passen. Also nie vorn voll vorspannen und hinten das Heck absacken lassen oder umgekehrt.

Ähnliches gilt für die Dämpfereinstellungen. Die Zugstufendämpfung beeinflusst dabei die Ausfedergeschwindigkeit, die Druckstufendämpfung die Einfedergeschwindigkeit. Höhere Beladung der Maschine erfordert mehr Dämpfung, was in der Regel durch Eindrehen der Dämpferschrauben erreicht wird. Dabei darauf achten, dass an Gabel und Federbeinen beide Seiten die gleichen Einstellwerte erhalten. Auch sollten Gabel und Federbeine ähnliche Dämpfungswerte besitzen. Dabei die Maschine immer wieder abbocken, in den Sattel steigen und wippen. Das Motorrad sollte vorn und hinten synchron ein- und ausfedern und keinesfalls nachwippen. Und: Die Räder sollen aber keinesfalls auf Unebenheiten springen, was einen penibel justierten Kompromiss erfordert.

Grundsätzlich gilt: Immer eine Probefahrt machen und eventuell die Dämpfer noch etwas nachjustieren. Nur einen Parameter zur Zeit verstellen, nicht mehrere gleichzeitig. Die Dämpfung von offen in Richtung zu, also von wenig zu stärker gedämpft zudrehen, dem Prinzip folgend „so weich wie möglich und so hart wie nötig".

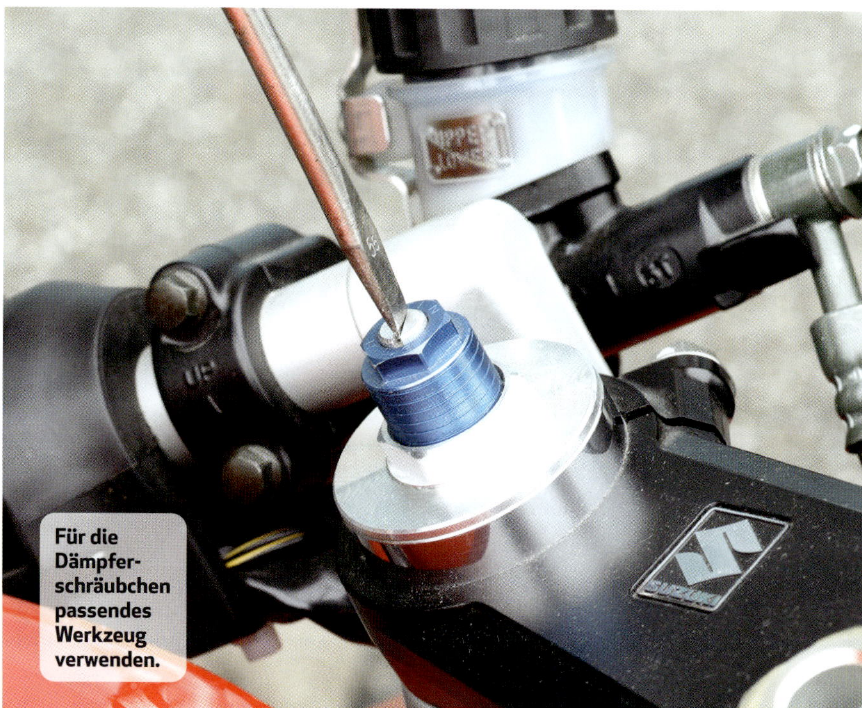

Für die Dämpferschräubchen passendes Werkzeug verwenden.

8.2. Die richtigen Reifen

Neben dem Motorrad an sich sind die Reifen das Wichtigste. Man kann es gar nicht oft genug schreiben: Nur die beiden handtellergroßen Gummiflächen auf dem Asphalt entscheiden über Wohl und Wehe beim Motorradfahren. Also gilt es, ihnen große Aufmerksamkeit angedeihen zu lassen. Wer an den Reifen spart, spart eventuell an seiner Gesundheit. Also: Lieber mal früher als zu spät den Reifen wechseln, lieber das bessere Produkt als das billigere nehmen. Eine Fachwerkstatt für den Reifenwechsel beauftragen, selber montieren geht eh kaum noch bei den modernen Schlauchlosreifen. Und, ganz wichtig: Öfter den Reifenluftdruck kontrollieren.

8.2.1. Tourenreifen

Die Tausendsassas unter den Reifen. Sie müssen eine gute Nasshaftung, eine lange Haltbarkeit und eine hohe Tragfähigkeit aufweisen, ohne es an Trockenhandling und Fahrstabilität mangeln zu lassen. Der letzte MOTORRAD-Reifentest 2017 beschäftigte sich mit diesen Reifen und prüf-

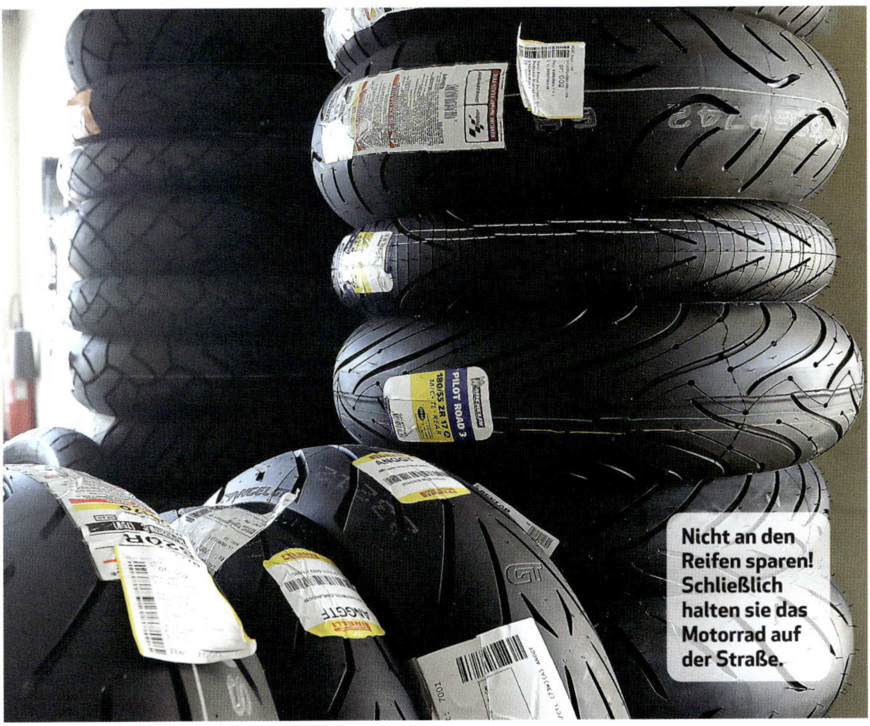

Nicht an den Reifen sparen! Schließlich halten sie das Motorrad auf der Straße.

te auf der Nässeteststrecke und auf der Rennstrecke die sechs wichtigsten Tourenreifen. Heraus kamen ziemliche Unterschiede in den Bereichen Nasshaftung und Verschleiß. Als Testsieger schaffte der Continental Road Attack 3 viele Spitzenwerte bei Handlichkeit, Lenkpräzision und Kurvenstabilität, ohne bei nassen Straßen nachzulassen. Da übertrofft ihn nur noch der neue Regenkönig Metzeler Roadtec 01, der dann bei Trockenheit etwas knautschig wirkt. Doch auch Michelin Pilot Road 4 und Pirelli Angel GT machten in diesem Test von 2017 eine durchaus gute Figur. Gängige Größen sind die 120/70-17er am Vorderrad und die 180/55-17er am Hinterrad. In der Regel werden Tourenreifen mit Luftdrücken von 2,3 bis 2,5 bar vorn und 2,5 bis 2,9 bar hinten betrieben.

8.2.2. Sportreifen

Für den gelegentlichen Einsatz auf Rennstrecken und vor allem für die schnelle Landstraßenhatz bauen die Hersteller spezielle Sportreifen. Sie sind schon von außen durch den sehr geringen Negativprofilanteil zu erkennen. Manche Sportreifen sehen deswegen fast aus wie Slicks. Dabei weisen sie eine sehr haftfreudige Mischung auch bei hohen Betriebstemperaturen auf. Viel Wert legen die Hersteller auch auf gutes Handling und hohe Bremsstabilität. Beim Beschleunigen in großer Schräglage sind Sportreifen ebenfalls sehr gefordert. Weniger entscheidend ist die Laufleistung, Sportreifen halten deutlich kürzer als Tourenreifen.

Im Sportreifen-Test von 2017 durfte sich der Pirelli Diablo Rosso III die Krone aufsetzen, die Plätze zwei und drei belegten Metzeler Sportec M7 RR und Dunlop Sportsmart 2 Max. Erfreuliche Erkenntnis bei diesem Test: Besten und schlechtesten trennen nur 15 Punkte, und bei Nässe gibt es keinen wirklich schlechten Sportreifen mehr, mit dem die Regenfahrt zur heillosen Schlitterpartie wird.

Bei der Nasshaftung müssen gleichwohl Abstriche gemacht werden, weshalb

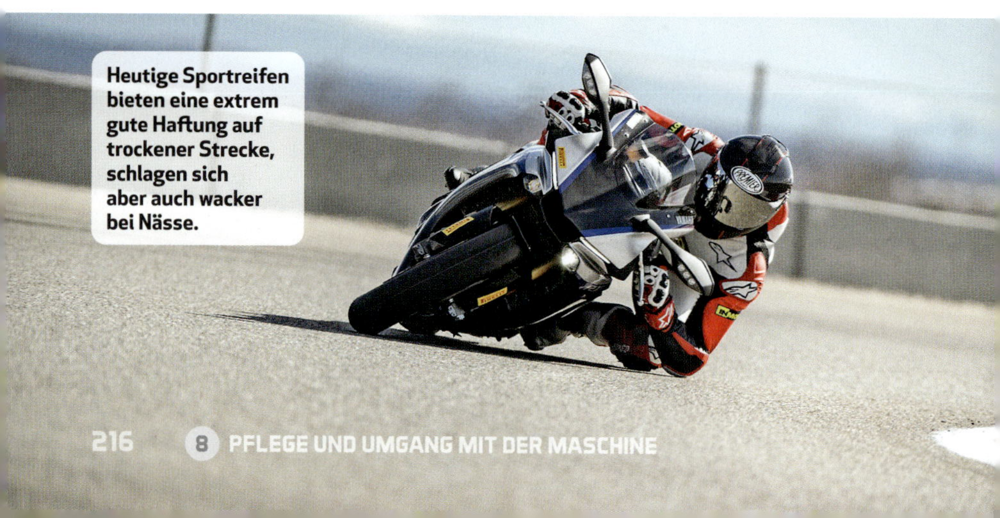

Heutige Sportreifen bieten eine extrem gute Haftung auf trockener Strecke, schlagen sich aber auch wacker bei Nässe.

Sportreifen meist Schönwetterreifen sind. Bei Temperaturen unter 10 Grad sollten Sportreifen mit Vorsicht bewegt werden, die Gummimischungen decken diesen Temperaturbereich schlechter ab. Gängige Größen sind die 120/70-17er vorn und die 190/55-17er hinten. Der sehr breite Hinterreifen soll für noch mehr Haftung beim Beschleunigen sorgen. Sportreifen werden manchmal mit niedrigerem Druck gefahren, auf der öffentlichen Straße sollten es aber 2,2 bis 2,5 bar vorn und 2,3 bis 2,9 bar hinten sein.

8.2.3. Reiseenduro-Reifen

Die sehr beliebten Reiseenduros vom Schlage einer BMW R 1200 GS brauchen spezielle Reifen. Hohe Tragkraft, kräftiges, langlebiges Profil und gute Eigendämpfung sind gefordert. Vorne kamen dabei jahrelang 110/80-19-Zöller zum Einsatz, hinten vergleichsweise schmale 150/70-17er, die Leistungen von über 100 PS aushalten müssen.

Mittlerweile hat sich der Standard aber auch hier auf die Dimensionen 120 vorne und 170er hinten geändert, bei gleichbleibendem Querschnitt und Durchmesser. Für den Alltag gibt es eher asphaltorientierte Profile wie etwa beim Metzeler Tourance Next, für gröberes Terrain stehen aber auch Profile wie der Michelin Anakee Wild zur Verfügung. Sie sind dann meist in der zulässigen Höchstgeschwindigkeit begrenzt. Speziell Autobahnfahrten mit hohem Tempo und voller Beladung machen den groben Profilen aber zu schaffen. Daran sollte man denken, wenn man auf große Urlaubstour geht. Das sehr offene Profil dient dazu, auch einmal etwas Gelände und Schotter unter die Räder nehmen zu können, ohne dass man gleich auf der Nase liegt. Dazu kann der Luftdruck, der normalerweise 2,2 bis 2,5 bar vorn und 2,5 bis 2,9 bar hinten beträgt, auch abgesenkt werden. Unter 1,0 bar sollte man aber vorsichtshalber nie gehen; zu schnell schlägt dann der Reifen bei Bodenwellen oder Steinen bis auf die Felge durch.

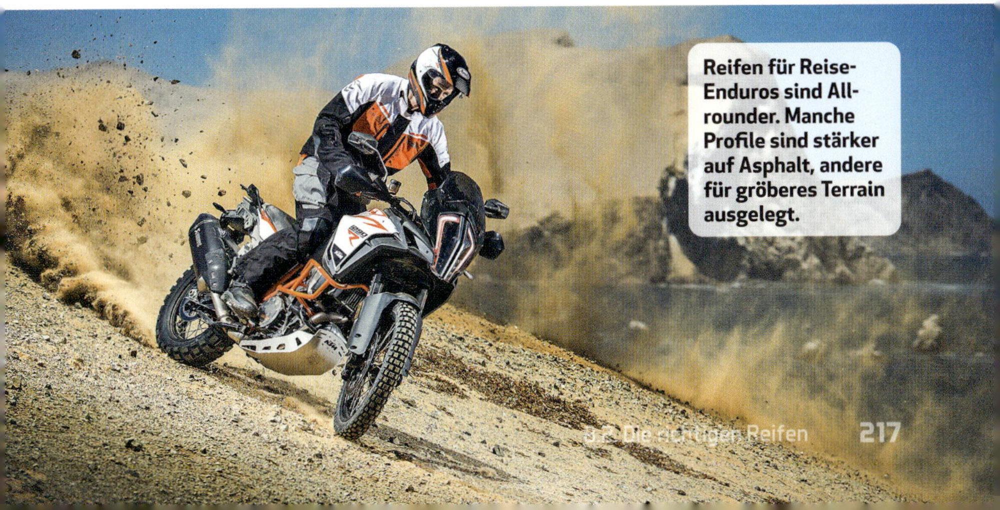

Reifen für Reise-Enduros sind Allrounder. Manche Profile sind stärker auf Asphalt, andere für gröberes Terrain ausgelegt.

8.3. Kette, Luft, Öl: Routinewartung für mehr Sicherheit

Drei Dinge braucht der Mann: Dieser Slogan aus der Tabakwerbung greift beim Motorrad zwar etwas kurz, doch mit Kette, Luft, Öl hat man schon eine Menge an Wartungsarbeiten erledigt. Vor jeder Fahrt sollte man die Kette prüfen. Zum einen gilt es, den richtigen Durchhang einzustellen. Dazu einen Helfer aufsitzen lassen und die Kette am entlasteten Motorrad auf und ab bewegen. Mindestens zwei Zentimeter Durchhang sollten es schon sein, sonst läuft die Kette zu straff. Lässt sich die Kette mehr als fünf Zentimeter auf und ab bewegen, dann sollte sie etwas nachgespannt werden. Dazu Maschine aufbocken, Radachse lösen und die Spannelemente an den Schwingenenden gleich weit eindrehen. Das schiebt die Radachse nach hinten und vermindert den Kettendurchhang. Radachse wieder festziehen und die Spannschrauben kontern. Jetzt nochmals auf korrekten Durchhang mit Helfer prüfen. Sollten im Fahrerhandbuch andere Werte notiert sein, bitte diese beachten. Unsere Werte gelten als Anhaltspunkte.

Ist die Kette trocken? Dann muss nachgeschmiert werden, am besten mit Kettenspray. Dabei Maschine aufbocken und das Hinterrad drehen. Kettenspray auf die Innenseite des unteren Trumms sprühen. Nach zwei, drei Umläufen ist die Kette gut gefettet. Nützlich ist es, mit dem Fahren zu warten, bis das Spray abgedampft ist. Damit es auch an versteckten Stellen einwirkt, enthält es leicht flüchtige Bestandteile; sie verdampfen, und der Schmierfilm wird zäher.

Alle 14 Tage oder vor einer größeren Fahrt sollte der Luftdruck bei kalten Reifen überprüft werden. Viele sparen sich diese manchmal etwas aufwendige Prozedur. Aber immer daran denken: Zwei handtellergroße Flächen Gummi ... Bei schnellen Maschinen sollten Ventilkäppchen mit einer Gummidichtung verwendet werden, die dicht schließen.

Alle 500 Kilometer sollte der Ölstand geprüft werden, und zwar bei warm gefahrenem Motor. Bei Maschinen mit Schauglas ist das recht einfach: Maschine gerade stellen, am besten von einem Helfer, und Ölstand im Schauglas prüfen. Bei Maschinen mit Ölmessstab muss dieser nach dem Rausschrauben abgewischt und dann bei senkrecht auf den Rädern stehender Maschine auf das Gewinde aufgesetzt werden. Auch dazu ist ein Helfer angenehm – schon mancher hat sich beim Ölstand messen samt Maschine hingelegt. Wie man den Ölstand prüfen sollte, ist bei verschiedenen Herstellern unterschiedlich. Deshalb gilt auch hier: Immer das Fahrerhandbuch beachten. Ist der Ölstand aufs Minimum gesunken, muss Öl nach-

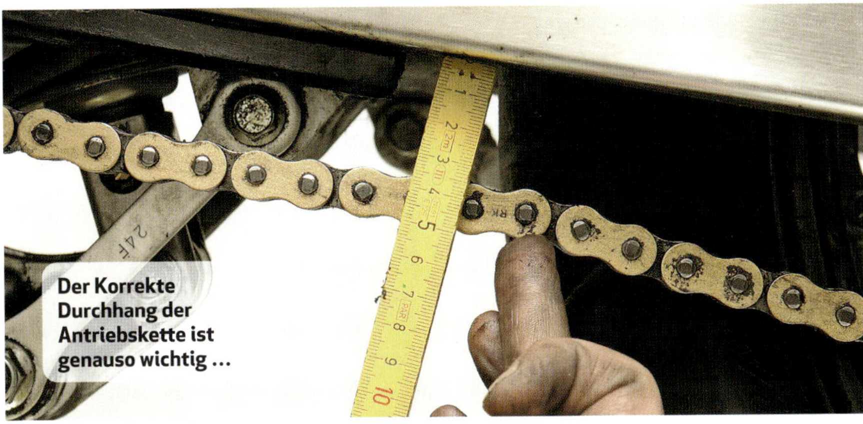

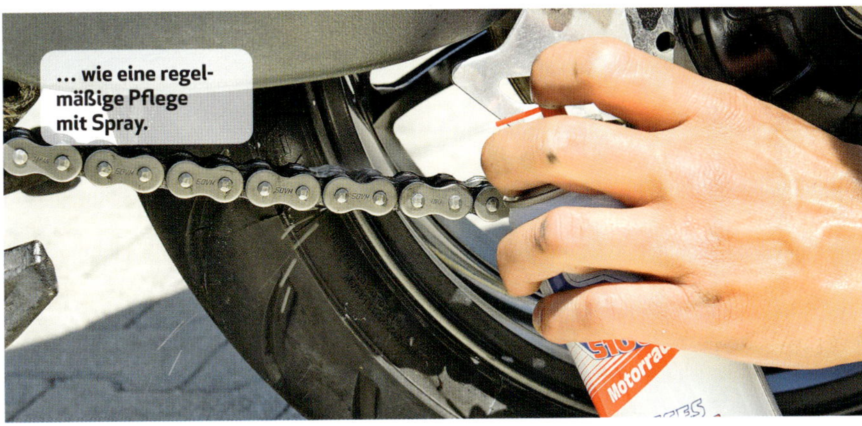

gefüllt werden. Normalerweise passt ein halber Liter, bei vielen Maschinen ist es ratsam, nach einer halben Dose nochmals den Ölstand zu prüfen. Keinesfalls sollte mehr Öl eingefüllt werden als bis zur oberen Markierung auf dem Messstab oder dem Schauglas. Das schadet dem Motor.

Sind nun die wichtigsten Wartungsarbeiten gemacht, sollte man der Maschine eine Sichtprüfung angedeihen lassen. Funktionieren noch alle Lämpchen? Auch das Bremslicht? Sind die Reifen vielleicht schon abgefahren? Irgendwelche Auffälligkeiten an den Bremsscheiben? Sind die wichtigsten Schrauben noch fest? Man sollte sich angewöhnen, vor jeder Fahrt eine Routine-Kontrolle durchzuführen – so, wie ein Pilot vor dem Start seine Checkliste abarbeitet. Piloten wollen nämlich nicht abstürzen. Deshalb checken sie ihre Maschine penibel. Wollen wir stürzen? Nein. Also, los geht's!

8.4. Genauso wichtig: Motorradpflege

Von Zeit zu Zeit sollte die Maschine geputzt werden. Dabei nur in Notfällen den Dampfstrahler verwenden, denn oft ist der Strahl zu hart und beschädigt empfindliche Oberflächen oder es dringt Wasser in die Lager ein. Besser ist es, das ganze Motorrad mit einem Komplettreiniger einzusprühen, wobei der Motor kalt sein sollte. Nach einer gewissen Einwirkzeit mit viel Wasser und einem weichen Schwamm abspülen. Dabei mit den Lackflächen beginnen und bei den Rädern aufhören. Auf ihnen sitzt oft jede Menge kratzender Schmutz, weshalb der Schwamm hier nichts verloren hat. Zerquetschte Insekten auf der Verkleidungsscheibe mit einem nassen Tuch für einige Zeit einweichen, dann lassen sie sich leichter entfernen.

Chromteile sollten nach dem Reinigen mit einem Chrompflegemittel behandelt, Lackteile ab und zu mit Hartwachs versiegelt werden. Das erhält auf lange Zeit die Optik. Für Kunststoffteile gibt es ebenfalls spezielle Mittelchen. Wichtig ist: Griffgummis, Reifen und Bremsen sind von Reinigungs- und Pflegeattacken weitgehend zu verschonen. Hier höchstens mit Wasser und Neutralseife vorgehen.

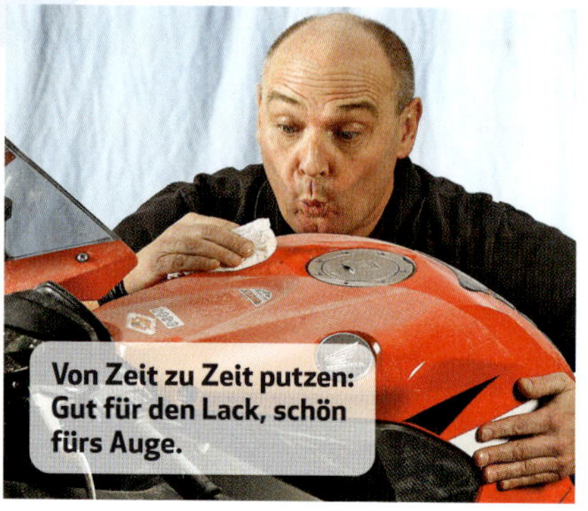

Von Zeit zu Zeit putzen: Gut für den Lack, schön fürs Auge.

8.5. Reparaturen

Ist das Motorrad noch in der Garantiezeit, müssen Wartung und Reparaturen in der Vertragswerkstatt durchgeführt werden. Sonst erlischt die Garantie. Wichtig: Der Werkstatt immer einen schriftlichen Auftrag erteilen, was repariert oder gewartet werden soll. Hinterher kann man dann nachprüfen, ob alles gemacht wurde. Bei Streitfällen ist diese schriftliche Auftragserteilung von großem Vorteil.

Eigene Reparaturen sollten sich nur gute Schrauber erlauben. Schon mancher Sturz wurde von unsachgemäßen Hobbybasteleien herbeigeführt. Deshalb im Zweifel lieber in die Werkstatt gehen. Bei modernen Maschinen mit aufwendiger Motorelektronik und ABS sollte ohnehin immer mal der Fehlerspeicher ausgelesen werden. Dazu braucht es spezielle Prüfgeräte, die nur in der Fachwerkstatt zu finden sind. Immer daran denken: Die Maschine ist schneller als die meisten Autos, Defekte können fatale Folgen haben.

8.6. Einmotten, Ausmotten

Da Motorradfahren im Winter keine angenehme Sache ist, legen 99 Prozent der Motorradfahrer ihre Maschine über den Winter still. Wer das ordentlich macht, kann sich dann im Frühjahr auf eine perfekt vorbereitete Maschine freuen.

Zunächst das Motorrad komplett reinigen und alle Gelenke etwas schmieren. Ist ein Ölwechsel fällig, diesen noch vor dem Einmotten durchführen, dann ruht die Maschine mit frischem Öl im Motor und nicht mit dem verbrauchten und verschmutzten. Kunststoff- und Alutanks komplett leeren, Stahlblechtanks ganz auffüllen. Batterie ausbauen und ab und zu laden. Wer es besonders gut meint mit seinem Motor, träufelt noch mit einer Spritze etwas Öl ins jeweilige Zündkerzenloch und dreht den Motor mit dem Anlasser ohne Zündung ein paarmal durch. Dazu müssen natürlich die Zündkerzen heraus geschraubt werden, was oft nicht einfach ist. Jetzt das Motorrad an einen kühlen und trockenen Ort abstellen und die Räder wenn möglich entlasten. Steht die Maschine auf dem Seitenständer, Luftdruck um jeweils 0,5 bar erhöhen.

Nach der Winterpause muss die Maschine dann wieder ausgemottet werden. Dazu zunächst die Batterie laden. Reifen, Kette, Öl und die wichtigsten Schrauben prüfen und wenn nötig korrigieren. Die geladene Batterie einbauen, auf die richtige Polung der Anschlüsse achten. Ist die Batterie angeschlossen, Beleuchtung prüfen. Oft gehen über den Winter Birnchen kaputt. Startversuch durchführen und die ersten Meter vorsichtig fahren, um die Funktionstüchtigkeit der Maschine zu überprüfen. Dann kann es endlich wieder losgehen!

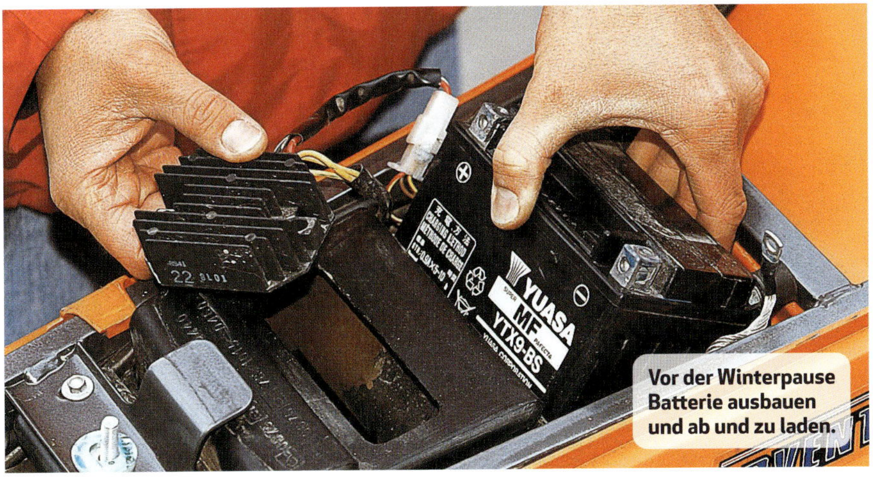

Vor der Winterpause Batterie ausbauen und ab und zu laden.

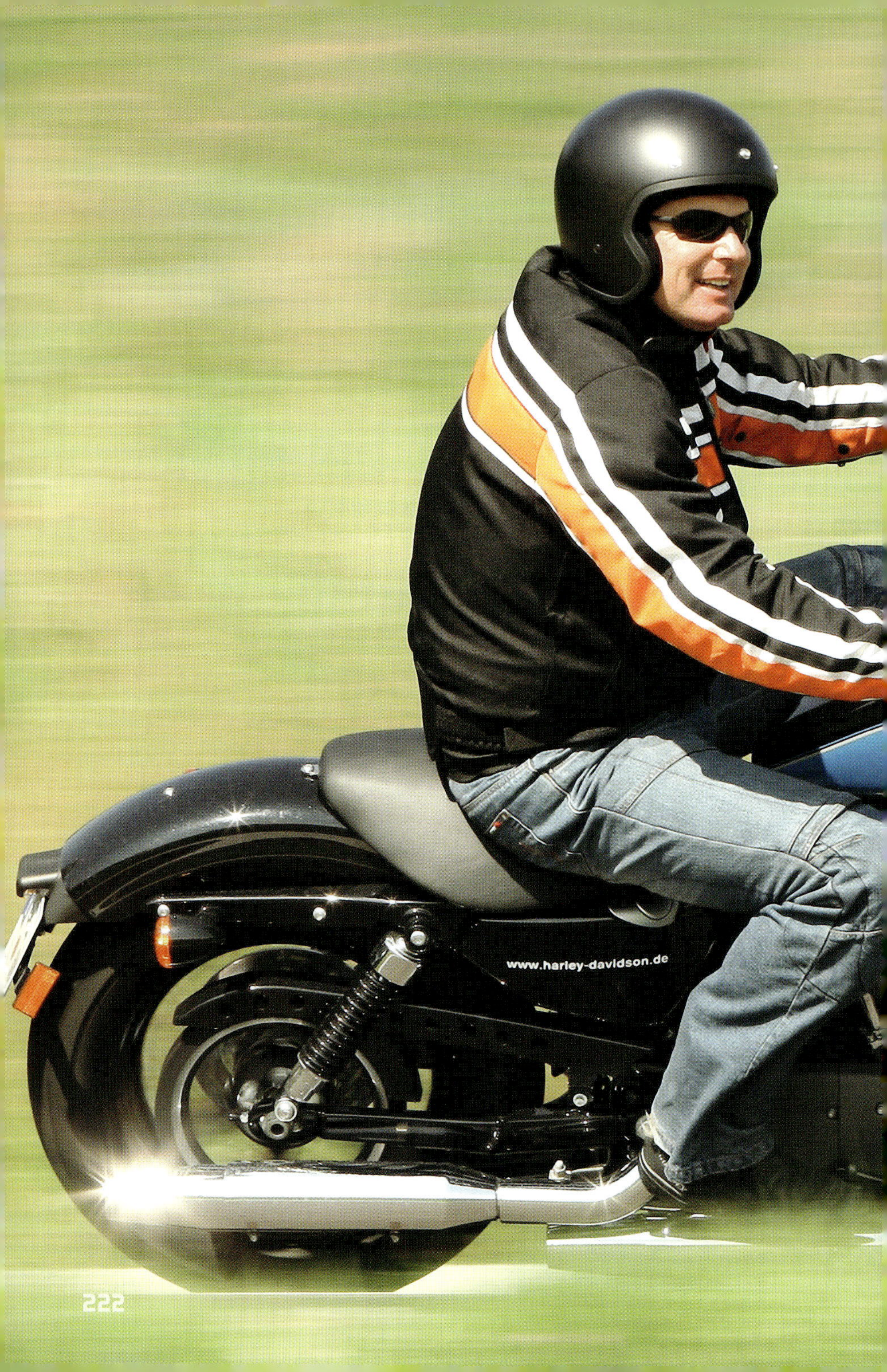
www.harley-davidson.de

9 GEBRAUCHT-KAUF UND VERSICHERUNGEN

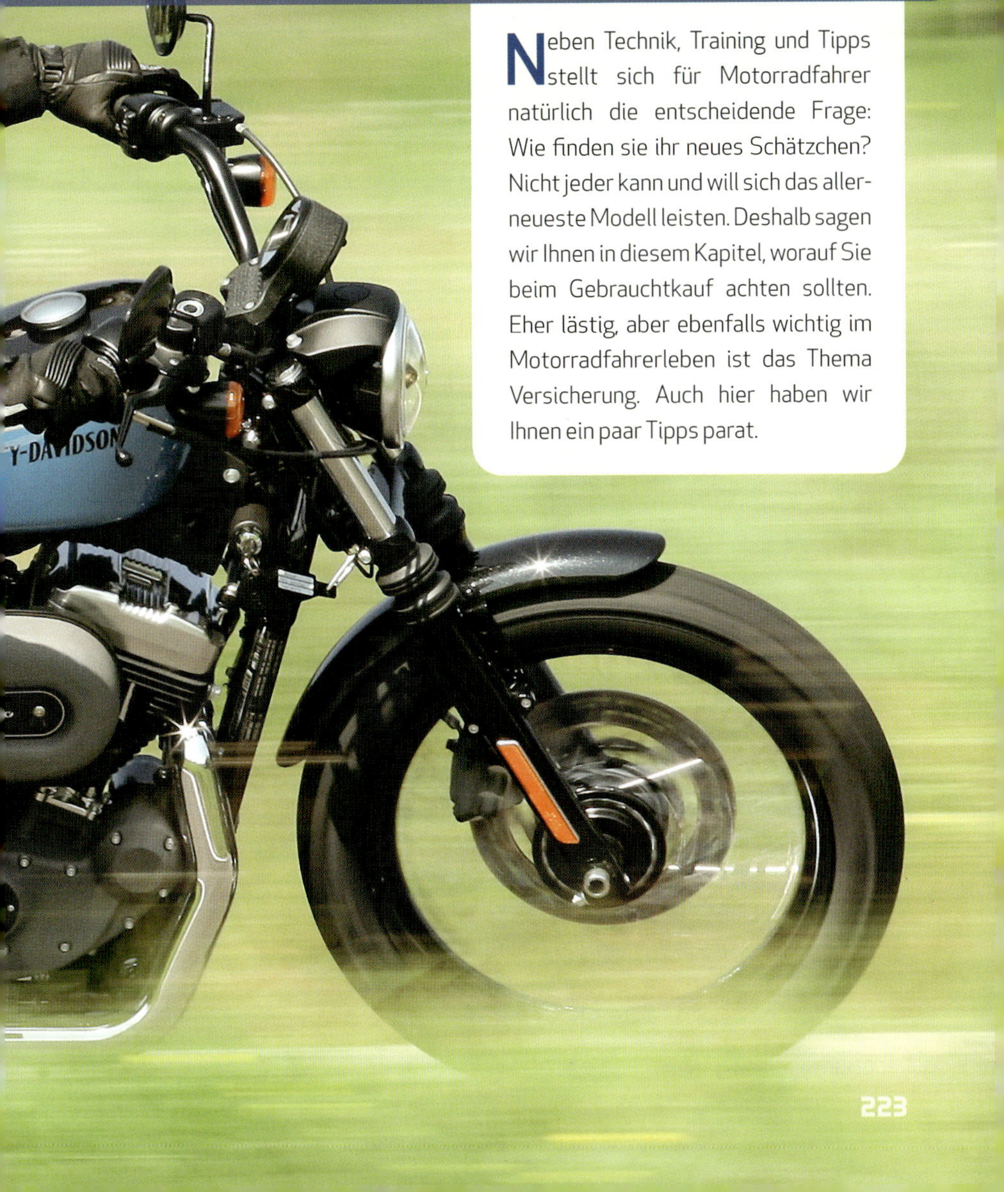

Neben Technik, Training und Tipps stellt sich für Motorradfahrer natürlich die entscheidende Frage: Wie finden sie ihr neues Schätzchen? Nicht jeder kann und will sich das allerneueste Modell leisten. Deshalb sagen wir Ihnen in diesem Kapitel, worauf Sie beim Gebrauchtkauf achten sollten. Eher lästig, aber ebenfalls wichtig im Motorradfahrerleben ist das Thema Versicherung. Auch hier haben wir Ihnen ein paar Tipps parat.

9.1. Gebrauchtkauf

Der richtige Kauf einer gebrauchten Maschine spielt sich auf zwei Ebenen ab. Einmal ist da natürlich die technische, klar. Dazu kommen wir später. Wichtig aber ist es zunächst einmal, sich darüber klar zu werden, was man eigentlich will und schließlich das Objekt der Begierde überhaupt zu finden. Was will ich damit machen? Fahre ich zu zweit? Wie schwer? Wie viel Leistung? Wenig-Fahrern, Wiedereinsteigern und Anfängern raten wir wie allen Unentschlossenen zu vielen Probefahrten mit möglichst unterschiedlichen Maschinen, die einem nach Genuss von Artikeln in MOTORRAD als geeignet erscheinen und bei denen man vernünftig mit den Füßen den Boden erreicht.

Ob man sich eine preisliche Obergrenze setzen will oder muss, das muss jeder selbst wissen. Wichtig ist dabei, mögliche Zusatzkosten wie TÜV-Plakette, Reifen und anfallende Versicherungsprämien mit einzukalkulieren. Wer eine klare Vorstellung hat, welche Maschine es denn werden soll, kann trotzdem überlegen, ob es zum Wunschmotorrad Alternativen gibt: Etwa Motorräder mit ähnlicher Charakteristik, die aber nicht ganz so gefragt sind. Schon sinkt der Kaufpreis oft deutlich. Oder man lässt sich vom Angebot inspirieren, sei es beim Händler, am Bikertreff oder in MOTORRAD. Am Ende landen die meisten Suchenden auf einer der diversen Interplattformen, aber auch Kleinanzeigen in Tageszeitungen und Anzeigenblättern geben oft noch interessante Angebote her. Alte Hasen spielen auf Kfz-Verkaufsplattformen im Internet mit verschiedenen Parametern wie Gattung, Baujahr, Preis oder Kilometer und staunen, was alles im Angebot ist. Zur Horizonterweiterung und um eine Idee zu bekommen, was eigentlich zu haben ist, ist diese Vorgehensweise oft sehr hilfreich. Auch Händler in der Umgebung kann man bei einem „Schau"-Laufen ansprechen, denn sie wissen oft, ob ihre Kunden sich ein neues Motorrad zulegen wollen – und ihre alte Maschine dann verkaufen. Nicht zu weit zu einer Besichtigung fahren, denn damit setzt man sich selbst unter Erfolgsdruck. Lieber im Umkreis von etwa 50 Kilometer bleiben. Steht eine Maschine seit Wochen in den Anzeigen, so gibt es zwei Möglichkeiten: Entweder handelt es sich wirklich um ein Wrack, oder die Preisvorstellung des Verkäufers ist ganz offensichtlich unrealistisch hoch. Im zweiten Fall ruhig anrufen oder mailen und seine eigenen Preisvorstellung unterbreiten – manchmal klappt das auf Anhieb.

Kommt es zur Besichtigung, beim Du bleiben. Das ist unter Motorradfahrern nach wie vor üblich und macht die Verhandlungen entspannter. Über den Tisch ziehen lassen sollte man sich deswegen dann aber nicht. Hilfreich ist, sich genau anzuschauen, wo und wie die Maschine steht. Vernachlässigt auf platten Reifen im hintersten Eck, oder gut gepflegt in der Garage? Das sagt bereits viel über ihren wahrscheinlichen technischen Zustand aus. Ausnahmen gibt es aber immer. Zum guten Schluss die wichtigste Regel: Es besteht keine Kaufpflicht, und wenn man sich mit dem Anbieter noch so gut versteht. Zuschlagen sollte man nur dann, wenn das Motorrad genau so dasteht, wie man es sich vorgestellt hat und nicht mehr kostet, als im persönlichen Budget vorgesehen. Ansonsten lieber wieder gehen, denn das nächste Angebot kommt bestimmt.

Technische Checkliste für den Gebrauchtkauf

- Zum technischen Check am besten einen erfahrenen Freund mitnehmen – außer, man kennt sich selbst bestens aus.
- Ölstand: Ist er zu niedrig, deutet das auf nachlässige Pflege oder hohen Ölverbrauch hin. Nach der Probefahrt nachschauen, ob der Motor Öl schwitzt.
- Lenkkopflager: Bremse ziehen, Gabel einfedern, Spiel an den Lagerschalen mit den Fingern prüfen. Vorderrad ganz entlasten, dann den Lenker schwenken: Rastet er ein, ist das Lenkkopflager im Eimer.
- Fahrwerk: Bei Ölspuren an der Gabel sind die Dichtringe verschlissen. Ebenso das Federbein, wenn sich dort ein Ölnebel zeigt oder das Heck nachfedert. Spiel von Schwinge und Umlenkhebel bei entlastetem Hinterrad checken.
- Bremse: Lassen sich deutliche Riefen an den Bremsscheiben ertasten, so sind diese verschlissen – und neue kosten eine ganze Menge. Außerdem prüfen, ob die Bremsleitungen dicht sind und die Belagstärke der Bremsbeläge stimmt.
- Elektrik: Wie sieht die Batterie aus? Sind die Anschlüsse gepflegt? Funktionieren Licht, Hupe und alle Instrumente?
- Reifen: Profiltiefe überprüfen (gesetzlich sind mindestens 1,6 mm vorgeschrieben – ein bisschen mehr darf es schon sein). Auch darauf achten, ob für das Modell zugelassene Reifen montiert sind.
- Kette: Hinterrad drehen - hängt sie überall gleichmäßig durch? Sie sollte sich außerdem nicht vom Kettenblatt abheben lassen.
- Unfallspuren: Gehäusedeckel, Auspuff, Gabel und Schwinge auf Kratz- und Schleifspuren überprüfen.
- Kühlflüssigkeit Bei Motorrädern mit Wasserkühlung nachschauen, ob der Flüssigkeitsstand stimmt und Schläuche, Schellen und Kühler auf Wasserspuren checken.
- Ausführliche Probefahrt: Unerlässlich, denn nur so lässt sich das Motorrad wirklich beurteilen.
- Ausführliche Beurteilungen über beliebte oder auch seltene Gebrauchtmotorräder finden Sie außerdem alle 14 Tage in MOTORRAD – einschließlich technischer Daten, Schwächen und Stärken des jeweiligen Modells und einer ungefähren Preisangabe.

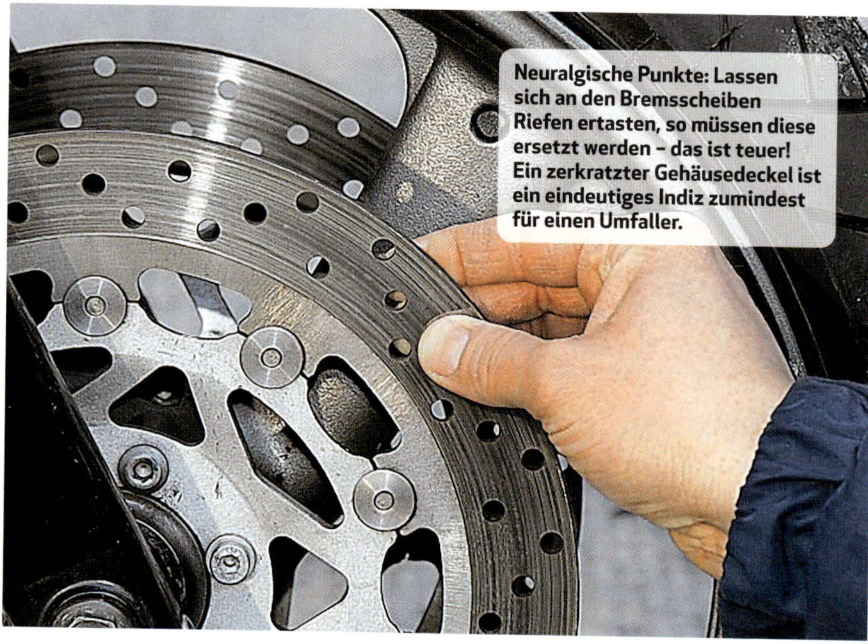

Neuralgische Punkte: Lassen sich an den Bremsscheiben Riefen ertasten, so müssen diese ersetzt werden – das ist teuer! Ein zerkratzter Gehäusedeckel ist ein eindeutiges Indiz zumindest für einen Umfaller.

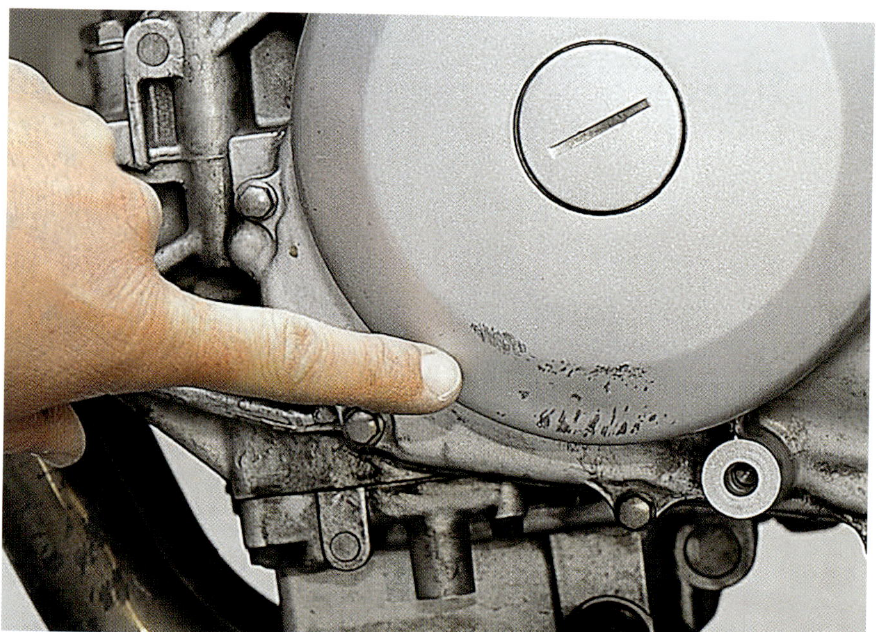

9.2. Motorradversicherung

Früher war nicht alles besser, sondern einiges schlimmer: Um Versicherungstarife zu vergleichen, brauchte es meist eine Engelsgeduld und viele Telefonate. Dank Internet hat man es da heute einfacher. Außerdem waren die Prämien früher nicht etwa niedriger, sondern deutlich höher, denn es gab weniger Motorradfahrer, auf die sich das Risiko verteilte. Und die machten auch noch mehr Schäden...Dennoch kann es nicht schaden, beim Online-Vergleich ein paar Punkte zu beachten.

Wer auf einen möglichst günstigen Tarif aus ist, sollte online abschließen, Versicherungsvertreter nehmen meist höhere Tarife. Will man jedoch ein besonders teures Motorrad oder einen wertvollen Umbau versichern, empfiehlt sich eine Beratung und eine Police, die auf diese Bedürfnisse abgestimmt ist. Übrigens: Ein Versicherungsvertreter vermittelt nur Verträge seines Unternehmens, während ein unabhängiger Versicherungsmakler im Auftrag des Kunden handelt und einem einen Überblick über alle Tarife auf dem Markt verschafft. Und noch etwas: Die Haftpflichtversicherung ist genau das, eine Pflichtversicherung. Will sagen, wir haben die Pflicht, sie abzuschließen, keine Assekuranz darf uns diese verweigern und bei einem schuldhaft verursachten Unfall muss sie auch haften – allerdings nur mit der Mindestdeckung. Und sie kann uns bei grober Fahrlässigkeit – etwa Alkohol oder Fahren mit unfallursächlich verkehrsuntauglichem Fahrzeug – in Regress nehmen und zumindest einen Teil der gezahlten Summe zurückfordern. Weitere Angebote wie Diebstahlschutz oder Vollkasko sind freiwillig und dürfen verweigert werden.

Gegen einen kleinen Aufschlag lässt sich die gesetzlich vorgeschriebene Deckungssumme (derzeit rund 2,5 Millionen Euro), bis zu deren Grenze die Versicherung bei einem Unfall zahlt, deutlich erhöhen. Empfehlenswert, denn wenn es ganz dick kommt, bleibt man sonst unter Umständen auf Riesenschulden sitzen.

Früher wurden die Tarife strikt nach Regionalklassen eingeteilt. Alle Versicherten mit dem gleichen Stadt- oder Kreiskennzeichen fielen in den gleichen Regionaltarif. Heute unterscheiden viele Versicherungen genauer und gehen nach den Postleitzahlen vor, sodass man im ruhigen Vorort manchmal weniger zahlt als in der Innenstadt. Entscheidend für die Höhe des Tarifs ist außerdem die Schadensfreiheitsklasse. Kommt es zu einem Unfall, den die Versicherung begleicht, wird man zurückgestuft und zahlt einen höheren Tarif. Sogenannte Rabattretter, den manche Versicherungen anbieten, können das verhindern, verteuern aber die Prämie. Ist der Schaden nicht allzu hoch, sollte man ihn lieber selbst begleichen und den günstigen Tarif behalten.

Viele Versicherungen geben Rabatte für Wenigfahrer. Die Angabe ist ebenso verbindlich wie die über den Standplatz oder weitere Fahrer des Motorrads. Stimmt dabei etwas nicht, kann es im schlimmsten Fall bei der Kaskoversicherung zu einem Verlust des Versicherungsschutzes kommen. Bei einem Haftpflichtschaden kann die Versicherung den schummelnden Kunden ebenfalls in Regress nehmen und außerdem die zu wenig gezahlten Prämien nachfordern.

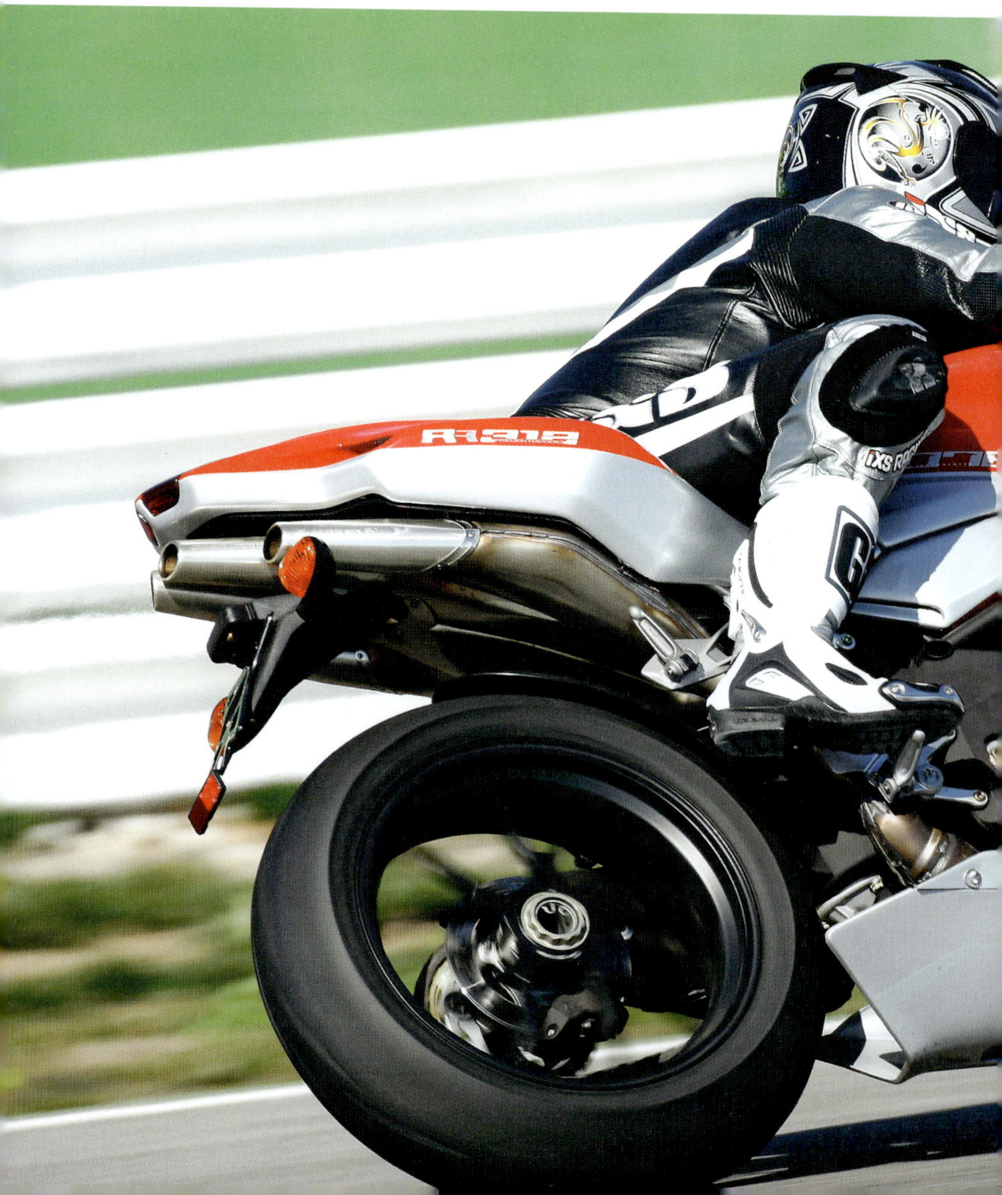

Und noch ein Tipp, wenn Sie schon eine Weile bei einer Versicherung sind: Fragen Sie nach den aktuellen Tarifen und Bedingungen, lassen Sie sich im Zweifel mal ein Angebot bei einer anderen Gesellschaft machen. Bietet diese niedrigere Prämien, reicht es oft, dies der eigenen Versicherung mitzuteilen. Um den Kunden zu halten, geht sie oft auf den neuen Tarif ein, der für Neukunden ohnehin gegolten hätte. Merke: Wer nicht fragt, zahlt drauf!

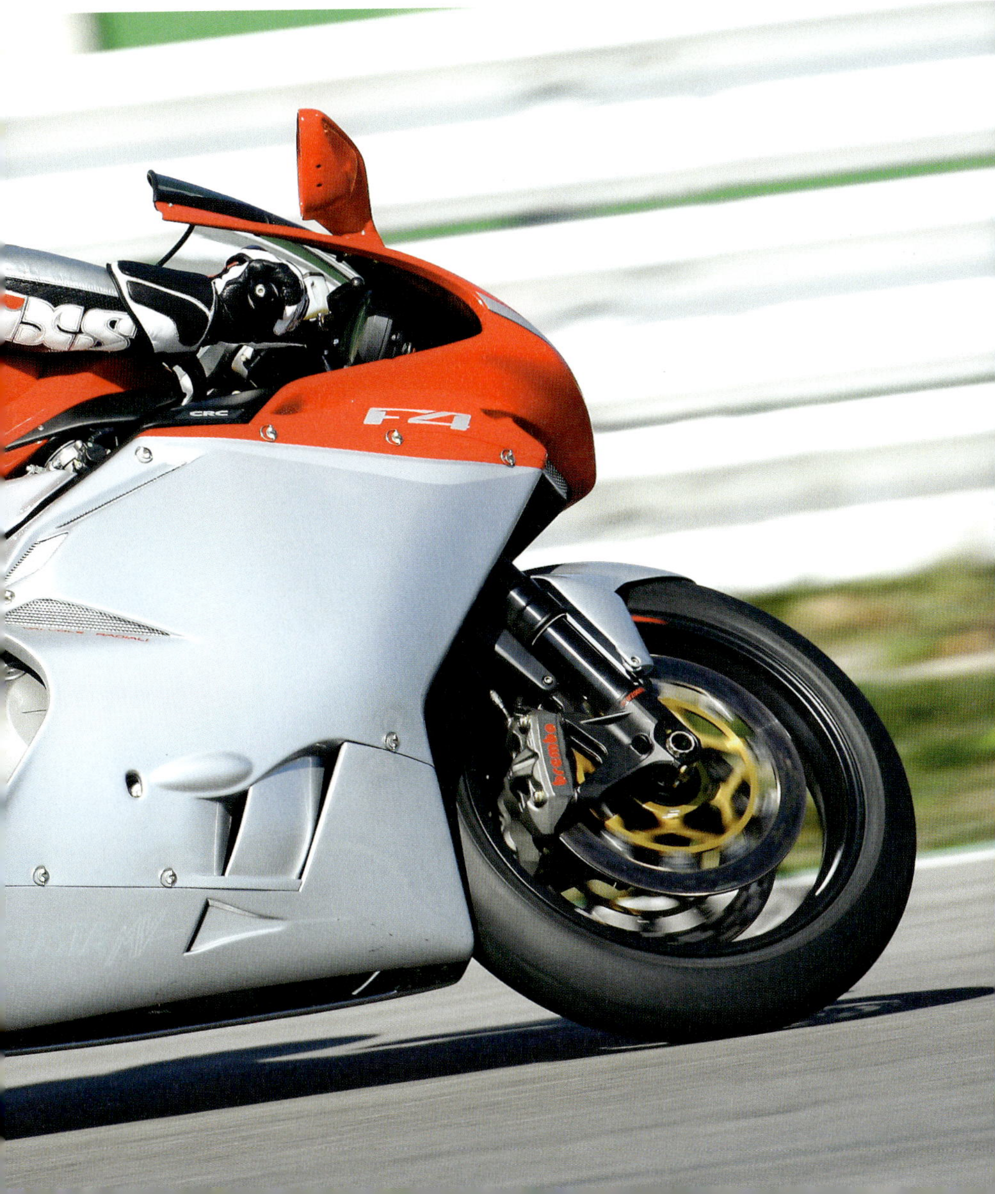

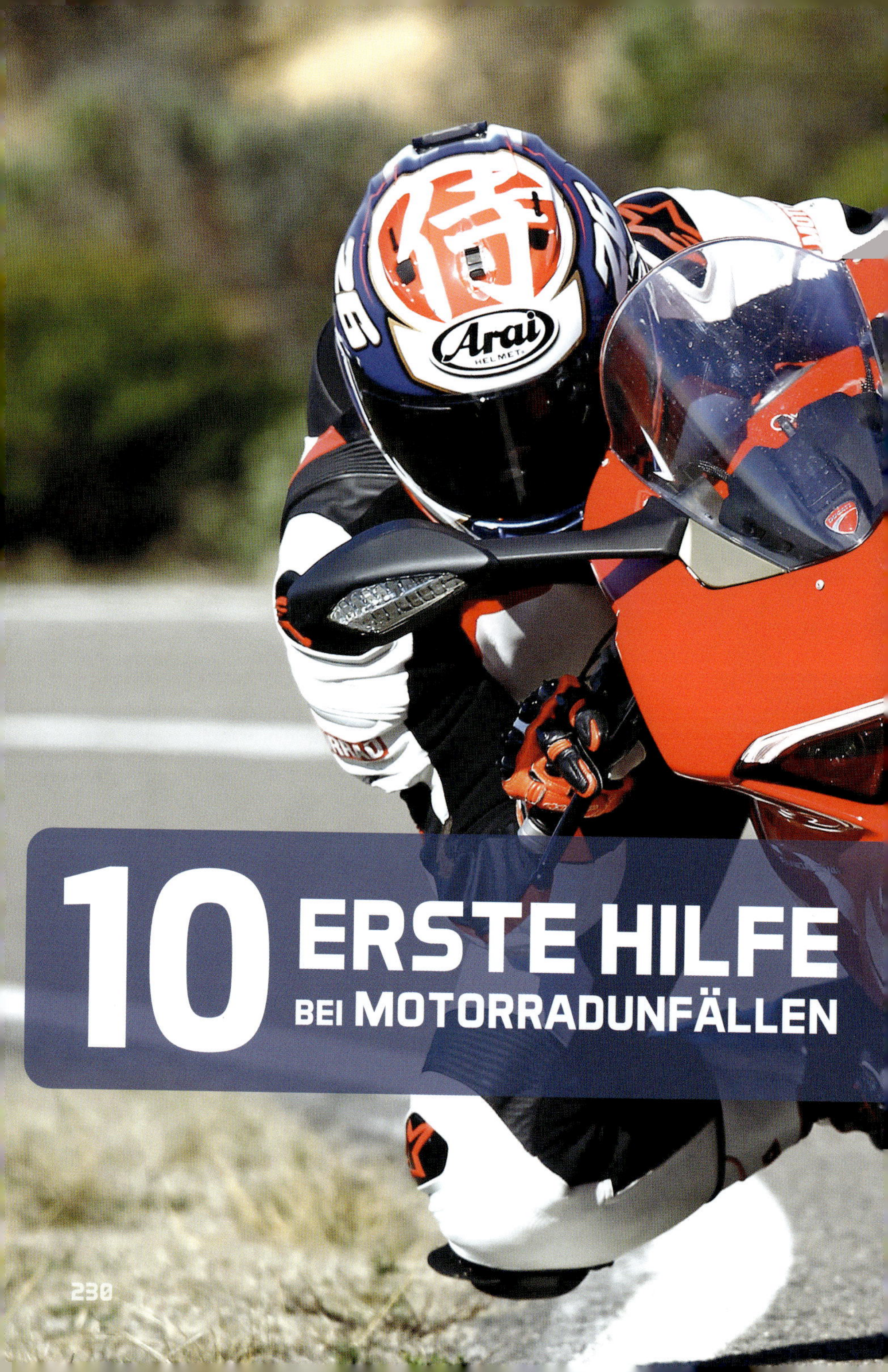

10 ERSTE HILFE BEI MOTORRADUNFÄLLEN

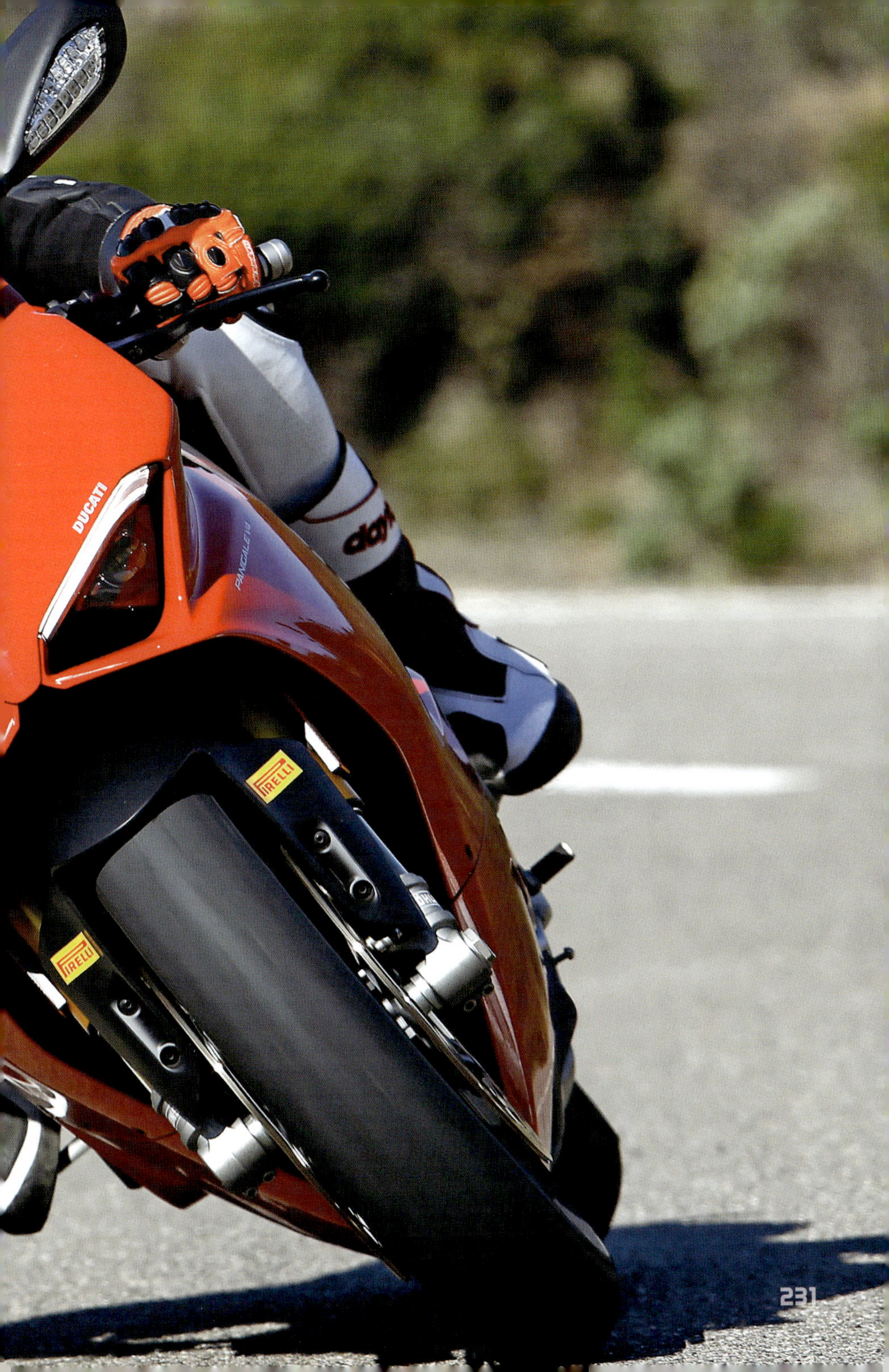
DUCATI
PIRELLI
PIRELLI

Motorradunfälle sind ein heikles Thema – kein Fahrer denkt gern über die Risiken seines Lieblingshobbys nach. Doch wegducken hilft nicht. Besser ist es, vorbereitet und in der Lage zu sein, Erste Hilfe zu leisten, bis die professionellen Retter eintreffen. Sinnvoll ist es daher, wenigstens alle paar Jahre mal einen Erste-Hilfe-Kurs mitzumachen. Hilfsorganisationen wie das Rote Kreuz **(www.drk.de)** oder auch die Verkehrswacht geben Tipps, wohin man sich wenden kann. Zusätzlich lassen sich kostenlose Apps zum Thema aufs Handy laden, ebenso die Notfallnummern im Ausland.

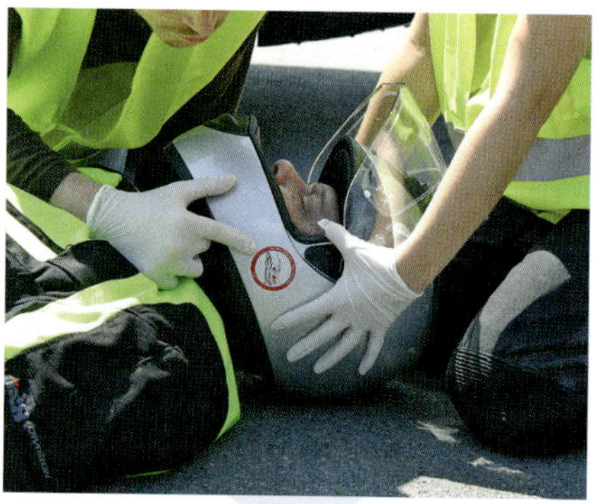

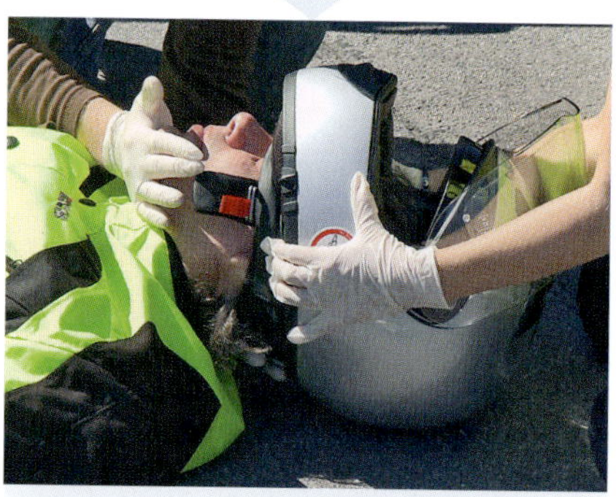

Bewusstlosen Unfallopfern sollte man unbedingt den Helm abnehmen – am besten zu zweit: Ein Helfer stützt dabei den Nacken.

Grundsätzlich gelten auch bei Motorradunfällen die üblichen Sofortmaßnahmen. Das heißt Unfallstelle absichern, sofern vorhanden Umherstehende dazu auffordern, den Notruf abzusetzen, dann zum Verletzten gehen und, ganz wichtig, ihn ansprechen. Auch dann, wenn er da liegt und vermeintlich erkennbar nichts mitbekommt. Auch wenn er dann nicht reagiert, immer weitersprechen. Ihm sagen, dass man nun das Visier öffnet, die Brille abnehmen will und so weiter.

Während manche Motorradfahrer immer noch glauben, es sei besser, einem Verletzten den Helm aufzulassen, weil man andernfalls riskiert, eine möglicherweise angeknackste Wirbelsäule weiter zu beschädigen, sind Rettungsärzte und -sanitäter entschieden anderer Meinung. Denn, so ihre Argumentation: Was hilft die intakte Wirbelsäule, wenn der Verletzte unter seinem Helm erstickt? Also runter mit dem Helm!

Dabei zu zweit vorgehen: Nach Absetzen einer eventuell vorhandenen Brille und Öffnen des Kinnriemens stützt einer der Helfer von der Seite den Nacken und verhindert so, dass der Kopf herunterfällt, der andere kniet sich hinter den Verunglückten, zieht den Helm so weit wie möglich auseinander und dann vom Kopf. Weiterhin aufpassen, dass dieser nun nicht auf den Boden plumpst.

Notfalls geht dies auch allein, und zwar wie folgt: Der Helfer kniet sich hinter das Opfer, zieht den Helm auseinander und zieht so lange kräftig, aber vorsichtig mit beiden Händen, bis es beginnt, leicht zu gehen, greift dann mit einer Hand unter den Hals und mit der anderen an den Kinnbügel, um den Helm vollends abzunehmen. Idealerweise hat man sich vor Beginn der Aktion einen Pullover oder ähnliches (Zwei Paar Handschuhe, Jacke, etc.) zurechtgelegt, das dann gleich unter den Kopf wandern kann.

Zeigt der Verunglückte noch immer keine Reaktion: Atmung prüfen! Zunächst mit der flachen Hand am Oberbauch unterhalb des Brustkorbes tasten, ob er sich hebt und senkt. Ist nichts zu sehen oder zu spüren, mit Ohr, Wange oder Handrücken am Mund des Verletzten, gegebenenfalls mit einem kleinen Spiegel oder dem Glas der eigenen oder dessen Brille schauen, ob es beschlägt bzw. wir einen Luftzug spüren.

Ist kein Atem feststellbar, wird mit Herzdruckmassage und Beatmung begonnen. Dazu den Handballen am unteren Drittel des Brustbeins platzieren, den anderen Handallen aufsetzen, Arme durchstrecken und aus dem Oberkörper heraus den Brustkorb fünf bis sechs Zentimeter tief eindrücken, um den Blutfluss in Gang zu bringen. Auf jeweils 30 Hübe der Herzdruckmassage folgen zwei Beatmungen, idealerweise Mund-zu-Mund, dabei Nase des Verunglückten zuhalten. Dies fortführen bis entweder die Atmung wieder einsetzt (Kontrolle siehe oben) oder die Rettungskräfte eintreffen.

Atmet der Verunglückte, kommt er in die stabile Seitenlage: Den Arm auf der dem Helfer zugewandten Seite (den nahen Arm) gerade vom Körper weg, den Unterarm im rechten Winkel dazu nach oben. Die Hand des anderen (des fernen), angewinkelten Arms auf den Mund legen, Hand nicht loslassen, das vom Helfer weiter entfernte Bein anwinkeln, nun den Körper über das gerade liegende Bein drehen, dabei Hals/ Kopf stabilisieren. Kopf in den Nacken, Kinn auf der Hand auf dem Mund ablegen. Der Mund muss der tiefste Punkt des Körpers sein. Dies ist die „neue" stabile Seitenlage, wie sie vom DRK gelehrt wird. Hauptunterschied zur „alten" ist der Umgang mit dem Arm, der dem Helfer nah ist, der früher quasi unter den Verletzten geschoben wurde, dieser also darüber abgerollt wurde.

Und welche sollte man nun anwenden? Ganz einfach: Wer die „alte" gut kann, wendet sie an. Wer die „alte" nicht mehr kann, lernt die „neue". Ist der Helfer alleine, setzt er nun den Notruf ab.

Ansonsten gilt bei bewusstlosen Verletzten:

- Körper auf starke Blutungen absuchen, mit Druckverband stillen. Wenn kein Verband zur Hand ist, reicht ein sauberes Stück Stoff. Keine Papiertaschentücher verwenden.
- Starke Blutungen mit einem Gürtel abbinden.

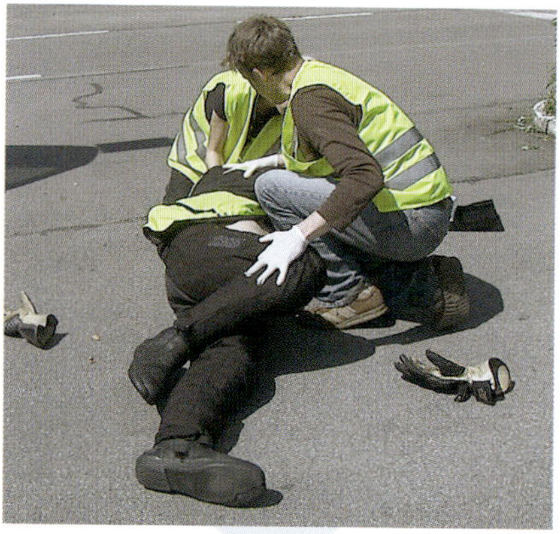

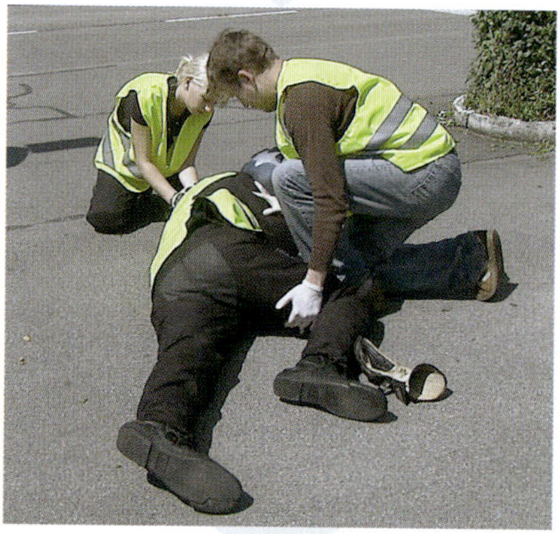

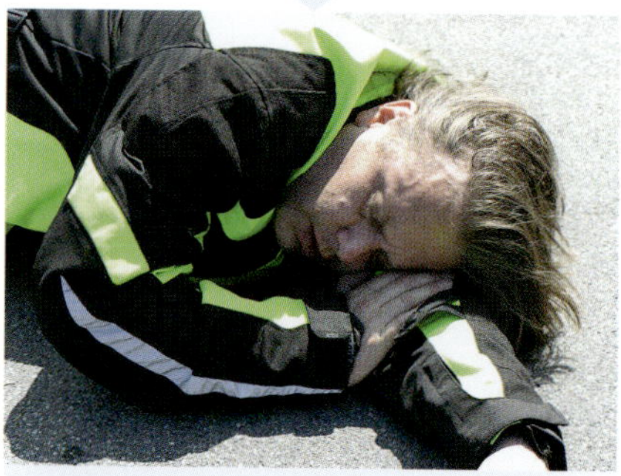

Stabile Seitenlage: Den Körper mit dem angewinkelten Bein stabilisieren. Arm und Hand stützen den Kopf; der Mund liegt an der tiefsten Stelle.

- Wärmeverlust vermeiden (Rettungsdecke!)

Bei ansprechbaren Verletzten verfährt man am besten folgendermaßen:

- Mit dem Verletzten sprechen, ihn auf starke Blutungen untersuchen, diese sofort stillen. Fragen, wo er Schmerzen hat, unbedingt auf seine Wünsche eingehen.
- Wenn gewünscht und möglich, Helm abnehmen, dabei Kopf und Nacken stabilisieren – am besten zu zweit. Wenn er aus welchen Gründen auch immer den Helm aufbehalten möchte, muss man ihn beobachten und, sollte er das Bewusstsein verlieren, das Abnehmen des Helmes sofort nachholen. Anschließend natürlich Verletzten in stabile Seitenlage bringen, dabei besonders auf Kopf und Nacken achten.
- Knochenbrüche nur stabilisieren – Strecken oder Einrichten den Fachkräften überlassen.
- Wenn möglich, Polster unterlegen.
- Besonders wichtig ist, so betonen Rettungskräfte, den Verletzten nicht allein zu lassen: Sagen Sie ihm, dass Hilfe unterwegs ist und halten Sie seine Hand.
- Wärmeverlust vermeiden (Rettungsdecke!).
- Wenn der Verletzte immer blasser wird und ihm auf der Stirn der Schweiß ausbricht, deutet das auf einen Schock hin. Dann die Beine hoch lagern – allerdings nicht, wenn Knochenbrüche vorliegen!

Im Fachhandel gibt es kleine, aber nützliche Erste-Hilfe-Sets für Motorradfahrer. Die Ausstattung ist natürlich nicht so umfassend wie bei Verbandskästen fürs Auto, aber für die wichtigsten Maßnahmen reicht der Inhalt. Die Sets sind in einigen Ländern, beispielsweise Österreich, sogar Pflicht für Motorradfahrer. Sehr hilfreich sind auch die Helmüberzieher mit Warndreieck, wie es sie bei Motorradausrüstern oder auch beim ifz (**www.ifz.de**) gibt.

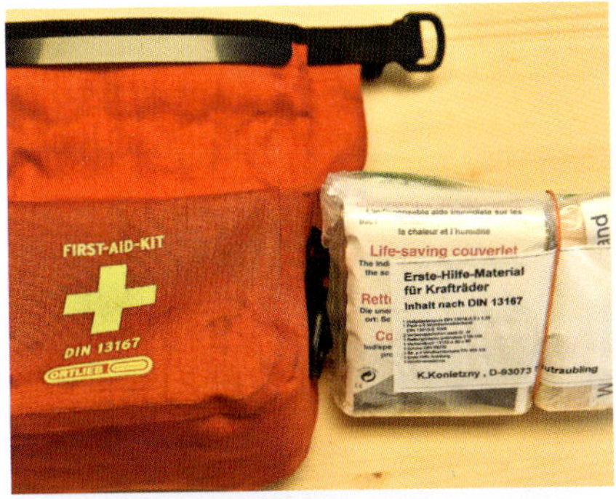

Erste-Hilfe-Sets für Motorräder sind in Österreich sogar Pflicht.

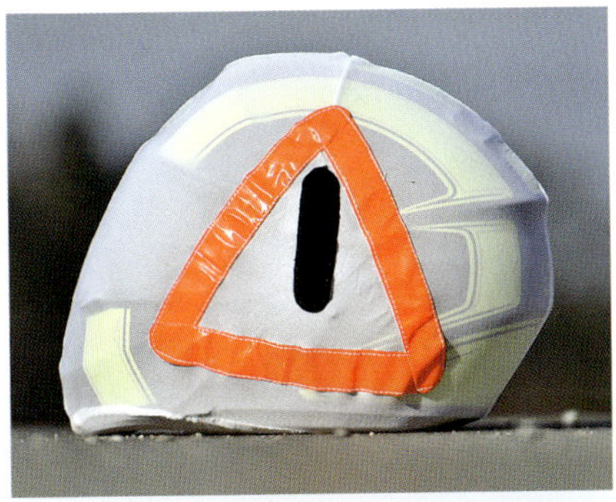

Ein Helmüberzieher braucht wenig Platz und ergibt ein gut sichtbares Warndreieck.

E-Call

Nach einem Sturz oder Unfall kann ein automatisches Notrufsystem wie das neue E-Call helfen. Es ist ab 2018 Pflicht für neue Autos, für Motorräder gibt es das im Frühjahr 2018 von zwei Herstellern. Eine Nachrüstlösung namens dguard kommt von digades, ab Werk bestellbar ist die Variante von BMW Motorrad. Am Motorrad fest verbaut und über Mobilfunk-Notruf mit einer Zentrale verbunden, ruft E-Call um Hilfe, wenn die Sensoren einen Unfall oder Sturz erkennen, auch wenn der Fahrer dazu nicht mehr in der Lage wäre. Ist er ansprechbar und hat ein Headset im Helm verbaut, kann die Zentrale auch Kontakt aufnehmen. Eine Funktion, die gerade bei Alleinunfällen auf einsamen Strecken Leben retten kann. Doch auch, wenn der Biker zu einem Unfall dazu kommt, kann er selbst aktiv werden und über die SOS-Taste die Notrufzentrale direkt erreichen und Hilfe holen.

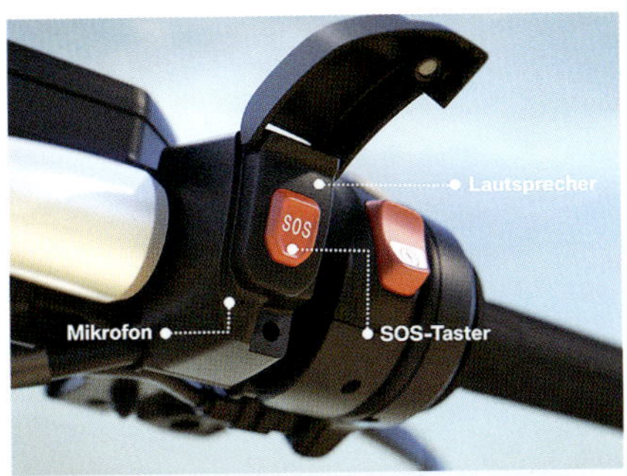

BMW bietet ab Werk eine E-Call-Lösung: Das System setzt nach einem Unfall einen Mobilfunk-Notruf ab.

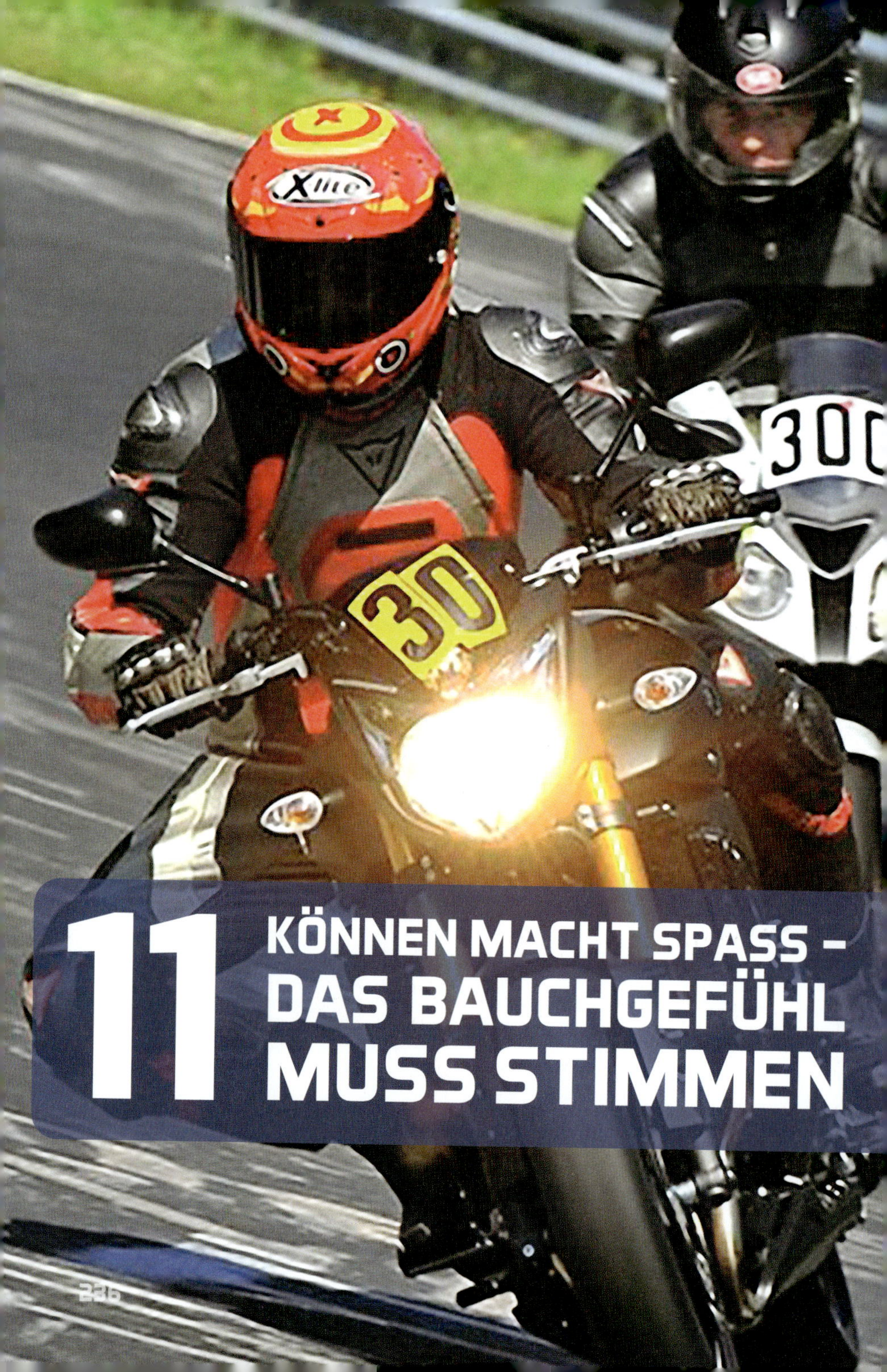

11 KÖNNEN MACHT SPASS – DAS BAUCHGEFÜHL MUSS STIMMEN

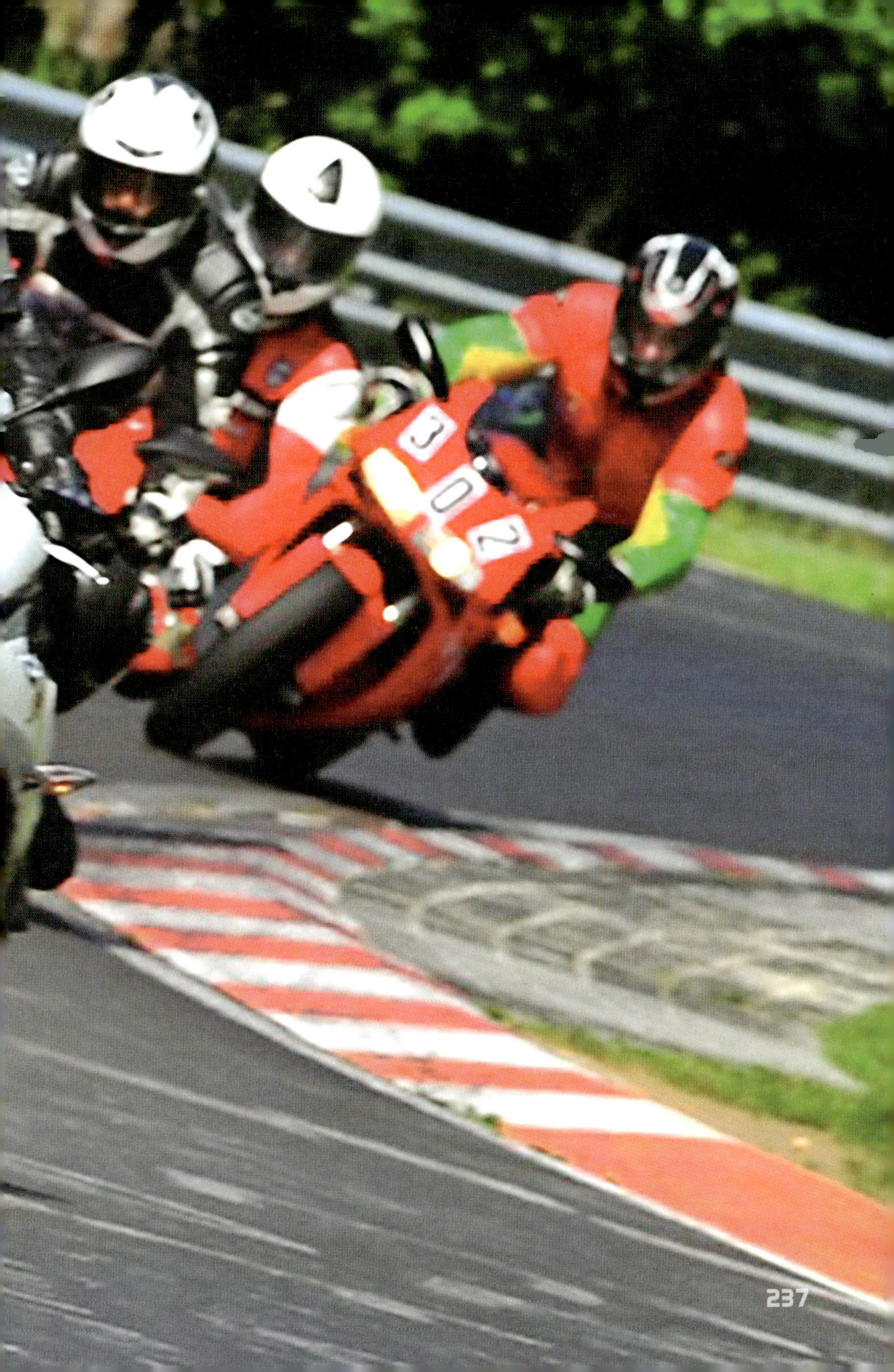
302

Oft schon haben wir den Spruch gehört, das Cabrio sei der natürliche Feind des Motorrades. Beide sind Schönwetterfahrzeuge, ständig muss man sich entscheiden, ein echtes Luxusproblem. Aber ist das wirklich so? Wir meinen nein. Motorradfahren unterscheidet sich so grundlegend vom Autofahren, dass jeder Vergleich hinkt. Aber warum eigentlich?

Natürlich, die Fahrdynamik ist eine ganz andere. Aber der wichtigste Grund ist nicht technischer, sondern psychologischer Natur. Alte Hasen wissen das: Ein motorisiertes Zweirad fahren wir mit dem ganzen Körper. Um wirklich Fahrspaß zu haben, müssen wir uns ganz darauf einlassen, die Fertigkeiten beherrschen, um es angstfrei bewegen zu können, ohne das ständige Risiko von Selbstüberschätzung oder Überforderung. Ohne die essentiellen Dinge wie richtige Blickführung, bewusst eingesetzte Lenkimpulstechnik und effektives Bremsen sind wir nicht nur mit hohem Risiko, sondern auch ohne echte Fahrfreude unterwegs. Denn wir ahnen ja zumindest unbewusst immer, dass wir in einer brenzligen Situation nicht werden richtig reagieren können. Logisch, denn wir haben das passende Handlungsmuster nicht drauf. Wir sind nicht „gut, wenn es darauf ankommt", wie der Sportpsychologe Hans Eberspächer es ausgedrückt hat.

Und das wäre wichtig, nicht nur für die Sicherheit, auch für den Fahrspaß. Denn mit einem Auto als reinem Transportmittel können wir einfach weit weg von den Grenzen der Fahrphysik unterwegs sein, immer langsam und vorsichtig. Fahrspaß haben wir dabei nicht, brauchen, ja wollen wir gar nicht. Und viele Autofahrer sind so unterwegs, völlig undynamisch, einfach von A nach B.

Als Motorrad- oder Rollerfahrer mit wenig Übung und unausgebildeten Fähigkeiten werde ich hingegen ständig mit meinen eigenen Defiziten konfrontiert: Beim Wenden, beim Anfahren und gleich-langsam-abbiegen-müssen, in einer Serpentine, auf einem schrägen Parkplatz, wenn ich plötzlich scharf bremsen muss, oder schlicht wenn ich feststelle, dass ich selbst dem 75-jährigen Nachbarn auf seinem Oldtimer mit meinem modernen High-Tech-Gerät nicht folgen kann. Allein das mulmige Gefühl in der Magengrube, wie er oder sie wohl aus der schrägen Garagenausfahrt heile rauskommen soll, hält so manchen vom Losfahren ab. Oder die Ahnung, dass der aufs feinste ortskundige Kollege wohl sicher wieder so ein tolles Restaurant auf dem Hügel findet, mit Anfahrt nach rechts hinten oben, dort dann ein schiefer Platz, auf dem ich hilflos zu Fall kommen werde. Diese Gedanken nennt der Psychologe Misserfolgsorientierung, und sie können einem ganz schön die Tour vermasseln.

Und ja, natürlich hat fast jeder irgendwann einen Punkt, wo ihm vorher klar ist, dass nun die persönlichen Grenzen erreicht sind. Der sollte aber nicht bereits bei alltäglichen Fahraufgaben erreicht sein, weit diesseits von schnell oder anspruchsvoll. Und ja, dazu sollte man die

Grundfertigkeiten erlernen und trainieren. Die gibt es beim Motorradfahren genauso wie beim Surfen, Skifahren, Sportklettern, Wildwasserkajakfahren oder Skaten. Alle diese Tätigkeiten erfordern Körperbeherrschung, Können und den Umgang mit der eigenen Angst vor dem Scheitern. Und bei allen wird eben jene Angst vor dem Scheitern zur selbsterfüllenden Prophezeiung, wenn ich die Fertigkeiten nicht erlernt und trainiert habe.

Sehr schön funktioniert hier das Beispiel vom Fahren auf einer Rund- oder Rennstrecke. Warum? Sie blendet alle anderen Störfaktoren weitgehend aus, es gibt keinen Gegenverkehr, in der Regel ist die Strecke sauber oder falls nicht, steht jemand da und warnt, und die Kurven sind mit jeder Runde bekannter. Ich kann mich ganz auf das Training meiner eigenen Fahrfertigkeiten konzentrieren. Blickführung, Lenken, Bremsen, Beschleunigen, Fahrdynamik genießen ohne Tempolimit. Ich kann durch Nachahmen lernen, durch Abschauen, Ausprobieren, jede Runde aufs Neue. Und ich werde mir richtig bewusst, was ich da eigentlich tue. Ich werde merken, dass ich fast von alleine flüssiger, ja, schneller werde. Wenn alles stimmt, und wenn ich es zulasse.

Ohne andere Verkehrsteilnehmer wird schnell klar, dass das Fahren auf einem kräftig motorisierten Zweirad immer zwei Seiten hat: eine technische und eine psychologische. Und dass die beiden enger zusammenhängen, als uns lieb und als vielen bewusst ist. Die technische: Was kann das Motorrad, und was kann ich, um das für mich zu nutzen? Dann die psychologische: Was traue ich mich, was nicht? Und warum nicht? Also: Welche Ängste habe ich? Anders gefragt: Weiß ich überhaupt, was ich da tue? Oder empfinde ich das Fahren als unkalkulierbares Risiko, weil ich weiß, dass ich es im Grunde nicht kann? Eben weil unser ganzer Körper so gefordert ist beim Motorradfahren, und weil er ebenso direkt gefährdet ist, spielt die Psyche dabei eine so wichtige Rolle.

Wie bekommen wir aber nun diese psychischen Faktoren in den Griff? Es gibt kein Patenrezept für jeden, dazu sind die Menschen zu verschieden. Aber jeder kann sich ein paar einfache Fragen stellen, um die persönliche Disposition zu ergründen und sich der eigenen psychischen Gemengelage bewusst zu werden.

- Warum möchte ich Motorrad fahren?
- Was macht mir Freude am Motorrad fahren?
- Was macht mir Angst?
- Ist Schräglage für mich eine Lust oder notwendiges Übel?
- Wie gut ist mein Balancegefühl, mein Gleichgewichtssinn?
- Empfinde ich den Schwebezustand beim Anfahren oder langsamen Abbiegen als angenehm oder will ich ihn so schnell wie möglich hinter mich bringen?
- Ist Bremsen Lust oder Last?
- Beschleunigen in Schräglage will ich immer wieder oder lieber nicht?

Die Antworten sollte man nicht nur vor sich hinmurmeln, sondern aufschreiben. Je angstbesetzter eines dieser Beispiele einem erscheint, umso dringender sollten die Grundfertigkeiten trainiert werden. Und wenn alles Trainieren, Wissen und Üben nichts ausrichten kann gegen das Unwohlsein, so hilft dann vielleicht die tröstliche Einsicht, dass die höchst anspruchsvolle und komplexe Tätigkeit Motorradfahren eben nicht jedem gegeben ist. Dann bringt der Umstieg ins Cabrio die Freude zurück. Den meisten allerdings beschert strukturiertes Training die Freude am Können und bringt so den Spaß am Fahren auf zwei Rädern erst so richtig – versprochen.

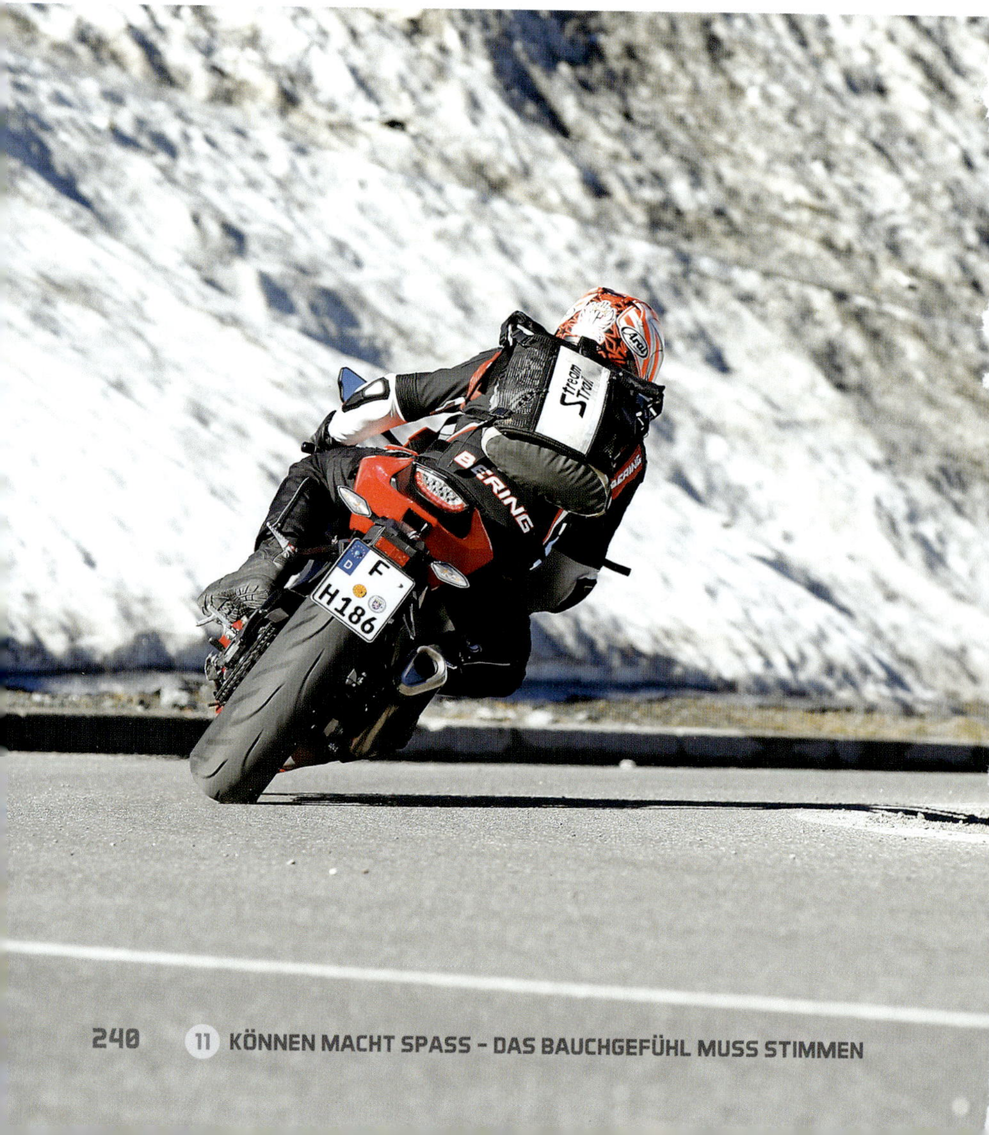